John Parker (Hrsg.)

Große Königreiche Afrikas

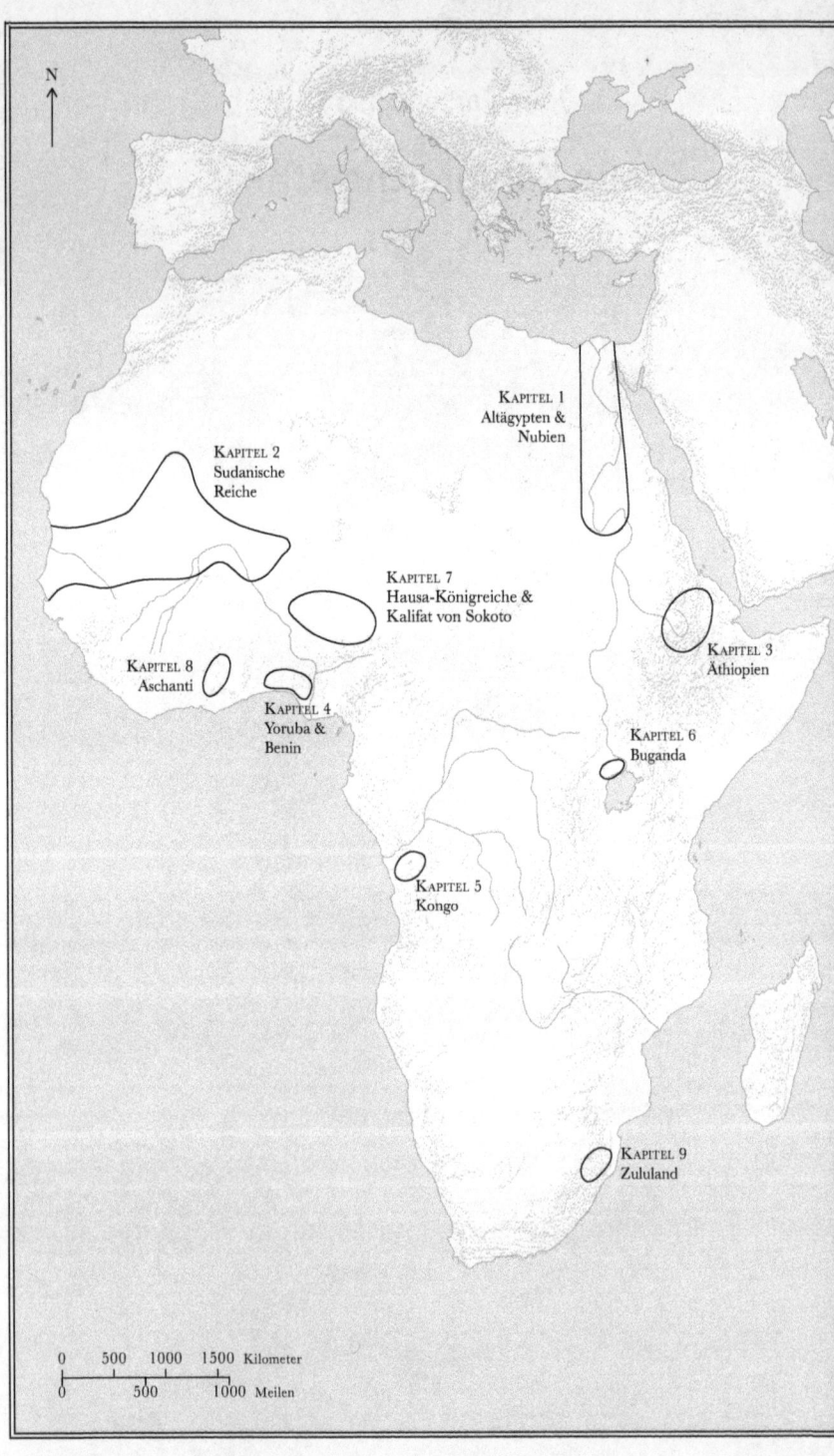

GROSSE KÖNIGREICHE AFRIKAS

Herausgegeben von John Parker
Mit einem Vorwort von Sir David Adjaye

Aus dem Englischen übersetzt von
Thomas Bertram, Elsbeth Ranke und Oliver Lingner

Published by arrangement with Thames & Hudson Ltd, London,
Great Kingdoms of Africa © 2023 Thames & Hudson Ltd, London
Introduction © 2023 John Parker
Foreword © 2023 David Adjaye
Text edited by John Parker
Designed by Matthew Young
Maps by Matthew Young
First edition published in Germany in 2024 by Verlag Herder GmbH, Freiburg

wbg Theiss ist ein Imprint der Verlag Herder GmbH

© Verlag Herder GmbH, Freiburg im Breisgau 2024
Alle Rechte vorbehalten
www.herder.de

Lektorat: Christina Kruschwitz, Berlin
Satz: Daniel Förster, Belgern
Herstellung: GGP Media GmbH, Pößneck

Printed in Germany

ISBN Print: 978-3-534-61011-2
ISBN E-Book (EPUB): 978-3-534-61018-1
ISBN E-Book (PDF): 978-3-534-61017-4

INHALT

VORWORT
Rückbesinnung auf die Narrative der Ahnen
Sir David Adjaye, Offizier des Order of the British Empire   7

EINLEITUNG
Könige, Königtum und Königreiche in der afrikanischen Geschichte
John Parker 13

KAPITEL 1
Altägypten und Nubien: Könige der Flut und Könige des Regens
David Wengrow 37

KAPITEL 2
Die sudanischen Reiche: Das Gold, die Kunst, der Fluss
Rahmane Idrissa 73

KAPITEL 3
Das Salomonische christliche Königreich Äthiopien
Habtamu Tegegne und Wendy Laura Belcher 109

KAPITEL 4
Die Yoruba- und Benin-Königreiche
Olatunji Ojo 145

KAPITEL 5
Das Königreich Kongo
Cécile Fromont 181

KAPITEL 6
Buganda
John Parker 215

KAPITEL 7
Von den Hausa-Königreichen zum Kalifat von Sokoto
Muhammadu Mustapha Gwadabe 251

KAPITEL 8
Das akanische Waldkönigreich der Aschanti
John Parker 281

KAPITEL 9
Das Königreich Zululand
Wayne Dooling 317

Abbildungsnachweis 351
Autorenverzeichnis 353
Anmerkungen 357

VORWORT

RÜCKBESINNUNG AUF DIE NARRATIVE DER AHNEN

Sir David Adjaye, Offizier des Order of the British Empire

Obwohl Ghana das Land meiner Väter ist, hat mir der Umstand, dass ich an verschiedenen Orten überall in Afrika aufwuchs und mich an seine reiche Vielfalt an Kulturen und Geschichten gewöhnte, einen ausgesprochen panafrikanischen Blick auf den Kontinent vermittelt. Nach diesen prägenden Erfahrungen dokumentierte ich dann während eines Zeitraums von zehn Jahren, die ich damit zubrachte, die Rolle der Architektur bei der Gestaltung urbaner Räume zu untersuchen, sämtliche vierundfünfzig afrikanischen Hauptstädte. Heraus kam eine Studie, in der es weniger um den Bau symbolischer urbaner Objekte ging als um die Synthese von Kulturen, die über mehrere Jahrhunderte zurückreichen. Heute verstehe ich unter Großstadt ein inklusives Gemisch aus Menschen mit starkem Zusammengehörigkeitsgefühl und nicht eine Reihe frei im Raum stehender architektonischer Symbole. Ein vergleichbares Ethos treibt dieses Buch an, das die afrikanischen Reiche nicht mithilfe der gängigen historischen Perioden zu begreifen sucht, sondern gemäß ihren eigenen einzigartigen evolutionären Bedingungen.

Im Zuge meiner Nachforschungen wurde mir klar, dass die politische Karte Afrikas unsere Fähigkeit getrübt hat, die Vielfalt der Kulturen und die entscheidende Rolle der Geografie bei der Prägung der Geschichten dieses Kontinents zu erkennen. Ich entwickelte eine andersartige Karte Afrikas, die als Grundlage dafür diente, die afrikanischen Hauptstädte anhand ihrer Lage in einer von sechs geografischen Klimazonen zu klassifizieren. Diese verschiedenen Klimazonen – der Maghreb, die Wüste, der Sahel (Sahelzone), die Grassavanne, der Wald sowie Gebirge und Highveld – stellen den Kontinent als einen Ort gemeinsamer geografischer Flexionen und Identitäten dar. Es sind genau diese unterschiedlichen Klimazonen, die das Entstehen und den Wandel derart vielgestaltiger Reiche innerhalb einer einzigen Kontinentalplatte ermöglicht haben.

Die Karte der afrikanischen Reiche in diesem Buch kann darüber hinaus als Umzeichnung des kolonialen Schemas verstanden werden. Die Ränder dieser Reiche erscheinen bewusst unscharf. Wie Geografien sind auch sie flexible und sich ständig verschiebende Kräfte. Würde ich meine geografische Methodik auf die Reiche anwenden, fielen Altägypten und Nubien unter die Kategorie Wüste; die sudanischen Reiche zwischen Wüste und Sahel; Äthiopien im Wesentlichen unter Gebirge und Highveld; die Hausa-Königreiche und das Kalifat von Sokoto unter Savanne und Grasland und schließlich Zululand zwischen Grasland, Gebirge und Highveld. Die anderen vier Reiche könnten als dem Waldland zugehörig betrachtet werden: Yoruba und Benin, Buganda, Kongo und Aschanti. Dies spiegelt die gegenwärtige Situation wider, wo das Waldland über die größte Zahl an Hauptstädten verfügt, bei denen es sich häufig um Hafenstädte handelt. Obwohl der Wald selbst oft gerodet worden ist, bestimmt die Kombination aus Hitze und Feuchtigkeit und sich ergebenden Siedlungsmustern nach wie vor den Charakter dieser Orte.

Dieses Buch bietet eine kritische Rückbesinnung auf afrikanische Reiche. Es blickt von Neuem auf diese historischen Regionen und erfasst systematisch die Beziehungen zwischen ihnen. Physisch sind ihre Identitäten verknüpft mit Merkmalen wie etwa Flüssen und Seen, räumlich mit Urbanisierung, Tempeln und Grabmälern und materiell mit Dingen wie beispielsweise Gold und Kunst. Eine Schlüsselrolle in diesem Prozess der Rückbesinnung auf Narrative kommt dem Verständnis der langen Geschichten und kontinuierlichen Entwicklungsverläufe dieser Reiche zu.

Denn solange ich als Architekt tätig bin, haben mich indigene Zivilisationen fasziniert. Ich interessiere mich für den ursprünglichen Wesenskern von Orten. Meine Arbeit erwächst aus einer besonderen Reihe von Umständen und einer Befragung von Kontexten. Architektur, das sind für mich zu Bauten geronnene Narrative; damit meine ich, dass ich Bauwerke im intensiven Dialog sowohl mit der Zeit als auch mit dem Ort schaffe. Dies hat zur Folge, dass Bauten entstehen, die sich zu ihren Geschichten bekennen, während zugleich etwas völlig Neues geschaffen wird, das zukünftigen Gemeinschaften dient. Insbesondere zwei meiner Projekte setzen sich unmittelbar mit den Narrativen afrikanischer Reiche auseinander: das National Museum of African American History and Culture in Washington D. C. (2016 fertiggestellt) und das Edo Museum of West African Art in Benin City, Nigeria (in Planung). In meinem Kopf stehen sie in dialektischer Beziehung zueinander: In Ersterem geht es um eine Aussöhnung von schwarzen und weißen Amerikanern in der Gegenwart, das Letztere widmet sich einer Wiedergewinnung afrikanischer Vergangenheit.

Das National Museum of African American History and Culture thematisiert diesen gegenwärtigen Zustand und die Entwicklung der afrikanischen Diaspora. Das Areal, auf dem es steht, war das letzte unbebaute Grundstück an Washingtons National Mall, ein ebenso symbolischer wie geschichtsträchtiger Ort. Die Bedeutung der schwarzen Community im sozialen Gefüge amerikanischen Lebens preisend, entwarf ich die »Kronen«-Struktur – eine auf dem

Sir David Adjaye

Kopf stehende Pyramidenform –, wobei ich mich von einer durch den berühmten yorubischen Kunsthandwerker Olowe of Ise (ca. 1873 bis ca. 1938) geschaffenen dreistufigen gekrönten Skulptur inspirieren ließ. Diese Silhouette ist inzwischen zum Hauptmerkmal für das Gebäude geworden, das die Diaspora in eine sehr innige Beziehung zu ihren Ursprüngen in Afrika setzt. Im Gegensatz zu ihren aus Stein und Marmor errichteten Nachbarbauten ist es auch das einzige Metallgebäude an der National Mall, ein Umstand, der nicht zuletzt auf die Bronze- und Kupfertradition von Benin verweist. Das Museum verleiht dem bemerkenswerten Beitrag der afroamerikanischen Community in vielerlei Hinsicht eine gewisse Greifbarkeit.

Das Edo Museum of West African Art ist ein Schlüsselelement in einem Projekt, das auf die Erneuerung von Benin City abzielt, Hauptstadt eines der ältesten Reiche des Kontinents. Der Museumsbau soll unmittelbar an den Palast des Oba, das Epizentrum des Königreichs Benin, angrenzen und zurückgeführte Artefakte und Kunst beherbergen, die im Zuge der kolonialen Eroberung durch die Briten 1897 geraubt wurden. In Anbetracht der Bedeutung dieses Projekts ist das Museum als Teil eines umfassenderen Masterplans zur Freilegung, Erhaltung und Restaurierung des ausgedehnten, von Gräben und Toren unterbrochenen Erdwallsystems von Benin City vorgesehen. Mein Entwurf verbindet das neue Museum mit der außergewöhnlichen Erdlandschaft der Stadt, ihren orthogonalen (rechtwinkligen) Wällen und ihren Wohnhof-Verbünden. Das Museum wird aus einer Reihe erhöhter Pavillons bestehen, deren Form den Fragmenten dieser historischen Anwesen nachempfunden ist. Ich möchte, dass Benin City seine Stellung als eigenständiges Artefakt wiedererlangt. Ich verstehe das Edo Museum als einen außerschulischen Lernort – einen Ort, um Menschen verlorene kollektive Erinnerungen ins Gedächtnis zurückzurufen und ihnen ein Verständnis für die kulturellen Grundlagen Afrikas zu vermitteln.

Von meinem Büro in Accra aus bin ich heute mit der Errichtung weiterer städtischer Bauten in ganz Afrika befasst, eine Aufgabe, an die ich in ähnlicher Weise herangehe wie an das Edo Museum: Ich bediene mich der Architektur, um Geschichte zu erhellen und kollektive Identitäten zu formen. Was meine persönliche Lebensführung anbelangt, so bin ich außerdem in mein Stammland in den Akwapim-Bergen Ghanas zurückgekehrt, wo ich im Dorf meines Vaters ein Landhaus für mich gebaut habe. Damit es lokal verwurzelt ist, entschied ich mich für eine Konstruktion aus gestampftem Lehm, und das ganze Haus wurde nach den Prinzipien der organischen Architektur errichtet. Ich denke bei meiner Arbeit unablässig über die elementare Qualität von Erde und Erdreich, über unsere Wechselbeziehung mit der Natur und über die Ursprünge »schwarzer« Architektur nach. Ich glaube, dass meine Rückkehr – wie dieses Buch – ein Prozess ist, bei dem ich auf die Vergangenheit zurückgreife, um die Zukunft neu zu gestalten.

EINLEITUNG

KÖNIGE, KÖNIGTUM UND KÖNIGREICHE IN DER AFRIKANISCHEN GESCHICHTE

John Parker

Im Jahr 2018 beschloss König Mswati III. von Swasiland, den fünfzigsten Jahrestag der Unabhängigkeit seines Landes zum Anlass zu nehmen, es in Eswatini umzubenennen. Eingezwängt zwischen Südafrika und Mosambik und mit einer Fläche von nur 10 789 Quadratkilometern und einer Bevölkerung von 1,1 Millionen, ist Eswatini einer der kleinsten Staaten Afrikas. Außerdem ist es die letzte absolute Monarchie des Kontinents. Mitte des 18. Jahrhunderts als eigenständiger Staat entstanden und seine Stellung ein Jahrhundert später unter der energischen Führung von Mswati II. festigend, war das Königreich des Volkes der Swasi oder *Umbuso weSwatini* eines der wenigen Reiche in Afrika, das die europäische Kolonialherrschaft überdauerte und im Zeitalter erneuter Souveränität in den 1960er-Jahren unversehrt als moderner Staat in Erscheinung trat. Sobhuza II., der 1899 im Alter von vier Monaten König wurde und der diesen Übergang moderierte, ist sogar einer der am längsten regierenden Monarchen in der Weltgeschichte; nach einem kurzen Experiment mit der Demokratie im Anschluss an die Unabhängigkeit von Großbritannien setzte er die Verfassung nach dem Westminster-System aus und regierte bis zu einem Tod 1982 per königlichem Dekret. Mswati III., der seit 1986 auf dem Thron sitzt, herrscht weiter als König oder *Ngwenyama* (»Löwe«), in Abstimmung mit seiner Königinmutter oder *Ndlovukati* (»große Elefantin«). Zusammen stehen sie den jährlichen heiligen Ritualen *ncwala* und *umhlanga* vor – das Letztere gab in den vergangenen Jahren Frauenrechtsaktivistinnen zunehmend Grund zur Sorge, weil dem König jedes Jahr just zu diesem Anlass eine junge Braut zur Mehrung seines Gefolges aus Ehefrauen zugeführt wurde.

Heute gehört Eswatini zu der Handvoll absoluter Monarchien – Regierungssysteme, in denen ein erblicher Herrscher die exekutive Gewalt innehat oder dominiert –, die in der modernen Welt noch übrig sind. Weiter verbreitet sind sogenannte konstitutionelle Monarchien, wie etwa das Vereinigte Königreich oder Japan. In diesen politischen Systemen symbolisieren oder verkörpern Könige oder Königinnen weiterhin als »Staatsoberhaupt« die Nation, aber die eigentlichen Regierungsbefugnisse sind repräsentativen Körperschaften wie Parlamenten übertragen worden. Allerdings ist der Verfall der Königsmacht ein relativ junges Phänomen in der Weltgeschichte: Dynastische Könige tauchten als die Herrscher der frühesten Einheitsstaaten im Vorderen Orient, in Afrika, in Asien, in Europa und auf dem amerikanischen Doppelkontinent auf und übten meist über Tausende von Jahren Macht aus, bis die Idee der absoluten Monarchie vom 17. Jahrhundert an allmählich immer stärker unter Beschuss geriet. In Afrika erlebte das Königtum, wie anderswo auch, seinen endgültigen Niedergang im 20. Jahrhundert, und in einigen Fällen ist dieser Prozess heute noch im Gange: In Marokko, das im Anschluss an seine Unabhängigkeit 1956 die Restauration der alteingesessenen Dynastie der Alawiden erlebte, stimmte König Mohammed VI. in dem Bestreben, die Proteste der

Bevölkerung im Zusammenhang mit dem Arabischen Frühling zu beschwichtigen, erst im Jahr 2011 einer Beschneidung seiner autokratischen Macht zu. Die gegenwärtige Richtung dieser Reformen ist allerdings unklar. In großen Teilen des übrigen Kontinents funktioniert zudem das »traditionelle« Königtum im Rahmen moderner Nationalstaaten weiter. Seiner politischen Souveränität weitestgehend entkleidet, bleibt es ein Kristallisationspunkt für ältere und stärker lokal begrenzte Formen von Identität, Kultur und sakraler Macht. Das soll nicht heißen, dass zentralisierte Reiche die vielfältigen politischen Landschaften Afrikas zu allen Zeiten beherrscht hätten: Wie wir sehen werden, ist die Fähigkeit vieler der Völker des Kontinents zur Selbstregierung ohne Rückgriff auf Könige möglicherweise genauso wichtig wie die Staatsbildungsversuche irgendwelcher dynastischen Möchtegernherrscher. Dennoch haben afrikanische Zivilisationen vom antiken Niltal über die Savannen des mittelalterlichen Westafrika bis zum Hochland von Äthiopien und weiter bis zu den sich nach Süden erstreckenden Wäldern und Grasländern einige der eindrucksvollsten Königreiche der Welt hervorgebracht. Die Geschichte dieser Königreiche und das Wesen der Königsmacht in ihrem Kern sind das Thema dieses Buches.

Afrika hat im Lauf von etwa fünftausend Jahren Geschichtsschreibung den Aufstieg und Niedergang hunderter großer und kleiner Reiche erlebt. Diese wurden von zahllosen Königen regiert: Die große Mehrzahl von ihnen waren Männer, aber auch Königinnen spielten eine Rolle in der afrikanischen Vergangenheit, ebenso die einflussreichen »Königinmütter«, wie etwa die *Ndlovukati* von Eswatini. Sie alle zu berücksichtigen, kann ein einzelnes Buch nicht leisten, sodass der vorliegende Band mit Aufsätzen sich auf neun Schlüsselregionen konzentriert, in denen zu verschiedenen Zeiten Einheitsstaaten und expansive Großreiche entstanden und die politische Landschaft dominierten. Einige der neun Kapitel beschäftigen sich mit der Geschichte eines einzigen berühmten Reiches, während andere eine umfassendere und längere politische Tradition nachzeichnen, die eine Reihe von Staaten hervorbrachte. Der vielleicht bekannteste dieser regionalen Entwicklungsverläufe ist die Abfolge von drei großen Reichen im mittelalterlichen Westafrika: Ghana, Mali und Songhai, die in Kapitel 2 von Rahmane Idrissa untersucht werden. Im ersten Kapitel widmet sich David Wengrow ebenfalls einem umfassenderen regionalen Kontext, indem er die Geschichte der Entstehung der frühesten Reiche Afrikas wegverlagert von ihrem gängigen Hauptaugenmerk auf dem pharaonischen Ägypten hin zu einem Diskurs entlang des Niltals, zwischen Ägypten im Norden und Nubien im Süden. Diese Analyse ist bestimmend für die nachfolgenden Kapitel: Sie wollen nicht einfach nur chronologische Erzählungen bieten oder überlieferte Weisheiten wiederkäuen, sondern neue Einsichten in die Rolle von Königreichen und Königsherrschaft in der afrikanischen Geschichte berücksichtigen. Die Auffassungen zu diesem Schlüsselaspekt der Vergangenheit Afrikas haben sich erheblich gewandelt, seit die Geschichte des Kontinents Mitte des 20. Jahrhunderts zum Gegenstand kontinuierlicher wissenschaftlicher Erforschung wurde. Was die Rekonstruktion und Interpretation der Geschichten über Staatsbildung in Afrika anbelangt, so ist im Lauf dieser Zeit viel erreicht worden: Die tiefe Vergangenheit des Kontinents ist nicht länger eine verschwommene Sphäre »verlorener Reiche«. Dennoch ist die afrikanische Vergangenheit nach wie vor schlecht in die der restlichen Welt integriert – eine Marginalisierung, die, wie Michael A. Gomez in seiner aktuellen Studie über Großreiche in Westafrika meint, mit der noch nicht lange zurückliegenden Herausbildung des Fachgebiets »Globalgeschichte« nur noch betont worden ist.[1] Dieses Buch möchte einen Beitrag zu der Aufgabe leisten, diese Marginalisierung zu beheben, indem es einem allgemeinen Lesepublikum einige der aufregendsten jüngsten Entwicklungen in Bezug auf das Verständnis von Staaten und Gesellschaften in der afrikanischen Vergangenheit präsentiert.

Sich wandelnde Auffassungen über Königsherrschaft in Afrika

Was genau ist ein König, und was unterscheidet ihn von gewöhnlichen Sterblichen? Bauen Könige – und Königinnen – ihre eigene Macht als autonome, eigenverantwortliche historische Akteure auf, oder werden sie durch umfassendere soziale Strukturen und Prozesse geschaffen? Sind sie Profiteure und Aasgeier oder Friedensstifter, und funktionieren die Systeme dynastischer Herrschaft, denen sie vorstehen, durch Zwang oder durch Zustimmung? Oder wie es in einer Studie über die Rituale des Königtums heißt: Wie »werden Menschen überzeugt, sich einer politischen Ordnung zu fügen, in der die Macht offenkundig ungleich und ungerecht verteilt ist, wie es ständig der Fall ist?«[2] Die verschiedenen Völker Afrikas hatten lange ihre eigenen Debatten über diese Fragen. Wie überall wurde das Wesen politischer Macht nach und nach herausgearbeitet, man hat damit experimentiert, es wurde im Lauf der Zeit modifiziert und angefochten. Außerdem entwickelten die Afrikaner ihre eigenen Methoden, die Geschichte dynastischer Staaten und der über sie herrschenden Könige aufzuzeichnen und zu feiern – und manchmal auch zu kritisieren. Wie wir in den folgenden Kapiteln sehen werden, bleibt die Rekonstruktion und Interpretation dieser politischen Überlieferungen eine zentrale Aufgabe für die heutigen Historiker des Kontinents. Um die verwirrende Vielfalt der historischen Erfahrungen Afrikas überhaupt zu verstehen, müssen wir jedoch zunächst darüber nachdenken, wie die wissenschaftlichen Vorstellungen von afrikanischer Königsherrschaft im weiteren Sinne Gestalt angenommen haben. Mit anderen Worten, welche Faktoren haben geprägt, was man als die »Produktion von Wissen« über Afrika in der modernen Welt bezeichnen kann?

Zunächst gilt es anzumerken, dass die Produktion von Wissen über Afrika und seine Völker in einem bestimmten historischen

Kontext stattfand, nämlich der zunehmend ungleichen Begegnung zwischen dem Kontinent und der Welt jenseits davon im Zeitalter des europäischen Imperialismus. Diese Begegnung kulminierte in der Gewalt und den Enteignungen im Zuge der europäischen Eroberung und Aufteilung Afrikas im späten 19. und frühen 20. Jahrhundert – ein Prozess, aus dem einzig das antike Königreich Äthiopien als unabhängiger Staat hervorging. In der Anfangsphase globalisierter Interaktion wurden Sklavenhändler, Entdeckungsreisende, Missionare, Gesandte und, letztendlich, Eroberer gleichermaßen von Afrikas Königshöfen angelockt – das heißt von anerkannten Autoritätspersonen, mit denen sie verhandeln oder Geschäfte machen konnten. Wie ältere arabische Berichte über das Afrika südlich der Sahara betonen die Aufzeichnungen über diese Kontakte daher gewöhnlich die Bedeutung mächtiger Könige – »unzivilisierter« oder »barbarischer« Könige in der hässlichen rassifizierten Sprache der Zeit, aber nichtsdestotrotz Herrscher zentralisierter Königreiche. Als das Zeitalter der europäischen Erforschung und kommerziellen Durchdringung des afrikanischen Kontinents der Epoche der Eroberung Platz machte, waren es dieselben Könige und die mit ihnen verbandelten herrschenden Eliten, die oftmals am besten in der Lage waren, die Bedingungen der Kolonialherrschaft auszuhandeln. Obwohl sie viel von ihrer Autorität eingebüßt hatten, nutzten sie den ihnen verbliebenen Rest für den Versuch, das Wissen über die Vergangenheit und ihre eigene Rolle in ihr zu kontrollieren. Sprich, Könige waren gewiss von großer historischer Bedeutung – aber in manchen Fällen waren sie vielleicht nicht ganz so bedeutend, wie außenstehende Beobachter oder sie selbst es darstellen wollten.

In einigen Teilen des Kontinents, wie etwa in Altägypten, in Äthiopien, im islamischen Nordafrika und in der sogenannten Sudanzone Westafrikas, führte die Entwicklung von Schriftkulturen zur Abfassung von Königschroniken und anderen schriftlichen Dokumenten, aus denen dynastische Geschichten rekonstruiert werden können. Anderswo war es häufig die aufgezwungene Kolonialherrschaft, die den Anlass lieferte, die lange Zeit nur mündlich weitergegebenen Überlieferungen des Königtums niederzuschreiben. Ein Teil dieser innovativen Textproduktion erfolgte durch europäische Missionare und Beamte, aber ein Großteil der wichtigsten Schriftzeugnisse entstammte der Feder der neuerdings lese- und schreibkundigen afrikanischen Eliten oder »Kulturvermittler«. Ein berühmtes Beispiel für die Letzteren aus dem britisch beherrschten Uganda, das in Kapitel 6 genauer betrachtet wird, ist *Basekabaka be Buganda*, eine Geschichte der Könige von Buganda, die erstmals 1901 vom Premierminister und führenden Intellektuellen des Königreichs, Apolo Kagwa, veröffentlicht wurde. Andere, nicht den Kreisen der Elite entstammende Sichtweisen der Vergangenheit fanden oftmals keine Beachtung und werden erst heute nach und nach wiederentdeckt.[3] Was die Produktion von Wissen im kolonialen Afrika betrifft, war allerdings nicht die Geschichtswissenschaft federführend, sondern die Anthropologie. Es waren Anthropologen – deren Forschungstätigkeit sich nicht auf die Vergangenheit richtete, sondern auf die zeitgenössische »ethnografische Gegenwart« –, die verstehen wollten, wie afrikanische Gesellschaften sich unter den Bedingungen der Kolonialherrschaft weiter selbst verwalteten. Erste Ergebnisse aus jenen Gebieten, die unter britischer Herrschaft standen, wurden 1940 in einem von M. Fortes und E. E. Evans-Pritchard herausgegebenen bahnbrechenden Sammelband präsentiert. *African Political Systems* unterteilte Gesellschaften in zwei breite Gruppen: Die eine Gruppe sei gekennzeichnet durch das Vorhandensein königlicher Autorität, eines Verwaltungsapparats und von Rechtsprechungsorganen, das heißt durch staatliche Strukturen; die andere durch das Fehlen zentralisierter Herrschaft – hier habe man es mit sogenannten staatenlosen oder »segmentären« Gesellschaften zu tun. Dieses Bild einer polarisierten politischen Landschaft gilt heute als zu stark vereinfacht und zu statisch. Eine einschneidende

Korrektur wurde bald darauf von dem Anthropologen Aidan Southall vorgeschlagen, der, gestützt auf seine Forschungsarbeit beim Volk der Alur in Nord-Uganda, die These formulierte, dass es zwischen Reichen und nicht zentralisierten Gesellschaften eine dritte Struktur der Regierungsführung gebe. In solcherart strukturierten Gemeinwesen, die Southall als »segmentäre Staaten« bezeichnete, stimme der Wirkungsbereich der politischen Herrschaft nicht exakt mit dem der rituellen Autorität überein. Die direkte politische Kontrolle beschränke sich auf einen zentralen Kernbereich, während die rituelle Autorität sich über diesen Kern hinaus »auf eine flexible, sich verändernde Peripherie« erstrecke.[4] Wie ein bestimmtes Reich nach außen wirke, könne von der Perspektive des Betrachters abhängen.

Diese kolonialzeitlichen Modelle politischer Systeme sind aber letztendlich genau das: Modelle. Erst mit der Etablierung der historischen Forschung an den neuen Universitäten Afrikas und anderswo wurde es in der Ära der Dekolonisierung und Unabhängigkeit möglich, diese Modelle im zeitlichen Rückblick und unter Berücksichtigung der Bedingungen zu konkretisieren, unter denen einzelne Reiche entstanden, expandierten und wieder untergingen. Nichtsdestotrotz machten wegweisende Anthropologen eine äußerst wichtige Beobachtung in Bezug auf afrikanische Könige, eine, die dazu beigetragen hat, das Wesen des Königtums auch in anderen Teilen der Welt besser zu begreifen. Königsmacht wurde nämlich grundsätzlich untermauert durch rituelle Autorität. »Ein afrikanischer Herrscher ist für sein Volk nicht bloß ein Mensch, der ihm seinen Willen aufzwingen kann«, behaupteten Fortes und Pritchard; »seine Legitimation ist mystisch«. Die »mystischen Werte« des Königtums bezogen sich üblicherweise auf die Bewahrung von Fruchtbarkeit, Gesundheit, Wohlstand, Frieden und Gerechtigkeit und wurden in großen öffentlichen Zeremonien, »die die Privilegien und die Verpflichtungen des politischen Amtes« zum Ausdruck brachten, symbolisch dramatisiert.[5] Ein klassisches Beispiel für solch ein jährliches rituelles Drama war das *ncwala* des Königreichs Swasiland. Je nachdem, welche der vielen Deutungen der Zeremonie man bevorzugt, diente *ncawala* dazu, die Identität des Königs als Repräsentant von Fruchtbarkeit, als heldenhafter Krieger oder als heiliger »Fremder« zu erneuern.[6] Wie Interpretationen der »zwei Körper des Königs« und der heilenden Kräfte der »königlichen Berührung« im mittelalterlichen und frühneuzeitlichen Europa gezeigt haben, war die Verflechtung von politischer und ritueller Autorität nicht auf Afrika beschränkt.[7] In einer nochmaligen Untersuchung der rituellen Aspekte des Königtums aus jüngster Zeit vertreten die Anthropologen David Graeber und Marshall Sahlins sogar die These: »… der Anspruch auf göttliche Macht […] bildet in weiten Teilen der Menschheitsgeschichte die Raison d'Être politischer Macht.«[8]

Das Verständnis des Königtums in Afrika nahm eine neue Wendung, als Historiker anfingen, sich intensiv mit der Vergangenheit des Kontinents zu beschäftigen. Wenn die Anthropologie sich als »koloniale Wissenschaft« entwickelte (trotz Anthropologen, die den schädlichen Einfluss der europäischen Herrschaft auf die Menschen, die sie studierten, oftmals missbilligten), dann nahm afrikanische Geschichte als Forschungsdisziplin in der Ära des antikolonialen Nationalismus und der Befreiungskämpfe der 1950er- und 1960er-Jahre Konturen an. Für viele Angehörige dieser ersten Historikergeneration lautete das Gebot der Stunde, der abwertenden kolonialistischen Sichtweise, wonach Afrikaner keine der Erforschung würdige Geschichte besäßen, eine Absage zu erteilen, indem sie eine »brauchbare Vergangenheit« mit herausragenden Leistungen in Staatsbildung und Regierungsführung rekonstruierten. Die Abfolge mächtiger islamischer Dynastien in Nordafrika war kaum zu leugnen, aber ausgerechnet in jenen Jahren wendete die Forschung ihr Augenmerk dem Aufbau von Reichen und Imperien durch Zivilisationen südlich der Sahara zu. Zudem rückte allmählich die lange Geschichte der wüstenübergreifenden Konnektivität in den Blick, zuvorderst die Rolle von Islam und Fernhandel bei der Entstehung der bedeutenden Großreiche in jener Region, die mittelalterliche arabische Geografen *Bilad al-Sudan*, »Länder der Schwarzen«, nannten. Transsaharische Verbindungen nahmen in der Idee Gestalt an, dass eine eigene »sudanische Zivilisation« durch die Verbreitung von Ritualen göttlichen Königtums aus dem pharaonischen Ägypten beeinflusst worden sein könnte, was noch umstritten war. Und tatsächlich gab es kaum Belege, um die Vorstellung zu untermauern, dass Altägypten die Quelle afrikanischer Staatskunst gewesen sei. Es war eine Debatte, in der die kolonialzeitliche Hamitentheorie unangenehm nachklang – jener rassistische Mythos, wonach jede Verfeinerung in der afrikanischen Zivilisation ausschließlich die Folge der Eroberung durch Wellen hellhäutiger »hamitischer« Invasoren aus dem Norden gewesen sei.[9]

Doch die Phase der Geschichtsschreibung, die sich auf die heroischen Leistungen afrikanischer Reiche als ein Musterbeispiel moderner Nationenbildung konzentrierte, war kurzlebig. Schon in den 1970er-Jahren tendierten vom marxistischen Denken beeinflusste radikalere Wissenschaftler dazu, Staaten – ob präkoloniale, koloniale oder postkoloniale – weniger als Instrumente guter Regierungsführung denn als Motoren der Ausbeutung darzustellen. Während nationalistische Historiker sich mit der politischen Logik von Staaten befassten, interessierten sich marxistische Forscher für ihre produktive Logik. Wie eine frühe Studie zu diesen unterschiedlichen Interpretationen betonte, ging es bei dem Streit zwischen den Vertretern der beiden Schulen »in Wirklichkeit um die evolutionistische Annahme, dass es ›besser‹ sei, in Staaten zu leben«.[10] Auf jene nicht zentralisierten afrikanischen Völker, die Mühe hatten, sich ihre Unabhängigkeit von Möchtegern-Staatenbauern zu bewahren, traf diese Annahme gewiss nicht zu. Auch für viele, die unter die Herrschaft von Königen gerieten, war dynastische Macht etwas, vor dem man auf der Hut sein musste. Für das Volk der Nyoro in Uganda beispielsweise war der Begriff »Herrschaft« gleichbedeutend mit »Unterdrückung«.[11] Doch es gab eine Menge anderer Hinweise, die den Schluss nahelegten, dass viele afrikanische Gemeinschaften sehr wohl glaubten, es sei zivilisierter, unter der Herrschaft von Königen zu leben – trotz der Schwierigkeiten, die sie manchmal machen konnten. Ein Großteil dieser Hinweise findet sich in mündlichen Überlieferungen, die sich für die Historiker des Kontinents zu einer so überaus wichtigen Quelle entwickeln sollten. Diese Überlieferungen, die die Ursprünge oder die »Gründungsurkunden« von Staaten bewahren, erzählen oft Geschichten über die Entlehnung der Institution des Königtums von höher entwickelten Nachbarn. Olatunji Ojo untersucht in Kapitel 4 ein berühmtes Beispiel: das des Königreichs Benin im heutigen Nigeria, dessen Älteste den Herrscher von Ile-Ife, der »kosmischen Metropole« der benachbarten yorubasprachigen Völker, baten, ihnen einen göttlichen Prinzen zu schicken. Andere Überlieferungen berichten von umherziehenden Einwanderern, von heldenhaften »Fremden«, die außerhalb der althergebrachten kulturellen Ordnung standen, autokratischen Tyrannen die Macht entrissen und ein gerechtes und sakrales Königtum errichteten. Völker, die ohne Könige blieben, wurden von denen, die welche hatten, oft entweder als bedauernswert oder als bäurisch abgetan. So sangen die zugewanderten Suku-Völker von den Mbale in der heutigen Demokratischen Republik Kongo: »Sie sind *bahika* (Sklaven), denn sie haben keinen König.«[12] Ebenso wurde die neureiche Stadt Ibadan im Yorubaland des 19. Jahrhunderts von ihren älteren Rivalinnen beschuldigt, sie sei »ohne König und Verfassung«.[13]

Die jüngere historische Forschung ist über die Analyse afrikanischer Reiche entweder als Triumphe effektiver Regierungsführung einerseits oder als Motoren von Raub und Plünderung andererseits hinausgegangen. Der Blick der Wissenschaft richtet sich heute stärker auf den Wesenskern politischer Kulturen und die dynamische Beziehung zwischen Staaten und den Gesellschaften, aus denen sie hervorgegangen sind. Diese Ansätze sind geprägt worden von einem wachsenden Interesse an der Sozialgeschichte des Kontinents – wobei die große Schwierigkeit darin bestand, neue Informationsquellen jenseits der anerkannten dynastischen Überlieferungen aufzuspüren, die Könige sich seit der Zeit der ägyptischen Pharaonen zunutze gemacht hatten, um eine »offizielle« Sichtweise der Vergangenheit durchzusetzen und dadurch ihre eigene Herrschaft zu konsolidieren. Beispielsweise befasste sich eine neue Generation von Ägyptologen mit den von Gemeinschaften arbeitender Menschen hinterlassenen Schriftzeugnissen und mit der Dynamik der religiösen Sphäre, um »die Betrachtung des alten Ägypten vom Gewicht seiner offiziellen Ideologie zu befreien«.[14] Auch südlich der Sahara haben die Entdeckung neuer historischer Quellen und die Neuinterpretation der alten Zeugnisse neues Licht auf den Prozess der Staatsbildung geworfen. Ein Beispiel aus jüngster Zeit ist die Studie von Paulo de Moraes Farias über mittelalterliche arabische Epigrafik (d.h. Inschriften auf Stein) im heutigen Mali. Diese Studie stellt einige zentrale Aspekte der »imperialen Tradition« infrage, wie sie in Chroniken verankert waren, die im Timbuktu des 17. Jahrhunderts entstanden (siehe Kapitel 2).[15] Ein anderes Beispiel ist die Analyse von politischer Identität und Wohlergehen in Buganda. Ihr Autor Neil Kodesh betrachtet die Geschichte dieses Königreichs aus einem Blickwinkel, der sich stark von der Sichtweise Apolo Kagwas in dessen dynastischer Erzählung *Basekabaka be Buganda* unterscheidet. In seinem Buch, das bezeichnenderweise den Titel *Beyond the Royal Gaze* (»Jenseits des königlichen Blicks«) trägt, untersucht Kodesh, wie Buganda nicht von seinem Königshof, sondern von seinen Randgebieten aus gewirkt haben könnte, wo ältere Traditionen öffentlicher Heilung und Zugehörigkeit, die sich auf heilige Stätten konzentrierten, auch nach der Akkumulation zentralisierter Macht ab dem 17. Jahrhundert weiterhin Clan-Identitäten prägten. Wie wir in Kapitel 6 sehen werden, deutet diese revisionistische

Sichtweise Bugandas an, welche Bedeutung für die Geschichte der Region der Großen Seen Ostafrikas und für den Kontinent im weiteren Sinne »diffusen Formen der Macht sowie rituellen und anderen Arten von Wissen bei der Realisierung politischer Komplexität« zukommt.[16]

Rituelle Macht und politische Komplexität

Diese und andere Studien stehen für eine wachsende Tendenz aufseiten von Historikern, Anthropologen und Archäologen, zu der älteren Vorstellung zurückzukehren, dass das Königtum in Afrika ursprünglich eine im Kern sakrale Institution war – und es in vielerlei Hinsicht blieb. Dieselbe Meinung ist in Bezug auf viele andere Weltgegenden vertreten worden, vom sogenannten Theaterstaat im balinesischen Negara des 19. Jahrhunderts über die »galaktischen« oder »kosmischen« Staatswesen anderswo in Südostasien und Südasien bis hin zu den präkolumbischen Reichen des amerikanischen Doppelkontinents und den Stammesfürstentümern Polynesiens. Es ist die zentrale These des neuesten Buches von Graeber und Sahlins, *On Kings*. Die sakrale Logik der Macht zu verstehen sei von entscheidender Bedeutung, schreibt Graeber über Merina und andere Hochlandstaaten der Insel Madagaskar, weil diese Königreiche im Wesentlichen auf ritueller Basis organisiert gewesen seien. »Damit soll nicht geleugnet werden, dass sie auch riesige Formen der Arbeitsextraktion waren«, warnt er; »vielmehr soll es ein Hinweis darauf sein, dass in ihnen keine klare Unterscheidung zwischen dem, was wir ›Arbeit‹ nennen, und dem, was wir ›Ritual‹ nennen, getroffen werden konnte.«[17] Ebenso wenig sei zu leugnen, dass viele afrikanische Reiche den aus landwirtschaftlicher Produktion, aus Handel oder mittels Tributen geschaffenen Reichtum nutzten, um komplexe Mechanismen der Regierungsführung zu entwickeln, gestützt und erweitert durch Militärtechnik. Es besteht in der Tat kein Zweifel daran, dass die Staatsbildung stark bestimmt wurde durch die erfolgreiche Ausbeutung verschiedener ökologischer Nischen, durch den Austausch von Waren über ökologische Zonen hinweg und, in einigen Fällen, durch militärische Gewalt. Doch es sei ein Fehler, wie Graeber meint, diese Grundlagen realer oder »rationaler« Macht von einer imaginären Sphäre mystischer Macht zu trennen, da die afrikanischen Völker selber niemals einen solchen Unterschied gemacht hätten.

Andere Wissenschaftler sprechen, wenn sie diese gegensätzlichen Sphären bezeichnen wollen, von »instrumenteller« und »kreativer« Macht. »Im Gegensatz zu politischer Führerschaft in Europa, die sich in von Streitkräften unterstützter imperativer Kontrolle realisiert«, so Wyatt MacGaffey, »lebte afrikanische und vor allem zentralafrikanische Führerschaft davon, die Art von Macht aufzuweisen, die Europäer für übernatürlich halten, obwohl ›das Übernatürliche‹ im traditionellen afrikanischen Denken gar nicht existierte.« »Die Religion des Kongo«, schreibt MacGaffey, »*war* seine politische Theorie.«[18]

Das Bestreben, die historische Entstehung afrikanischer politischer Theorien und die Genese der Kreativität von Macht in ihrem Kern zu verstehen, verdrängt allmählich eine ältere und oftmals vergebliche Suche nach den Ursprüngen von Staaten und Königsherrschaft.[19] Jan Vansina behauptet in seinem aufschlussreichen Buch über die tiefe Vergangenheit Angolas, *How Societies Are Born* (2004), dass das Thema »Ursprünge« nicht komplett hinter dem akademischen Horizont verschwunden sei. Wie Kapitel 1 über Ägypten und die frühesten Königreiche Nubiens zeigt, werden auch Archäologen sicherlich mehr zu diesem Thema zu sagen haben. Allerdings macht sich aufseiten der Historiker die wachsende Erkenntnis breit, dass, obwohl geheiligte mündliche Überlieferungen wesentlich für ein Verständnis von Königsherrschaft sind, solche Ursprungsmythen uns mehr darüber verraten, wie Macht von denen, die sie innehatten, konzipiert und mobilisiert wurde, als darüber, was zu Beginn der erinnerten Zeit »wirklich« geschah. Mit anderen Worten, statt neutrale Quellen und Archive historischen Wissens zu sein, fungierten Ursprungsüberlieferungen eher als eigennützige und geschmeidige Kommentare zum Wesen sakraler Königsmacht. Am augenfälligsten ist diese interpretatorische Verschiebung vielleicht in der Studie über die dramatischen Ursprungsmythen der bantusprachigen Savannenkönigreiche von Angola, Sambia und der heutigen Demokratischen Republik Kongo. Diese Ursprungsmythen haben Geschichten über Gründungs- und Kulturheroen gemeinsam, die aus dem Osten kommend Flüsse überquerten und sich in Gesellschaften einschlichen, die von korrupten, gewalttätigen und unfruchtbaren Despoten beherrscht wurden, und die dann Kriegersöhne zeugten, die die anarchische Ordnung umstürzten und ein sakrales Königtum errichteten (siehe Kapitel 5). Sie ist ebenfalls sichtbar in neuen Herangehensweisen an das bedeutende Mande-Epos von Sundiata Keïta, dem heldenhaften Gründer des westafrikanischen Reiches von Mali im 13. Jahrhundert, dessen Taten in den Liederzyklen der berühmten Griots bewahrt werden.[20] Und sie äußert sich in einem allmählichen Verständnis des Aufstiegs der Königreiche in der Region der Großen Seen Ostafrikas, wo mit den ersten vom Himmel auf die Erde herabgeschickten Männern und Frauen – gefolgt von Dynastien aus Geistern, die schließlich als Könige neu konzeptionalisiert wurden, oder von Königen, die nach ihrem Tod zu Geistern wurden –, die Menschheitsgeschichte ihren Anfang nimmt.

In vielen dieser dynastischen Ursprungsmythen verankert ist die grundlegende Idee des Königs als eines Fremden, der nicht nur von außerhalb der Gesellschaft herstammt, sondern auch über ihr steht. Sie bringt das ambivalente Wesen der Königsherrschaft auf den Punkt: Sie ist einerseits der Ursprung von Ordnung, Fruchtbarkeit und Wohlergehen, andererseits aber auch eine Sache für sich – unberechenbar, wechselhaft und potenziell gefährlich. Diese weit verbreitete Vorstellung vom König als einer Art von sakralem Ungeheuer erwächst auch aus Thronfolgeritualen und aus den großen alljährlichen Festen wie dem *ncwala* der Swasi oder dem *odwira* der Aschanti. In vielen Dürregebieten Ost- und Südafrikas fungierte der König zudem als Regenmacher; dort und anderswo waltete er als Garant menschlichen Gedeihens über der zeremoniellen Ankunft der neuen Ernte. Allerdings enthielten diese Zeremonien meist auch bedrohlichere Erinnerungen daran, dass das Königtum die gewöhnlichen Regeln und Zwänge der Gesellschaft überschreite. So wurde etwa die königliche Inzucht dramatisiert oder, wie im Aschantireich und im Königreich Dahomey, die allzu reale rituelle Tötung menschlicher Opfer. In diesen dramatischen Momenten des alljährlichen rituellen Zyklus wurde Macht öffentlich zur Schau gestellt, damit alle sie sehen und sich an ihr weiden konnten. Doch zu anderen, normalen Zeiten wurde sie oft versteckt. So standen beispielsweise die Perlenkronen, deren Schnurgehänge die Gesichter der Yoruba-Könige verhüllten (siehe Tafel X), für das verborgene Wesen der Königsmacht. Im Königreich der Lozi in Sambia war der abgeschiedene König bekannt als das »versteckte Flusspferd« – eine Erinnerung daran, dass, wie bei dem Ruhmesnamen des Königs von Eswatini, *Ngwenyama* (»Löwe«), die Macht von Königen oft symbolisch gleichgesetzt wurde mit der Kraft unberechenbarer und potenziell gefährlicher wilder Tiere.[21]

Es ist jedoch unwahrscheinlich, dass die Ideologien des Königtums in Afrika durch die sagenhaften, transformativen Taten mystischer Kulturheroen geschaffen wurden, wie Ursprungsüberlieferungen sie sehr oft bewahrten. Vielmehr legen archäologische und linguistische Zeugnisse nahe, dass die »Wege hin zu Komplexität« – womit das Entstehen von Staaten gemeint ist – sich gewöhnlich über viele Generationen oder gar Jahrhunderte hinweg auftaten, wenn die allmähliche Entfaltung von Produktion,

Handel, Wohlstand und, letztendlich, Ungleichheit ein wahrnehmbares Bedürfnis nach zentralisierten Institutionen und »territorialer« Führerschaft aufkommen ließ, das über ältere Bande von Verwandtschaft und Gemeinschaft hinausging.[22] Das Königreich Swasiland beispielsweise nahm im 18. und 19. Jahrhundert klar umrissene Form an, aber im Jahr 1894 konnte das Königshaus einundvierzig Generationen von Königen aufzählen, die tief in die Vergangenheit zurückreichten.[23] Und es gab auch niemals, wie Vansina für das westliche Zentralafrika nachgewiesen hat, »ein einziges inhärentes Programm, das Menschen automatisch gezwungen hätte, den Umfang ihrer Gesellschaften zu erweitern« oder Dörfern gewaltsam Macht zu entreißen, »um diese in einer einzigen Hauptstadt zu konzentrieren«.[24] Vielmehr, so seine These, debattierten die Leute und trafen Entscheidungen darüber, wie Probleme der Regierungsführung zu lösen seien – Entscheidungen, die von lokalen Milieus und durch kollektive Vorstellungskraft geprägt waren. Als Oberhäupter und Stammesführer eine dauerhaftere Rolle zu spielen begannen, machten die Leute sich Gedanken über die sakralen Ursprünge von Macht und entwickelten neue politische Vokabulare, mittels derer sie darüber sprachen. Im nördlichen Angola beispielsweise war die zentrale politische Vorstellung um 1600 *ulamba*, »Autorität« oder »Majestät«; im Süden, in dem aufstrebenden Königreich Ndongo, war es *ngola* (wovon frühe portugiesische Kolonisten den Namen Angola ableiteten); und weit im Osten, in dem Gebiet, das als Königreich Luba in Erscheinung treten sollte, war es *bulopwe*. Wahrscheinlich war es die allmähliche Verbreitung und örtlich begrenzte Ausgestaltung dieser einheimischen Vorstellungen von sakraler Macht und die mit ihnen verbundenen Praktiken dynastischer Regierungsführung, die am Ende in Überlieferungen personifiziert wurde, die die Taten von Gründungsheroen wie Kalala Ilunga von den Luba und Cibinda Ilunga von den Lunda schilderten.

In Zentralafrika und anderswo auf dem Kontinent stellt sich die Genese und Entwicklung von Reichen heute also etwas anders dar, als dies für frühere Generationen von Historikern der Fall war. Staatenbauer sahen sich in ihren Ambitionen mit sehr realen Beschränkungen konfrontiert: Auf einem Kontinent mit riesigen Landflächen, offenen Grenzen und historisch niedriger Bevölkerungsdichte konnten um ihre Autonomie äußerst besorgte lokale Gemeinschaften schlicht und einfach fortziehen von denen, die über sie herrschen wollten. Im Lauf der Zeit ermöglichten die Entwicklung neuer Formen der Militärtechnik und neue Quellen zur Akkumulation von Reichtum – einschließlich der durch die Beteiligung am überseeischen Sklavenhandel geschaffenen – Kriegerkönigen, umliegenden Völkern ihren Willen durch Eroberung aufzuzwingen. Allerdings ist die Forschung heute der Ansicht, dass Eroberung und Zwang in der Geschichte der Königsherrschaft in Afrika vermutlich weniger wichtig waren als Kreativität und Konsens. Meistens strebte die dynastische Macht nach Legitimität, indem sie sich in tiefsitzenden Auffassungen über die Welt und den Kosmos verortete und den König als Vermittler sakraler Autorität und als Schirmherrn der Kultur in Stellung brachte. Wenn diese Vorstellungen in der Sprache der Macht auf den Punkt gebracht wurden, dann erfolgte ihre Vermittlung nach außen über Rituale und durch die materielle Kultur und Kunst. Wie wir in Cécile Fromonts Kapitel über das Königreich Kongo sehen werden, leisten Kunsthistoriker einen zunehmend wichtigen Beitrag zum Verständnis von Königsmacht.[25] Auch Zuschnitt und Charakter der hierdurch entstandenen Reiche sehen oft ganz anders aus: Sie ähneln mehr dem alten Modell des segmentären Staates mit der für ihn typischen Kernregion und einer Peripherie, die durch verschiedene Mechanismen wechselseitigen Gebens und Nehmens mit dem Königshof verbunden war. Königreiche, wie etwa Luba und Lunda, die früher beispielsweise als expansive »Imperien« angesehen wurden, erscheinen heute eher wie lockere Konföderationen oder Staatenbünde, deren Amtsträger in entlegenen Gebieten Treue zum Zentrum gegen zivilisatorische Vorteile eintauschten, die von der höfischen Kultur des Zentrums gewährt wurden.[26]

Afrikanische Reiche über Zeit und Raum hinweg

Ziel der vorliegenden Sammlung von Aufsätzen über *Große Reiche Afrikas* ist es, Prozesse dynastischer Staatsbildung und Auffassungen über das Wesen des Königtums in der Zeit vor der europäischen kolonialen Eroberung zu untersuchen. Die folgenden Kapitel tragen zu einem neu entstehenden Bild bei, das auf den kreativen Charakter politischer Macht, den fortlaufenden Dialog zwischen dieser Macht und der umfassenderen Kultur, aus der sie hervorging, sowie auf die Koexistenz politischer Hierarchien mit anderen Autoritätsquellen abhebt. Nichts davon bedeutet, dass Afrikas Reiche irgendwie weniger »groß« gewesen wären. Es bedeutet lediglich, dass afrikanische Reiche nach ihren eigenen Kategorien beurteilt werden müssen. Man könnte sogar die These vertreten, dass ihre Größe weniger in einer Fähigkeit zu Oberherrschaft und Zwang lag als in ihrem Ideenreichtum beim Erfinden von Formen einer Staatskunst, die fähig war, sich Legitimität mit inklusiveren Mitteln zu sichern. Und es soll keinesfalls heißen, dass es sich bei heroischen Geschichten über Kriegerkönige, in denen dynamische Führer aus den zugrundeliegenden Strukturen der Gesellschaft heraustreten, um die politische Initiative zu ergreifen, bloß um erfundene Überlieferungen handelt. Es gibt eine Fülle von Belegen, die zeigen, dass es dynastische Politik war – und nicht verallgemeinerte Vorstellungen von »politischer Kultur« –, die das Schicksal afrikanischer Reiche und der Völker, die sie zu beherrschen suchten, umgestaltete. Überdies entstand und agierte dynastische Macht nicht in einem Vakuum:

Wenn einer der Fehler der frühen Anthropologie darin bestand, afrikanische Gesellschaften als in sich geschlossene »Stammes«-Gemeinschaften zu betrachten, dann ist es gleichfalls irreführend, die Geschichte des Kontinents isoliert von den umfassenderen globalen Kräften zu untersuchen, mit denen sie in Wechselwirkung stand. Die Rolle der transsaharischen Konnektivität beim Aufstieg und Niedergang der mittelalterlichen sudanischen Reiche ist ein sehr wichtiges typisches Beispiel. Ab dem 16. Jahrhundert umfassten globalisierte Interaktionen zunehmend auch Kontakte zu Sklavenhändlern und anderen Vertretern eines expansionistischen Westeuropa, deren Ankunft an den Küsten Afrikas bestehende Wirtschaftskreisläufe unterbrach und das Kräftespiel politischer Macht veränderte.

Die Anwendung der aufeinanderfolgenden historischen Perioden Antike, Mittelalter und Neuzeit auf die afrikanische Geschichte ist bis heute nicht unumstritten. Ursprünglich für die europäische Geschichte erdacht, hat man diese Kategorien immer wieder kritisiert, weil sie afrikanische Realitäten nicht widerspiegelten – wenngleich Alternativen, wie etwa eine Art mittelalterliche »Afrikanische Eisenzeit«, die Komplexität des Kontinents keineswegs erfolgreicher erfassten. Historische Prozesse entfalteten sich überall in den unterschiedlichen Regionen Afrikas auf andere Weise, sodass solch eine schlichte zeitliche Unterteilung niemals auf alles oder überall passen wird – und aus diesem Grund auch für Europa nach wie vor kritisiert wird.[27] Was jedoch die Erweiterung der Sozialskala, die Zunahme politischer Komplexität und das Entstehen zentralisierter Reiche betrifft, so ist es durchaus möglich, eine großräumige Entwicklungsabfolge festzustellen. Die frühesten Staaten Afrikas in Ägypten und Nubien gehören zusammen mit dem römischen Nordafrika, dem äthiopischen Königreich Aksum (Aksumitisches Reich) und dem (im 3. Jahrhundert v. Chr. gegründeten) urbanen Zentrum Djenne-Djeno im heutigen Mali allesamt eindeutig in den Bereich des Altertums; Entwicklungen in Ost- und Südafrika vor 400

n. Chr. wurden zudem als »afrikanische Antike« bezeichnet.[28] Auch wenn der Anbruch einer nachfolgenden Epoche bis zu einem gewissen Grad von den Vorstellungen Außenstehender abhängt, können aus dem 9. Jahrhundert n. Chr. stammende arabischsprachige Quellen, die erstmals die Existenz der Königreiche von Ghana und Gao in der Sahelzone oder am südlichen »Ufer« der Sahara verzeichnen, dahingehend verstanden werden, dass diese Reiche den Beginn eines eigenen »afrikanischen Mittelalters« markieren. Wenn diese Epoche weiterhin am eindeutigsten mit der »imperialen Tradition« des sudanischen Westafrika assoziiert wird, dann kam es in der ersten Hälfte des zweiten Jahrtausends n. Chr. auch in verschiedenen anderen Regionen zur Entwicklung von Fernhandel und Einheitsstaaten: im westafrikanischen Wald, im Hausaland, im Hochland von Simbabwe und im westlichen Zentralafrika.[29]

Die Reihe grundlegender Veränderungen, die ab dem späten 16. Jahrhundert in großen Teilen Afrikas Gestalt annehmen, verweist auf einen weiteren umfassenden Wendepunkt in der Geschichte des Kontinents. Nicht alle diese Veränderungen gingen einher mit zunehmender Interaktion mit Europa: Die Schlacht von Tondibi im Jahr 1591, in der eine mit Musketen ausgerüstete Armee, die von Sultan Ahmad al-Mansur von Marokko quer durch die Sahara entsandt worden war, das Songhaireich besiegte und eine achthundertjährige imperiale Tradition beendete, ist als Endpunkt von Westafrikas »Mittelalter« ausgemacht worden. Ebenfalls um 1600 nahmen in der Savanne südlich des Kongo-Regenwalds und in der Region der Großen Seen Ostafrikas allmählich zentralisierte Reiche Gestalt an. Doch es war die Ausweitung des atlantischen Sklavenhandels und die daraus resultierende Welle von Raub, Plünderung und Gewalt, die als Katalysator für eine neue Form der Staatsbildung fungierte. Einige bestehende Reiche, wie etwa Jolof in der Region Senegambia, wurden durch den Handel mit versklavten Menschen destabilisiert und unwiderruflich geschwächt. Anderswo untermauerten Feuerwaffen, Versklavung und neue Reichtumsquellen den Aufstieg expansionistischer westafrikanischer Reiche, wie etwa Oyo, Aschanti, Dahomey und Ségou. Es handelte sich um sogenannte fiskal-militärische Staaten, die bis zu einem gewissen Grad von dem Modell eines einvernehmlicheren sakralen Königtums abwichen.[30] Wie wir sehen werden, ging die militarisierte Staatsbildung bis ins 19. Jahrhundert weiter: mit der Errichtung des riesigen Kalifats von Sokoto im Hausaland und darüber hinaus; mit der Neubelebung der imperialen Herrschaft im christlichen Äthiopien und, vielleicht am symbolischsten, im dramatischen Aufstieg des Königreichs Zululand in Südafrika.

In der zweiten Hälfte des 19. Jahrhunderts stießen diese und andere laufende Staatsbildungsprojekte dann auf einen neuen und zunehmend aggressiven Rivalen: den europäischen Imperialismus. Das Ergebnis war eine Reihe erbitterter und oftmals gewalttätiger regionaler Machtkämpfe, die man unter der Bezeichnung »Wettlauf um Afrika« zusammengefasst hat. Mit Ausnahme des kaiserlichen Äthiopien, das sich 1896 seine Unabhängigkeit sicherte, indem es eine italienische Invasionsarmee zurückschlug, handelte es sich durchweg um Kämpfe, die die afrikanischen Reiche verloren. Während des darauffolgenden halben Jahrhunderts oder länger war der Kontinent unter sieben – und später sechs – europäischen Kolonialmächten aufgeteilt (Deutschland erklärte nach dem verlorenen Ersten Weltkrieg im Versailler Friedensvertrag den Verzicht auf sein überseeisches Kolonialreich). Doch die Geschichte der großen Reiche Afrikas war damit nicht zu Ende. Die Ära der Kolonialherrschaft war transformativ, und sie endete in den meisten Fällen nicht mit einer Rückkehr zu alten Herrschaftsrechten, sondern mit der Schaffung moderner Nationen auf der Grundlage der von den Kolonialherren gezogenen Grenzen. Aber sie war auch kurz und durch starke Kontinuität mit der Vergangenheit gekennzeichnet. Und in der Tat ist vielen Historikern heute nicht wohl bei einer anderen weit verbreiteten Methode, die Geschichte Afrikas aufzuteilen, nämlich in eine »präkoloniale«, »koloniale« und »postkoloniale« Periode, als wäre das kurze Zwischenspiel der europäischen Vorherrschaft der entscheidende Angelpunkt gewesen, um den sich alles andere drehte. Das war sie nicht, und es ist nicht mehr angemessen, die afrikanische Geschichte vor der Mitte des 19. Jahrhunderts unter einer undifferenzierten präkolonialen Periode zusammenzufassen. Wie wir in diesem Buch sehen werden, prägte das Vermächtnis der afrikanischen Reiche noch das gesamte 20. Jahrhundert hindurch die Geschichte des Kontinents und ist bis heute weiterhin spürbar.

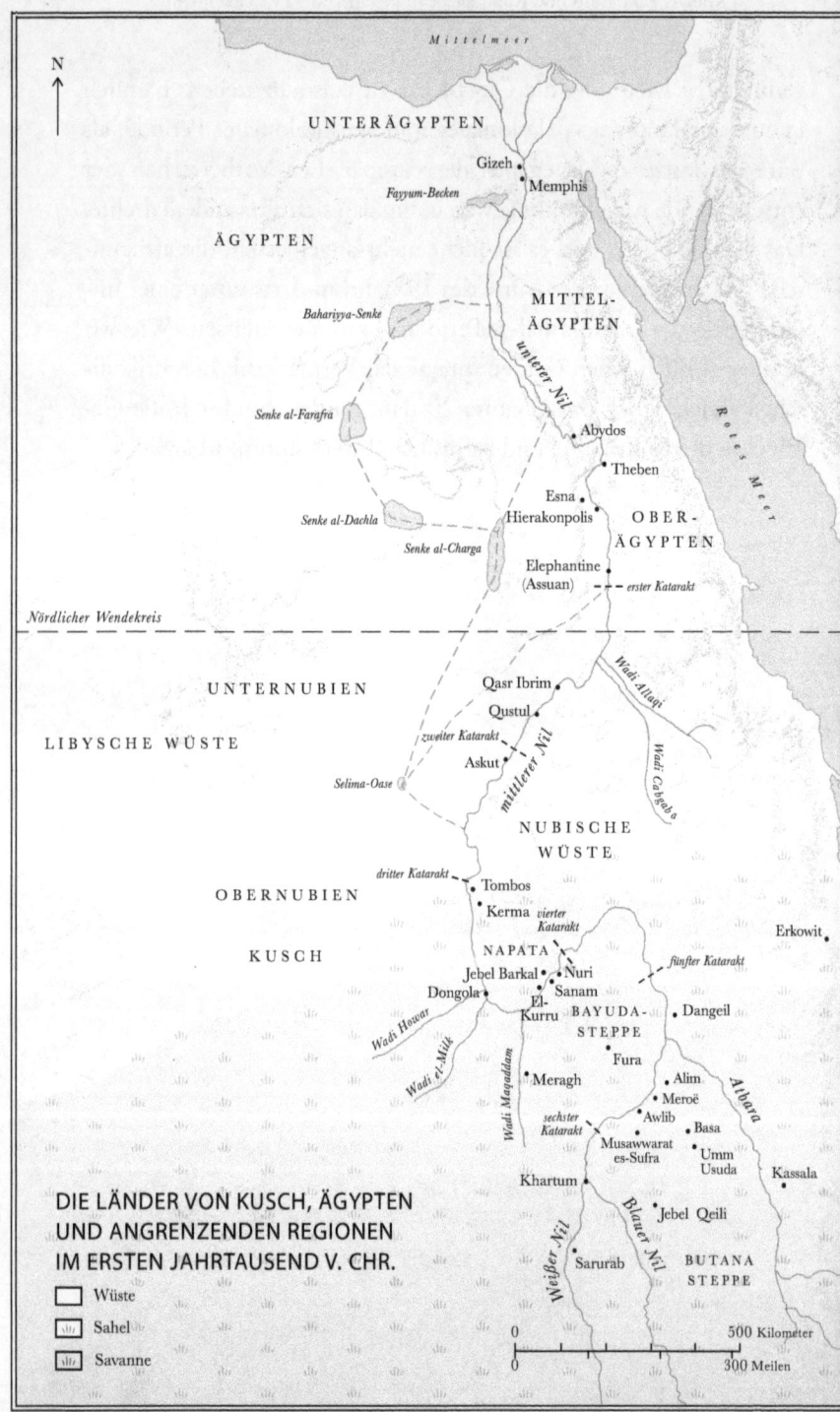

KAPITEL 1

ALTÄGYPTEN UND NUBIEN
KÖNIGE DER FLUT UND KÖNIGE DES REGENS

David Wengrow

»Lass dich nicht mit den Nubiern ein!
… sei auf der Hut vor ihrem Volk und ihren Zauberern.«

Aus einem Brief, den der ägyptische König Amenophis II. an Usersatet,
Vizekönig von Kusch, schickte, 15. Jahrhundert v. Chr.[1]

Geschichte wird oft geschrieben als Erzählung über den Aufstieg und Niedergang von Königen, aber die Geschichte des Königtums in Afrika wird, wie anderswo auch, ebenso sehr geprägt von den Menschen, über die die Könige herrschten, und vom vielfältigen Charakter des Königtums selbst. Dies gilt sowohl für das Nilbecken, wo die frühesten bekannten Königreiche Afrikas entstanden, als auch für andere Teile des Kontinents. Die Institution der Monarchie in dieser Region war zu allen Zeiten ein Weg, um persönliche Autorität auszuweiten, aber auch, sie einzudämmen, indem die Inhaber des königlichen Amtes gezwungen wurden, sakrale Funktionen wahrzunehmen und traditionellen Verpflichtungen gegenüber ihrem Volk nachzukommen. Das nilotische Königtum konnte die

Macht ebenso völlig in der Hand haben wie ihr Instrument sein, und es ist noch gar nicht so lange her, dass bestimmte Könige ein Ende durch die Hand ihrer Untertanen fanden, sei es, dass sie erstickt oder anderweitig gewaltsam zu Tode gebracht wurden, weil sie die ihnen zugewiesenen Funktionen als Beschützer des Lebens, Quellen des Wohlstands und Regenbringer nicht erfüllten.[2] In welche Richtung das Pendel im Lauf der Jahrhunderte ausschlug, hing nicht weniger von der Persönlichkeit einzelner Herrscher ab als vom kollektiven Willen ihrer Untertanen und davon, in welchem Ausmaß Letztere fähig waren, Anordnungen zu verweigern oder sich angesichts tyrannischer Gewalt zu neuen Ufern aufzumachen. Von dieser Warte aus betrachtet, wirft die antike Vergangenheit Ägyptens und Nubiens faszinierende Fragen nach der Geschichte der afrikanischen Königsherrschaft und Politik auf, die anzuschneiden ich mir in diesem Kapitel vorgenommen habe.

Aus der Sicht des Reiches von Kusch

Befassen wir uns zunächst mit der Phase der Geschichte von 747 bis 664 v. Chr., als Ägypten nacheinander von mehreren kuschitischen Königen regiert wurde, darunter Taharqa und Schabaqa, deren königliche Abstammungslinie im Land Nubien am mittleren Nil entsprang, weit im Süden, in dem Gebiet des heutigen Zentralsudan. Historikern hat sich diese Episode – die 25. Dynastie in der Chronologie des pharaonischen Ägypten – oft als ein ziemliches Rätsel dargestellt.[3] Im Gegensatz zu Persern und Ptolemäern, die Ägypten nach ihnen regierten, übernahmen die Könige von Kusch sowohl die Kontrolle über Ägyptens eindrucksvolle staatliche Bürokratie als auch über einen Großteil seines Militärapparats sowie die ausgedehnten königlichen Besitzungen und Tempelgüter, ohne zunächst einen stabilen Regierungsapparat in ihren eigenen Ländern aufgebaut zu haben. Von ihren Tempelstädten und Königsresidenzen in Napata und Meroe aus beanspruchten diese kuschitischen Könige die Kontrolle über einen Großteil des sich über etwa tausend Kilometer erstreckenden sudanesischen Niltals, während sie gleichzeitig das gesamte Niltal in Oberägypten und das sich nach Norden zum Mittelmeer hin öffnende Nildelta (Unterägypten) regierten.

Der Charakter der kuschitischen Herrschaft ist oft einfacher in Ägypten zu ermitteln als in der kuschitischen Hälfte dieses »Doppelreiches« selbst. Zum Teil ist dies eine Folge der wissenschaftlichen Vorliebe für Ägypten, aber es gibt noch andere Gründe. Innerhalb seiner sudanesischen Territorien, von Ägyptens Südgrenze bei Assuan bis nach Sennar am Blauen Nil, gilt der kuschitische (oder »meroitische«) Staat oft als Beispiel für das »sudanische« (im Gegensatz zum »pharaonischen«) Königtum.[4] Was die religiösen und zeremoniellen Aspekte des Königtums betrifft, so ist die Unterscheidung rein akademisch: Herrscher in beiden Ländern leiteten das Herrschaftsrecht von den Göttern ab, vor allem vermittels des Amun-Kultes, dessen Tempel in Ägypten und im Sudan allgegenwärtig waren. Außerdem wurde sowohl von ägyptischen als auch von kuschitischen Königen erwartet, einen erheblichen Teil ihrer Zeit der Einhaltung von königlichen Ritualen, Ahnenkulten, Feiertagen und der Befragung von Orakeln zu widmen. Der wahre Unterschied liegt im ökonomischen und logistischen Fundament der Monarchie in diesen frühen sudanesischen Reichen, wo die Bevölkerungsdichte im Allgemeinen weit niedriger und die Mobilität sehr viel größer war als in Ägypten.

Meroitische Tempel wurden, anders als ihre ägyptischen Gegenstücke, nicht von großen Domänen unterhalten, da die Schwemmland-Aue des mittleren Nils keine nachhaltige landwirtschaftliche Produktion in solchem Umfang erlaubte. Ein Geflecht von Palästen beaufsichtigte die Abholung, Lagerung und Verteilung wertvoller Materialien, die auf Raubzügen erbeutet und über den Fernhandel beschafft wurden, der den Nil-Korridor mit dem Roten Meer im Osten und dem afrikanischen Grasland im Süden verband. Über diese Paläste floss ein reichhaltiger Strom an tropischen und Savannen-Erzeugnissen – Elfenbein, Gold, Ebenholz, Rhinozeroshorn, exotische Tierhäute und -pelze, Straußenfedern –, dazu Waren, die für den Archäologen weniger sichtbar sind, wie etwa Gewürze und Harze. Darüber hinaus waren sie Zentren handwerklicher und fachlicher Produktion, wozu wahrscheinlich die Glas- und Fayence-Herstellung und, in Meroe, eine hochentwickelte Eisenindustrie gehörte.[5] Allerdings deuten nur wenige Hinweise darauf hin, dass sie einen komplexen Verwaltungsapparat beherbergten oder dass ihre herrschenden Eliten beträchtliche Überschüsse an Grundnahrungsmitteln verwalteten oder die laufende Kontrolle über Gebiete weit jenseits des unmittelbaren Einflussbereichs des königlichen Hofes ausübten.[6]

Mangels territorialer Hoheitsgewalt (die beansprucht, aber fast nie ausgeübt wurde) und weil kein ziviler Beamtenapparat existierte, ist es schwer, genau zu beschreiben, was für eine Art von »Staat« das antike Kusch tatsächlich war. Überdies waren kuschitische Herrscher in ihrer Fähigkeit, politische Projekte in Angriff zu nehmen, zumindest theoretisch insoweit eingeschränkt, als sie ein anspruchsvolles Programm aus religiösen Verpflichtungen abarbeiten mussten. Kuschitische Krönungsfeiern wurden sorgfältig inszeniert und nicht nur an einem, sondern an einer Reihe von Orten wiederholt, die sich auf das ganze Land zwischen dem zweiten und fünften Nilkatarakt verteilten. Zusammen mit dem königlichen Haushalt war der neue kuschitische Herrscher sodann verpflichtet – erneut zumindest in der Theorie –, für die Dauer seiner Herrschaft nach Maßgabe eines starren Festkalenders eine alljährliche Rundreise durch das Land und zu seinen zahlreichen Tempeln zu unternehmen (ein beispielhaftes »Wanderkönigtum«).[7] Solche Anforderungen waren auch in Ägypten nicht ungewöhnlich, aber im antiken Nubien scheinen sie in stärkerem Maße die Substanz der Königsherrschaft ausgemacht zu haben, indem sie die Fähigkeit des Herrschers, außerhalb der Zwänge eines traditionellen Verhaltensmusters zu agieren, wirksam einschränkten.

Ehrgeizige kuschitische Herrscher wie Pije, Schabaqa und Taharqa befreiten sich auf spektakuläre Weise aus diesem sakralen Würgegriff, der sie an der Machterweiterung hinderte, indem sie Ägypten im Norden überfielen und in Besitz nahmen. Die Folgen waren tiefgreifend. In ihren frisch eroberten Territorien – und insbesondere in der an der Verbindungsstelle von Niltal und Delta gelegenen zeremoniellen Landschaft von Memphis – stießen die kuschitischen Herrscher auf einen uralten Fundus an Wissen, das in mancher Hinsicht wiedererkennbar war, weil es sich im Einklang mit ihren eigenen politischen und theologischen Vorstellungen befand, in anderen Hinsichten jedoch fremd und faszinierend war, vor allem in seiner technischen Umsetzung. Ein auffallendes Merkmal der kuschitischen Hegemonie im 8. und 7. Jahrhundert v. Chr. ist die Sorgfalt, die kuschitische Herrscher der Wiederbelebung, Pflege und Bewahrung der Mythen, Rituale, Künste, handwerklichen Fertigkeiten und architektonischen Kenntnisse früherer ägyptischer Dynastien widmeten, die zurückreichten bis ins »Pyramidenzeitalter« des 3. Jahrtausends v. Chr. Diese Sorgfalt spiegelte sich überdies im Transfer kultureller Formen und Praktiken in ihre Herkunftsländer, am deutlichsten zu sehen an den ikonischen Pyramidenfeldern und Tempeln von al-Kurru, Nuri und Jebel Barkal (siehe Tafel I).[8]

Hinsichtlich der Regierungsführung war die vielleicht bedeutsamste Neuerung des kuschitischen »Doppelreichs« – zumindest aus ägyptischer Perspektive – die nachhaltige Erhebung von Frauen in herausragende Positionen im Staat und eine entsprechende Weiterentwicklung der weiblichen (Mutter-)Rolle in der Theologie des ägyptischen Königtums. In den kuschitischen Herkunftsländern scheinen die politische Freiheit von Frauen und die einflussreiche

Stellung von Königinnen und Königinmüttern dauerhafte Merkmale der Gesellschaft gewesen zu sein. Jahrhunderte später sollte dies die Aufmerksamkeit griechisch-römischer und frühchristlicher Beobachter erregen.[9] Für die stärker patriarchal geprägte Welt der ägyptischen Pharaonen war das ein ziemliches Novum. Im oberägyptischen Theben hatten die Ehefrauen und Töchter des Hohepriesters von Amun seit Langem wichtige religiöse Ämter innegehabt, aber zwischen 754 (kurz vor dem Beginn der kuschitischen Herrschaft) und 525 v. Chr. wurden nacheinander fünf unverheiratete, kinderlose Prinzessinnen libyscher und nubischer Abstammung in die bestehende Stellung einer »Gottesgemahlin des Amun« erhoben. Zu einer Zeit, als die Bedeutung traditionell männlicher Ämter, wie etwa Hohepriester und Wesir, im Schwinden begriffen war, erwuchs dieser Funktion nicht nur höchstes religiöses, sondern auch ökonomisches und politisches Gewicht.[10]

In offiziellen Darstellungen erhielten diese Frauen neue »Thronnamen«, eingerahmt von Kartuschen, und erschienen an der Spitze königlicher Feste und wie sie den Göttern unmittelbar Opfergaben darbrachten – alles Dinge, die normalerweise ägyptischen Königen vorbehalten waren. Außerdem besaßen die »Gottesgemahlinnen des Amun« einige der ertragreichsten Domänen in Ägypten, darunter die »Domäne der Göttlichen Anbeterin des Amun«, zu der ausgedehnte Ländereien und eine große Dienerschaft aus Priestern und Schreibern gehörten. Die Berufung nubischer Prinzessinnen in politische und ökonomische Schlüsselpositionen im ägyptischen Staat erlaubte dem kuschitischen königlichen Hofstaat, aus der Ferne zu regieren. Die Ehelosigkeit der Prinzessinnen und hochrangiger Priesterinnen in ihrem Gefolge schloss außerdem das Entstehen rivalisierender Unterdynastien aus, die die Autorität der kuschitischen Könige hätten herausfordern können.

Eine Situation zu haben, in der Frauen nicht nur über derartige Macht verfügen, sondern in der diese Macht auch verknüpft ist mit einem Amt, das ausdrücklich alleinstehenden Frauen vorbehalten ist, ist historisch ungewöhnlich. Allerdings wird diese politische Neuerung von der Forschung kaum thematisiert, teils, weil sie in einem chronologischen Rahmen verortet ist (der Dritten Zwischenzeit und der Spätzeit der altägyptischen Geschichte), der anzeigt, dass es sich um ein vorübergehendes Phänomen oder gar eine Verfallserscheinung handelte. Hier ist erwähnenswert, dass die übergeordnete chronologische Unterteilung der antiken Vergangenheit Ägyptens in Altes, Mittleres und Neues Reich selbst nicht auf antike Quellen zurückgeht: Sie wurde unter Ägyptologen erst im 19. Jahrhundert allmählich gebräuchlich, die Begriffe verwendeten, die sich an der neuzeitlichen Geschichte der Nationalstaaten in Europa orientierten.[11] Heute ist diese Unterteilung für die Geschichtsschreibung Altägyptens anerkannt, mit dem Ergebnis, dass die politische Geschichte des antiken Nubien oft bedenklich in dieses Schema eingepasst wird, wodurch es zu fast unmerklichen, aber nicht unerheblichen Verzerrungen kommt.[12]

Was die letzten fünftausend Jahre Geschichte betrifft, so gleicht unsere herkömmliche Vorstellung von der Vergangenheit nicht nur Afrikas, sondern der Weltgeschichte überhaupt einem Schachbrett aus Reichen und Imperien. Dabei waren diese Staatsformen während eines Großteils dieser Geschichte außergewöhnliche Inseln politischer Hierarchie in einem Meer aus sehr viel größeren Territorien, deren Bewohner, soweit für Historiker überhaupt wahrnehmbar, verschiedentlich als »Stammeskonföderationen«, »Amphiktyonien« oder »segmentäre Gesellschaften« bezeichnet werden – das heißt als Menschen, die sich starren, übergreifenden Systemen der Autorität konsequent entzogen. Man weiß recht viel darüber, wie solche Gesellschaften im Afrika südlich der Sahara, in Nordamerika, in Zentral- und Südostasien und anderen Regionen, wo es bis in jüngste Zeit lockere und flexible politische Bünde gab, funktionierten. Frustrierend wenig ist jedoch darüber bekannt, wie sie in

Zeiten agierten, als sie die bei Weitem häufigsten Regierungsformen der Welt waren.

So betrachtet, gewinnt die nubische Vergangenheit eine besondere Bedeutung. Das wahre Rätsel der antiken Geschichte und Archäologie Nubiens – zumindest seit der Bronzezeit (ca. 3000–1000 v. Chr.) – ist wohl nicht, ob dort Staaten oder Großreiche wie jene des benachbarten pharaonischen Ägypten entstanden. Sondern wie Nubiens Bevölkerung es trotz der Existenz ägyptischer Vorbilder in Sachen Regierungsführung vor ihrer Haustür und der Auswirkungen wiederholter räuberischer Übergriffe Ägyptens auf die Menschen und Ressourcen Nubiens schaffte, das Entstehen ähnlicher Herrschaftsformen in ihrer eigenen Mitte zu verhindern. Um *diese* Frage zu beantworten, müssen wir auch eine gewisse Vorstellung davon bekommen, wie das Königtum zunächst einmal in Ägypten Fuß fasste. Fahren wir also fort mit einem Überblick über die Herausbildung von Reichen im Niltal und gehen dabei zurück bis in die vorschriftliche Zeit. Diese tiefere Perspektive rückt sowohl die gemeinsamen konzeptionellen Wurzeln ägyptischer und nubischer Formen von Königsherrschaft in den Blick als auch einige zufällige Faktoren, die dazu führten, dass sie historisch voneinander abwichen und aufeinander einwirkten.

Frühe nilotische Landschaften und politische Gebilde

Die Wasser des Nils kommen aus Quellen im äthiopischen Hochland und in den Großen Seen Ostafrikas herab. Heute sind die Hauptarme des Flusses der Blaue Nil und der Weiße Nil, die sich in der Nähe von Khartum vereinen; darüber hinaus wird er gespeist vom Atbara, einem Zufluss, der durch die Steppenregion Butana im östlichen Sudan fließt. Weiter westlich liegt das Flussbett des Wadi

Howar, durch das einst der Gelbe Nil von den Bergen des Tschad herabkommend floss und sich bei Alt-Dunqula im Zentralsudan mit dem Hauptlauf des Nils vereinte. Auf seiner gesamten Länge von zweitausend Kilometern wird der Strom des sudanesischen Nils unterbrochen von sechs durch Felsaufschlüsse gebildeten Katarakten, die den Fluss in verzweigte, mit Inseln übersäte Wasserläufe teilen. Der erste Katarakt befindet sich in der Nähe von Assuan und markiert die antike Grenze zwischen Ägypten und Nubien. Nördlich davon fließt der Nil ungehindert zum Mittelmeer, vorbei an dem nach Nordwesten zu einer Senke (Depression) abfallenden Fayyum-Becken nahe Bani Suwaif, bevor er sich oberhalb von Kairo auffächert, um eines der größten Deltas der Welt zu bilden.

Alljährlich im Herbst während der Nilschwemme lagerte der Fluss einen breiten Teppich aus mineralreichem Sediment längs seines ägyptischen Laufs ab, wobei sich etwa zwei Drittel dieser Schicht im Delta ansammelten. Südlich von Assuan verengte sich die Überschwemmungsebene drastisch; die Bevölkerungszahlen wurden entsprechend kleiner, und die Siedlungsdichte nahm ab, wobei die Ackerböden der Überschwemmungsebene sich hauptsächlich auf die Regionen Schandi und Dunqula beschränkten, einschließlich des Kerma-Beckens. Die Landwirtschaft in Ägypten und im nördlichen Nubien basierte größtenteils auf Nutzpflanzen asiatischer Herkunft für den Winteranbau, wie etwa Weizen und Gerste, die nach dem Rückzug des Hochwassers an den Ufern des Flusses ausgesät wurden; weiter südlich wurden einheimische afrikanische Feldfrüchte, wie etwa Sorghum und Hirse, an ein sommerliches Niederschlagsregime angepasst. Sowohl Winter- als auch Sommerfrüchte wurden in Nordostafrika spätestens im 4. Jahrtausend v. Chr. angebaut; die Weizenart Emmer (auch Zweikorn genannt) und Gerste bis in das Gebiet von Dunqula im Süden und Sorghum in Steppenregionen, wie etwa der Butana.[13] Handels- und Bevölkerungszentren entstanden häufig im Grenzraum dieser beiden Anbauzyklen. Doch die kulturellen Wurzeln des ägyptischen wie auch des nubischen Königtums müssen in einer früheren Phase der Vorgeschichte von ungefähr 6000 bis 4000 v. Chr. gesucht werden.

Zu jener Zeit spielte der Getreideanbau noch keine große Rolle im Nil-Becken, obwohl Archäologen diese Gesellschaften als »neolithische« bezeichnen, um anzuzeigen, dass ihnen – sowohl in Ägypten als auch im Sudan – domestizierte Tiere (Rinder, Schafe und Ziegen) als Quellen für Fleisch und Milch dienten. Viehhaltung wurde neben gemischten Strategien des Jagens, Fischens und Sammelns in der Überschwemmungsebene des Nils sowie in den Oasen und jahreszeitlichen Wasserläufen (Wadis) der inzwischen zu Wüsten gewordenen angrenzenden Gebiete betrieben, die damals aber noch durch alljährliche Regenfälle bewässert wurden.[14] Neolithische Bevölkerungsgruppen zogen ungehindert durch diese »grüne Sahara«, sowohl westwärts über ein Netz jahreszeitlicher Seen (heute wasserlose sogenannte Playas, Salztonebenen) als auch in östlicher Richtung bis zur Küste des Roten Meeres, wo ihre Anwesenheit mittels der archäologischen Überreste von jahreszeitlichen Lagern, Gräberfeldern, von Dingen der beweglichen materiellen Kultur (die von den Menschen und ihren Nutztieren größtenteils am Körper getragen oder ihnen angehängt werden konnten) und in anschaulichen Felsmalereien und -ritzungen rekonstruiert werden kann.[15]

Im Lauf des 5. Jahrtausends v. Chr. führte die Mobilität neolithischer Gruppen im Niltal und in den benachbarten Regionen zu einer Konvergenz kultureller Merkmale, die sich mit bemerkenswerter Beständigkeit von der Gegend um Khartum die ganze Strecke bis zu der mittelägyptischen Region El-Badari dokumentieren lassen. Es ist undenkbar, dass Gemeinschaften in diesem gesamten Großraum (der sich über 1900 Kilometer erstreckt) irgendetwas gemeinsam hatten, das auch nur annähernd einer einzigen Form von ethnischer Identität entsprochen hätte. Stattdessen haben wir es hier mit etwas zu tun, das Archäologen als »Kulturareal«, »Horizont« oder

»Interaktionssphäre« von der Art bezeichnen, wie sie durch neolithische Bevölkerungsgruppen in vielen Teilen der Welt gebildet wurde, das heißt mit der Existenz eines gemeinsamen kulturellen Milieus, aus dem heraus zwar weitere lokale Gegensätzlichkeiten und Gruppenidentitäten entwickelt wurden, innerhalb dessen sich Menschen aber überregional und ungehindert bewegen konnten, oftmals über große Entfernungen hinweg. Was diese Freiheit garantierte, war das Vorhandensein gemeinsamer Normen der Gastfreundschaft und rituellen Praxis, die sich nicht um lokale Zugehörigkeiten scherten.

Im neolithischen Niltal ist diese ausgedehnte kulturelle Zone bekannt als die »primäre Hirtengemeinschaft«, ein Begriff, der sowohl die ökonomische und symbolische Bedeutung von Vieh als auch die Rolle der Viehhaltung als tragendes Element menschlicher Mobilität verdeutlichen soll.[16] Das Präfix »primär« dient zudem als Erinnerung daran, dass, obwohl Melken und Milchwirtschaft spätestens im 5. Jahrtausend v. Chr. weit verbreitet waren, die Menschen sich andere, »sekundäre« tierische Produkte, wie etwa die Zugkraft, noch nicht weithin zunutze machten. Die kulturelle Uniformität der primären Hirtengemeinschaft demonstriert ein Vergleich neolithischer Siedlungen und Gräberfelder in Süd-Ägypten und im Sudan. Überall in dieser ausgedehnten Region sind Belege für dauerhafte Dorfsiedlungen weiterhin schwer zu finden; Spuren von Hirten- und Fischerlagern sind hingegen allgegenwärtig, vor allem entlang der Randzonen der Überschwemmungsebene. Solche vorübergehenden Plätze – die lockere Konfigurationen von Pfostenlöchern, Konzentrationen von kulturellem Material (hauptsächlich Steinwerkzeuge und Keramik), Kotablagerungen, Aschehaufen und vereinzelt feste Hütten und Vorratsgruben enthalten – stellen die wichtigsten Belege für menschliche Besiedlung dar und spiegeln jeweils einen hohen Grad an räumlicher Mobilität und flexible soziale Regelungen wider, da Gemeinschaften abwechselnd in jahreszeitlichen Hirtenlagern lebten oder sich in weiter verstreute Jäger- und Sammlergruppen aufteilten.

Zu einem weithin sichtbaren Bestandteil der archäologischen Befunde des Niltals werden erstmals Gräberfelder. Sie finden sich an Standorten, bei denen es sich um markante topografische Orte auf natürlichen oder menschengemachten Erdhügeln oder an den Mündungen von Wadis gehandelt haben dürfte. Auf diese Weise nahm eine neue Art von Kulturlandschaft entlang der an das Tal angrenzenden tief gelegenen Wüste Gestalt an, übersät mit den Begräbnisstätten der Ahnen. Diese bildeten in einer ansonsten veränderlichen sozialen Landschaft feste Orientierungspunkte, und jeder dieser Punkte machte sowohl die Bindung einer Gemeinschaft an bestimmte Fisch- und Weidegründe kenntlich als auch Wanderungswege, die sich östlich und westlich des Tals erstreckten. Die Inhalte dieser Bestattungen weisen vom Zentralsudan bis nach Mittelägypten auffallende Übereinstimmungen auf, wobei allerorten offenbar starkes Gewicht auf neue Formen persönlicher Körperpflege und Verschönerung gelegt wurde, erkennbar an Spuren kosmetischer Pigmente und Minerale, nach denen in den angrenzenden Wüsten geschürft wurde, und an einem überwältigenden Spektrum von Perlarbeiten, Kämmen, Armreifen und anderen aus Elfenbein und Knochen hergestellten Schmuckstücken. Ebenfalls vorhanden sind Werkzeuge und Waffen, wie etwa steinerne Keulenköpfe, Feuersteinmesser mit Griff und Pfeilspitzen.

Solche Objekte waren Frauen, Männern und Kindern weithin zugänglich und deuten darauf hin, dass Bevölkerungsgruppen im gesamten Niltal nicht nur gemeinsame Vorstellungen davon hatten, wie man den menschlichen Körper und sich selbst pflegte, sondern auch von der Freiheit Einzelner, sich zu verteidigen, falls erforderlich mit Waffengewalt. Zur Erklärung der Fähigkeit von Menschen, woanders hinzuziehen, sich auszubreiten, zu zerstreuen und erneut zu integrieren, ist dieser gemeinsame Fundus sozialer Werte von ebenso großer Bedeutung wie die Logistik und Ökologie der Viehhaltung. Die rituelle Tötung und der rituelle Verzehr von Nutztieren gehörten wesentlich zu diesem sozialen Milieu, worauf auch Viehhörner und andere Teile von Tieren als Grabbeigaben hindeuten, die sorgsam platziert wurden, um neben dem oder der Verstorbenen zu ruhen. Ein geografischer Ursprungsort für diese primäre Hirtengemeinschaft lässt sich nicht mit Sicherheit bestimmen, aber aufgrund des derzeitigen archäologischen Beweismaterials sind ihre frühesten Spuren im Gebiet von Dunqula in der Nähe von Kerma zu finden, wo die Ausgrabung eines neolithischen Gräberfelds bei El-Barga Bestattungen freigelegt hat – voller Viehschädel, Schminkpaletten, steinerner Keulenköpfe, Armreifen aus Elfenbein und anderem Schmuck –, die aus der ersten Hälfte des 6. Jahrtausends v. Chr. stammen.[17]

Während des ausgedehnten Zeitraums, in dem es zur Bildung der primären Hirtengemeinschaft kam, traten auch bedeutsame Veränderungen in der Umwelt des Nil-Beckens ein, die der menschlichen Mobilität irgendwann neue Beschränkungen auferlegten, vor allem in den nördlicheren Regionen Ägyptens und Unternubiens. Die wichtigste langfristige Veränderung bestand darin, dass die über Nordostafrika verbreiteten sommerlichen Niederschläge (Monsunregen) sich allmählich nach Süden verlagerten, was zu einer Schrumpfung von Graslandflächen und Wasserläufen in der gesamten Sahara und schlussendlich zur Austrocknung von Gebieten beiderseits des Nils führte, ein Prozess, der in Ägypten größtenteils offenbar bis zum 4. Jahrtausend v. Chr. abgeschlossen war. Im Sudan war die Verschiebung dieser sommerlichen Niederschlagsgrenze nach Süden ein langsamerer Prozess, der sich in der erhaltenen Verbreitung von Felsritzungen flussabwärts bis zum zweiten Katarakt in Unternubien widerspiegelt, die neben Tausenden von Rinderreliefs Herden von Giraffen und Elefanten zeigen.

Es lohnt sich, einige allgemeinere Charakteristika dieser veränderlichen Grenze etwas genauer zu untersuchen, bestes Anschauungsmaterial liefert hier das spätere Beispiel von Meroe, mit dem dieses

Kapitel begann. Die meroitischen (kuschitischen) Reiche des 1. Jahrtausends v. Chr. und der ersten nachchristlichen Jahrhunderte waren »ökotone Reiche«, die zu beiden Seiten des Niltals und in den nördlichsten Randzonen der afrikanischen Savanne lagen: eine Knotenposition, die grundlegend für ihren Handelsreichtum und politischen Einfluss war. Indem sie sowohl die biologische Aufnahmefähigkeit als auch die religiöse Bedeutung solcher Standorte verbesserten, konnten ihre Herrscher dauerhafte Beziehungen zu mobilen Gruppen aufbauen, deren jahreszeitliche Wanderungen Erzeugnisse des Roten Meeres (und möglicherweise des Indischen Ozeans) an den Nil brachten.[18] Meroitische Herrscher investierten massiv in den Bau künstlicher Wasserauffangbecken oder Hafire – gefüllt mit dem Überlauf aus zur Regenzeit überfluteten Wadis –, die sich über das Niltal hinaus bis weit ins Innere der Steppenregion Butana erstreckten, wo sie für Menschen und Vieh eine verlässliche Wasserquelle darstellten.[19] In unmittelbarer Nähe der Hafire wurden Tempel errichtet, die zu Mittelpunkten für Handelsmessen und zu Mikrostädten wurden, die in regelmäßigen Abständen im meroitischen Umland plötzlich entstanden, nur um sich außerhalb der Saison wieder aufzulösen.

Bemerkenswert ist das Fehlen jeglicher Belege für Befestigungen oder andere Mittel zur Kontrolle der Bewegung von Menschen. Die Könige der Savannengrenze herrschten nicht über eine große Bevölkerung von sesshaften Getreidebauern, deren Aktivitäten leicht beobachtet oder gesteuert werden konnten. Ihre Untertanen waren weitgehend frei von den Zwängen landwirtschaftlicher Produktion. Häufiger waren sie nur zum Teil oder vielleicht sogar nur saisonbedingte Untertanen, deren Bewegungsfreiheit durch die sommerlichen Niederschläge diktiert wurde, die ihnen die Aussicht auf Gras- und Weideflächen eröffneten, durch die sie mit ihren Viehherden ziehen konnten. Tatsächlich blieben für solche Bevölkerungsgruppen Rinder das, was sie in neolithischer Zeit größtenteils waren:

herausragende Symbole persönlicher Autonomie und der lebende Beweis für eine soziale Existenz, die auf der Fähigkeit beruhte, tyrannischer Macht den Rücken zu kehren und einen eigenen Weg einzuschlagen. In ihren Heimatländern basierte die Macht der meroitischen Herrscher daher mehr auf Anziehungskraft als auf Zwangsausübung: Wie Apedemak, ihr löwenköpfiger Gott der Jagd und des Krieges, waren diese Könige des Nil-Savanne-Ökotons eine Brücke zwischen Welten, gezwungen, in alle Richtungen gleichzeitig zu blicken.

In welchem Ausmaß deutete die Organisation älterer kuschitischer und nubischer Reiche voraus auf solche Übereinkünfte zwischen Herrschern und Beherrschten? Während eines Großteils des 3. und 2. Jahrtausends v. Chr. erstreckten sich von verlässlichen sommerlichen Niederschlägen gespeiste Wadi-Systeme und jahreszeitliche Weidegründe bis in das Gebiet von Dunqula im Norden; der Savannenrand befand sich weit stromabwärts von seiner späteren Lage in meroitischer Zeit.[20] Viele Jahrhunderte vor dem Aufstieg von Napata und Meroe lag das überragende Zentrum der kuschitischen religiösen und politischen Macht im Kerma-Becken in der Nähe des dritten Katarakts, wo Hinweise auf große Fauna, wie etwa Elefant, Flusspferd, Löwe und Giraffe – neben zahlreichen Überresten von Nutztieren –, bis in die Anfänge des 2. Jahrtausends v. Chr. vorliegen. Über den ökologischen Kontext des bronzezeitlichen Staatswesens, das in Kerma entstand, weiß man nach wie vor kaum etwas, aber es scheint zumindest plausibel, dass es sich auch bei diesem Reich – dem wohl frühesten im subsaharischen Afrika – um ein »ökotonisches Reich« handelte, wenn auch anders strukturiert als spätere kuschitische Beispiele und mit Zugang zu einem lukrativen Karawanenhandel, der die Oasen der Westlichen Wüste Ägyptens passierte. Tatsächlich könnte der Prototyp eines handelsorientierten Staatswesens – in dem soziale Macht weniger aus der unmittelbaren Gewalt über Menschen oder Territorium erwuchs als aus der Fähigkeit von Herrschern, unterschiedliche Einflüsse von überall her zu bündeln (und sie abzusegnen) – noch älter sein und auf die sogenannte A-Gruppe in Unternubien im 4. Jahrtausend v. Chr. verweisen.[21]

Wenn antike sudanische und nubische Staatswesen von »Königen des Regens« regiert wurden, deren tatsächliche Souveränität auf einen engen Rahmen begrenzt war und deren Untertanen sich frei zwischen flussnahen, savannenartigen und an der Küste gelegenen Umwelten bewegten, dann könnte man die Herrscher Ägyptens dazu kontrastierend auch als »Könige der Flut« bezeichnen. Die auf dem sogenannten Palermostein der 5. Dynastie eingeschriebenen Königsannalen bestimmen Regierungsjahre anhand der rituellen Auftritte des ägyptischen Königs, die in direktem Zusammenhang sowohl mit der Besteuerung als auch mit der Messung der jährlichen Höhe der Nilschwemme standen.[22] Es war die Vormachtstellung dieser Könige der Flut in den Schwemmebenen des ägyptischen Nils, die das weltweit erste Kleinbauerntum hervorbrachte: sesshafte Bevölkerungen von Getreideproduzenten, deren Existenzweise räumlich eng begrenzt war und deren Leben sich im strengen Takt einer Schwemmlandwirtschaft vollzog. Im Gegensatz zu ihren sudanischen Pendants übten ägyptische Monarchen (lebende wie tote) ein beträchtliches Maß an praktischer Souveränität über Menschen und Land aus, die von einer Hierarchie lokaler Beamter, Gouverneure, Schreiber und Seelenpriester durchgesetzt wurde.

Die Entstehung des Alten Ägypten

Zwischen den frühen Königreichen Ägyptens und Nubiens und in ihren ökologischen Kontexten wurden einige elementare Gegensätze ermittelt, die es, je weiter man nach Süden kam, immer schwerer machten, starre Autoritätsstrukturen aufrechtzuerhalten. Das Ergebnis war die Herausbildung eines pharaonischen und eines sudanischen Königtums, die sich strukturell voneinander unterschieden. Bei einem tieferen Blick in die Vergangenheit haben wir außerdem gesehen, dass diese gegensätzlichen Formen des Königtums aus demselben Reservoir neolithischer kultureller Werte im Nil-Becken schöpften: der »primären Hirtengemeinschaft« des 6. und 5. Jahrtausends v. Chr. mit ihren geteilten Vorstellungen von rituellen Handlungen und Gastfreundschaft, ihrer gemeinsamen Ästhetik gesellschaftlicher Zurschaustellung sowie ihrer mit Viehhaltung einhergehenden relativ freien und mobilen Existenz. Im Folgenden wollen wir untersuchen, wie aus jenen fließenden gesellschaftlichen Übereinkünften der neolithischen Zeit die »Könige der Flut« hervorgingen, die über dichte Bevölkerungen sesshafter Ackerbauern herrschten.

Beginnen können wir mit der Untersuchung einer Phase außergewöhnlicher politischer Gewalt, die die Errichtung der ersten, Souveränität über ganz Ober- und Unterägypten beanspruchenden königlichen Dynastien begleitete. Man weiß seit mehr als einem Jahrhundert, dass einige der frühesten Herrscher Ägyptens, jene der 1. Dynastie um 3000 v. Chr., ihre Reise ins Jenseits umgeben von den Leichnamen einiger Hundert oder sogar Tausend Diener antraten, die beim Tod des Königs oder der Königin offenbar rituell getötet wurden.[23] Ägypten steht in dieser Hinsicht nicht allein da. Bestattungen von Königen und Königinnen im Kreise einer großen Anzahl menschlicher Opfer, die eigens für den Anlass getötet wurden, finden sich in beinahe jedem Teil der antiken Welt, in dem sich Monarchien etablierten, von dem frühen dynastischen Stadtstaat Ur in Mesopotamien über das China der Schang-Zeit, die Gesellschaften der Moche und der Wari in Südamerika bis zu der präkolumbischen Stadt Cahokia, Hauptzentrum der Mississippi-Kultur, und – wie wir sehen werden – dem Königreich von Kerma in Nubien. Im Falle Ägyptens scheinen die Opfer ritueller Tötungen, die rings um die

Gräber früher dynastischer Könige (und mindestens einer Königin) bestattet wurden, fast ausschließlich aus ihren eigenen inneren Kreisen geholt worden zu sein. Die Belege entstammen einer Reihe von fünftausend Jahre alten Grabkammern, die im Altertum ausgeraubt wurden, aber in der Nähe des Standortes der antiken Stadt Abydos in der tiefen Wüste Süd-Ägyptens nach wie vor sichtbar sind. Dies waren die Gräber von Ägyptens 1. Dynastie. Jedes Königsgrab umgeben lange Reihen von Nebenbestattungen, deren Zahl in die Hunderte geht und die eine Art Einhegung bilden. Solche »Dienergräber« – darunter königliche Bedienstete und Höflinge, die in der Blüte des Lebens getötet wurden – wurden in eigenen kleineren, aus Ziegeln gemauerten Kammern platziert, jeweils markiert mit einem Grabstein, dessen Inschrift die Titel der Person nennt. Beim Tod eines Königs oder einer Königin scheint also der Nachfolger für den Tod des höfischen Gefolges seines/ihres Vorgängers oder zumindest für einen erheblichen Teil davon verantwortlich gewesen zu sein.

Warum also dieses ganze rituelle Töten bei der Geburt des ägyptischen Staates? Was war der Zweck von Nebenbestattungen? Bestand er angesichts der religiösen Vorstellung, dass die Lebenden und die Toten weiterhin einen Einfluss auf die Sphäre der jeweils anderen ausübten, darin, den verstorbenen König vor dem lebenden oder den lebenden vor dem verstorbenen König zu schützen? Warum gehörten zu den Geopferten so viele, die ihr Leben augenscheinlich mit der Sorge für den König verbracht hatten, darunter höchstwahrscheinlich Ehefrauen, Wachen, Beamte, Köche, Stallknechte, Unterhalter, Palastzwerge und andere Bedienstete, alle nach Rang und Stellung entsprechend ihrer Funktion oder Beschäftigung um das Königsgrab gruppiert? Hier scheint ein schreckliches Paradox vorzuliegen. Einerseits haben wir es mit einem Ritual zu tun, das der ultimative Ausdruck von Liebe und Hingabe ist, da diejenigen, die den König von Tag zu Tag zu etwas Königsgleichem machten – ihn ernährten, ihn ankleideten, sein Haar kürzten, ihn bei Krankheit pflegten – bereitwillig in den Tod gingen, um zu gewährleisten, dass er im Jenseits weiterhin König wäre. Gleichzeitig sind diese Bestattungen der ultimative Nachweis, dass wegen eines Herrschers selbst seine vertrautesten Untergebenen wie persönliche Besitztümer behandelt werden konnten, die beiläufig entsorgt wurden wie so viele Nippsachen, Decken oder Weinkrüge.

Zeitgenössische Schriftzeugnisse enthalten keinerlei Hinweise auf die offiziellen Motive, aber eine Sache, die in dem Beweismaterial, das wir haben – im Wesentlichen eine Liste mit den Namen und Titeln der Toten – ziemlich auffällt, ist die gemischte Zusammensetzung dieser königlichen Gräberfelder. Sie scheinen sowohl Blutsverwandte der frühen Könige und Königinnen, insbesondere weibliche Mitglieder der königlichen Familie, zu umfassen als auch Personen, die aufgrund ihrer Fähigkeiten oder hervorstechenden persönlichen Eigenschaften als Mitglieder des königlichen Haushalts aufgenommen und somit schließlich als Mitglieder der erweiterten Familie des Königs angesehen wurden. Die Gewalt, die mit diesen Massenbestattungsritualen verbunden war, muss einiges dazu beigetragen haben, diese Unterschiede auszulöschen und die Opfer zu einer einzigen Einheit zu verschmelzen, indem sie Bedienstete in Verwandte und Verwandte in Bedienstete verwandelte. In späteren Zeiten stellten sich die engsten Angehörigen des Königs in genau dieser Weise dar, indem sie in ihren Gräbern einige einfache Nachbildungen von sich selbst beim Verrichten untergeordneter Tätigkeiten, wie etwa dem Mahlen von Getreide oder der Essenszubereitung, platzierten.[24]

Abermals sind ähnliche Entwicklungsmuster in vielen Teilen der Welt zu finden, auch in Regionen Afrikas, in denen »große Könige« in Erscheinung traten. Wenn Souveränität erstmals expandiert, um zum allgemeinen Organisationsprinzip einer Gesellschaft zu werden, dann, indem sie Gewalt in Königsherrschaft verwandelt. Die frühen, aufsehenerregenden Phasen des Massentötens in Ägypten, China und anderswo – was auch immer sonst sie leisteten – scheinen die Grundlagen eines politischen Systems gelegt zu haben, in dem die Vorstellung herrschte, dass sämtliche Untertanen des Königs Mitglieder des königlichen Haushalts sind, zumindest insoweit sie alle bemüht sind, für den König zu sorgen. Einstige Fremde in einen Teil des königlichen Haushalts zu verwandeln oder ihnen ihre eigenen Ahnen zu verwehren, das waren letztendlich zwei Seiten derselben Medaille. Oder, um es anders auszudrücken, ein Ritual, das Verwandtschaft generieren sollte, wurde zu einer Methode, Königsherrschaft zu generieren. Interne Gewalt, die mit der politischen Vereinigung der »zwei Länder« Ägyptens (das Tal und das Delta) einherging, wurde gespiegelt von Gewalt an seinen Außengrenzen, insbesondere in Gestalt der Zerstörung eines rivalisierenden Staatswesens in Unternubien, an die in einer Felsritzung in der Nähe des zweiten Katarakts erinnert wird.

Archäologen schlicht als »A-Gruppe« bekannt (aufgrund eines Keramikstils), weiß man noch immer kaum etwas über diese unternubische Kultur des späten 4. Jahrtausends v. Chr., nicht zuletzt, weil die meisten ihrer Hinterlassenschaften heute von den Fluten des Nassersees überschwemmt sind. Wie weiter oben bereits angemerkt, scheinen diese lokalen nubischen Eliten eine Machtstrategie verfolgt zu haben, die von der ihrer Zeitgenossen in Ägypten abwich und weniger in der Herrschaft über Land oder sesshafte Bevölkerungen von Getreidebauern wurzelte als in der Beherrschung von Handelsrouten, die den Nil-Korridor mit dem Roten Meer verbanden und mit Ländern jenseits des Batn el-Hajar (»Bauch der Steine«), eines ausgedörrten, unfruchtbaren Gebiets mit Granitaufschlüssen südlich des zweiten Katarakts. Zahlreiche Grabbeigaben in prachtvollen A-Gruppen-Bestattungen in der Nähe des Ausgrabungsortes Qustul sind Zeugnis dieser kosmopolitischen Ausrichtung; sie umfassen viele importierte ägyptische (und sogar einige levantinische) Gefäße, aber auch solche charakteristischen einheimischen Stücke wie Weihrauchbrenner aus Speckstein. In einen dieser Brenner sind Bilder eines sitzenden Herrschers, der eine hohe Krone trägt, eingemeißelt, außerdem Boote, von denen eines mit einem Segel dargestellt ist und die Figur eines gefesselten Gefangenen enthält.[25]

Inwieweit kann das Verschwinden der A-Gruppen-Kultur auf Beutezüge und Strafexpeditionen aus Ägypten zurückgeführt werden? Beziehungsweise war dieses Verschwinden das Ergebnis langsamerer Prozesse, wie etwa der Verschiebung der nubischen Niederschlagsgrenze nach Süden, der die Abwanderung jener mobilen Bevölkerungsgruppen folgte, deren alljährliche Züge ins Niltal entscheidend waren für die Akkumulation von Handelsreichtum und auswärtigen Kontakten in den Zentren königlicher Macht?

Weihrauchbrenner aus dem A-Gruppen-Friedhof L in Qustul, Unternubien, ca. 3100 v. Chr. Höhe 8,9 cm.

Noch ist eine endgültige Antwort nicht in Sicht, aber klar ist, dass die regelmäßige Bewegung von Menschen, Ideen und Gütern zwischen Ägypten und Nubien spätestens 3000 v. Chr. durch eine Grenzzone – möglicherweise eine Art »Niemandsland« – ersetzt worden war, von der aus ägyptische Herrscher größtenteils direkten Zugang zu den Gold- und Mineralvorkommen der nubischen Wüsten haben konnten. Ägyptens südliche Grenze bei der Insel Elephantine am ersten Katarakt in Assuan wurde während der 1. Dynastie befestigt, und spätestens mit Beginn des Alten Reichs (ca. 2650 v. Chr.) wurde in der Nähe der Siedlung Buhen, tief im Inneren Unternubiens, eine ständige Garnison mit Blick auf den Nil eingerichtet.[26]

In Ägypten selbst endete die Praxis, Familienangehörige und Diener zu töten und rings um Königsgräber zu bestatten, während der 2. Dynastie (2800–2650 v. Chr.). Das patrimoniale Staatswesen expandierte weiter, allerdings weniger, was Ägyptens Außengrenzen betraf, die mittlerweile in Nubien und auch westlich des Niltals in einer Region errichtet wurden, die ägyptische Quellen als Tjehenu oder Tjemehu bezeichnen (das heutige Libyen), sondern eher im Sinne einer Neuordnung des Lebens der innerägyptischen Bevölkerung. Binnen weniger Generationen wurden weite Gebiete des Niltals in königliche Domänen unterteilt, die im Dienst der Versorgung der Totenkulte für frühere Herrscher standen; nicht lange danach schossen Arbeiterstädte wie Pilze aus dem Boden, um königliche Untertanen zu beherbergen, die am Bau der Pyramidengräber und Tempel auf dem Plateau von Gizeh beteiligt waren, wofür landauf, landab Saisonarbeiter zum Frondienst (*corvée*) herangezogen wurden.[27] Zu diesem Zeitpunkt war der Tod des Souveräns zur Grundlage für die weitgehende Umorganisation des menschlichen Lebens entlang des Nils geworden.

Um zu verstehen, wie dies geschah, müssen wir uns genauer ansehen, wie Ägypten vor der 1. Dynastie beschaffen war. Bestattungen unbedeutender Monarchen kommen im Niltal und in Unternubien schon etwa fünf Jahrhunderte früher, um 3500 v. Chr., vor.[28] Wir kennen die Namen dieser frühesten Herrscher nicht, da es noch kaum eine entwickelte Schrift gab. Die meisten ihrer Reiche scheinen äußerst klein gewesen zu sein. Einige der größten konzentrierten sich auf Naqada und Abydos nahe der großen Biegung des Nils, auf Hierakonpolis weiter südlich und auf den Ausgrabungsort Qustul in Unternubien. Was der 1. Dynastie vorausging, war also nicht so sehr ein Mangel an souveräner Macht als vielmehr eine Menge davon in kleinem Stil: ein Übermaß an winzigen Reichen und Miniaturhöfen, stets mit einem Kern aus Blutsverwandten und einer Ansammlung von Ehefrauen, Bediensteten und allerlei Gefolgsleuten. Einige dieser Höfe scheinen auf ihre Art ziemlich prachtvoll gewesen zu sein, hinterließen sie doch große Grabstätten und die Leichname geopferter Untergebener. Das eindrucksvollste Grabmal, in Hierakonpolis (Friedhof HK6), enthält die sterblichen Überreste eines männlichen Zwergs (Zwerge scheinen schon sehr früh zum festen Inventar der höfischen Gesellschaft geworden zu sein), eine Anzahl junger Mädchen und sogar eine Menagerie exotischer Tiere, darunter Paviane, Flusspferde, ein Leopard, ein Krokodil und ein Elefant.[29] Diese Begräbniskultur lässt darauf schließen, dass die ersten Könige großartige und absolute kosmologische Ansprüche erhoben, ungeachtet weniger Spuren, dass sie die administrative oder militärische Kontrolle über ihre jeweiligen Territorien behaupteten.

Neben diesen lokalen Entwicklungen in der Elitenkultur fanden wichtige Veränderungen in Ägyptens Wirtschaft statt. Die Archäologie erlaubt uns, ihre groben Umrisse zu erkennen. Wir könnten uns vorstellen, dass diese Veränderungen sich als eine Art ausgedehnter Debatte entfalteten, nicht nur über die Erzeugung von Nahrungsmitteln, sondern auch über die Verpflichtungen der Lebenden gegenüber den Toten. Brauchen tote Könige noch genauso unsere Fürsorge wie lebende? Unterscheidet sich diese Fürsorge von der Fürsorge, die gewöhnlichen Ahnen gewährt wird? Bekommen

Ahnen Hunger? Und wenn ja, was genau essen sie? Die Antwort, die – aus welchen Gründen auch immer – um 3500 v. Chr. in Ägypten an Zugkraft gewann, lautete, dass Ahnen sehr wohl Hunger bekommen, und was sie benötigten, war etwas, das – zur damaligen Zeit – nur als eine recht exotische und luxuriöse Form von Nahrung gegolten haben kann: gesäuertes Brot und vergorenes Weizenbier, und die entsprechenden Krug-Behältnisse gehören nun nach und nach zum normalen Inventar gut ausgestatteter Grabkomplexe in Ägypten (aber nicht in Nubien, wo Brotformen und Bierkrüge in Bestattungen der A-Gruppe weiterhin fehlen, so wie das dahinterstehende System landwirtschaftlicher Arbeit sich erst in sehr viel späterer Zeit südlich des ersten Katarakts durchsetzte).[30]

Primitiver Weizenanbau war in Ägypten seit der neolithischen Zeit betrieben worden, aber weiterentwickelt und intensiviert wurde der Ackerbau erst Mitte des 4. Jahrtausends v. Chr., teils als Reaktion auf die neuen Anforderungen der Bestattungsrituale. Die beiden Prozesse – der agronomische und der zeremonielle – verstärkten sich gegenseitig, und die sozialen Folgen waren epochal, vor allem nachdem um 3300 v. Chr. in Ägypten (aber wiederum nicht in Nubien) Pflüge und Ochsen eingeführt wurden. Familien, die sich außerstande sahen, über solche Mittel zu verfügen, mussten sich Bier und Brote anderswo verschaffen, wodurch Geflechte aus Verpflichtung und Schuld entstanden. Allmählich bildeten sich neue Klassentrennungen und Abhängigkeiten heraus, da ein erheblicher Teil der Bevölkerung Ägyptens sich der Mittel beraubt sah, eigenverantwortlich für seine Ahnen zu sorgen. Zum ersten Mal nahmen bäuerliche Gesellschaften Form an, deren Leben eng eingegrenzt war und deren Verbindungen mit einer Welt jenseits davon sich zunehmend auf den Umgang mit Grundherren, Priestern, Kaufleuten, Steuereintreibern und anderen Beamten des Hofes beschränkte. Wie und wann genau wurde die Aufgliederung der Ackerflächen Ägyptens in ein Netz von Verwaltungsbezirken (oder Gauen) realisiert?

Ägyptologen diskutieren seit Langem über diese Frage, und mehr und mehr erkennen sie eine Kluft zwischen dem Ideal einer zentralisierten Bürokratie – wie es auf offiziellen Monumenten wie dem Palermostein entworfen wurde – und den schwierigeren Realitäten vor Ort.[31]

Ebenfalls für die Zeit um 3500 v. Chr. stoßen wir erstmals auf Überreste von Einrichtungen zum Backen und zur Bierherstellung auf Gräberfeldern und, kurz danach, als Anbauten von Palästen und herrschaftlichen Grabstätten, darunter eine kürzlich entdeckte Brauerei neben dem Standort des Grabes von König Narmer in der Nekropole Umm el-Qaab bei Abydos. Eine spätere Darstellung aus dem Mastaba-Grab eines Beamten des Alten Reiches namens Ti zeigt, wie diese Einrichtungen funktioniert haben könnten, mit im Topf gebackenem Brot und in einem einzigen Verfahren hergestelltem Bier.[32] Die allmähliche Ausweitung der königlichen Autorität und des administrativen Einflussbereichs auf ganz Ägypten begann um die Zeit der 1. Dynastie oder kurz davor mit der Schaffung von Domänen, die sich weniger der Versorgung lebender Könige als vielmehr der Versorgung toter Herrscher und schlussendlich auch der Sorge für verstorbene königliche Beamte wie Ti widmeten. Zur Zeit der Großen Pyramiden (ca. 2500 v. Chr.) wurden Brot und Bier in industriellem Maßstab hergestellt, um Heere von Arbeitern während ihrer *corvée* bei königlichen Bauprojekten zu versorgen, als auch sie die Möglichkeit hatten, Verwandte oder zumindest Pfleger für den König zu werden, und als solche selber gut versorgt und umsorgt wurden.

Archäologische Untersuchungen der zu den Großen Pyramiden in Gizeh gehörenden Arbeiterstadt haben Tausende von Keramikformen zutage gefördert, die verwendet wurden, um Gemeinschaftsbrote, sogenannte *bedja*, herzustellen, die in großen Gruppen zusammen mit Fleisch, das königliche Viehhöfe lieferten, verzehrt und mit Würzbier hinuntergespült wurden. Für die Solidarität der

Saisonarbeitstrupps im Ägypten des Alten Reiches war das Trinken von besonderer Bedeutung. Die Fakten ergeben sich mit entwaffnender Einfachheit aus Graffiti auf den Rückseiten von Blöcken, die beim Bau von Pyramiden verwendet wurden. »Freunde des [Königs] Menkaure«, lautet ein Graffito; »Trinker des Menkaure« ein anderes. Diese Saisonarbeitstrupps (oder Phylen, wie Ägyptologen sie nennen) bestanden anscheinend nur aus Männern, die spezielle Altersklassen-Rituale durchlaufen hatten.[33] Außerdem scheinen sie sich die Organisation einer Schiffsbesatzung zum Vorbild genommen zu haben, obwohl unklar ist, ob solche rituellen Bruderschaften jemals zusammen einen Fuß auf ein Schiff setzten. Die Pyramiden wurden folglich gebaut, indem man männliche Untertanen zu großen sozialen Apparaten machte, die man anschließend durch Massengeselligkeit hochleben ließ.

Anfang und Ende in Kerma

Um die Mitte des 3. Jahrtausends v. Chr., als die Herrscher von Ägyptens Altem Reich auf dem Plateau von Gizeh einen Höhepunkt des Pyramidenbaus erreichten, entstand weit im Süden zu beiden Seiten des dritten Nilkatarakts ein unabhängiges Staatswesen. Sein Epizentrum befand sich in Kerma im Gebiet von Dunqula inmitten der am dichtesten besiedelten Gebiete Obernubiens. In ägyptischen Inschriften des Alten Reiches als Yam und in späteren Quellen als Kusch bezeichnet, existierte das Königreich von Kerma eintausend Jahre, von 2500 bis 1500 v. Chr. In dieser Zeit dehnte Ägypten seine südliche Grenze bis nach Batn el-Hajar aus, wo zwischen Assuan und Semna Garnisonen errichtet wurden, als Sprungbretter für Expeditionen zu den Goldvorkommen und Steinbrüchen in Obernubien und um die Bewegungen lokaler Bevölkerungsgruppen jenseits von Ägyptens südlichem Grenzland zu kontrollieren. Die pharaonische

Propaganda stellte die Bewohner der Region als Barbaren und ihre Länder als ewig »erbärmlich« dar, aber die Nachfahren ägyptischer Kolonisten, die sich in Nubien niederließen, wurden am Ende abtrünnig und übertrugen ihre Untertanentreue auf das Staatswesen von Kerma.[34]

Ägyptische Quellen sprechen von »Herrschern« von Kusch, aber wenn Kerma das Zentrum eines großen Reiches war, dann blieb es konturlos, weder mit einer lokalen noch einer importierten Tradition königlicher Ikonografie, zumindest nicht in irgendeiner Form, die uns überliefert ist. Die Ausnahme, die die Regel bestätigt, ist eine bescheidene (26 cm hohe) Sandsteinstele in der Grenzgarnison Buhen, die in versenktem Relief die grobe Ritzung einer gesichtslosen Figur aufweist, die die Weiße Krone von Oberägypten trägt und eine Keule sowie einen doppelt gebogenen Bogen mit sich führt. Doch selbst hier gab es keinen Versuch, eine Inschrift beizufügen, sodass wir kaum eine Ahnung haben, wen diese rätselhafte Figur darstellt oder welchen Status sie symbolisiert, ob sie von einem nubischen oder einem ägyptischen Künstler geschaffen wurde oder ob die intendierte Zielgruppe für diese Darstellung ägyptisch, nubisch oder beides war.[35] Die Schrift scheint ebenso wie die Abbildung für Zwecke der Darstellung zugunsten mündlicher Vorträge verschmäht worden zu sein, was sich etwa in den frühesten dokumentierten Traditionen monumentaler Architektur widerspiegelt, zu der prachtvolle Audienzhallen gehören, die aus Lehm erbaut wurden, der rund um ein kreisförmiges Holzskelett aufgetragen wurde.[36] Das generell auf nubische Bevölkerungsgruppen angewendete altägyptische Wort *nḥsj(w)* könnte durchaus auf eine Befähigung zu eindringlicher Rede oder Beschwörung verweisen.[37] Ebenso wenig scheint das Königreich von Kerma eine militärische Infrastruktur zur Kontrolle seiner Bevölkerung entwickelt zu haben, die durch die Eingliederung von Gruppen wuchs, die aus Obernubien oder aus Gebieten jenseits seiner Grenzen stammten und zum Teil überhaupt nicht aus dem Niltal kamen. Nach Kerma wanderten sie wohl größtenteils aus freien Stücken ab, was die Ausmaße der Stadt und ihrer religiösen Bezirke einschließlich des nördlichen Ballungsraums in Dukki Gel umso bemerkenswerter macht.

Im Zentrum der Stadt stand ihr großer Tempel, heute bekannt als die westliche *defuffa* (nubisch »Backsteinruine«), eines der größten antiken Bauwerke in Afrika (siehe Tafel II). So wie er von Archäologen rekonstruiert wurde, bestand der Tempel aus einem Pylon (einem monumentalen Eingangstor) und massiven Lehmziegelmauern, die teils noch heute 20 Meter hoch aufragen.[38] Sie wurden oberhalb einer langen Reihe früherer Kultstätten errichtet und datieren von etwa 1800 v. Chr. Mangels schriftlicher Quellen können die Funktionen der *defuffa* teils durch Vergleich und Gegenüberstellung mit ägyptischen Tempeln erhellt werden. In Ägypten waren Tempel nur bestimmten Gruppen zugängliche Schauplätze für den göttlichen Kult, die umso dunkler und beengter wurden, je weiter man in den inneren Schrein hinabstieg; man bewegte sich durch eine kosmogonische Ursprungslandschaft mitten hinein in die Urgewässer der Nilflut. Im Unterschied dazu war Kermas religiöse Architektur auf den Himmel hin ausgerichtet: Der heiligste Bereich der *defuffa* war ihre offene Dachterrasse, zu der man über eine große Treppe emporstieg und von der aus man einen Platz überblickte, auf dem sich vielköpfige Menschenmengen versammeln konnten.[39]

Kerma war ein religiöses Zentrum für die Bewohner des Niltals zwischen dem zweiten und fünften Katarakt. Seine östliche Nekropole enthielt Zehntausende von Gräbern und Grabhügeln, die sich über beinahe ein Jahrtausend angesammelt hatten.[40] Vielleicht lag der eigentliche Ursprung von Kerma – wie bei einigen jüngeren nilotischen Reichen – in der Macht von Propheten, Magiern, Orakeln und religiöser Offenbarung. Im Lauf der Zeit wurde es zum Zentrum einer gemischten Gesellschaft oder zu einer Art Konföderation, deren Angehörige zweifellos vielsprachig und in ihrer ethnischen

Zugehörigkeit so verschiedenartig waren wie ihre architektonischen Traditionen, die das gesamte Spektrum durchlaufen, von ägyptisch inspirierten Totenhallen bis zu den gekrümmten Schreinen von Dukki Gel, die sich möglicherweise auf Vorbilder aus der Region im Süden stützen.[41] Weitere wichtige spirituelle Zentren existierten in Kermas Einflussbereich, beispielsweise auf der Insel Sai im Norden, wobei wenig darauf hindeutet, dass dieser Ort unmittelbar von der Hauptstadt kontrolliert wurde.

Heute ist das antike Kerma berühmt für seine Keramikgarnituren, bestehend aus glatt polierten Trinkschalen und -bechern, in denen ungefilterte Biere serviert wurden, die gemeinsam durch Strohhalme getrunken wurden, unter anderem bei Totenmahlen am Grabe. In einem Umfeld, in dem Bevölkerungsgruppen über einen Großteil des Jahres noch mobil und weit verstreut waren, spielte die Tischgemeinschaft bei periodischen Zusammenkünften eine wesentliche Rolle für die Bildung größerer sozialer Einheiten, wozu auch die Aufnahme von Fremden und Nichtverwandten gehörte.[42]

»Klassisches Kerma« (ca. 1750–1500 v. Chr.), Grab- und Gelagegefäße.

Solche Gruppierungen hatten allerdings auch eine weniger friedfertige Seite, ersichtlich in der rituellen Tötung und Beisetzung von Abhängigen neben einer Primärbestattung.[43] Oft als »Menschenopfer« verbrämt, war dieser Brauch keineswegs auf Könige oder Eliten beschränkt. Er begann in kleinem Umfang möglicherweise schon im Neolithikum (zum Beispiel in El Kadada),[44] wo er am besten erklärbar zu sein scheint als die Trennung bestimmter Personen von ihrer Verwandtschaft oder Sippe infolge von Streit, Krankheit, schmerzlichem Verlust, Schulden oder anderem Unglück, worauf eine erneute soziale Bindung an Adoptivbetreuer und -beschützer folgte – möglicherweise in unterwürfigen Verhältnissen –, deren Tod wiederum ihre Weiterexistenz hinfällig machte.

Wie wichtig persönlicher Schutz war, ist ersichtlich an den Mengen von Waffen und Körperpflege-Utensilien, die eine bedeutende Unterklasse von Kerma-Bestattungen begleiteten. Dolche aus Kupferlegierung mit Elfenbeinknauf ersetzten die handgeschlagenen Steinklingen früherer Zeiten; gelegentlich wurden auch Kampfknüppel in das Grab gelegt, ebenso Langbögen und doppelt gebogene Bögen (ägyptische Quellen bezeichnen Nubien als Ta-Seti, »das Land des Bogens«). Neben der persönlichen Bewaffnung, Trinkgefäßen und Lederkleidung finden sich Spiegel, Rasierklingen, Pinzetten und andere mit der Pflege und Übung des Körpers zusammenhängende Gegenstände.[45] Dass daneben noch Überreste von Rindern zu diesen Bestattungen gehörten, insbesondere Schädel mit zu eigentümlichen Formen zugerichteten Hörnern, mag derartige Anliegen des persönlichen Schutzes vertiefen. Falls ja, dann würde daraus logischerweise folgen, dass solche Rinderschädel (Bukranien) als Opfergaben rings um zentrale Gräber Zeichen persönlicher Loyalität und Ehrerbietung und möglicherweise auch von Waffendienst für einen Herrscher oder Gebieter waren. In der größten Nekropole in Kerma erreichte diese Praxis während des Mittleren Kerma (2000–1750 v. Chr.) erstaunliche Ausmaße, als eine einzige hochrangige Bestattung von etwa fünftausend Bukranien flankiert wurde (darunter viele mit Hörnern, die kunstvoll und individuell zugerichtet waren); die Schädel waren von nah und fern zusammengetragen und in sorgfältig geordneten Reihen rings um die südliche Flanke des Hauptgrabhügels platziert worden.[46] Einige Archäologen verstehen diese wiederkehrende Zusammenstellung von Grabbeigaben als Anzeichen dafür, dass sich in der kermanischen Gesellschaft ein Kriegeradel herausbildete, den ein gemeinsames individuelles Leistungsethos verband, das mit Kampf verknüpft war und in eindrucksvollen Bestattungsritualen zelebriert wurde.[47]

Bei der Betrachtung dieser verschiedenen Charakteristika der kermanischen Gesellschaft ist es wichtig, sich daran zu erinnern, dass die Länder Nubiens während des gesamten 3. und 2. Jahrtausends v. Chr. beinahe ständig Einfällen aus Ägypten ausgesetzt waren, bei denen Menschen und Vieh in großer Zahl erbeutet und verschleppt wurden.[48]

Bukranien (Rinderschädel), arrangiert rings um ein Hügelgrab des Mittleren Kerma.

Ägyptische Inschriften des Alten Reiches verzeichnen Raubzüge, die zur Verschleppung und Versklavung Tausender Männer, Frauen und Kinder führten, die in Ägypten als landwirtschaftliche Arbeitskräfte, Soldaten oder Bedienstete in Elite-Haushalten eingesetzt wurden. Unter den Herrschern des Mittleren Reiches, wie etwa Sesostris I. (so der griechische Name von Senusret; reg. 1956–1911 v. Chr.), errichtete Ägypten in Nubien selbst Zwangsarbeitslager, in denen viele Nubier interniert wurden, darunter gelegentlich auch bedeutende Führer des Gemeinwesens, die man zwang, Gold zu waschen oder bei Abbauprojekten in Steinbrüchen und bei Bauvorhaben des Reiches zu arbeiten.[49]

Seltener in den Blick genommen werden die Auswirkungen der staatlich geförderten Raubzüge und Verschleppungsaktionen auf jene überlebenden Verwandten, die zurückgelassen wurden. In jüngerer Zeit sind es in Afrika und anderswo oft solche »getrennten« Personen, die das Kernpersonal von Königshöfen bilden. Sie sammeln sich in der Residenz eines Oberhaupts, um dort Zuflucht und Asyl zu finden. Normalerweise werden diese Menschen Mitglieder der Entourage dieses Oberhaupts, wobei sie die Rolle polizeiähnlicher Vollstrecker übernehmen, aber auch seinen Launen und Anordnungen unterworfen sind. Vor einem solchen Hintergrund könnten wir auch eine Reihe auffälliger Entwicklungen deuten, die mit den letzten Jahrhunderten der Existenz des Königreichs von Kerma einhergingen, bevor es von Ägyptens 18. Dynastie zerstört wurde.

Zu diesem Zeitpunkt – dem Klassischen Kerma (ca. 1750–1500 v. Chr.) – wurde das Königreich durch ein ausgeklügeltes System von Befestigungen geschützt. In seiner östlichen Nekropole waren seit Langem Grabstätten von zunehmend eindrucksvoller Größe und Komplexität errichtet worden, jeweils verbunden mit der Inszenierung aufwendiger Totengelage, bei denen möglicherweise zahlreiche Rinder geschlachtet wurden, und mit Totenhallen, die den Kult der Verstorbenen unter den Lebenden immerwährend fortsetzten.⁵⁰ Das Aufkommen mächtiger militärischer und gewerblicher Eliten in Kerma – worauf diese Überreste hinweisen – wird normalerweise mit dem Niedergang von Ägyptens Mittlerem Reich und dem Abzug der ägyptischen Militärpräsenz aus Unternubien in Verbindung gebracht, der neue Möglichkeiten für eine Expansion nach Norden eröffnete. Kerma setzte nun den Fuß auf eine umfassendere Bühne, indem es gegen den thebanischen königlichen Hof von Oberägypten Krieg führte und Bündnisse mit den Hyksos-Königen einging – Rivalen Thebens, deren Hauptstadt Auaris (auch Avaris) im östlichen Nildelta lag und die über die Oasen der Westlichen Wüste Ägyptens mit Kerma Handel trieben und diplomatische Beziehungen unterhielten.⁵¹

In Kerma selbst tauchen in dieser Zeit erstmals ägyptisch inspirierte palastartige Bauten auf, zu denen ein Thronsaal gehört, außerdem etablieren sich ägyptische Formen der Verwaltung und es kommt in Anlehnung an ägyptische Vorbilder zur Einführung exotischer Lebensmittel in das etablierte Schema repräsentativer Bestattungsrituale. Zu diesen rituellen Lebensmitteln gehörten nun gesäuertes Brot, das in Bäckereien hergestellt wurde, die den wichtigsten Religions- und Bestattungseinrichtungen von Kerma angegliedert waren, und möglicherweise auch dekantiertes Bier und importierter Wein. Kermas Eliten integrierten zunehmend ägyptische Elemente in ihre eigenen Systeme höfischen Verhaltens, was sich in der Modifizierung einheimischer Arten von Prestigemöbeln widerspiegelt (beispielsweise in Betten, die sowohl zum Liegen als auch zur Aufbahrung der Toten verwendet wurden und die nun ägyptisch inspirierte Intarsien und Bekrönungen in der Form von Stierfüßen erhielten); in Kosmetikgarnituren (zu denen jetzt Kajalgefäße und Stifte zum Auftragen von Augen-Make-up gehörten) und in der Deponierung importierter – wahrscheinlich als Kriegsbeute eroberter – ägyptischer Skulpturen in repräsentativen kermanischen Grabstätten, wenn auch ohne Rücksicht auf ägyptische Formen der Schicklichkeit.⁵²

In gewissem Maße stilisierte sich Kermas Führungsschicht durch selektive kulturelle Anleihen nach Art von ägyptischen Königen und Königinnen (siehe Tafel V). Allerdings übernahm man deren Stil nicht eins zu eins, sondern passte ihn den obernubischen gesellschaftlichen Normen an, zu denen etwa die politische Eigenständigkeit und Unabhängigkeit von Frauen gehörte, die in Obernubien auch weiterhin ranghohe Stellungen innehatten.[53] Überdies mag Kermas herrschende Elite angefangen haben, mit den Verhältnissen in Ägypten vergleichbare Erwartungen hinsichtlich des Gehorsams ihrer eigenen Untertanen zu hegen, zu denen nun zahlreiche sesshafte Ackerbauern gehörten, die damit beschäftigt waren, Getreideüberschüsse sowohl für die Tempel der Stadt als auch für die Scharen von Leibwachen, Verwaltern, Dienern und anderen Angehörigen des königlichen Haushalts zu produzieren. Wie weit diese miteinander zusammenhängenden Prozesse sich bis Mitte des 2. Jahrtausends v. Chr. zugespitzt hatten, zeigt eine andere dramatische Neuerung in Kermas östlicher Nekropole: die Aufnahme höfischer Untergebener in die königlichen Bestattungsriten in bislang unbekanntem Ausmaß. Die Anzahl der getöteten und beigesetzten Opfer ging in die Hunderte, und ihre Leichname wurden dem Rang entsprechend in den größten Grabmälern oder um diese herum platziert. Die wichtigsten Bestattungen dieser – größtenteils im Altertum geplünderten – Königsgräber wurden in Kammern im Zentrum gewaltiger Grabhügel von bis zu neunzig Metern Durchmesser untergebracht, die mit Schichten weißer Kiesel und einer Eingrenzung aus schwarzen Steinen geschmückt waren. Ein an das zentrale Grab angrenzender Gang enthielt die Leichname rituell getöteter Personen, in manchen Fällen bis zu vierhundert, die anscheinend aus der lokalen Bevölkerung kamen und lebendig begraben wurden.[54]

Das Königreich von Kerma fand sein Ende um 1500 v. Chr. infolge von Einfällen durch die Herrscher der 18. Dynastie Ägyptens, der ersten des Neuen Reiches (1550–1069 v. Chr.), die anschließend ihre Hegemonie bis nach Kurgus im Süden, flussaufwärts der Nilbiegung bei Abu Hamed, durchsetzte und über einen Zeitraum von etwa vierhundert Jahren behauptete.[55] Der Verlust der Unabhängigkeit Obernubiens war wohl ebenso sehr inneren wie äußeren Faktoren geschuldet: Die Herausbildung formeller Ranggesellschaften, Kriegereliten und erblicher Aristokratien unter seinen eigenen Bevölkerungsgruppen führte zur Erosion grundlegender Freiheiten und Formen der Solidarität, wie sie sich Jahrtausende früher in genau diesem Teil des Niltals herauskristallisiert hatten. Sobald der Schatten der imperialen Vorherrschaft Ägyptens sich lichtete, wurden viele dieser Freiheiten in Nubien und am Mittleren Nil rasch wieder geltend gemacht. Als das Königtum dann in diesen Gebieten während der frühen Jahrhunderte des 1. Jahrtausends v. Chr. abermals zu einer politischen Kraft wurde, schwang das Pendel wieder in die andere Richtung. Diesmal waren es die »Könige des Regens« von Kusch, die im Aufstieg über Ägyptens »Königen der Flut« begriffen waren.

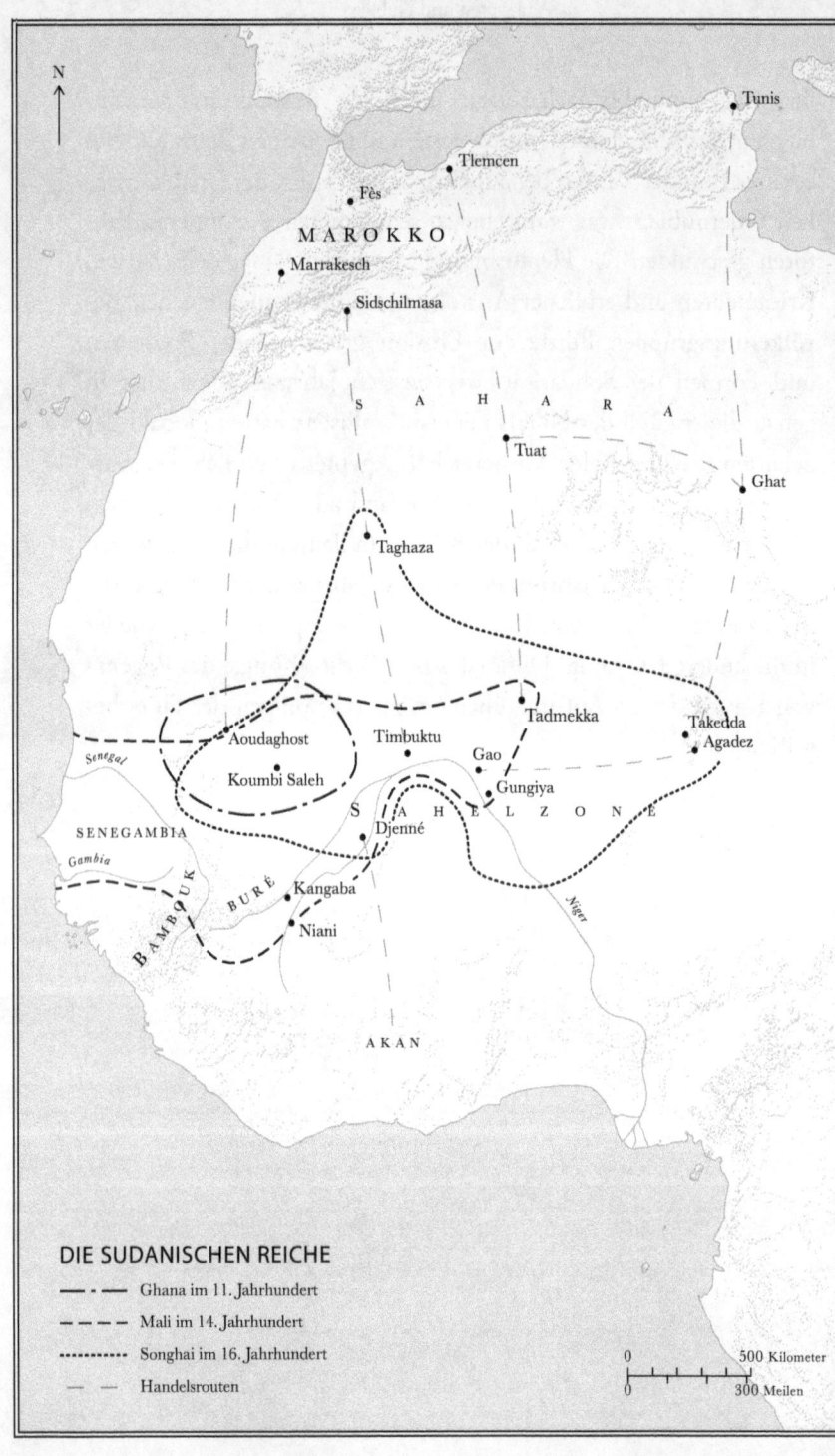

KAPITEL 2

DIE SUDANISCHEN REICHE
DAS GOLD, DIE KUNST, DER FLUSS

Rahmane Idrissa

Die sudanischen Reiche von Ghana, Mali und Songhai existierten nacheinander in einer Abfolge, die ungefähr tausend Jahre westafrikanischer Geschichte umspannte. Jeder Staat entstand gewissermaßen aus dem, der vor ihm kam, und die Periode ihrer Vorherrschaft deckte sich mit der Epoche, die in der europäischen Chronologie als Mittelalter bezeichnet wird. Das Beweismaterial deutet darauf hin, dass Ghana allmählich Gestalt annahm, als das Weströmische Reich um das 5. Jahrhundert n. Chr. herum in den letzten Zügen lag; ein Jahrtausend später, im Jahr 1591, zu einer Zeit, als das neuzeitliche Europa entstand, wurde dem Songhaireich von einfallenden marokkanischen Truppen ein tödlicher Schlag versetzt. In der allgemeinen Vorstellung ist das Mittelalter – wenngleich Mediävisten hier heftig widersprechen – das »finstere Mittelalter«. Ganz sicher war es eine Zeit der Instabilität in Europa, eine Epoche, in der die politische Karte in ständigem Fluss war und Führungspersonen Mühe hatten, Herrschaftsrechte zu festigen, geschweige denn ganze Reiche aufzubauen. Der Aufstieg stabilerer zentralisierter Monarchien in den dem Atlantik zugewandten Staaten Nordwesteuropas im 16. Jahrhundert vermittelt den falschen Eindruck, dass Frankreich, England, Spanien und Portugal immerwährende Gebilde waren. Dabei existierten die beiden iberischen Staaten während eines Großteils des Mittelalters überhaupt nicht, und jünger als Ghana waren sie alle, die sie als die glücklichen Gewinner aus dem verworrenen Übergang zur Neuzeit hervorgingen. Die Situation in Europa stellt einen ziemlichen Kontrast zu derjenigen im mittelalterlichen *Bilad al-Sudan* dar, in den »Ländern der Schwarzen«, wie arabische Geografen das Afrika südlich der Sahara nannten. In einem Gebiet, das sich von der atlantischen Küstenlinie der heutigen Staaten Mauretanien und Senegal bis zum Aïr, einem Hochgebirge im heutigen Niger, erstreckt – ein gewaltiger Raum, beträchtlich größer als Westeuropa, wenn auch weniger dicht besiedelt –, scheint es so, als sei jeglicher politischen Zersplitterung von Anfang an ein Riegel vorgeschoben worden. Die Übergänge zwischen den drei Reichen waren relativ kurz und reibungslos, auch wenn der Aufstieg einiger potenzieller Nachfolgestaaten, wie etwa Susu, das anscheinend kurz davor stand, Ghana zu beerben, vereitelt wurde. Überdies war jedes nachfolgende Reich expansiver als das vorherige. Allerdings haben Historiker in jüngster Zeit dazu tendiert, die imperiale Abfolge zu erweitern und zu verkomplizieren, indem sie das frühe Gao-Reich – aus dem später Songhai hervorgehen sollte – als »Westafrikas Ausgangspunkt« hinzufügten.[1] Und dann ist da noch das weitgehend vergessene Reich Jolof, das bis Mitte des 16. Jahrhunderts die Region Senegambia beherrschte.

Allerdings ging das imperiale Zeitalter Westafrikas am Ausgang des 16. Jahrhunderts zu Ende. Mit dem Untergang von Songhai begann für den Westsudan, was man als sein eigenes »finsteres Mittelalter« bezeichnen könnte, als die Region zerfiel und von räuberischen Regimen überrannt wurde: von aggressiv militarisierten Staaten im Süden, von plündernden Nomadenbünden im Norden und, mit der Zeit, von islamischen Kalifaten, aufgebaut von Gotteskriegern, deren

Staatsbildung teils auf der Unterdrückung nichtmuslimischer Völker beruhte. Obwohl als solche weiterhin größtenteils unerforscht, sind die Folgen in der modernen Sahelzone noch heute spürbar. Doch alles hätte auch ganz anders laufen können: Wenn man sich die Bemühungen des Mande-Staatenbauers Samory Touré zwischen den 1870er- und 1890er-Jahren ansieht – die stark an das erinnern, was Sonni Ali Ber (»der Große«), der Gründer des Songhaireiches, vier Jahrhunderte früher fertigbrachte –, dann hätte diese Periode der Gewalt und Unordnung stattdessen durch ein rekonstruiertes imperiales System beendet werden können. Samorys expansives Staatsbildungsprojekt wurde durch das Auftauchen eines rivalisierenden und besser bewaffneten imperialen Projekts verhindert, das der französischen kolonialen Eroberung. Doch angesichts seiner frühen Erfolge ist die Vorstellung nicht unglaubwürdig, dass ein Großteil der Region andernfalls spätestens zu Beginn des 20. Jahrhunderts in einem neuen, samorischen Großreich gelebt hätte.

Der Westsudan scheint nämlich in der Tat eine imperiale Neigung zu haben, die sich sowohl in den bedeutenden Staaten in der helleren Epoche seiner Geschichte ausdrückte als auch in einer samorischen Koda in der jüngeren Ära der Zersplitterung und des Niedergangs.[2] Dieses Kapitel widmet sich der Untersuchung dieser Neigung: ihrer Bedeutungen, ihrer Stärken und Schwächen und der Frage, wie sie in den aufeinanderfolgenden Regierungssystemen organisiert wurde, die sie verkörperten. Es fragt danach, in welcher Weise diese imperialen Staaten einen wesentlichen Bestandteil der globalen Welt ihrer Zeit bildeten, während sie zugleich das kreative Ergebnis der starken und dauerhaften westafrikanischen Kulturen und Zivilisationen repräsentierten, aus denen sie hervorgingen. Und schließlich geht es im Folgenden um die modernen Folgen der tiefen Geschichte imperialer Staatsbildung des Westsudan.

Ursprünge

Über die Ursprünge der sudanischen Reiche gibt es keine große Diskussion, und das ist ein Problem. Die im 19. Jahrhundert erfolgende »Entdeckung« einer Geschichte groß angelegter Staatsbildung südlich der Sahara, wie sie in frühen arabischen Quellen und vor Ort verfassten Chroniken dokumentiert ist, kam für europäische Wissenschaftler überraschend, die bis dato davon ausgegangen waren, dass der Kontinent ein riesiges Reich nackter Wilder sei – die Sorte, die der Philosoph Georg F. W. Hegel schändlich aus der Geschichte verbannt hatte. Mit dem Anbruch einer neuen Ära europäischer kolonialer Eroberung und dem Aufstieg des pseudowissenschaftlichen evolutionären Rassismus machte sich schon bald die Überzeugung breit, dass solche Staaten von Vertretern einer siegreichen »weißen Rasse« – vielleicht Berbern oder Arabern aus Nordafrika – gegründet und später glücklichen schwarzen Dynasten hinterlassen worden sein mussten. Die Geschichten aus dem Munde einheimischer muslimischer Eliten, die nach bedeutenden Ahnen im nahöstlichen Kernland des Islam strebten und behaupteten, ihre Staaten seien von einem wandernden Araber (oft aus dem Jemen) errichtet worden, untermauerten diese Vorstellung in aller Regel. Aber genau wie diese Geschichten war auch die sogenannte Hamitentheorie Fantasie und eben nicht Wissenschaft, und bis Mitte des 20. Jahrhunderts war sie zusammen mit der Ära der europäischen Kolonialherrschaft, von der sie ein Teil war, verblasst.

In den 1960er-Jahren gewann eine neue Ursprungstheorie an Akzeptanz. Ihren besten Ausdruck fand sie in Robert und Marianne Cornevins klassischer Studie *Histoire de l'Afrique* (1966), in der die beiden Autoren darlegten, die Tatsache, dass es im Westsudan nacheinander drei »organisierte Staaten« gab, bei nur einem in Ostsudan (eigentlich Zentralsudan) – das Reich Kanem-Bornu –, beruhe »im Wesentlichen auf der Verschiedenheit der Waren, die die

Kaufleute aus dem Norden im Lande der Schwarzen, dem *Blad es-Sudan*, suchten«.³ Kanem-Bornu, behaupteten die Cornevins, habe hauptsächlich versklavte Menschen verkauft, wohingegen der Westsudan Gold verkaufte, das mehr Geschäfte anlockte und daher eine stärkere ökonomische Basis für ein Großreich abgab. In *Les siècles obscurs de l'Afrique noire* (1971), einem anderen frühen Klassiker der französischen Subsahara-Historiografie, vertrat Raymond Mauny die These, dass der Aufstieg von Großreichen in »Schwarzafrika« eine Folge der arabischen Eroberung Nordafrikas war. Die spätere Ausweitung des Transsahara-Handels, glaubte Mauny, zog die sudanische Zone in die Sphäre der islamischen Zivilisation hinein und stellte die Staatskunst und den Reichtum bereit, die für die imperiale Staatsbildung erforderlich waren.⁴ Die Lage der drei Großreiche in der Sahelzone und ihre Orientierung nach Norden zur Wüste hin sind entscheidend für diese These. Ghana entstand am Rand der Wüste in einem Trockengebiet, das die Grenze zwischen den heutigen Republiken von Mauretanien und Mali bildet (die Letztere hat ihren Namen von dem mittelalterlichen Reich, darf aber nicht damit verwechselt werden). Gao, die zukünftige Hauptstadt des Songhaireiches, war ein Handelszentrum am Niger, das seit dem 9. Jahrhundert auch in Kontakt mit Nordafrika stand und über eine beträchtliche Gemeinschaft berberischer und muslimischer Händler verfügte. Das Malireich, das in der Savannenregion im Süden in größerer Entfernung vom Transsahara-Handel entstand, passt nicht ganz in das Schema. Doch weil es ohne die Karawanenrouten, die in ihren jeweiligen Hauptstädten endeten (oder anfingen), weder ein Ghana noch ein Songhai gegeben hätte, so die Argumentation, hätte es deshalb auch kein Mali gegeben. Für die meisten Studenten des Westsudan ist die Tatsache, dass Transahara-Handel und Islam Katalysatoren für die Staatsbildung waren, offensichtlich. Daher die fehlende Diskussion darüber, warum die sudanischen Reiche errichtet wurden: Wir meinen es bereits zu wissen.

Die jüngere Forschung hat begonnen, dieses etablierte Narrativ eines externen »arabischen Anstoßes« zur sudanischen Staatsbildung zu hinterfragen. Archäologische Zeugnisse – die berühmtesten stammen von der Grabungsstätte Djenne-Djeno (auch »alt-Djenne«, in der Nähe der mittelalterlichen Stadt) im Binnendelta des Niger im heutigen Mali – haben gezeigt, dass soziale Komplexität, Stadtentwicklung und florierende regionale Handelsnetze dem Eintreffen nordafrikanischer Händler lange vorausgingen.[5] In der Region Gao weiter östlich haben epigrafische Quellen (d. h. in Stein geritzte Inschriften) nicht nur Belege für lokale Herrscher – darunter auch Königinnen – erbracht, die in die Zeit vor der Ankunft des Islam zurückreichen, sondern auch dafür, dass einheimische Gesellschaften sich den neuen Glauben, sobald er einmal da war, eifrig zu eigen machten und der Islam keineswegs eine invasive kulturelle Kraft war.[6] Der Handel mit dem islamischen Nordafrika und darüber hinaus mit dem Nahen Osten, so wird allmählich erkennbar, leitete südlich der Sahara nicht zwangsläufig die Staatswerdung und anschließend die Reichsbildung ein. Normalerweise ernährte er bestehende merkantile Stadtstaaten von der Art, die François-Xavier Fauvelle *royaumes courtiers* oder »Maklerkönigreiche« nennt: örtlich begrenzte, in strategisch gelegenen Städten errichtete Regime, die Händlern Schutz boten und für ihre Dienste reich belohnt wurden.[7] Solche Gebilde tauchten überall dort auf, wo der muslimische Handel seinen Wirkungsbereich bis an die Grenzen des *Dar al-Islam* (»Haus des Islams, Gebiet des Islams«) und darüber hinaus ausdehnte, unter anderem im Ostsudan (d. h. der heutigen Republik Sudan), an der Swahili-Küste Ostafrikas, im Hausaland (in Nordnigeria und den südlichen Teilen Nigers) und sogar im Westsudan selbst. Man könnte die italienischen Handelsstädte hinzufügen, die sich ebenfalls durch Handel mit der islamischen Welt bereicherten: Venedig, Genua, Pisa und Florenz. Als man dem Genueser Handelsvertreter Antonio Malfante 1447 während seines Aufenthalts in der saharischen Oasenregion Twat den großen Stapelplatz des Mittleren Niger, Djenné, schilderte, dachte er sofort an diese italienischen Städte.[8] Gao war über mehr als sieben Jahrhunderte genau so ein Maklerkönigreich – bevor die Region im ausgehenden 15. Jahrhundert inmitten eines gewaltigen Großreiches auftauchte.

Nach den in arabischen Quellen verzeichneten Überlieferungen war Ghana eine etablierte Regionalmacht, wenn nicht sogar ein Großreich gewesen, lange bevor es ab dem 9. Jahrhundert n. Chr. anfing, mit dem islamischen Nordafrika Handel zu treiben. Und Ghana, Mali und Songhai waren auch nicht die einzigen »organisierten Staaten« in der Region; sie sind nur diejenigen, die Historikern am besten bekannt sind, weil ihre Beteiligung am Transsahara-Handel die Außenwelt auf sie aufmerksam machte und schriftliche Aufzeichnungen hervorbrachte. Das Gao-Reich war vor seiner imperialen Phase hinsichtlich Größe und Beschaffenheit vergleichbar mit den Mossi-Reichen im Südwesten, im heutigen Burkina Faso. Die Schlussfolgerung lautet, dass die Reiche von Ghana, Mali und Songhai das Produkt einer politischen Kultur waren, die sie mit anderen Reichen im Westsudan gemeinsam hatten, was wiederum nahelegt, dass das Problem ihres Ursprungs letztendlich eines der Entstehung und Beschaffenheit des Königtums im Sudan und nicht des Einflusses von außen ist.

Außerdem war das Königtum keineswegs die »normale« oder natürliche« Form politischer Organisation in der Region. Wenn es eine solche Form gab, dann ist ebenso wahrscheinlich, dass es sich um Gemeinwesen handelte, die europäische Anthropologen der Kolonialzeit als akephale (wörtlich »kopflose«) Gesellschaften bezeichneten: kleinräumige, nicht zentralisierte Gemeinschaften, die von lokalen Ältestenversammlungen im Verein mit Gremien adliger Amtsträger regiert wurden. In den Mande-Sprachen hieß eine solche selbstverwaltete Gemeinschaft *dugu* und in den Songhai-Sprachen *koyre*; ihre Regierungsführung wurde von einem ranghohen Amtsträger (dem *dugutigi* bzw. *laabu koy*) beaufsichtigt. Diese Persönlichkeiten waren nicht »Könige«, und die für verschiedene kommunale Angelegenheiten zuständigen anderen Amtsträger waren ihnen weder Rechenschaft schuldig, noch leitete sich ihre Autorität von ihnen ab. Vielmehr erwuchs Autorität aus komplizierten gewohnheitsmäßigen Regelungen und qua Abstammung verliehenen Rechten, die die rituelle Verfassung der Gemeinschaft bildeten. Diese selbstverwalteten Dorfrepubliken – die an die von Aristoteles oder Cicero beschriebenen *poleis* und *civitates* erinnern – waren im Grunde Verbände patriarchaler Haushalte, die lokale Angelegenheiten ohne Rückgriff auf Zwangsgewalt erledigten. Sie basierten auf einheimischem Recht und auf religiöser Praxis – die zusammen die von kolonialzeitlichen Ethnografen beobachteten »Bräuche« ausmachten.

In dieser Landschaft örtlich begrenzter Autorität, die auf tief verwurzelten Rechten und Pflichten beruhte, tauchte das Königtum gewöhnlich wie aus dem Nichts auf, als etwas Ungeheuerliches und Fremdes – oft ganz wörtlich in Gestalt von Unterwerfung oder Aufzwingung von jenseits der Grenzen der Gemeinschaft. In jedem Fall war es eine Manifestation von Gewalt, wie die begrifflichen Eigentümlichkeiten der politischen Sprache in der gesamten Region klar erkennen lassen. In den Mande-Sprachen ist mit dem König, *fama*, »der Kraftvolle« oder »der Mächtige« gemeint, der Titel leitet sich ab von dem Wort *fanga*, »Gewalt« oder »räuberische Macht«. Die Mooré-Sprache der Mossi-Völker kennt einen ähnlichen Ausdruck, der möglicherweise von den Mandeherrührt: *panga*. Die Politologin Amy Niang beschreibt *panga* als den Ursprung staatlicher Macht, die in die rituelle Macht herkömmlicher Amtsträger eingreift. »*Panga*, die dem *Naaba* [König] übertragene räuberische Gewalt, verweist auf die Entstehung des Mossi-Staates als eines zentralisierten Machtgefüges mit Zugang zu verschiedenen Formen von Zwang«, führt Niang aus. »*Panga* gibt dem Staat Carte blanche: Sie befreit ihn aus den Zwängen von Tradition, Rangordnung und sittlichem Verhalten.«[9] Königswürde und königliche Gemächer in den Mossi-Reichen sind *pangin*, »»where the force resides‹, wo die Gewalt wohnt«; ganz wörtlich »the fortress‹, die Festung«.

Doch das durch gewaltsame Umwälzungen geschaffene und vermittels Charisma und Glück möglicherweise gefestigte Königtum konnte sich auf Dauer nur halten, wenn es sich in die rituellen Grundordnungen der Dorfrepubliken einfügte, die es zu einem Gemeinwesen zusammengefasst hatte. Gewalt musste also in legitime und sanktionierte Macht umgewandelt werden, die durch die geweihten Verbindungen mit den Ahnen und anderen spirituellen Kräften errichtet wurde. Nur so konnte ein König nicht bloß Unterdrücker werden, sondern legitimer Gesetzgeber, jemand, dessen Anordnungen entsprechend den Grundgedanken etablierten Gewohnheitsrechts als rechtmäßig akzeptiert wurden. Dabei war der König auf die Unterstützung lokaler Amtsträger angewiesen, die oft Mitglieder seines Hofes und Teil jenes Kollegiums wurden, das nach seinem Tod aus seinen berechtigten Nachkommen oder Verwandten seinen Nachfolger wählen würde. Allerdings existierte hinsichtlich der Königsmacht immer ein Element von »Carte blanche«, wie Niang es ausdrückt: die Tatsache, dass Gewalt wesentlich für sie war, wie gut verschleiert und scheinbar gezähmt auch immer. Dies konnte offen zutage treten, wenn ein König sich entschied, die Abreden über Legitimität und Zurückhaltung zu ignorieren oder ihnen zuwider zu handeln. Wiederholte oder schwerwiegende Verfehlungen konnten dazu führen, dass er als Tyrann und daher illegitim gebrandmarkt wurde, ein Schicksal, das der Überlieferung zufolge Soumaoro Kanté, im 13. Jahrhundert König von Susu, widerfuhr. Sollten solche Verstöße jedoch zum Aufbau eines neuen Reiches führen, pflegte man sich ihrer als hervorragende Beispiele für dieselbe Gewalt zu erinnern. Wie wir sehen werden, galt dies für Soumaoros Feind und Westafrikas berühmtesten Reichserbauer, Sundiata Keïta aus Mali.

Die historischen Prozesse, die zum Aufstieg und Niedergang von Ghana, Mali und Songhai führten, folgten dieser allgemeinen Logik. Wir wenden uns nun der Frage zu, wie diese Prozesse sich in jedem der drei Reiche manifestierten. Das nur begrenzt vorhandene Beweismaterial bedeutet, dass es unmöglich ist, diese Frage exakt zu beantworten, obwohl die Aufgaben der Rekonstruktion und Interpretation etwas von ihrem Schrecken verlieren, je mehr wir uns zeitübergreifend von dem frühesten dieser drei Staaten zu dem jüngsten bewegen.

Ghana

Die Informationen über das Reich von Ghana stammen größtenteils von mittelalterlichen arabischen Gelehrten, die anfingen, jene Teile der Welt zu dokumentieren, die in Kontakt mit dem expandierenden *Dar al-Islam* kamen.[10] Im Anschluss an die Eroberung Nordafrikas durch die Streitkräfte des Kalifats der Umayyaden in den Jahrzehnten nach dem Tod des Propheten Mohammed im Jahr 632 n. Chr. gehörte zu diesen Gebieten der sogenannte *Bilad al-Sudan* jenseits der Sahara. Bis zum Ende des 7. Jahrhunderts hatte das islamische Großreich seinen Einflussbereich entlang des Mittelmeers bis zum Maghreb oder »weit westlich« seiner Herrschaftsbereiche ausgeweitet (Maghreb bezeichnet vor allem die nordafrikanischen Territorien der heutigen Staaten Tunesien, Algerien und Marokko). Und im Jahr 711 n. Chr. überquerten die Truppen des Kalifen die Straße von Gibraltar, um den größten Teil der Iberischen Halbinsel oder al-Andalus zu erobern. Im Lauf des folgenden Jahrhunderts wagten sich Berber und Araber mit Handelsexpeditionen vorsichtig immer tiefer in die Wüste, wo sie Informationen über Völker am südlichen »Ufer« (arabisch *sahel*) der Sahara sammelten und schließlich in direkten Kontakt mit ihnen kamen. Zwei zentralisierte Königreiche in den westlichen Bereichen des *sahel* schälen sich am markantesten aus den frühen arabischen Quellen heraus. Eines war Gao oder, wie es in den arabischen Quellen geschrieben wird, »Kawkaw«, das an der östlichen Biegung des Niger lag (den Geografen jahrhundertelang irrtümlicherweise für einen möglichen Teil des Nils hielten). Das andere, mehr als eintausend Kilometer weiter westlich, jenseits des Niger, war ein größerer Staat am anderen Ende der Wüste direkt gegenüber den südlichen Grenzmarken Marokkos. Erstmals in einer arabischen Quelle von 788–793 n. Chr. erwähnt, taucht es in dem schriftlichen Korpus unter einer Vielzahl von Namen auf, von denen »Ghana« sich durchgesetzt hat. In seinem *Book of the Itineraries and Kingdoms* (1067–1068) nennt der andalusische Geograf Abu Ubaid al-Bakri das Reich Awkar und merkt an, dass *Ghana* der Titel des Königs war. Das Wort für König in der lokalen Soninke-Sprache ist *maghan*, aus dem Ghana hervorgegangen sein mag, obwohl der überlieferte Name für das Gebiet anscheinend Wagadu lautete. Erneut darf das mittelalterliche Königreich nicht mit dem heutigen Staat Ghana verwechselt werden – auch wenn die Tatsache, dass postkoloniale afrikanische Führer ihre neuen Länder gerne nach diesen großen Reichen nannten, unterstreicht, von welch zentraler Bedeutung sie für Vorstellungen von der Geschichte des Kontinents waren.

Nordafrikanische Besucher Ghanas wurden informiert, dass das Reich vor dem Erscheinen des Propheten Mohammed etwa zwanzig Herrscher hatte, was den Schluss nahelegt, dass es möglicherweise bereits im 3. Jahrhundert n. Chr. gegründet wurde. In dieser Zeitspanne war Ghana wahrscheinlich einer von vielen aufstrebenden Mikrostaaten in der Region, Teil eines Zeitalters zunehmender gesellschaftlicher Komplexität, basierend auf dem Ausbau von Landwirtschaft, lokalen Handelsnetzen und Fortschritten bei der Eisenverhüttung. Die eindeutigsten Belege für diese Prozesse stammen von der Grabungsstätte Djenne-Djeno im Süden. Die Ausgrabungen lassen erkennen, dass die Siedlung im 3. Jahrhundert v. Chr. gegründet wurde, was sie zum ältesten bekannten urbanen Zentrum im Afrika südlich der Sahara macht. Bis zum 9. Jahrhundert n. Chr. war sie zu einer bedeutenden, von Mauern umgebenen Stadt geworden, auch wenn archäologische Zeugnisse für Monumentalarchitektur, klar umrissene soziale Differenzierung oder transsaharische Kontakte fehlen. Djenne-Djenos frühe Entwicklung war daher, wie die von Ghana, das Ergebnis interner und nicht externer Prozesse. Doch im Gegensatz zu Ghana deutet alles darauf hin, dass die Stadt weiterhin ohne Rückgriff auf ein starkes Königtum nach dem Vorbild der oben beschriebenen autonomen nicht zentralisierten Gemeinschaften regiert wurde. Als solche liefert sie ein wichtiges Gegengewicht zur etablierten Dominanz der »imperialen Tradition« im Westsudan.[11]

Die vom Ghana-Reich eingenommene Landfläche (das historische Großreich lag einige tausend Kilometer nordwestlich des modernen Staates Ghana) ist heute Teil der ausgedörrten Randzone zwischen dem Sahel und der Sahara, die nach wie vor als Aoukar-Senke bekannt ist und zur modernen Verwaltungsregion Hodh Ech Chargui im südöstlichen Mauretanien gehört. Quellen deuten jedoch darauf hin, dass die frühmittelalterliche Landschaft des Reiches weniger menschenfeindlich war. Sie unterstützte eine gemischte agropastorale Wirtschaft und war charakterisiert durch Baumgruppen und Gehölze, in denen die Soninke – die Mande sprechende Volksgruppe, die den Staat gründete – die Schreine errichteten, die ihre religiösen Geheimnisse schützten. Außerdem begünstigte sie die Verwendung von Pferden, die ein wichtiges Instrument der Reichsbildung in der sudanischen Zone waren, sowohl was den Krieg als auch was die Kommunikation betraf. Das Reich war folglich in erster Linie eine politische Konsequenz landwirtschaftlicher Überproduktion. Seine Gründungslegenden dokumentieren diese Tatsache, nebst der Erkenntnis, dass die Umwelt, wiewohl großzügig, auch zerbrechlich war. In den stilisierten Mythologien dieser Soninke-Legenden wurde die Großzügigkeit des Landes symbolisiert durch eine große Schlange, Bida, die, nicht unähnlich dem Minotauros aus dem antiken griechischen Mythos, die alljährliche Opferung der schönsten jungen Frau des Landes verlangte, in diesem Fall, um verheerende Trockenheit abzuwenden. Die arabischen Quellen verweisen darauf, dass der König in einer priesterlichen Funktion an diesen Besänftigungszeremonien beteiligt war. Als diese Quellen im ausgehenden 8. Jahrhundert anfingen, über Ghana zu berichten, hatte das Großreich seine Herrschaft auf die benachbarten Mande-Staaten in der Savannenregion im Süden ausgedehnt. Wir wissen nicht genau, wie diese imperiale Kontrolle konkret aussah, aber Schilderungen des militaristischen Drumherums am Königshof aus der Feder al-Bakris verweisen im Verein mit der Tatsache, dass Wagadu »das Land der Wago« bedeutet, womit die militärische Elite der Soninke gemeint war, deuten auf die Gefahr, wenn nicht sogar die Realität von Waffengewalt hin.

Auf seinem Höhepunkt war das Reich daher ein Territorialsystem, das aus einem Soninke-Kernstaat im Norden und einer Peripherie aus Mande-Vasallenreichen im Süden bestand. Der König oder *tunku* residierte in einer Hauptstadt, als deren Standort von Archäologen vorläufig der Siedlungshügel Koumbi Saleh identifiziert wurde, dessen Ruinen im Südosten des heutigen Mauretanien zu sehen sind. Die Rechtmäßigkeit seiner Herrschaft scheint auf die Religion der Soninke gegründet worden zu sein, die die Herrschergestalt mit sakralem und priesterlichem Charisma umgab. Doch trotz seiner agrarischen Ursprünge war der Staat schließlich auch auf den Handel mit der islamischen Welt angewiesen. Im ausgehenden 10. Jahrhundert eroberte Ghana den reichen islamischen Handelsplatz Aoudaghost, eine Oasenstadt in der Wüste nordwestlich von Koumbi Saleh. Für den Transsahara-Handel war Aoudaghost das wichtigste Tor zum Westsudan, von hier aus führte eine Karawanenroute nordwärts nach Sidschilmasa, dem berberischen Handelszentrum im südöstlichen Marokko. In der Hauptstadt des

Reiches selbst lebte ein kosmopolitisches Gemisch aus Berbern, Arabern und sudanischen Islam-Konvertiten in ihrer eigenen Niederlassung abseits des Königshofes. Bei Hofe galt für sie ein anderes Protokoll: Während Angehörige einheimischer Völkerschaften zum Zeichen der Unterwerfung vor dem König auf die Knie fielen und ihre Schultern mit Staub bedeckten, war es Muslimen erlaubt, lediglich in die Hände zu klatschen, wenn sie sich dem Herrscher näherten. Weil sie Arabisch lesen und schreiben konnten, bekleideten sie zudem wichtige Stellungen in der Verwaltung des *tunka*. Diese zweigeteilte Konstellation führte letztendlich dazu, dass bei Hofe islamische und traditionalistische Gruppierungen miteinander konkurrierten. Aber die Einzelheiten ihrer Gegnerschaft sind für die Geschichtswissenschaft verloren, vielleicht weil sie manierlich und nicht gewalttätig war – das heißt, bis sie sich in der abschließenden Krise des Großreichs in ein hochaktuelles Thema verwandelte.

Wenn Ghana nicht aus dem Saharahandel geboren wurde, dann beruhte sein späterer Aufstieg zu Bekanntheit und Bedeutung doch darauf. Das Reich wurde zum wichtigsten Transitort für westafrikanisches Gold, das für die über drei Kontinente errichtete islamische Handelszivilisation bestimmt war; in der Tat war es dieser lukrative Handel, der muslimische Kaufleute in seine Hauptstadt lockte. Gefördert auf den Goldfeldern von Bambuk jenseits seiner Herrschaftsbereiche im Süden, wurde das Gold nach Ghana eingeführt und dann nordwärts quer durch die Wüste ausgeführt, während sich Salz, Kupfer und, mit der Zeit, Luxuswaren aus Nordafrika in die andere Richtung bewegten. Das System funktionierte nach einem staatlich regulierten Fiskalregime: Die Soninke-Händler, die das Gold importierten, überließen einen Teil ihres Bestands dem König, der als Kaya Maghan, »Herr des Goldes«, bekannt wurde. Er und die herrschende Elite des Reiches wurden vermögend, während Luxusartikel aus Nordafrika den verschwenderischen Konsum von vor Ort handgefertigten Objekten aus Gold und anderen Materialien ergänzten.

Zu Besuch weilende Händler bemerkten, dass der *tunka* in einem Palast mit Glasfenstern und flankiert von einer Tiermenagerie lebte. Hielt er Audienzen ab, erschien der König in Gestalt eines mit Edelsteinen geschmückten Abgotts, der unter einem gewölbten Pavillon thronte und dem prächtig gekleidete junge Adlige, die Söhnen seiner Vasallen, aufwarteten. Sein Hof war so prachtvoll vergoldet, dass angeblich selbst die Haushunde des Königs dicht mit silbernen Schellen besetzte goldene Halsbänder trugen, und seine Pferde waren mit goldbestickten Schabracken bedeckt.

Trotz der zunehmenden Präsenz des Islam, nicht zuletzt auch unter den königlichen Ratgebern, behielt der König seine Rolle als Stütze der althergebrachten Glaubensüberzeugung und -praxis. Die Zurschaustellung eines großen geweihten Goldbarrens im Königspalast – ein später von den Königen von Mali aufgegriffener Brauch – symbolisierte die Verflechtung der kommerziellen und religiösen Sphären. All dies war ortsansässigen Muslimen ein Dorn im Auge, wie mit dem Aufstieg der Bewegung der Almoraviden in der Wüste im Norden im 11. Jahrhundert offenkundig wurde. Die Almoraviden, *al-Murabitun* (»Krieger an der Grenze«) auf Arabisch, hatten ihren Namen von *ribat*, der arabischen Bezeichnung für einen mit asketischen Glaubenskriegern bemannten befestigten Außenposten. Die Bewegung entstand in den 1040er-Jahren, als der militante Reformer Abdallah ibn Yasin die nomadischen Sanhadscha-Berber für einen Feldzug zur religiösen Reinigung anwarb. Das Hauptziel von Ibn Yasins Almoraviden lag im Norden, im Maghreb. Doch 1054/1055 plünderten sie die muslimische Stadt Aoudaghost – ihre frommen Männer wurden getötet, ihre Frauen vergewaltigt –, mit der Begründung, dass sie einem ungläubigen König Tribut entrichte. Ghana wurde damals von Tunka Basi regiert, einem Freund des muslimischen Lagers, aber angesichts der Gewalttätigkeiten der Almoraviden favorisierte sein Nachfolger Tunka Manin (reg. 1063–1076) die Traditionalisten und schuf eine Front gegen die Wüstenkrieger. Allerdings scheinen die Letzteren im Jahr 1076 die Oberhand gewonnen zu haben. Die Zeugnisse sind unklar – und umstritten –, aber angeblich überrannten die Almoraviden die Hauptstadt und töteten Tunka Manin im Kampf.[12] Dieser Schlag erwies sich als tödlich für Ghanas regionale Vorherrschaft. Muslimische Könige in der Region Takrur entlang des Senegal-Flusses hatten sich auf die Seite der Almoraviden geschlagen, während die nicht muslimischen Mande-Verbündeten abfielen und sich ihre Unabhängigkeit sicherten. Übrig blieb ein ghanaischer Rumpfstaat, der allerdings die ideologische Macht eingebüßt hatte, die die sudanische Religion dem ghanaischen König verlieh. Zudem verlor er die Kontrolle über den Goldhandel. Für einen Rückgang der landwirtschaftlichen Produktion war möglicherweise die fortschreitende Wüstenbildung verantwortlich, doch behielten die Soninke in ihren mündlichen Überlieferungen die Versteppung als eine Bestrafung durch die Schlange Bida in Erinnerung. Die Überbleibsel der königlichen Familie zogen südöstlich nach Mema, wo sie beim Aufstieg Malis im 13. Jahrhundert eine Rolle spielen sollten.

Wie bei allen Großreichen ist die Geschichte Ghanas nicht einfach eine Geschichte der territorialen Ausdehnung; es geht darin auch um Einfluss in Raum und Zeit. Der Ruhm des Reiches drückte der politischen Kultur des Westsudan seinen prägenden Stempel auf, vor allem an Orten, an denen Könige herrschten. Zentrale Aspekte seiner höfischen Kultur und des rituellen Vollzugs, die die Legitimität des Königs stützten, indem sie ihn mit einer sakralen Aura erfüllten, wurden in der gesamten Region kopiert. Das sakrale Königtum wurde zwar nicht in Ghana »erfunden«, aber Ghana verlieh ihm eine spezifische Form und einen einzigartigen Glanz, die spätere Staaten sich zu eigen machten und verfeinerten. Die Mossi-Reiche im heutigen Burkina Faso beispielsweise waren weit entfernt von Ghana, doch aus Achtung vor seiner Macht nannten sie ihre Hauptstädte Tenkodogo (Tunka Dugu, »Königsstadt«) und Wagodogo

(Wagu Dugu, »Adelsstadt«). Die Verbreitung der Charakteristika ghanaischer Herrschaft wurde gewährleistet durch die Praxis, die Söhne von Vasallen am Hof des *tunka* zu behalten, wo sie in den Sitten und Gebräuchen des Zentrums unterrichtet wurden und diese nachahmten, sobald sie zu Hause die Macht übernahmen. Auf diese Weise wurde die politische Kultur der Soninke Ghanas von ihren Malinke-Vasallen reproduziert, die in der Folge das Großreich von Mali aufbauen sollten, und tauchte erneut in Songhai auf. In diesem Sinne verschwand Ghana nicht völlig: Als Ausgangsbasis des sudanischen imperialen Königtums lebte sein Geist weiter.

Mali

Die Gründung von Mali wird in einem schönen, vielschichtigen Epos erzählt, das gemeinhin unter dem Namen seines Helden, Sundiata, bekannt ist. Als Gefäß für Mande-Sprachen und für umfassendere sudanische moralische und rituelle Vorstellungen ist es zugleich eine der wichtigsten mündlichen Überlieferungen Afrikas, reich an universeller Bedeutung. Liebe, Sex, Magie, Gerechtigkeit und innere Stärke sind zentrale Themen, die in der Darstellung eines großartigen Geschehens miteinander verflochten werden. Aber auch Gewalt ist allgegenwärtig: die zerstörerische Gewalt des Königs von Susu, Soumaoro Kanté, und die generative Gewalt seines Rivalen um die Macht, des Malinke-Prinzen Sundiata Keïta. Dieser Gegensatz veranschaulicht treffend das Diktum, dass Geschichte von den Siegern geschrieben – oder in diesem Fall erzählt und gesungen – wird. Das Epos ist Gegenstand zweier großartiger literarischer Bearbeitungen, *Soundjata ou l'épopée mandingue* (1960; als *Soundjata. Ein Mandingo-Epos,* 1975 erstmals auf Deutsch erschienen) des guineischen Schriftstellers und Historikers Djibril Tamsir Niane und *Le Maître de la parole* des guineischen Erzählers Laye Camara (1978;

als *The Guardian of the Word* ins Englische übersetzt, eine deutsche Ausgabe gibt es nicht); eine ausgezeichnete kommentierte englische Prosa-Übersetzung wurde kürzlich von dem amerikanischen Historiker David Conrad veröffentlicht.[13] Doch erst durch die Darbietungen der Mande-*jeliw* (Sing. *jeli*), der Barden oder Preissänger, besser bekannt als Griots, hat Sundiata Keïtas Triumph allgemeine Bekanntheit erlangt. Aufgeführt als epischer Zyklus aus Liedern und erzählenden Einlagen, ist die Geschichte durch die Jahrhunderte hindurch von den berühmten *jeliw*-Sippen aus dem Manden, dem Kernland der Mande, wie etwa den Diabaté und den Condé, wachgehalten – und für jede nachwachsende Generation von Zuhörern neu gedeutet – worden.[14]

Fotografie eines Griot, der eine Kora (Stegharfe) hält, um 1900, von Edmond Fortier, dem führenden Fotografen und Postkartenproduzenten Französisch-Westafrikas in der frühen Kolonialzeit.

Der Inhalt der epischen Darbietungen der *jeliw* legt in Kombination mit anderen historischen Zeugnissen nahe, dass Susu, einer der ehemaligen Vasallen Ghanas, spätestens im frühen 13. Jahrhundert die aufsteigende Macht im Westsudan war. Unter Soumaoro Kanté begann Susu einen Feldzug zur militärischen Expansion, bei dem *jamanaw* unterworfen wurden, Häuptlingschaften aus dem Manden, dem historischen Kernland der Mande-Kultur, das sich heute zu beiden Seiten der Grenze zwischen Mali und Guinea erstreckt. Als mächtiger Zauberer in Erinnerung, beging Soumaoro Kanté nichtsdestotrotz so viele politische Fehler, dass einige mächtige Clans sich geschlossen hinter Sundiata Keïta stellten – der Überlieferung zufolge damals ein verfolgter Prinz, der an dem im Exil lebenden Hof der alten Herrscherfamilie von Ghana Zuflucht gesucht hatte. Soumaoro Kanté wurde schließlich um das Jahr 1235 herum in der Schlacht von Kirina in der Region Koulikoro besiegt. Anschließend wurde auf der Ebene Kurukun Fuga (»Lichtung auf Granit«; in der Nähe der Stadt Kangaba im heutigen Mali) eine Vereinbarung zwischen Sundiata Keïtas Verbündeten beschworen, die ein neues Großreich begründete: Mali.

In seiner Anfangsphase war es ein Reich der Willigen, das auf einem Bündnis zwischen den sogenannten Manding-Clans (d.h. denen aus dem Manden, die zur Manding-Sprachfamilie gehörten) beruhte. Die Gründungscharta (Manden-Charta) machte Sundiata Keïta zum König (*mansa* oder *maghan*), legte fest, dass zukünftige Könige aus seiner Familie stammen mussten, und machte sie zum Vater des Königreichs – Untertanen sollten sie mit einem Ausdruck anreden, der »König, mein Vater« bedeutet. Mit diesem Mandat, vermerkt die Überlieferung, »teilte [Sundiata Keïta] die Welt auf«, indem er die Rechte und Pflichten jedes der verbündeten Clans festschrieb: der sechzehn Clans der »köchertragenden« Adligen, der fünf marabutischen Clans, die den Islam pflegen, und der spezialisierten Kastengruppen oder *nyamakalaw*, zu denen Schmiede und *je-*

liw gehörten. Wie Niane behauptet hat, war es diese Gründungscharta, die dem auffallenden Mangel an sozialer Mobilität zugrunde lag, der die gesellschaftliche Organisation der Angehörigen der Manding-Sprachfamilie kennzeichnete.[15] Die Ausweitung der Macht Malis und der daraus resultierende weitgespannte Einfluss der Mande-Kultur bedeuteten, dass sein hierarchisches Modell gesellschaftlicher Ordnung auch von einer ganzen Reihe benachbarter Gesellschaften übernommen wurde. Aus dem Königreich war ein Großreich geworden, dessen Einfluss sich weit über seine Grenzen hinaus erstreckte.

Die Tatsache, dass Sundiata Keïta eine heldenhafte Rolle beim Aufstieg von Mali spielte, führt uns zurück zu der kreativen Funktion von Zwangsgewalt bei der Errichtung von Königsherrschaften. Sundiata Keïta besaß überragende *nyama* (Lebenskraft) und *dalilu* (Zauberkraft oder, allgemeiner, »Mittel, ein Ziel zu erreichen«), die er sowohl von seiner väterlichen als auch von seiner mütterlichen Linie geerbt hatte, vor allem aber von seiner Mutter Sogolon Wulen Condé. Sogolon war die Tochter des *mansa* von Dò ni Kiri und hatte – wie ihre Schwester Dò Kamissa, eine ihre Gestalt verändernde Zauberin, die als die »Büffelfrau« bekannt war – den Ruf, die *dalilu* eindrucksvoll zu praktizieren.[16] Tatsächlich ist der Name Sundiata eine Kontraktion von Sogolon Djata, »Löwe von Sogolon«, obwohl er wie alle bedeutenden Männer im Sudan auch unter zahlreichen anderen Namen bekannt war, darunter der Name, den der arabische Historiker des 14. Jahrhunderts Ibn Khaldun benutzte: Mari Djata, »Löwen-König« (*mari* ist die Mande-Form des arabischen *amir*). Über die Kernverbündeten von Kurukun Fuga hinaus war die Manding-Expansion eine brutale Angelegenheit. Eroberungs- und Unterwerfungsfeldzüge richteten sich gegen den Westen, Norden und Osten, zuerst unter Sundiata Keïta (reg. ca. 1235 bis ca. 1250) und dann unter seinem Sohn und Nachfolger Mansa Yerelenku, besser bekannt unter dem in arabischen Geschichtswerken verzeichneten Namen Mansa Ule (reg. ca. 1250 bis ca. 1270). Im Westen wurde das

Reich Jolof überrannt, wodurch der Mande-Imperialismus durch das heutige Gambia, die senegalesische Region Casamance und Guinea-Bissau bis an die atlantische Küstenlinie getragen wurde. Im Norden erfolgte die Eingliederung von Ghana und Takrur, und im Osten wurden die Handelsstädte am Niger entweder erobert (Timbuktu) oder auf den Status von Vasallen herabgedrückt (Gao) – wenngleich es Djenné gelang, seine Unabhängigkeit zu wahren.

Mali kopierte die politische Struktur Ghanas und blähte sie auf. Allerdings errichtete das neue Großreich eine Trennlinie zwischen dem ursprünglichen Manding-Kernland und der eroberten Peripherie, wie sie im Reich von Ghana offenbar nicht existiert hatte. Die zum Kernland gehörenden Gebiete behielten einen beträchtlichen Grad an Autonomie, auch wenn nach dem arabischen Gelehrten des 14. Jahrhunderts al-Umari lediglich der Herrscher von Ghana weiterhin als König bezeichnet wurde. Die eroberten Territorien hingegen erhielten Mande-Statthalter (*farin*), die die lokalen Herrscher genau kontrollierten. In einigen Gegenden wurden Manding-Truppen stationiert, in den meisten Fällen, um den Handel zu schützen. Unter Sundiata Keïta – oder eventuell auch später – wurde das Großreich in zwei Militärbezirke aufgeteilt: den Norden unter dem *Sura Farin* (»nördlicher Statthalter«) und den Süden unter dem *Sankara Soma* (»Oberhaupt des Sankaran«, des Beckens des oberen Niger). Obwohl der Standort der Hauptstadt bis heute strittig ist, war es möglicherweise Niani im Sankaran.[17] Dort nahm der *mansa* die ghanaische Sitte wieder auf, die Söhne von Vasallen an seinen Hof zu holen. Er leitete zwei wesentliche Zweige der Zentralregierung: ein einflussreiches Beratungsgremium, die *gbara*, die Aspekte der ursprünglichen Vereinbarung von Kurukun Fuga institutionalisierte, und den Militärausschuss *donson ton*, ursprünglich die Jägerzunft.

Wie in Ghana war der König eine sakrale Vaterfigur, die Schutz bot und Recht sprach – Letzteres gewöhnlich in eindrucksvoller äußerer Aufmachung und im Verlauf ehrfurchtgebietender Zeremonien.

Der unerschrockene arabische Reisende Ibn Battuta beobachtete ein solches Ereignis unter Mansa Suleyman (reg. 1336–1358), und seine Schilderung gleicht in der Wortwahl dem Bericht al-Bakris über den Hof des tunka von Ghana. Doch im Gegensatz zu Ghana waren die Herrscher von Mali Muslime – eine Bekehrung, die möglicherweise zurückreichte bis Sundiata Keïta selbst, auf jeden Fall aber bis zu seinem Sohn Yerelenku, der die Pilgerreise nach Mekka unternahm. Das höfische Ritual jedoch verkörperte die alten politischen Überzeugungen des Sudan: Wer sich dem Souverän näherte, streute sich nach wie vor Sand auf den Rücken, und das heiliges Wort des Herrschers wurde nicht öffentlich geäußert, sondern zu einem Sprecher, dem wanadu, und anschließend von dem jeli ba, dem königlichen Griot, in blumigen, Singsang-artigen Wendungen laut und deutlich vorgetragen. Die Vermischung von Islam und einheimischer Kultur verblüffte wohl den strenggläubigen und etwas frömmlerischen Ibn Battuta während seines Besuchs 1352/1353. Er bewunderte die eifrige Verrichtung der täglichen Gebete und die Feier der großen Feste des Islam, war aber, wie John Iliffe anmerkt, weniger beeindruckt von »nichtislamischen Praktiken wie Maskentanz, öffentlicher Rezitation heidnischer Überlieferungen, Selbsterniedrigung vor dem König, vom Essen unreiner Speisen und von der unzureichenden Bekleidung der Frauen«.[18]

Noch mehr als Ghana war Mali das Land des Goldes. Seine Herrschaftsgebiete umfassten nun die neuen Goldfelder von Buré im Quellgebiet des Niger, und es hatte darüber hinaus Zugang zu ergiebigen neuen Fundorten weiter südlich im Waldland der Akan im heutigen Staat Ghana. Das Fiskalregime, wodurch in der königlichen Schatzkammer des imperialen Ghana Reichtümer angehäuft wurden, war auch in Mali in Gebrauch, betraf aber viel größere Mengen Gold. Das Ergebnis war, dass Mansa Musa I. (reg. 1312–1337), dessen Herrschaft als der Höhepunkt des Großreiches angesehen werden kann, bis heute in dem Ruf steht, zu den reichsten Männern in der gesamten Geschichte gehört zu haben. Vortrefflich veranschaulicht wurde dies, als er im Jahr 1325 die Pilgerfahrt nach Mekka unternahm: Bei der Durchreise durch Kairo war seine Verschwendungssucht derart, dass er angeblich für viele Jahre den Goldmarkt im gesamten Nahen Osten schwächte. Der Widerhall dieser Macht und dieses Reichtums erreichte auch Europa, wo eine im Jahr 1375 auf Mallorca angefertigte Weltkarte Mansa Musa als »Rex Melli« (»König von Mali«) zeigt, der mit einem goldenen Reichsapfel in der Hand würdevoll dasitzt (siehe Tafel IV).

Doch Gold scheint für den Herrscher von Mali weniger ein strategischer Vermögenswert gewesen zu sein, als es das für den Gebieter von Ghana war. Während seines Aufenthalts in Kairo erklärte Mansa Musa, dass er sogar mehr Einkünfte durch die Ausfuhr von Kupfer in das Waldland im Süden erziele. Mali war also nicht bloß das »Maklerkönigreich«, das Ghana gewesen war: Es umfasste nicht nur Produktionszonen für eine Vielzahl landwirtschaftlicher Erzeugnisse, sondern bezog auch Salz aus den Salinen von Taghaza in der Sahara und Kupfer aus den Minen in Takedda. Es gliederte den gesamten Westsudan in eine gewaltige integrierte Wirtschaftszone, in der der Handel durch militärische Garnisonen und durch die Herrschaft des Rechts geschützt wurde. Ibn Battutawar erstaunt über das Sicherheitsniveau für Menschen und Besitz gleichermaßen, während der Verfasser der Timbuktu-Chronik *Tarikh al-fattash* im 17. Jahrhundert glaubte, der hierdurch entstandene Reichtum habe bewirkt, dass Mali »unter den schönen Ländern der Welt« nur noch von Syrien übertroffen werde.[19] Die Besetzung der atlantischen Küstenlinie nährte sogar Träume von einer Expansion nach Übersee: Einer arabischen Quelle zufolge schickte Mansa Muhammad (reg. ca. 1310–1312) angeblich mehrere Einbaum-Flottillen aufs Meer hinaus, und als keine zurückkehrte, machte er sich selber auf die Reise – und ward nie wieder gesehen.

Doch in der sudanischen Theorie des Königtums war die sakrale Autorität letztendlich fest in Gewalt verankert. Für die Wahrung seiner Autorität war der *mansa* auf die Leistungsfähigkeit des Militärs angewiesen, und die großen Heerführer des *donson ton* waren die Säulen des Throns. Einige dieser Befehlshaber wurden zur Legende, wie etwa Sundiata Keïtas und Yerelenkus General Turama'an Traoré (oder Tirmakan) und Saran Mandian, der unter Mansa Musa I. den Feldzug zur Unterwerfung der räuberischen saharischen Nomaden leitete. Der berühmteste jedoch war Sakura, der militärische Gewalt in Usurpation und *mansaya* (Königsherrschaft) umsetzte. Die Manden-Charta hatte *mansaya* stützen wollen, indem sie das Königtum zu einem Mandat von Sundiata Keïtas Familie machte, aber sie unterließ es, bindende Nachfolgeregeln festzuschreiben. Diese gefährliche Schwachstelle führte schon in den 1280er-Jahren zu politischem Aufruhr, als die *gbara* und der *donson ton* heftige Intrigen gegeneinander anzettelten und der Zerfall des Staates zu einer realen Möglichkeit wurde. Daraufhin führte Sakura einen Putsch durch, stellte die Stabilität wieder her und krönte sich selbst zum König. Anschließend machte der *jonni* oder »kleine Sklave«, wie seine Feinde ihn nannten, sich daran, seine zweifelhafte Legitimität mit militärischen Mitteln zu sichern, indem er die Grenzen des Großreiches erweiterte und befestigte. Spätestens in den ausgehenden 1290er-Jahren war Sakuras Machterhalt so weit gesichert, dass er die langwierige Pilgerreise nach Mekka unternehmen konnte – auf der er bei der Rückkehr in Libyen von Banditen getötet wurde.

Dieses Ereignis brachte Sundiata Keïtas Familie wieder an die Macht, aber die Sakura-Episode zeigt, dass nicht nur sakrale Autorität wesentlich war für *mansaya*, sondern auch Zwangsgewalt.

Nach der Regierungszeit von Mansa Musa I. begann für Mali eine Periode allmählichen Niedergangs, als eine Reihe weniger eindrucksvoller Herrscher das etablierte Machtgefüge immer stärkeren Belastungen aussetzte. Das Manding-Kernland mit seinen starken kulturellen und konstitutionellen Bindungen an den Herrscher blieb weitgehend loyal. Die eroberten Grenzgebiete im Norden und

Terrakotta-Figur eines berittenen Kriegers aus Mali, 13.–15. Jahrhundert. Die zylindrische Form von Torso und Gliedern sowohl des Pferdes als auch des Reiters zusammen mit der detaillierten Wiedergabe von Helm, Köcher und Zaumzeug sind typisch für den sogenannten Djenne-Stil der Terrakotta-Kunst. Höhe 70,5 cm.

Osten jedoch spalteten sich nach und nach ab – darunter schicksalhaft auch das Gao-Reich. Kein energischer General trat hervor, um den Zerfall der Zentralmacht aufzuhalten, und Anfang des 15. Jahrhunderts gab es ein Reich von Mali im Manden, aber es gab kein Großreich von Mali mehr, das den Westsudan eingeschlossen hätte.

Songhai

Im Gegensatz zu Mali wissen wir über die Geschichte von Songhai mehr aus schriftlichen Quellen als durch mündliche Überlieferungen. Die berühmtesten dieser Quellen sind die sogenannten Timbuktu-Chroniken, vor allem Abd al-Sadis *Tarikh al-Sudan* (1653–1656) und

Ibn al-Mukhtars *Tarikh al-fattash* (1664). Verfasst in dem bedeutenden urbanen Zentrum von Handel und islamischer Gelehrsamkeit nach dem Zusammenbruch der Macht des Songhaireiches, sind diese literarischen Werke unter anderem deshalb wichtig, weil sie von lokalen Gelehrten verfasst wurden, und nicht von ausländischen Besuchern. Sie bieten daher eine in der mittelalterlichen afrikanischen Geschichte allzu seltene einheimische Perspektive. In der Tat war es ihre Entdeckung durch die Außenwelt im 19. Jahrhundert, die überhaupt erst zur Entstehung der Vorstellung von einer unverwechselbar sudanischen Staatskunst führte: Ihr Ziel, schrieb Paulo de Moraes Farias, sei es gewesen, die Region »als durch die Idee des imperialen Königtums definierte gewaltige geopolitische Einheit darzustellen«.[20] Neuere Forschungen sind daher bestrebt, die *tarikh*-Überlieferung im Kontext ihrer Verfertigung nochmals zu prüfen. Weit davon entfernt, einfach nur die unter der imperialen Herrschaft Songhais existierende soziale und politische Hierarchie zu preisen, so Farias, seien die Chroniken darüber hinaus bemüht gewesen, die Realität des Endes dieser Herrschaft zu verarbeiten, indem sie auf eine Aussöhnung mit den Arma drängten, dem lokalen marokkanischen Regime, das nach der Invasion Songhais im Jahr 1591 hinterlassen wurde. Das heißt, man muss an schriftliche Quellen mit demselben kritischen Bewusstsein herangehen wie an mündliche Überlieferungen.

Songhais Ursprünge liegen in dem antiken Gao-Reich, von dem nordafrikanische Händler zur gleichen Zeit Kenntnis erhielten wie von Ghana im Westen und Kanem (das sich später zu dem Doppelkönigtum Kanem-Bornu entwickelte) im Osten. Entscheidend für ein Verständnis des frühen Gao und für Songhai war seine Lage am Niger. Den Kern der Gesellschaft von Songhai bildete die Gemeinschaft der Fischer (*sorko*). Die *sorko* bewohnten eine ähnliche Flussnische wie die Völker der Bozo und Somono vom Oberlauf des Niger, entwickelten aber eine komplexere Gesellschaft, mit einer Klasse von Uferbauern, den *gabibi,* und einer militärischen Elite, den *san* (Pl.

sanyey oder *sonyey*), wovon sich das Wort Songhai ableitet. Religion und Regierungsführung der Songhai waren eng verbunden mit dem Niger, und frühe Siedlungen entstanden immer auf Inseln im Fluss und wurden von Gemeindeoberhäuptern regiert, die in ihrer Autorität durch in der rituellen Grundordnung festgeschriebene Regeln eingeschränkt waren. Solche Flussgemeinschaften scheinen keine natürliche imperiale Neigung besessen zu haben: Die Bozo und die Somono blieben zeit ihrer Geschichte bloße Gehilfen für die aufeinanderfolgenden Staatsbildungsprojekte der Malinke von Mali, der Bambara (oder Bamana) von Ségou und der Fulbe von Massina. Aber durch den zur Kontrolle von Handelseinkünften etwa im frühen 11. Jahrhundert erfolgenden Umzug nach Gao sprengte das Songhai-Häuptlingstum von Gungiya diesen Rahmen: Mit dem Schritt vom Fluss auf festes Land wurde es zum Königtum.

Doch dieses Königtum blieb in der alten Flusskultur verwurzelt. Seine Ursprungsüberlieferung vermerkte, dass die Vorfahren des Königs den Staat schufen, indem sie sein erstes Feuer entzündeten, und bei seiner Thronbesteigung erhielt der König die *din tuuri*, die ausgelöschte Brandfackel, von der es hieß, es sei die, die bei jenem bedeutungsschweren Ereignis verwendet wurde. Diese und andere Insignien der Königswürde wurden dem neuen König vom *hikoy* überreicht, dem »Häuptling der Boote« bei den *sorko*. Er war der einzige Mann bei Hofe, der nicht an Unterwerfungsriten gebunden war: sich Staub auf den Rücken zu werfen und das Wort nur indirekt über den Sprecher des Königs an den Herrscher zu richten. Als Hüter der Regeln des Königtums einschließlich denen der Nachfolge sprach der *hikoy* den Monarchen frei als Ebenbürtiger an – eine Erinnerung an den »amphibischen« Charakter des Songhai-Königtums, das auf der Partnerschaft von Boot und Speer beruhte. Sonni Ali Ber, der Gründer des Songhaireiches im 15. Jahrhundert, machte in seinen Kriegen ausgiebigen Gebrauch von der Flussflotte und versuchte einmal sogar, einen Kanal durch die Wüste zu graben, um eines seiner Ziele zu erreichen. Bis zur Nachfolgedynastie der Askia unterhielten die Gao-Könige stets eine Residenz in Gungiya (oder Kukiya), ein zwischen Insel und festem Land wechselndes Wohnmodell, das in Ayérou im heutigen Niger – im 15. Jahrhundert Zufluchtsort der geflüchteten Sonni-Dynastie – noch immer existiert. Regierungsführung und Recht waren stark von der Religion der Songhai geprägt, deren oberste Priester *sorko* waren und die ihre Rituale auf Flussinseln vollzogen.

Das Songhaireich war der einzige der großen sudanischen Staaten, in dem die königliche Nachfolge durch männliche Primogenitur erfolgte oder, bei Fehlen eines ältesten Sohnes, durch den ältesten Bruder. Der Grundgedanke war klar: Es sollte zu keiner Zeit ein Vakuum an der Spitze des Staates geben. Das Ergebnis war ein hohes Maß an dynastischer Stabilität, obwohl der Sohn von Askia Daoud beim Tod seines Vaters 1582 den Umstand nutzte, dass sein älterer Bruder Mohammad Benkan nicht in Gao weilte, um die Macht zu ergreifen. Seine anderen Brüder akzeptierten den Fait accompli, sagten ihm aber, dass, »wäre Mohammad Benkan hier gewesen, du nicht König geworden wärst«. Zehn Jahre später, als Askia Ishaq II. seinen Sohn auf seiner Flucht vor den einfallenden Marokkanern mitnahm, protestierte der *hikoy* Laha Sorkiya und beschied ihn, er könne gehen, aber allein, denn er dürfe den Staat nicht seines rechtmäßigen Nachfolgers berauben.

Als sie auf festes Land zogen, etwa im 10. oder 11. Jahrhundert, konvertierten die Gungiya-Könige der Za-Der-Banda-Dynastie ebenfalls zum Islam – eine der ersten dokumentierten Herrscherfamilien im Afrika südlich der Sahara, die diesen Schritt tat. Etwa vom 10. bis zum 13. Jahrhundert war das Gao-Reich ein bescheidenes Pendant zu Ghana und betrieb eine auf dem Handel mit Salz und Gold basierende Transitwirtschaft. Seine islamisierte Elite lebte ebenfalls in beträchtlichem Luxus, eine Tatsache, die von al-Bakri und al-Idrisi berichtet wird und die archäologische Ausgrabungen gerade angefangen hatten zu bestätigen, als in den 2010er-Jahren eine Welle dschihadistischer politischer Gewalt über die Region hinwegrollte. Ebenso wie Mali war auch die religiöse Kultur Gaos charakterisiert durch eine komplexe Interaktion zwischen dem Islam und einheimischen Glaubensvorstellungen. Die Religion der Songhai hatte unübersehbare Elemente mit den Völkern im Süden gemeinsam: Dongo, der Donnergott, beispielsweise, kann der bedeutenden Yoruba-Gottheit Shango zugeordnet werden. Die Gao-Könige waren strenggläubige Muslime, die ihre Herrschaftsgebiete für einen Außenposten des *Dar al-Islam* hielten, und wurden als solche anerkannt: Zu ihren Herrschaftsinsignien gehörte ein angeblich von dem Abbasiden-Kalifen in Bagdad geschicktes Exemplar des Korans. Nichtsdestotrotz wurden sie von ihren überwiegend nicht muslimischen Untertanen als beinahe göttliche Herren und Beschützer des Königreichs verehrt. »Das Hofzeremoniell«, schreibt John Hunwick, gestützt auf den Bericht von al-Bakri, »war eindeutig heidnisch.« »Wenn der Herrscher aß, wurde eine Trommel geschlagen und Frauen tanzten, dabei die Köpfe schüttelnd. Während der Essenszeit des Souveräns ruhte jegliche Arbeit, und wenn er fertig war, wurden die Reste des Essens unter lautem Geschrei in den Niger geworfen und die Arbeit durfte wieder aufgenommen werden.«[21]

Das Flusskönigreich Gao wurde im späten 13. Jahrhundert in das Großreich von Mali eingegliedert und ein Jahrhundert später von Za-Der-Banda-Prinzen befreit, die den Titel Sonni annahmen. Während der Zeit seiner Vasallität entsandte Gao königliche Söhne in die Reichshauptstadt und nahm die politische Kultur der Mande in großen Zügen auf. Der Niedergang Malis mag Gao befreit haben, aber er beendete auch das imperiale Sicherheitssystem, das im gesamten Gebiet des mittleren Niger wirtschaftlichen Wohlstand garantiert hatte. Mit dem Wegfall des Mande-Schutzschirms brachen goldene Zeiten an für räuberische Gruppen. Timbuktu wurde von Tuareg-Angreifern aus der Wüste und von den Mossi aus dem Süden geplündert, während das Binnendelta des Niger zum Tummelplatz für Warlords der Fulbe wurde. Auch wenn es keine direkten Belege dafür gibt, dass die Songhai-Expansion als bewusster Versuch zur Wiederherstellung der Ordnung begann, kann ein Streben nach Sicherheit in einer zunehmend aus den Fugen geratenen Welt durchaus die Gründung eines neuen imperialen Systems durch Sonni Ali Ber in den 1460er-Jahren veranlasst haben.

Ali Ber, ein Sonni-Prinz aus dem südlichen Stammland des Songhaireiches, festigte zunächst die Kontrolle über sein Heimatterritorium, bevor er einen gnadenlosen Krieg gegen die räuberischen Angreifer aus dem Norden führte. Die Tuareg wurden unterworfen und zu Beschützern der Wüstenkarawanen gemacht, die sie bis dahin geplündert hatten; das Mossi-Reich Yatenga wurde einer Strafexpedition unterzogen, die darauf abzielte, seinen Herrschern klarzumachen, dass sie sich vom mittleren Niger fernzuhalten hätten; während die Fulbe, die das produktive Zentrum der Region besetzt hatten, erleben mussten, wie ihr Kriegerstand in einer Reihe brutaler Feldzüge dezimiert wurde. Unterdessen wurden die bedeutenden Handels- und Wissenschaftszentren Timbuktu und Djenné besetzt. Tatsächlich verbrachte Sonni Ali seine gesamte Regierungszeit, von 1464 bis zu seinem Tod 1492, auf dem Kriegspfad. Sein Sohn Sonni Baru hingegen herrschte nur für ein paar Monate, bevor der Militärbefehlshaber Mohammad Sylla (dessen Name oft fälschlicherweise als Muhammad Ture oder Mohamed Toure angegeben wird) ihn durch einen Putsch stürzte. Sylla, der als Herrscher den militärischen Titel »Askia« beibehielt – der dann auch der Name seiner Dynastie wurde –, setzte Sonni Alis Politik der imperialen Expansion fort und rundete die Gewinne Songhais mit der am Rand der Wüste gelegenen Handelsstadt Agadez und dem Salztagebau Taghaza tief in der Sahara ab.

Doch Askia Mohammad I. war mehr an verantwortungsvoller Regierungsführung interessiert als an Krieg. Songhai machte großzügig Anleihen beim Verwaltungssystem Malis, aber es wurde, wie bereits unter Sonni Ali offenkundig, straffer zentralisiert. Das große Projekt Askia Mohammads im ersten Jahrzehnt seiner Herrschaft war die Islamisierung des Staates. Er war ein Soninke aus einem Geschlecht muslimischer Geistlicher väterlicherseits, und sein Putsch gegen Sonni Baru hatte die Unterstützung der islamischen Fraktion des Reiches. Über die rituellen Grundlagen des Staates kam es daher zu einer Verfassungskrise. Sonni Ali, von der Nachwelt – wie Soumaoro Kanté – als »Magierkönig« oder »Zauberer« verurteilt, wurde unterstellt, der einheimischen Religion den Vorzug vor dem Islam gegeben zu haben. Es hieß, er habe es genossen, strenggläubige orthodoxe Muslime zu provozieren, und die sakrale Natur des Songhai-Königtums aktiv gefördert. Sonni Alis Verschwinden, angeblich bei einem Badeunfall – verschluckt von dem Fluss, der durch das Innerste einheimischer Glaubensvorstellungen floss –, bot der verärgerten muslimischen Partei und der multiethnischen militärischen Elite, die weniger durch Loyalität gegenüber dem König gebunden war, eine einmalige Chance. Nach seinem Sieg über die vermeintlichen Kräfte der heidnischen Tradition unternahm Askia Mohammad daher die Pilgerfahrt nach Mekka. Im Gegensatz zu jenem anderen militärischen Usurpator, Sakura, kehrte er wohlbehalten zurück und schickte sich an, den Rat von Geistlichen zu islamischer Regierungsführung einzuholen. Der radikalste Ratschlag kam von dem strengen berberischen Theologen al-Maghili aus Tlemcen im heutigen Algerien. Al-Maghili beschied Askia Mohammad, Gott habe ihn erhöht, damit er den Glauben und das eigensinnige Verhalten seiner Untertanen reformieren könne, statt ihr Herr und Meister zu sein. »Du bist über die gesamte Weite deines Reiches hinweg ein Beschützer, kein Besitzer.«[22] Diese Worte, die auf die schlechte Handlungsweise Sonni Alis anspielten, waren ein klarer Angriff auf Songhais traditionelles Königtum.

Dieses Königtum bestand in vielerlei Hinsicht fort, aber Askia Mohammad waltete über den Aufstieg eines mächtigen »geistlichen Standes«, eines muslimischen Klerus, der zu einem unverzichtbaren

Bestandteil seiner Regierung wurde.[23] Während der Zeit der Askia-Dynastie wurde ein islamischer Regierungsstil immer ausgeprägter. Askia Mohammad wurde seinerseits von seinem Sohn Musa entthront, der sich laut al-Sa'dis *Tarikh al-Sudan* in der Großen Moschee von Gao während des Gebets für Eid ul-Adha, das islamische Opferfest, seinem Vater entgegenstellte.[24] Nichtsdestotrotz blieb das Hofzeremoniell bis zum Ende in althergebrachten sudanischen Gepflogenheiten verwurzelt: So war Askia Daoud (reg. 1549–1582) einmal unter Erröten gezwungen, sich bei arabischen Besuchern für solch »barbarisches« Benehmen wie das Werfen von Staub auf den Rücken durch Bittsteller oder das eilfertige Darreichen des eigenen Ärmels, wenn der König spucken wollte, zu entschuldigen.

Alles deutet darauf hin, dass Songhai den Wohlstand der früheren sudanischen Großreiche reproduzierte. Wie im Falle Ghanas lagen die Goldfelder außerhalb seiner territorialen Kontrolle, aber das kostbare Metall strömte weiter aus dem Süden herein – zunehmend aus dem Gebiet der Akan – und weiter zu den Stapelplätzen des mittleren Niger. Gao war vielleicht die einwohnerstärkste Metropole in Westafrika im 16. Jahrhundert, deren Ansehen durch die Konzentration von Reichtum am Hof des Herrschers erhöht wurde. Tragende Säule der Wirtschaft war die landwirtschaftliche Produktion – für das gemeine Volk wichtiger als Gold oder andere Luxusartikel –, die vom *fari monzo*, dem »Regenten der Felder« beaufsichtigt wurde, ein Posten, den Askia Musa vor seinem Putsch innegehabt hatte. Der Herrscher war der größte Grundbesitzer des Reiches und besaß gewaltige Ackerflächen, die von zahlreichen Leibeigenen bewirtschaftet wurden. Getreu der Ideologie vom König als Versorger seiner Untertanen war der Ertrag dieser Güter größtenteils für die klientelistische Weiterverteilung vorgesehen. Dennoch beuteten das imperiale Regime und die breitere grundbesitzende Schicht, zu der auch die geistliche Elite gehörte, die Landbevölkerung, die frei geborene wie die versklavte, rücksichtslos aus.[25] Gemeinschaften sklavischer

Handwerker lieferten ebenfalls zahlreiche Güter an den Haushalt des Königs, der von einem mächtigen Beamten, dem *hugukuraykoy*, dem »Leiter des Hausinneren«, verwaltet wurde.

Die 1550er-Jahre erlebten den Auftakt periodisch wiederkehrender politischer Spannungen zwischen Songhai und Marokko, bei denen es im Kern um die Kontrolle des lukrativen Salztagebaus im saharischen Taghaza ging. Verstärkt wurden diese Spannungen in den 1580er-Jahren durch die Machtübernahme des ehrgeizigen Mulai Ahmad al-Mansur, dessen Sieg über ein portugiesisches Heer ihn mit den nötigen Mitteln versah, um Söldner anzuwerben und europäische Feuerwaffen zu kaufen. Die hierdurch entstandene militärtechnische Schieflage zwischen dem Sudan und Marokko – eine von Speeren und Pfeilen gegen Schusswaffen – überzeugte al-Mansur, dass das Songhaireich, von dem er wähnte, dass es in Gold schwimme, eine leichte Beute sei. Er drängte seinen eigenen islamischen »geistlichen Stand« zu der Erklärung, dass die Askia es nicht verdienten, den Sudan zu regieren, und begann einen Eroberungs- und Unterwerfungsfeldzug zu organisieren. Viele der Soldaten, die er im November 1590 quer durch die Sahara in Marsch setzte, waren spanische Söldner oder die Nachfahren muslimischer Flüchtlinge aus al-Andalus: Diese sogenannten *arma* (span. »Waffe«) waren dieselbe Sorte harter Kämpfer, die früher in dem Jahrhundert in Amerika das Azteken- und das Inkareich angegriffen hatten. Anfang 1591 fügten die Invasoren der Streitmacht Askias in der Schlacht von Tondibi (»Schwarzer Stein«) in der Nähe von Gao eine vernichtende Niederlage zu, wobei sie ihren Feind mit Musketen und Kanonen förmlich in Schockstarre versetzten. Askia Ishaq (reg. 1588–1591) bat um Frieden und bot an, ein Vasall Marokkos zu werden, aber al-Mansur lehnte den Vorschlag ab und befahl seinen Truppen, weiter vorzurücken und Timbuktu zu besetzen. Die Sonne war über Songhai untergegangen.

Historiker des Songhaireiches neigen dazu, seine gesamte Geschichte auf der Folie seiner Vernichtung bei Tondibi zu deuten.

Für viele ist sie eine Erzählung von stetigem Niedergang, der in den 1580er-Jahren in internen politischen Machtkämpfen kulminierte, durch die das Regime schlecht gerüstet war, um der Gefahr aus Marokko die Stirn zu bieten. Diese Sichtweise wurde geprägt durch die Timbuktu-Chroniken, die mit der Versicherung beginnen, dass Songhai von Anfang an zur Vernichtung verdammt gewesen sei – eine Ansicht, die den Arma von Timbuktu gefiel und vereinbar war mit den fatalistischen Vorstellungen, die bei einer geistlichen Leserschaft leicht Anklang fanden. Was nichtsdestotrotz bemerkenswert ist an Songhai, trotz des dynastischen Wechsels von den Sonni zu den Askia, ist seine politische Stabilität. Es ist überhaupt nicht ausgemacht, dass Songhai ohne den marokkanischen Angriff zusammengebrochen wäre, und seine Niederlage – die die Dilemmata vieler afrikanischer Reiche angesichts europäischer Feuerkraft drei Jahrhunderte später ankündigte – war hauptsächlich die Folge des technologischen Ungleichgewichts, auf das al-Mansur geschickt gezählt hatte. Noch wichtiger ist, dass die Niederlage von 1591 nicht nur das Ende von Songhai markierte, sondern der gesamten imperialen Tradition des Westsudan. Marokko war nicht in der Lage, seine eigene stabile imperiale Oberherrschaft über die Region zu errichten, und die Arma verkamen zu einem der vielen räuberischen Elemente, die um die Macht kämpften. Zudem öffnete sie der Fortsetzung jener Unordnung und Gewalt Tür und Tor, gegen die Songhai überhaupt erst aufgebaut worden war.[26]

Fazit

Zu einer Zeit, wo Historiker den großen Narrativen zunehmend misstrauen, ist die »imperiale Tradition« im sudanischen Westafrika in den letzten Jahren kritisiert und relativiert worden. Die Geschichte der Region, so die neue These, geht über die der drei großen Staaten Ghana, Mali und Songhai hinaus, und das Augenmerk sollte stärker auf die ihrem dynastischen Aufstieg und Niedergang zugrunde liegenden dauerhaften kulturellen und politischen Formen gelenkt werden. Dennoch bleibt die imperiale Ära ein faszinierender Gegenstand der Forschung. Michael Gomez greift ihn in seiner neuesten Studie *African Dominion* wieder auf, in der Absicht, die Region in die umfassendere Globalgeschichte einzufügen, von der sie so lange ausgeschlossen gewesen ist. Die imperiale Ära endete vor langer Zeit, im Jahr 1591 bei Tondibi, dauerte aber viel länger als die Zwischenzeit seitdem. Unter der Ägide der drei aufeinanderfolgenden Großreiche schuf der Sudan einen Großteil seiner Zivilisation, wie wir sie heute kennen. Die markante Lehmziegel-Architektur, für die beispielhaft die Große Moschee in Djenné steht (siehe Tafel III); die Tradition der Griots, die in der Musik von Mali, Guinea, Gambia und darüber hinaus weiterhin blüht; das dynamische Gemisch aus sudanischer und islamischer Religionskultur: All das wurde hervorgebracht oder umgestaltet im Kontext des imperialen Systems.[27] Auch kann wenig Zweifel daran bestehen, dass die postimperiale Phase der letzten vier Jahrhunderte eine des relativen Chaos und Niedergangs war, als die einigen dieser Konstrukte innewohnenden Widersprüche das Gefüge der Gesellschaft bedrohten. Das hohe Maß an Ungleichheit und an Räubertum, das sich auf die Versklavung der Schutzlosen und der »Heiden« richtete, geriet in der Zeit der Kleinkriege und chronischen Gewalt, die nach Tondibi einsetzte, zunehmend außer Kontrolle. Obwohl ein Großteil der geschriebenen afrikanischen Geschichte um den Auftakt der europäischen kolonialen Eroberung kreist, sind die mannigfachen Altlasten dieses ausgedehnten *ancien régime* bis heute bestimmend für die Völker der Sahelzone. Es gibt viel Gutes, das bewahrt werden muss, und viel Schlechtes, das es zu überwinden gilt.

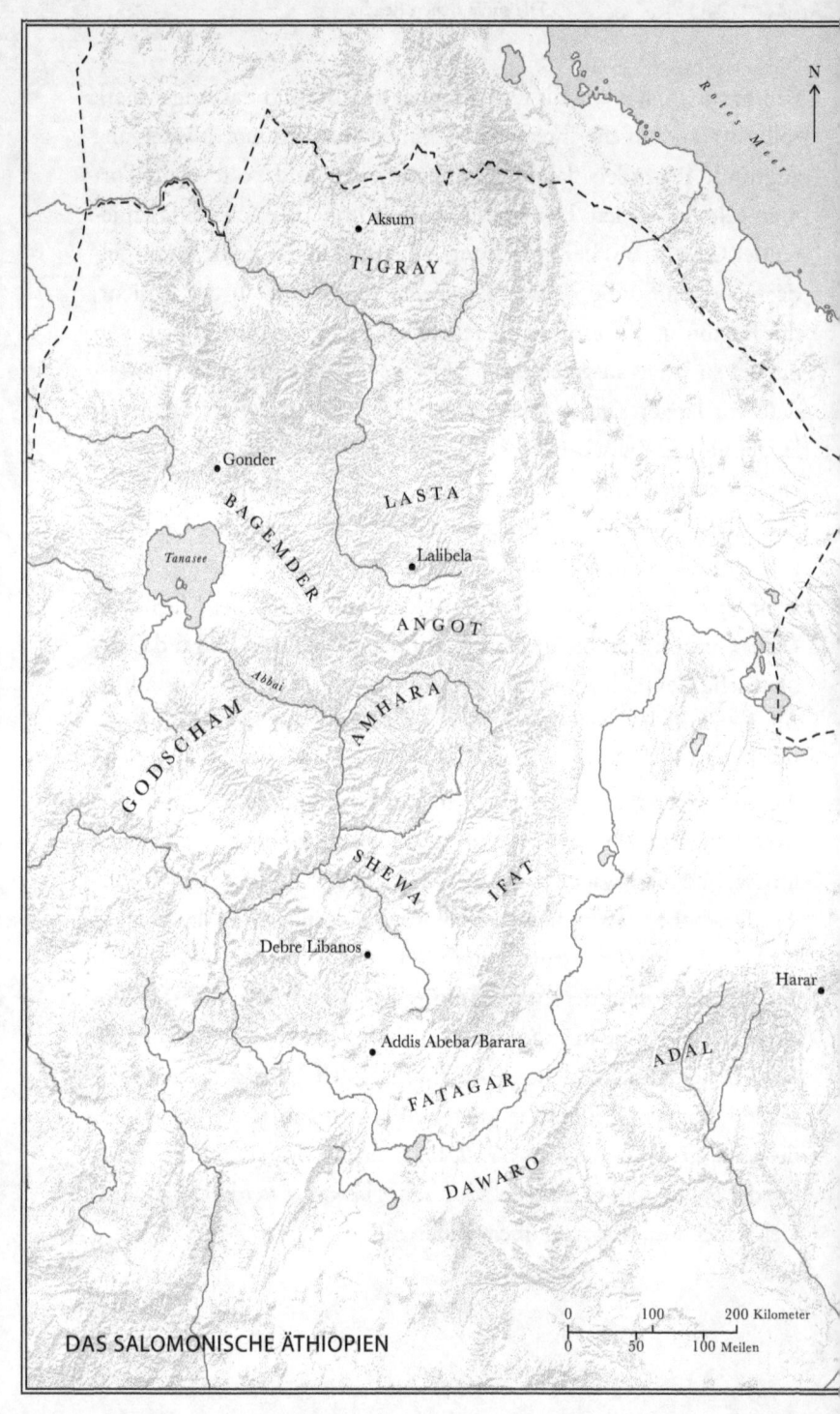

KAPITEL 3

DAS SALOMONISCHE CHRISTLICHE KÖNIGREICH ÄTHIOPIEN

Habtamu Tegegne und Wendy Laura Belcher

Das nordöstliche afrikanische Königreich Äthiopien war für den größten Teil der letzten drei Jahrtausende die beherrschende Macht am Horn von Afrika und im westlichen Roten Meer. Äthiopien wahrt sogar bis heute eine der längsten nationalen Traditionen auf der Welt, mit einer charismatischen Monarchie, die während der letzten zwei Jahrtausende ohne Unterbrechung existierte.[1] Außerdem reicht Äthiopiens Prähistorie zeitlich noch sehr viel weiter zurück. Archäologische Zeugnisse deuten darauf hin, dass das Land tatsächlich die Wiege der Menschheit war: Es ist der Ort der ältesten bislang gefundenen menschlichen Fossilien (jener der Gattung *Homo*), die auf ein Alter von 2,8 Millionen Jahren datiert wurden; der ältesten Fossilien anatomisch moderner Menschen, die ein Alter von 195 000 Jahren aufweisen; und der ältesten Werkzeuge und daher der frühesten Zeugnisse hochentwickelten menschlichen Verhaltens. Äthiopien ist ferner einer der sieben Orte auf der Welt, wo sich zuallererst Landwirtschaft entwickelte. Seine Bewohner domestizierten mehrere wichtige und besondere Nutzpflanzen, darunter Zwerghirse – ein kleines Getreide, das traditionell zur Herstellung des berühmten gesäuerten Fladenbrotes der Region, des Injera, verwendet wird – und eine andere, die sich schließlich weltweit verbreiten sollte, Kaffee. Die afroasiatische Sprachfamilie, zu der Hebräisch, Arabisch, die Berbersprachen und die Sprachen Äthiopiens gehören, entstand vermutlich vor etwa zehn- bis achttausend Jahren in der Region. Zwei der Sprachen, die sich später aus dieser frühen äthiopischen Sprache entwickeln sollten, waren das Sabäische, das gegenüber von Äthiopien auf der anderen Seite des Roten Meeres im Gebiet des heutigen Jemen gesprochen wurde, und das klassische Äthiopisch, auch Ge'ez genannt.[2]

Äthiopien schuf schon früh eine antike Schriftkultur. Äthiopier erfanden eine Schrift für Ge'ez, die zum Teil auf der sabäischen Schrift beruht, aber, anders als diese, von links nach rechts und mit betonten Vokalen geschrieben wird.[3] Sie verwendeten sie später, um ab dem 4. Jahrhundert n. Chr. Ge'ez zu der wissenschaftlichen und liturgischen Sprache Äthiopiens weiterzuentwickeln. Diesen Stellenwert behielt sie bis ins 20. Jahrhundert, obwohl sie als Sprache des Hofes und des Alltagslebens um 1000 n. Chr. durch Regionalsprachen, wie etwa Amharisch und Tigrinisch (Tigrinya), ersetzt wurde. Auch die ersten in Ge'ez geschriebenen gebundenen Bücher wurden bereits im 6. Jahrhundert hergestellt. Äthiopier verbrachten einen Großteil des ersten Jahrtausends mit der Übersetzung der Bibel und anderer religiöser Schriften ins Ge'ez, aber im Mittelalter verfassten sie außerdem Tausende von Originalbüchern, biografische und theologische Werke und solche, die Versepen und Erzählungen enthielten, dazu detailreiche historische Chroniken. Dadurch ermöglichen vor Ort geschriebene Quellen modernen Historikern bis heute, viele Aspekte der tieferen Vergangenheit der Region zu rekonstruieren.

Bei all diesen Neuerungen bauten die Äthiopier auf früheren Innovationen auf. Möglicherweise errichteten sie schon um 2500 v. Chr.

das wohlhabende Reich Punt am Roten Meer, mit dem Ägypten kostbare Waren tauschte. Sehr wahrscheinlich im ersten Jahrtausend v. Chr. beteiligte sich Äthiopien an der Ausgestaltung einer antiken Zone der Konnektivität, die sich vom Mittelmeer aus zu beiden Seiten des Roten Meeres und durch das Nil-Becken erstreckte. Diese Zone war ein kosmopolitischer und multikultureller Raum, über den Äthiopien nicht nur mit dem benachbarten Südarabien, Nubien und Ägypten verbunden war, sondern auch mit den ferneren Ländern der Levante und der hellenistischen Welt sowie mit Südasien und dem Indischen Ozean. Bis zum 5. Jahrhundert v. Chr. hatten Äthiopier Handelsnetze geknüpft, die diese vielfältigen kulturellen und wirtschaftlichen Regionen umspannten, und Äthiopien entwickelte sich zum bedeutenden Handelszentrum. Als sich im östlichen Mittelmeer die klassische griechische Zivilisation entwickelte, war Äthiopien bereits ein wichtiger Ort. Seine Rolle in der größeren Welt wuchs und schrumpfte im Lauf der Jahrhunderte, aber die Erwähnung von »Äthiopien« in der Bibel – wo der Begriff zur Bezeichnung des gesamten Kontinents verwendet wurde – belebte wiederholt das Interesse an dem Land. Im 20. Jahrhundert beanspruchten diasporische Afroamerikaner das antike christliche Königreich Äthiopien als symbolisch für ein stolzes afrikanisches Erbe, wobei sie auf Äthiopiens Sieg über die imperialen Eindringlinge aus Europa während des Wettlaufs um Afrika und seine Unabhängigkeit während der gesamten Epoche der Kolonialherrschaft verwiesen. Das Königreich wurde zu einem mächtigen Symbol schwarzer Freiheit und der glorreichen Vergangenheit Afrikas.[4]

Dieses Kapitel ist eine Geschichte des sogenannten Salomonischen christlichen Königreichs Äthiopien, mit besonderem Augenmerk auf seine Ursprünge in dem mächtigen Reich von Aksum, seinen Aufstieg im Mittelalter (1270–1550) und seine späteren Entwicklungen (1636–1974). Über ein Jahrtausend hatte dieses Königreich an der Kreuzung globaler Handelsnetze eine besondere Gabe für Anpassungsfähigkeit und Innovation. Von seinem Übertritt zum Christentum im 4. Jahrhundert n. Chr. über seine Erfindung komplexer Verwaltungssysteme und seine dynamische intellektuelle Tradition bis hin zu seiner Erholung von verheerenden fremden Einfällen hat Äthiopien neue Zukünfte erfunden und sich mühsam seinen eigenen Weg gesucht.

Das Aksumitische Reich

Im ersten Jahrtausend v. Chr. vollzogen sich im nördlichen Äthiopien mehrere wichtige Entwicklungen. Erstens nahm die Zivilisation, die in den nördlichen Gebieten der bergigen Hochebene entstanden war, einen ausgeprägt urbanen Charakter an; Äthiopier gründeten große Städte und errichteten wuchtige, steinerne Tempel, Monumente und andere Bauten. Die Ruinen von Yeha, einer dieser antiken Städte, die im 8. Jahrhundert v. Chr. in Blüte standen, umfassen einen großen Tempel mit vorzüglicher Steinmetzarbeit und die Überreste von Dämmen und Bewässerungskanälen, was darauf hindeutet, dass die Äthiopier auch eine ausgeklügelte Technik der Wasserbewirtschaftung entwickelten. Die Menschen waren geeint durch eine gemeinsame Religion und verehrten einen Gott, der durch eine Scheibe und die Mondsichel symbolisiert wurde. Yeha gründete ein kleines Reich namens Da'amot, über das wenig bekannt ist, obwohl die Region im Wesentlichen eine diffuse Mischung unabhängiger Städte geblieben zu sein scheint. Unterdessen wurde im 7. Jahrhundert v. Chr. eine Stadt namens Aksum gegründet. Es waren diese Entwicklungen, aus denen im frühen 1. Jahrtausend n. Chr. das Aksumitische Reich erwuchs.[5]

Die Aksumiter erbauten ihr mächtiges Reich in derselben nordäthiopischen Region wie Yeha und Da'amot.[6] Während des 1. Jahrhunderts n. Chr. unterwarf die Stadt Aksum alle anderen Städte und vereinigte sie zu einem mächtigen Reich. Spätestens im 3. Jahrhundert erreichte das Aksumitische Reich den Höhepunkt seiner Macht, die bis zum Erscheinen des Islam im 7. Jahrhundert währte. Es handelte sich keineswegs um eine unbedeutende Macht. Der persische Prophet Mani (216–276 n. Chr.) stufte Aksum als das drittgrößte Reich der antiken Welt ein: »Es gibt vier große Reiche auf Erden. Das erste ist das Reich von Babylon und Persien; das zweite ist das Reich von Rom; das dritte ist das Reich der Aksumiter; das vierte ist das Reich der Chinesen.«[7] In der Tat kann dieses äthiopische Reich aufgrund seiner militärischen Macht, seiner monumentalen Bauwerke und prosperierenden Wirtschaft zu den großen Reichen der Welt gezählt werden. Die aksumitische Herrschaft erstreckte sich von ihrem Kernland im heutigen Eritrea und nördlichen Äthiopien bis an die Küste des Roten Meeres, zu der Tiefebene südlich des Hochlands und nach Westen in den heutigen Sudan. Zu manchen Zeiten erstreckte sie sich sogar über das Rote Meer bis ins Innere Südarabiens in das Gebiet des heutigen Jemen.[8] Was die Bautechnologie anbelangt, so errichteten äthiopische Ingenieure die höchsten monolithischen Stelen in der Weltgeschichte (siehe Tafel VII). Ihre zahlreichen steinernen Monumente wurden in lokalen und internationalen Sprachen beschriftet: Ge'ez, Sabäisch und Griechisch.

Äthiopische Innovationen in Landwirtschaft, Handel und Geldwesen untermauerten den Aufstieg von Aksum zur wohlhabendsten Macht im Raum des Roten Meeres. Bauern besaßen das Land, das sie bestellten, und zahlten ihren Herrschern Abgaben in Form von Agrarerzeugnissen. Die Schiffsbautechniken des Großreichs und seine spezialisierten Seeleute spielten eine wesentliche Rolle auf den maritimen Handelsrouten. Die Einnahmen aus dem Handel – bei dem versklavte Menschen, Elfenbein, Gold, Schildplatt und andere Produkte gegen importierte Luxusartikel getauscht wurden – waren die finanzwirtschaftliche Grundlage, die die aksumitische Macht stützte. Daher war die Hafenstadt des Reiches, Adulis am Roten

Meer, während der Glanzzeit von Aksum ein pulsierendes Zentrum für den internationalen Handel. Ihre Herrscher prägten ihre eigene Währung: Gold-, Silber- und Bronzemünzen.

Die bedeutendsten Herrscher des Aksumitischen Reiches waren Ezana, ein Kaiser des 4. Jahrhunderts, und der im 6. Jahrhundert herrschende Kaiser Kaleb (dessen Thronname Ella Asbeha lautete). Ezana ist nicht nur als Eroberer des Königreichs von Meroe im heutigen Sudan in Erinnerung geblieben, wo er viele monumentale Stelen und Inschriften in drei Sprachen (darunter Griechisch) hinterließ, sondern auch für den Übertritt zum Christentum um 340 n. Chr. Das Christentum erreichte Aksum von Ägypten aus, und die äthiopische Kirche sollte der ägyptischen bis ins 20. Jahrhundert hinein eng verbunden bleiben, mit einem Bischof an ihrer Spitze, der von dem koptischen Patriarchen in Alexandria eingesetzt wurde. Zwischen dem 5. und 7. Jahrhundert wurde die Bibel ins Ge'ez übersetzt, und der christliche Glaube begann sich im gesamten äthiopischen Hochland auszubreiten.[9]

Kaleb war der letzte der Großkönige von Aksum, bekannt für seine Schiffsexpeditionen nach Südarabien, und waltete über die lebhafte Missionstätigkeit, deren Ergebnis bis zum Ende des 6. Jahrhunderts der weit verbreitete Übertritt der Bevölkerung zum Christentum war. Allerdings zeigte Aksum inzwischen Zeichen des Verfalls. Aufstieg und Ausbreitung des Islam im 7. Jahrhundert sollten zu seinem endgültigen Niedergang führen. Nicht genug damit, dass das Reich seine Herrschaftsgebiete in Südarabien und an der Westküste des Roten Meeres verlor, wurde auch der bedeutende Hafen von Adulis zerstört. Bis zum 10. Jahrhundert war die Stadt Aksum selbst weitgehend verlassen. Doch das äthiopische Königtum und Christentum überlebten. Im Lauf der Zeit sind verschiedene äthiopische Dynastien aufgestiegen und untergegangen, aber die unter dem Patronat der großen aksumitischen Herrscher gegründete äthiopische orthodoxe Kirche ist bis heute eine starke und dauernde

Präsenz in der Region geblieben. Die Sprache, Schrift, Architektur, Kunst und christliche Religion der aksumitischen Zivilisation sollten Äthiopien für viele kommende Jahrhunderte weiterhin prägen.

Der Aufstieg der Salomonischen Dynastie

Nach einer Durststrecke von mehreren Jahrhunderten stieg eine neue Dynastie auf, allgemein bekannt als die Zagwe. Man weiß wenig über die Zagwe-Dynastie, aber sie scheint im frühen 12. Jahrhundert unter einem Herrscher aus der Region östlich des früheren Zentrums Aksum aufgetaucht zu sein. Eine ihrer dauerhaftesten Leistungen ist der grandios ausgeführte Bau von einem Dutzend Kirchen, die vom Erdboden aus mehrere Stockwerke tief in den harten Fels gemeißelt wurden. Diese monolithischen Kirchen befinden sich in der später als Lalibela bekannt gewordenen Zagwe-Hauptstadt, die nach König Gebra Maskal Lalibela benannt ist (reg. ca. 1185–1225). Dieser Herrscher finanzierte den Bau einiger dieser heute berühmten Felsenkirchen, die seit 1978 als UNESCO-Weltkulturerbe eingetragen sind.[10] Unterdessen breitete sich der Islam auch von der Küste des Roten Meeres aus entlang der Handelsrouten bis in das südöstliche Hochland und die angrenzende Tiefebene aus, wo in nächster Nachbarschaft zu den Grenzen der Christenheit mehrere islamische Sultanate entstanden, deren bedeutendstes Ifat war.

Die sogenannte Salomonische Dynastie kam im Jahr 1270 an die Macht, als ihr erster König, Yekuno Amlak, den letzten der Zagwe-Könige auf dem Schlachtfeld besiegte.[11] Die Salomonischen Könige herrschten sieben Jahrhunderte über Äthiopien, bis zum Sturz von Kaiser Haile Selassie I. im Jahr 1974, was die Dynastie zu einer der längsten in der Menschheitsgeschichte macht. Ihre Herrscher nahmen für sich in Anspruch, unmittelbar von den aksumitischen Königen abzustammen und die rechtmäßigen Erben von deren antiker

Zivilisation zu sein. Doch während das Aksumitische Reich und die Zagwe-Dynastie in der nördlichen Region Tigray ansässig gewesen waren, verlagerte die neue Salomonische Dynastie das politische und geistliche Zentrum Äthiopiens nach Süden in die Provinzen Amhara und Shewa an der Wasserscheide zwischen den Flüssen Abbai (Blauer Nil) und Awash.

Das Reich profitierte von seiner Fähigkeit, die Handelswaren zu besteuern, die aus den umliegenden Ländern kamen, wenn sie zu den Häfen des Roten Meeres und darüber hinaus strömten. Zur Zeit seiner maximalen territorialen Ausdehnung umfasste das mittelalterliche Reich den größten Teil dessen, was heute das moderne Äthiopien und Eritrea sind, wobei es ihm gelang, aus einer Ansammlung locker verbundener Regionen ein aus vielen Ethnien bestehendes zentralisiertes Reich zu machen.

Die herrschende Ideologie der Salomonischen Dynastie kann als eine des »afrikanischen Zionismus« beschrieben werden. Wurzelnd in einem Gründungsmythos von der biblischen Abstammung,

Die ausgegrabene Felsenkirche Biete-Giyorgis (Kirche des Heiligen Georg) in Lalibela, 13. Jahrhundert n. Chr.

behauptete sie, dass Äthiopien und seine Könige die Israeliten als das auserwählte Volk Gottes ersetzt hätten. Das heißt, die Dynastie nahm für sich in Anspruch, dass ihre Könige von dem biblischen König Salomo und der Königin von Saba abstammten, die seit der Antike mit Äthiopien in Verbindung gebracht worden waren.[12] Nach dem Mythos bekamen die beiden Monarchen einen Sohn, Bayna Lehkem, allgemein bekannt als Menelik I., der verantwortlich war für den Transfer der Vorsehung Gottes von der Levante nach Afrika. Er tat dies der Legende zufolge, indem er die erstgeborenen Söhne der Ältesten der Israeliten als Regierungsberater mitnahm, als er den Hof seines Vaters verließ, um zu seiner Mutter nach Äthiopien zurückzukehren, und die Bundeslade, die von den Söhnen aus dem Allerheiligsten des Jerusalemer Tempels gestohlen worden war, in Aksum deponierte. Textlich untermauert wird diese Ideologie durch ein Buch ungewisser Herkunft mit dem Titel *Kebra Negest* (»Ruhm der Könige«), das um 1320 aus dem Arabischen ins Ge'ez übersetzt wurde.[13] Unmittelbar nach Gründung der Salomonischen Dynastie auftauchend, spielte das *Kebra Negest* eine entscheidende diskursive Rolle in dem Prozess, an dessen Ende sich die verschiedenen ethnischen Gruppen des Hochlands von Äthiopien als geeintes Volk mit einem gemeinsamen Schicksal verstanden. Es diente dazu, Äthiopiens Existenz als einzigartige Nation zu rechtfertigen, auf die sich Gottes Segnungen konzentrierten, und mehrte die Fähigkeit seiner Könige, Autorität über ein riesiges Gebiet auszuüben, in dem viele unterschiedliche Völker in vielen verschiedenen Gemeinwesen lebten.

Regierungsführung unter Amda Seyon I.

Die beiden berühmtesten Salomonischen Herrscher – die die Politik und Kultur Äthiopiens am entschiedensten prägten – waren Amda Seyon I. (reg. 1314–1344) und Zara Yaqob (reg. 1434–1468). Die

Herrschaft von Amda Seyon war ein entscheidender Moment in der Herausbildung mittelalterlicher Regierungsführung. In Erinnerung geblieben ist der Enkel von Yekuno Amlak als großer Kriegerkönig, der die gewaltigen Räume Äthiopiens konsolidierte, unter anderem im Norden bis zum Dahlak-Archipel im Roten Meer, im Westen bis Godscham (das Gebiet der Beta Israel, der äthiopischen Juden) und im Süden bis zu den Königreichen Damot und Hadiya. Amda Seyons stärkste Feinde waren die islamischen Sultanate im Osten, angeführt von Ifat, dem ältesten und historisch bedeutsamsten, und seine erfolgreichen Feldzüge gegen sie sind die am besten dokumentierten in der Ge'ez-Chronik seiner Regierungszeit. Dieses größere äthiopische Reich bot noch großartigere Gelegenheiten, Einnahmen zu erzielen, während es, was die Durchsetzung zentralisierter Herrschaft betraf, beträchtliche Herausforderungen bot. Amda Seyon ging diese Herausforderungen an, indem er eine Verwaltungshierarchie schuf, die sowohl direkt ernannte Beamte als auch erbliche lokale Herrscher beinhaltete. Dieses neue System legte er in einem Handbuch der Regierungsführung dar, das spätere äthiopische Könige bearbeiteten und abänderten. Dies war die *Serata Mangest* (»Das Gesetz der Regierung«), die auch die Regeln für die Organisation des Hofes, die Krönung des Königs, die Einsetzung von Beamten, die Art der Rechtsprechung und die Beziehung zwischen der Kirche und der Monarchie festlegte.[14] Doch das wichtigste Anliegen dieses Handbuchs war, die Autorität der Zentralmacht gegenüber der Macht lokaler und provinzieller erblicher Herrscher zu unterstreichen. Dementsprechend wurde dem Reich eine ausgeklügelte bürokratische Hierarchie übergestülpt, und die *Serata Mangest* lieferte sowohl detaillierte Verzeichnisse von Klöstern, Bezirken und Provinzen samt den dazugehörigen Verwaltern als auch Aufzählungen anderer ziviler, religiöser, gerichtlicher und militärischer Titel und Amtsträger mit ihren vielfältigen Privilegien, Berechtigungen und Pflichten. Alle diese Beamten wurden mit viel Gepränge eingesetzt und waren für die laufende Umsetzung der königlichen Politik zuständig.

Amda Seyon ist darüber hinaus für die Lösung des Problems der königlichen Nachfolge in Erinnerung geblieben. Wie in vielen Regionen Afrikas hat das Prinzip der Primogenitur in Äthiopien niemals existiert; die einzige Voraussetzung für die Nachfolge war die Abstammung von der männlichen Linie des vorherigen Königs. Söhne der Konkubinen des Königs, seine Neffen und sogar Cousins konnten rechtmäßige Könige sein, sodass die potenziellen Thronanwärter zahlreich waren. Beispielsweise hatten sechs Brüder und Söhne von Yekuno Amlak in einem 14-jährigen Thronfolgestreit von 1285 bis 1299 um die Macht gerungen. Amda Seyon dachte sich daher die Institution des königlichen Gefängnisses aus: Die Brüder und Söhne des regierenden Monarchen wurden in einer uneinnehmbaren natürlichen Festung namens Amba Geshan, einem Berg in der äthiopischen Region Amhara, interniert, meist auf Lebenszeit. Obwohl es dennoch weiterhin gelegentlich zu Nachfolgestreitigkeiten kam, minderte das königliche Gefängnis doch erheblich ihre Fähigkeit, für Unfrieden zu sorgen, mit dem Ergebnis, dass das Reich während des Mittelalters durchweg gut regiert wurde.[15]

Im Lauf der Zeit bauten die Salomonischen Könige eine alteingeführte lokale Methode zur Gewinnung ökonomischer Ressourcen weiter aus. Als *gwelt* bezeichnet, verlieh sie Rechte auf Lehensbesitz an Beamte und religiöse Institutionen zur Belohnung für Dienst und Loyalität.[16] Dieses System der Verwaltung war mithin eine wirkungsvolle Möglichkeit, die Legitimation des Einheitsstaates in den Regionen sicherzustellen und Wohlstand von Kleinbauern und Kaufleuten abzuschöpfen. Im Gegenzug hatten *gwelt*-Inhaber Verpflichtungen gegenüber der Regierung: Waren sie weltliche Amtsträger, wurde von ihnen verlangt, Soldaten auszuheben und sie in die Schlacht zu führen; waren sie Kirchenbeamte, sollten sie eine Vielzahl religiöser Dienstleistungen erbringen, wie etwa Missionsarbeit, die Gründung neuer Kirchen oder Klöster und die Erledigung von Schreiberaufgaben. Im 14. und 15. Jahrhundert gründeten die Salomonischen Könige außerdem im gesamten Reich, vor allem an der gefährdeten Grenze im Osten, Militärkolonien, sogenannte *chawa*. Die Absicht war, die Herrschaftsgebiete des Reiches zu kontrollieren und gegen feindliche Übergriffe zu verteidigen sowie den für die imperiale Prosperität unabdingbaren Handelsverkehr zu gewährleisten.

Verwaltung unter Zara Yaqob

Die Regierungszeit Zara Yaqobs von 1434 bis 1468 markierte den Höhepunkt der Salomonischen Zeit. Als energischer, höchst gebildeter Mann mit einer Begabung zur Systematisierung von Mechanismen der Regierungsführung setzte er organisatorische Veränderungen in Gang, die das äthiopische Reich verwandelten. Er erfand ein neues Modell für die Beziehungen zwischen Kirche und Staat, in dem der säkulare Staat die beherrschende Kraft war, und schuf einen einheimischen Absolutismus, der auf der Idee Salomonischer Legitimität beruhte. Er reformierte die Kirche in einer Art und Weise, die das Land einte, wodurch er die Königsmacht weiter konsolidierte. Obwohl die dauerhafte Hauptstadt in Barara (in der Provinz Shewa, in und um Äthiopiens heutige Hauptstadt Addis Abeba herum gelegen) möglicherweise schon vor der Regierungszeit Zara Yaqobs existierte, entwickelte erst er sie zu einem wichtigen Zentrum.[17]

Von seinen Vorgängern erbte Zara Yaqob die Strategie einer regen Feldzugstätigkeit. Unter seiner Herrschaft erreichte das Reich seine maximale territoriale Ausdehnung und entsprach damit in etwa dem modernen Äthiopien in seinen heutigen Grenzen, was bedeutete, dass Zara Yaqob über ein viel größeres Gebiet herrschte als frühere Könige. Dies führte zu weiteren Problemen der Regierungsführung. Die kulturelle Vielfalt des Reiches, sein bergiges Terrain und seine schiere

Ausdehnung bedeuteten, dass regionale erbliche Herrscher und lokale Obrigkeiten weiterhin eine Schlüsselrolle bei der Kontrolle von Raum und Menschen spielten. In vielen Regionen hatte das zentralisierte Reich sogar nur einen minimalen Einfluss auf die ältere gesellschaftliche und politische Ordnung. In mehrheitlich muslimischen Gebieten beispielsweise, wo die äthiopischen Könige keine Zweifel hinsichtlich der Loyalität traditioneller Oberhäupter oder deren Fähigkeit zur Selbstverwaltung hegten, erlaubten sie lokalen Herrscherhäusern, weiter zu regieren. Allerdings nahm Zara Yaqob sich vor, die Provinzen weniger als eine Ansammlung grundverschiedener Gemeinwesen zu regieren und mehr wie ein zusammenhängendes Herrschaftsgebiet, das es als Ganzes zu verwalten und zu schützen galt. Auch glaubte er, dass das religiöse Ritual eine zentrale Rolle bei der Vereinigung seiner christlichen Untertanen und bei seinem Projekt einer weiteren Zentralisierung der Regierungsführung des Reiches spielen konnte.[18] Indem er einen monatlichen Feiertag zu Ehren der Jungfrau Maria und die Verlesung ihrer Wunder bei jedem Gottesdienst verfügte und außerdem jeden Christen verpflichtete, ein Kreuz zu tragen und sich ein Zeichen der heiligen Dreifaltigkeit auf die Stirn tätowieren zu lassen, sorgte er für Einheitlichkeit.[19]

Zara Yaqob erreichte diese Konsolidierung eines zentralisierten Königtums auf verschiedene Weise. Erstens bestimmte er alsbald königliche Beamte, darunter seine eigenen Töchter, zur Verwaltung mehrerer Provinzen. Zweitens benutzte er eine Reihe interner und externer Bedrohungen, insbesondere die Existenz des Sultanats Adal im Osten, um die Notwendigkeit eines höheren Maßes an königlicher Autorität zu rechtfertigen. Und tatsächlich zahlte Adal Tribut, als der äthiopische König stark war, aber als der König schwach war, weigerten sich die adalischen Herrscher, es weiter zu tun, und überfielen die östlichen Grenzprovinzen. Drittens legte Zara Yaqob beispiellosen Nachdruck auf legislative und religiöse Einheitlichkeit und ordnete eine Reihe glaubensrechtlicher Reformen an, die das Verhalten seiner christlichen Untertanen zu beeinflussen suchten. Viertens, und das war vielleicht am wichtigsten, verschob Zara Yaqob die religiöse Machtbalance, indem er als Gegengewicht zu den mächtigen und größtenteils selbstverantwortlichen Klöstern königliche Kirchen stiftete. Damit gelang es, in den Kirchen begeisterte Unterstützung für den König, ihren Schirmherrn, zu erzeugen. Mithilfe der königlichen Kirchen wiederum wurde jeglichem Widerstand gegen die Zentralmacht, vor allem unter andersdenkenden Mönchen, den führenden Intellektuellen der Zeit, die Spitze genommen. Mit anderen Worten, die mächtigen Eliten, die diese königlichen Kirchen kontrollierten, arbeiteten eng mit der Monarchie zusammen, um politische Stabilität aufrechtzuerhalten. Auf diese Weise schuf Zara Yaqob den Präzedenzfall des Salomonischen Absolutismus, dem äthiopische Herrscher in späteren Jahrhunderten anhingen.[20]

Der Aufstieg Bararas zur dauerhaften Hauptstadt ist eine wichtige Entwicklung, die von Forschern durchweg übersehen worden ist. Lange Zeit wurde behauptet, das mittelalterliche Äthiopien habe nur bewegliche Hauptstädte gehabt, und die Könige hätten in Zelten gelebt, während sie unentwegt durch ihre Herrschaftsgebiete zogen, um ihre Macht zu behaupten. Forscher missdeuteten die jährlichen königlichen Umzüge zu Unter-Hauptstädten und nahmen irrtümlich an, dass Königen die Mittel gefehlt hätten, einen festen königlichen Hof zu unterhalten. Doch bereits im Jahr 1450 wies die Weltkarte des venezianischen Mönchs und Kartografen Fra Mauro Barara als Hauptresidenz des Königs aus; überdies hatte die Hauptstadt Aksum mehr als acht Jahrhunderte Bestand, während die spätere Hauptstadt Gonder mehr als zwei Jahrhunderte beibehalten wurde. Kurz, die Regierungsführung des mittelalterlichen Äthiopien war nicht auf persönlichen königlichen Kontakt angewiesen. Vielmehr war sie in Wahrheit stark bürokratisiert, mit einer schier verwirrenden Vielzahl administrativer, militärischer, religiöser und juristischer Institutionen. Barara war das kosmopolitische Zentrum des Reiches, hier lebten viele Kunsthandwerker und Kaufleute aus Italien, Syrien und Ägypten, und bis zu dem zerstörerischen Angriff durch Äthiopiens muslimischen Nachbarn im Jahr 1531 war der Ort von überragender Bedeutung in der afro-eurasischen Welt.[21]

Klöster und Widerspruch

Jedes Verständnis des frühen Salomonischen Äthiopien muss die religiösen Impulse der Epoche in Betracht ziehen.[22] Das Reich und die Kirche arbeiteten zusammen, um in Äthiopien ein neues Zion zu erschaffen. Eine Schlüsselrolle in diesen Bemühungen spielte eine Tradition des Mönchtums, die sich während der aksumitischen Periode entwickelt hatte, als heilige Männer mit Pioniergeist in den Grenzgebieten des Reiches Klöster gründeten. Bedeutende klösterliche Zentren, wie etwa das von dem äthiopischen Mönch und Heiligen Tekle Haymanot (gest. 1313) um 1284 in Shewa gegründete Kloster Debre Libanos, waren Außenposten der Evangelisierung und pulsierende Zentren kirchlicher Bildung und geistigen Lebens, wozu das Schreiben, die Buchherstellung und öffentliche Debatten über die Glaubenslehre gehörten. Sie lockten die besten Köpfe des Reiches an und brachten die wichtigsten Künstler und Autoren der Epoche hervor. Ihr Denken und ihre Netzwerke wiederum hatten einen starken Einfluss auf die äthiopische Gesellschaft und Kultur. Mönche und Priester waren die kulturelle Avantgarde, zentrale Träger der äthiopischen Kultur, deren wissenschaftliche Arbeit das Verfassen von Chroniken und Heiligengeschichten beinhaltete.[23] Als die maßgebenden Träger von Tradition, Moral und Bildung spielten sie auch im Gemeinschaftsleben eine wesentliche Rolle.

Allerdings hatten Mönche eine ambivalente und komplexe Beziehung zu Monarchen. Einerseits war der christliche König der höchste Schirmherr und Beschützer der Kirche, der sie darin bestärkte, das Missionierungsprojekt voranzutreiben; Mönche wiederum boten dem König ideologische Unterstützung und fungierten als zentrale lokale Vertreter der Monarchie. Andererseits spielten Mönche eine entscheidende Rolle bei der Bestimmung der Rahmenbedingungen königlicher Kontrolle und der Beziehung zwischen Monarchie und Gesellschaft. Die Ausbreitung von Klöstern trug zur wachsenden Zahl der Mönche bei, deren Vorstellungen von persönlicher Glaubensfreiheit und Frömmigkeit ihr Verhältnis zur weltlichen Autorität veränderten. Die ehrgeizigeren und tatkräftigeren Mönche waren religiöse und soziale Reformer, die für eine Rolle als Wächter über sittliches Verhalten plädierten – darunter, in manchen Fällen, das von Königen. Ein Bereich, in dem Mönche die Königsmacht herausforderten, war die übliche Praxis der königlichen Polygynie (Vielweiberei), die sie als unchristlich anprangerten. Andere distanzierten sich vom säkularen Patronat, was sie dem Laienstand näherbrachte. Die Mönche verstanden sich als Protagonisten eines asketischen Lebens, die die Dinge dieser Welt ablehnten – eine Lebensweise, die gleichbedeutend wurde mit dem Streben nach Freiheit und Ungebundenheit. Manche weigerten sich sogar, monarchischen Ansprüchen nachzugeben, lehnten das königliche Patronat ab und strebten nach Schaffung institutioneller Unabhängigkeit.[24]

Eine Tradition des Radikalismus und Widerspruchs war daher ein wichtiges Charakteristikum der mittelalterlichen äthiopischen Geschichte. Die Äthiopier rangen mit einer Vielzahl tiefgreifender Dilemmata hinsichtlich der christlichen Glaubenslehre und -praxis, der politischen Autorität, konkurrierender Definitionen von Loyalität sowie der Beziehung zwischen der Kirche und der Monarchie. Viele sorgten sich, dass dogmatische Irrtümer die Glaubensgemeinschaft vom rechten Weg abbringen könnten. Einer der bemerkenswertesten Andersdenkenden war ein Mönch namens Ewostatewos (ca. 1273–1352). Ewostatewos und seine Anhänger vertraten den Standpunkt, dass der Sabbat sowohl am Samstag als auch am

Sonntag begangen werden sollte, getreu der Praxis des Alten Testaments, aber zentrale kirchliche Autoritäten verurteilten diese Haltung als ketzerisch. Daraufhin gingen die sogenannten Ewostatäer in die Opposition und gründeten ihre eigenen Klöster, in denen sie predigten, dass der Kontakt zwischen der Kirche und der Monarchie eingeschränkt werden solle, und sie schworen niemandem als sich selbst Treue. Kirchliche Autoritäten konnten das dramatische Wachstum der »Sabbatbewegung« nicht stoppen, die an den Rändern des Reiches entstand. Obwohl die klösterlichen Nonkonformisten nur eine kleine Minderheit des kirchlichen Establishments ausmachten, schafften sie es trotzdem, weitverbreitete Auffassungen über den Sabbat zu verändern. Spätestens Mitte des 15. Jahrhunderts war die Pro-Sabbat-Partei in zahllosen Klöstern fest verwurzelt. Im Jahr 1450 saß Zara Yaqob dann einem Glaubenskonzil zu der Frage vor, das die Ewostatäer begünstigte. Die sich hier herausbildenden Einstellungen zu derartigen Bekundungen des Glaubens und der religiösen Praxis werfen ein Schlaglicht auf den Verhandlungsprozess wie auf den Einfluss lokaler Streitfragen auf die nationale Identität und den nationalen Diskurs.[25]

Zwei der führenden andersdenkenden Mönche im 15. Jahrhundert waren Estifanos (dessen Anhänger sich Estifaniten nannten) und Zamika'el (dessen Anhänger Zamika'eliten hießen).[26] Beide verspotteten die Verehrung des Kreuzes und der Jungfrau Maria als ketzerisch und unbiblisch. In einem direkten Affront gegen die Monarchie plädierten die Estifaniten außerdem für die Gleichheit aller Christen vor Gott und dem Gesetz und werteten die Idee des göttlichen Königtums als politischen Unsinn. Der antimarianische und antiroyale Zug dieser Mönche schockierte Zara Yaqob, der den Marienkult eifrig förderte. Bei der nachfolgenden königlichen Gegenreaktion wurden die Lehren der beiden Mönche verboten. Sie und ihre Anhänger wurden unterdrückt und schließlich gezwungen, ihre radikale Haltung zu diesen Fragen aufzugeben. Zara Yaqob führte neue Gesetze ein, die auf eine Kontrolle der Frömmigkeit und des Ritus in deren klosterzentrierter abweichender Form abzielten. Sie schrieben eine verbindliche religiöse Unterweisung und den regelmäßigen Kirchenbesuch an Sonntagen vor. Der marianische Kult sollte durch an Kirchen verteilte Texte über die Heilige Jungfrau verankert werden.[27] Außerdem verurteilte er den anhaltenden Einfluss vorchristlicher Glaubensvorstellungen und ritueller Praktiken auf die äthiopischen Christen. Dementsprechend war das bedeutsamste Vermächtnis des Königs eine Verengung des Glaubenspluralismus, indem er ein im Vergleich zur früheren Zeit des Mittelalters höheres Maß an Einheitlichkeit in der religiösen Praxis durchsetzte und die äthiopische Kirche von anderen Kirchen einschließlich der ägyptischen Kirche abhob.

Kunst und auswärtige Beziehungen in Salomonischer Zeit

Die frühen Salomonischen Könige wurden so reich, dass sie Vermögen für den Bau von Kirchen, die Schaffung von Kunst und die Abfassung von Literatur ausgeben konnten. Ein Großteil dieser kulturellen Produktion entstand in Verbindung mit der östlichen Mittelmeerwelt in der Zeit der Spätantike.[28] Die Äthiopier übernahmen die Kultur der Buchherstellung von Ägypten, verwendeten architektonische Motive aus dem alten Rom, Ikonenmotive aus Byzanz und eigneten sich unterschiedliche Stile von der islamischen, koptischen und italienisch beeinflussten Kunst an. Diese entwickelten sie dann mit lokalen ästhetischen Themen und Techniken weiter. Dazu gehörten etwa die gewagte Verwendung von Primärfarben, die Ablehnung der Dreidimensionalität und die Einführung einheimischer architektonischer Elemente. Das Ergebnis war ein einzigartiger und unverwechselbarer Korpus an Kunst in unterschiedlichen Medien, der nochmals die besondere Gabe des äthiopischen Reiches für Anpassungsfähigkeit und Innovation unter Beweis stellte.

Diese Kunstproduktion begann früh. Die weltweit ältesten erhaltenen illustrierten Handschriften des Christentums sind die äthiopischen Garima-Evangelien aus dem Kloster Abba Garima, die aus der Zeit zwischen 330 und 650 n. Chr. stammen.[29] Ihre höchst stilisierten und reich verzierten Seitenrahmen, darunter architektonische Elemente und verschiedene Vogelarten, Blumen und geometrische Muster, waren zusammen mit der Verwendung gewagter roter, gelber, blauer und grüner Farbe typisch für das äthiopische Verfahren zur Gestaltung prachtvoller Handschriften, die schon an und für sich sakrale Objekte waren.

Eintausend Jahre später enthüllen Handschriften, in denen die *Ta'ammera Maryam* (»Wunder der Jungfrau Maria«) beschrieben und bildlich dargestellt werden, einige der Kontinuitäten, die die äthiopische Kunst bestimmten.[30] In der ältesten erhaltenen *Ta'ammera Maryam*-Handschrift, entstanden zwischen 1398 und 1409, sind die länglichen, mandelförmigen Augen der menschlichen Figuren von der islamischen Kunst inspiriert und die umrahmenden Bögen von der Kunst der Frührenaissance.[31] Den Ge'ez-Text mit einem Zierstreifen in Schwarz und Rot, dem sogenannten *harag*, zu umrahmen ist ein besonderes Merkmal äthiopischer Bilderhandschriften. Das Ge'ez-Wort *harag* bedeutet wörtlich »Ranke einer Kletterpflanze«, womit die verflochtenen Blumenmuster, die in äthiopischen Kodizes die liturgischen Texte einrahmen, treffend beschrieben sind.[32] Im späten 14. Jahrhundert, dem goldenen Zeitalter des *harag*-Musters, wurden sie weithin gebräuchlich. Die Übernahme fremdländischer Elemente bedeutete jedoch nicht eine Unterwerfung unter eine fremdländische Kultur. Die gewagten Farben, die Frontalität der Figuren und die Zweidimensionalität stehen für eine lebhafte Ablehnung aufkommender europäischer Vorstellungen von Kunst als Fenster in die reale Welt. Stattdessen suchten die Äthiopier die

»spirituelle Wirksamkeit der Bilder« zu nutzen, um den Gläubigen in die Welt jenseits der realen hineinzuziehen.[33] Derweil spiegelte der Umstand, dass es in der Handschrift um die Wunder Marias geht, die Verehrung von König David I. (reg. 1382–1413) für die heilige Jungfrau wider, deren Kult, wie wir gesehen haben, durch seinen Sohn Zara Yaqob weiter überhöht wurde.

Das heißt, die Verbindung nach Europa wird in der äthiopischen Kunstgeschichte oft überbewertet. In einer späteren *Ta'ammera Maryam*-Handschrift im sogenannten zweiten Gonder-Stil (der in der Hauptstadt des 17. Jahrhunderts, Gonder, in Blüte stand) sehen wir etwas, worüber weniger gesprochen wird: den Einfluss der indischen Kunst (siehe Tafel VI). Abbildungen aus dieser Zeit zeigen oft den zunehmenden Überfluss und Prunk des Hoflebens, manchmal in Gestalt der detaillierten Wiedergabe luxuriöser, aus Indien importierter Textilien, die von der adeligen Schicht Äthiopiens getragen wurden. In der vorliegenden Darstellung trägt Maria ein langes Kaftankleid nach indischer Art, das Haar und Körper bedeckt. Ebenfalls häufig vernachlässigt wird der Einfluss Ägyptens, wie etwa der Hang, die gesamte Abbildung zu kolorieren und keinen leeren Raum zu lassen, wie hier zu sehen.[34] Ägypten könnte auch der antike Ursprung der »fortlaufenden Erzählung« dieses Gemäldes sein, das drei unterschiedliche Momente der Geschichte in derselben Darstellung vereint. Marias gläubiger Anhänger krönt sie zuerst mit Rosen, dann betet er vor ihr, und zu guter Letzt fällt er vor ihr auf die Knie. Aber unverwechselbar einheimische Elemente sind ebenso vorhanden, wie etwa das äthiopische Kreuz, das auf dem Kleid zu sehen ist, wo es Marias Stirn bedeckt. Die Halsfalten der Heiligen Jungfrau spiegeln das äthiopische Schönheitsideal anmutiger Pummeligkeit, während ein Kreuz, wie es typisch ist für äthiopische Kirchen, ihr Symbolbild krönt. Ihr Anhänger trägt die natürliche äthiopische Haartracht, und seine gekreuzten Arme und der heruntergeklappte Umhang stehen für das angemessene Verhalten eines Gottesdienstbesuchers in einer äthiopischen Kirche. Die äthiopische Kunst schöpfte aus einer Vielzahl fremdländischer Einflüsse, entwickelte aber ihre eigenen Merkmale, Empfindungen und Geschmacksrichtungen.

Wie diese Interaktionen zeigen, waren diplomatische Beziehungen zu fremden Ländern von großem Interesse für das frühe Salomonische Äthiopien, das sich als festen Bestandteil der internationalen Christengemeinde verstand. In dem Zeitraum zwischen 1270 und 1527 entsandten äthiopische Herrscher nicht weniger als elf diplomatische Missionen allein in das mamelukisch und dann osmanisch regierte Ägypten, oftmals, um einen neuen *abuna* (Patriarchen) für die äthiopische Kirche abzuholen.[35] In der anderen Richtung galten Verbindungen zum Indischen Ozean ebenfalls als äußerst wichtig für den wirtschaftlichen Wohlstand des Reiches. Während diese traditionellen kulturellen Bande und Handelsverbindungen aufrechterhalten wurden, knüpfte man zugleich neue Beziehungen zum christlichen Europa. Und Äthiopiens Herrscher warteten auch nicht, bis Europa zu ihnen kam; vielmehr suchten sie aktiv und geschickt den Kontakt mit den Europäern, indem sie im 15. und 16. Jahrhundert Delegationen nach Venedig, Rom, Neapel, Valencia und Lissabon auf den Weg brachten. Seit Langem in überregionalen kommerziellen Netzwerken aktiv, die das Rote Meer, den Vorderen Orient und den Indischen Ozean verbanden, stand das mittelalterliche Äthiopien ebenso im Dialog mit dem christlichen Europa.[36]

Wissenschaftler haben die diplomatischen, militärischen und kommerziellen Beweggründe für Äthiopiens Wunsch untersucht, sich guter Beziehungen mit anderen christlichen Reichen zu versichern. Die Aneignung europäischer Technologie und Kunst indes hat weniger Aufmerksamkeit gefunden. Das gesamte Mittelalter hindurch gab es eine Notwendigkeit, auf Handwerkskünste, Handwerker und Technologie aus Europa zuzugreifen.[37] Die Könige, die von den frühen 1400er- bis Mitte der 1500er-Jahre herrschten, waren besonders auffallend in ihren Bemühungen um die Bewerkstelligung eines Technologietransfers und schickten eigens zu diesem Zweck Gesandte nach Europa. Die Ankunft qualifizierter Handwerker aus Europa im frühen 15. Jahrhundert spornte auch spätere Könige an, die auswärtigen Verbindungen zu stärken. Ein weiterer Beweggrund war religiöser Natur. Äthiopien gestaltete viele seiner Verbindungen mit der eurasischen Welt durch Züge äthiopischer Pilger und Reisen kirchlicher Missionen. In der Tat waren eher Mönche und Pilger denn Diplomaten die treibenden Kräfte der ersten äthiopischen Begegnungen im Vorderen Orient und in Europa. Äthiopischen Christen bot die Mitgliedschaft in einer globalen Glaubensgemeinschaft die Gelegenheit zu Solidarität und direktem Kontakt mit anderen Christen im Mittelmeerraum und Vorderen Orient. Dasselbe kann man von der Stellung äthiopischer Muslime in der Welt des Islam sagen. Solche expandierenden Netzwerke ermöglichten Pilgern und anderen Reisenden, neue Formen der Seelenverwandtschaft und des intellektuellen Austauschs zu schaffen.[38]

Während die Äthiopier auf die Welt jenseits ihres Reiches blickten, um diplomatische Beziehungen mit anderen aufzunehmen, hatten sie es zugleich mit Außenstehenden zu tun, die in derselben Absicht zu ihnen kamen. Durch das mittelalterliche Europa geisterte seit Langem die Vorstellung, dass ein mächtiges, von einem Priesterkönig namens Johannes regiertes christliches Reich irgendwo »im Osten« existiere, von wo aus dieser Herrscher sich an dem Kampf gegen vermeintliche islamische Feinde beteiligen könne. Spätestens im 15. Jahrhundert, als die Kenntnis von der Existenz eines Salomonischen Königreichs allmählich Europa erreichte, wurde dieses mythische Land zunehmend mit Äthiopien gleichgesetzt. Mehrere geschäftstüchtige europäische Händler fanden während des 15. Jahrhunderts ihren Weg an den äthiopischen Hof in Barara. Der Mythos von dem Priesterkönig Johannes sollte auch bei der schrittweisen Erkundung der Atlantikküste Afrikas durch portugiesische Seefahrer im 15. Jahrhundert eine Rolle spielen, die nicht nur durch den Wunsch beflügelt wurde, im transsaharischen Goldhandel und anderen lukrativen Warenströmen aus Asien Fuß zu fassen, sondern auch durch das Hirngespinst, der Christenheit einen mächtigen Verbündeten gegen den Islam zu verschaffen. Bis zum ersten Jahrzehnt des 16. Jahrhunderts hatten die Portugiesen Indien erreicht. Sie erschlossen den Seeweg in den Indischen Ozean via Atlantik um das Kap der Guten Hoffnung herum und drängten sich gewaltsam in den Rohstoffhandel der Region. Der direkte portugiesische Kontakt mit Äthiopien sollte sich im darauffolgenden Jahrhundert intensivieren.

Zur gleichen Zeit rechneten äthiopische Herrscher auch auf die Hilfe Europas im Kampf gegen regionale Rivalen. Königin Eleni (ca. 1431–1522), die als Äthiopiens mächtigste Herrscherin während des Mittelalters gilt, schickte eine äthiopische Delegation nach Portugal, um ein Militärbündnis gegen ihren gemeinsamen muslimischen Feind vorzuschlagen. Die Portugiesen antworteten mit der Entsendung einer diplomatischen Mission im Jahr 1520 an den Hof von David II. (Geburtsname Lebna Dengel; reg. 1508–1540), der anregte, man solle in Zayla am Golf von Aden und an der Küste des Roten Meeres Forts errichten. Die Doppelstrategie Davids II. sah vor, mithilfe seiner neuen militärischen Verbündeten seine Küste zu schützen und sich Zugang zu europäischen Waren und europäischer Technologie zu verschaffen. Beim Angriff des Sultanats Adal auf das christliche Königreich in den 1530er-/1540er-Jahren sollte Portugal dann die dringend erforderliche militärische Unterstützung leisten.[39]

Die Folgen der Eroberung durch den Imam Ahmad

Nach dem Tod des durchsetzungsstarken Zara Yaqob im Jahr 1468 und dem seines Sohnes und Nachfolgers Ba'eda Mariam zehn Jahre später begann für das christliche Äthiopien eine Zeit politischer Unruhen. Die Bemühungen zur Zentralisierung der Macht begannen ins Wanken zu geraten. Im Lauf der nächsten vierzig Jahre wurde das Königreich oft von jugendlichen Königen regiert, wodurch es anfällig wurde für militärische Einfälle.[40] Der Kriegerkönig Amda Seyon hatte im frühen 14. Jahrhundert die meisten der Sultanate im Osten unter seine Kontrolle gebracht, darunter auch das politisch bedeutendste, Ifat. Nach dem Ende seiner Herrschaft jedoch formierte sich ein militanter Zweig der Herrscher von Ifat weiter im Osten neu und schuf dort ein neues Sultanat namens Adal, das ab 1525 seinen Hauptsitz in der Stadt Harar hatte.[41] Zu wiederholten Konflikten zwischen Adal und dem Salomonischen Königreich war es seit zwei Jahrhunderten gekommen, aber als der charismatische Imam Ahmad ibn Ibrahim al-Ghazi in Adal an die Macht kam, wandelte sich die Situation grundlegend. In den 1520er-Jahren in Äthiopien auch als Ahmad Gran, »der Linkshänder«, bekannt, predigte Ahmad die Botschaft des Dschihad gegen das christliche Königreich und erhielt militärische Unterstützung von den Herrschern Südwestarabiens. Im Jahr 1529 errangen seine Truppen in der Schlacht von Schembra Kure einen großen Sieg über das christliche Heer, und in der Folge beherrschte er dann bis zu seinem Tod im Jahr 1543 die gesamte Region am Horn von Afrika.

Der 14-jährige Konflikt war Äthiopiens längster und zerstörerischster. Ahamds Streitkräfte starteten einen verheerenden Angriff auf das Salomonische Königreich: Zentren christlicher Kultur, wie etwa Aksum, das bedeutende Kloster Debre Libanos und die Kirchen von Lalibela und Amhara, wurden geplündert und entweiht. Ganze Gemeinden wurden zerstört, und viele Menschen wurden gezwungen, zum Islam zu konvertieren; andere verweigerten den Übertritt und kämpften weiter, trotz der Stärke ihrer Gegner. Geistliche und Laien, Soldaten und Zivilisten, Frauen und Männer, Angehörige der Eliten und einfache Bürger, sie alle waren gleichermaßen betroffen und viele waren gezwungen, ihre Optionen zwischen

Islam und Christentum abzuwägen. In erst kürzlich unterworfenen Grenzprovinzen, die noch nicht vollständig in das christliche Königreich eingegliedert waren, fanden manche einen gemeinsamen Nenner mit den muslimischen Eindringlingen, um auf diesem Wege ihre Unabhängigkeit wiederzuerlangen.

Der Krieg zwischen Äthiopien und Adal war darüber hinaus mit Entwicklungen außerhalb Äthiopiens verbunden, vor allem mit den imperialen Plänen von Osmanen und Portugiesen zur Beherrschung des Roten Meeres. Die Ankunft eines kleinen, aber gut bewaffneten Kontingents portugiesischer Musketiere half dem christlichen Äthiopien am Ende, sich durchzusetzen. Im Jahr 1543 besiegte eine gemeinsame äthiopisch-portugiesische Streitmacht unter Führung von König Claudius (oder Galawdewos; reg. 1540–1559) das islamische Heer und tötete Ahmad. Claudius schaffte es, in den meisten Provinzen des Reiches die königliche Verwaltung wiederherzustellen.[42] Die Auswirkungen des Konflikts jedoch waren tiefgreifend und dauerhaft. Die Gesellschaft des Hochlands wurde destabilisiert, und jahrhundertelange stetige Fortschritte bei Urbanisierung und Handel kamen zum Stillstand oder wurden umgekehrt; mit der Zerstörung von Kirchen und Klöstern samt ihren Bibliotheken gingen zudem unzählige kostbare Bücher und Kunstwerke verloren. Am Ende zogen sich Ahmads überlebende Truppen wieder in die Stadt Harar zurück. Der Krieg hatte so viel gekostet, dass Adal verfiel und am Ende des 16. Jahrhunderts verschwunden war.

Obwohl die Niederlage von Adal für das christliche Königreich eine Gelegenheit darstellte, seine Autorität wieder geltend zu machen, war das, was folgte, eine Ära politischer Zersplitterung. Regionale Adlige verloren aufgrund ihrer Verluste während des Krieges die Achtung vor der Monarchie, und die zentralisierte Herrschaft wurde durch eine Abfolge von Machtkämpfen geschwächt. König Sarsa Dengel (reg. 1563–1597) verbrachte die ersten vierzehn Jahre seiner Regierungszeit mit der Bekämpfung aufständischer Adliger und ihrer osmanischen Bundesgenossen. Sein Tod im Jahr 1597 löste dann eine zehnjährige Nachfolgekrise aus. Einer der Aspiranten auf den Thron, König Za Dengel (reg. 1603–1604), wollte das traditionelle Militärklassensystem Äthiopiens – das sich stark auf Berufssoldaten und die Indienstnahme leibeigener Kleinbauern stützte – durch ein neues System ersetzen.[43] Weil Za Dengels Erlass die Macht der Berufssoldaten minderte, wurde er bald darauf umgebracht. Seine Reform starb mit ihm, und die bäuerliche Leibeigenschaft sollte noch Jahrhunderte weiterbestehen. Danach diskutierte der Adel offen darüber, die Monarchie ganz abzuschaffen. Dann wurde der Thron von Sissinios erobert (reg. 1607–1632), der sich wiederum bemühte, die Macht der Adligen zu brechen, teils durch ein radikales Experiment mit dem Katholizismus.

Sissinios' Experiment mit dem Katholizismus war eine weitere Folge des Krieges zwischen Äthiopien und Adal. In den Fußstapfen der Militärexpedition zur Unterstützung des Kampfes gegen den Imam Ahmad waren im Jahr 1557 portugiesische Missionare in Äthiopien eingetroffen. Als Mitglieder des vor Kurzem gegründeten Jesuitenordens betrieben sie die sonderbare Mission, die Äthiopier von ihrer eigenen antiken Form des Christentums zum Katholizismus zu bekehren. Sissinios verhielt sich zunächst zurückhaltend gegenüber ihren missionarischen Bemühungen. Doch viele Angehörige seines Hofes konvertierten, und im Jahr 1622 folgte auch der König selbst: Trotz seiner Weigerung, sich dem Papst zu unterwerfen, bekannte er sich öffentlich zu seinem neuen katholischen Glauben und verfügte sodann, dass dieser künftig Staatsreligion sein sollte. Aber der Hass der Jesuiten auf alles Orthodoxe und ihre Verurteilung einheimischer Glaubenspraktiken – etwa, wenn sie Frauen weismachten, ihre toten Kinder schmorten in der Hölle, weil sie bei der Geburt nicht getauft worden waren – erzeugten eine solche Wut, dass das Land in einen Bürgerkrieg stürzte. An der Spitze des Angriffs gegen die neue Religion standen viele der Frauen des königlichen Hofes, darunter die Ehefrau, Mutter, Nichte und Töchter des Monarchen.[44] Einheimische Klöster waren ebenfalls Brutstätten des Widerstands, und viele Bauern griffen zu den Waffen. Sissinios erkannte, dass sein Experiment sich als kontraproduktiv erwies und keinesfalls dazu beitrug, die Macht der orthodoxen Kirche oder der Adligen zu schmälern. Nachdem er noch einen weiteren Aufstand blutig niedergeschlagen hatte und entmutigt durch das unnötige Blutvergießen, dankte er schließlich im Juni 1632 zugunsten seines Sohnes Fasilides ab.

Fasilides (reg. 1632–1667) brachte das Reich auf einen neuen Weg: Er vertrieb die Jesuiten und eliminierte den Katholizismus. Spätestens in den 1640er-Jahren war kein einziger bekennender Katholik mehr übrig im Lande. Dennoch sollte der Einfluss des Katholizismus noch lange nachwirken: Jesuitische Lehren beflügelten dogmatische Debatten innerhalb der äthiopischen Kirche, die zu einer erbitterten christologischen Kontroverse (das heißt über die Natur Christi) zwischen rivalisierenden Gruppen von Mönchen führten. Das Ergebnis war das Aufkommen zweier neuer Sekten, die in Streit verwickelt blieben, bis das Sektierertum 1878 schließlich verboten wurde. Unterdessen strebte Fasilides aus Sorge, was sonst noch aus Europa kommen könnte, den Abschluss von Bündnissen mit regionalen Mächten wie Jemen, Indien und dem Osmanischen Reich an. Diese diplomatischen Schritte waren geprägt durch die empfundene Notwendigkeit, Schutzmaßnahmen gegen Europa zu entwickeln; indem er muslimischen Staaten die Hand reichte, wurden zudem bittere Erinnerungen an die Auseinandersetzung mit dem Imam Ahmad unter den Teppich gekehrt. Diese Vorsicht gegenüber Europa sollte sich im 19. Jahrhundert als nützlich erweisen, als man italienischen kolonialen Bestrebungen trotzte und sie vereitelte.

Die vielleicht bedeutsamste Folge des Krieges zwischen Äthiopien und Adal war, dass er der Oromo-Ethnie die Möglichkeit eröffnete, Gebiete an den südlichen Grenzen des Reiches zu erobern und zu besiedeln. Die Expansion der Oromo stellte eine Krise für die angeschlagene Zentralregierung dar. Sarsa Dengel und seine Nachfolger im 17. Jahrhundert waren gezwungen, einen Großteil ihrer Zeit und Ressourcen für den Krieg gegen die Oromo zu verwenden. Mit der zunehmenden Ineffizienz zentralisierter königlicher Regierungsführung erkannten die äthiopischen Herrscher, dass eine Politik ständiger Feldzüge zur Aufrechterhaltung einer Präsenz in der Region südlich des Flusses Abbai (Blauer Nil) unhaltbar war. In den späten 1570er-Jahren verlegte Sarsa Dengel in dem Bestreben, die Macht der Monarchie zu stärken, den königlichen Hof vorübergehend nach Norden, von Shewa an einen Ort nördlich des Tanasees. Zu einem Dauerzustand wurde diese Verlagerung von Äthiopiens geopolitischem Zentrum unter Fasilides, der 1636 mit der Errichtung einer dauerhaften Hauptstadt in der Ortschaft Gonder das sogenannte Gonder-Reich begründete. Durch Aufgabe der südlichen Gebiete des Hochlands schränkte die Regierung im Grunde den Einfluss des Reiches ein, das künftig nur noch ein paar Schlüsselprovinzen im Norden kontrollierte. Obwohl bis ins frühe 18. Jahrhundert hinein sporadische Versuche unternommen wurden, diese verlorenen Gebiete zurückzuerobern, hatten sich die Oromo-Völker in vielen von ihnen dauerhaft niedergelassen, und bis zu einer neuerlichen Phase der Expansion im 19. Jahrhundert bildeten sie die südliche Grenze des Reiches. Die Expansion der Oromo war auch eine kulturelle, die einherging mit der »Oromoisierung« lokaler Bevölkerungsgruppen. Der Oromo-Name für dieses System der Assimilierung von Nicht-Oromo und Umbenennung von Orten lautete *mogasa*.[45] Als das äthiopische Reich diese Gebiete im 19. Jahrhundert zurückeroberte, waren deren lokale Bevölkerungsgruppen vollständig in die Oromo-Kultur assimiliert worden. Die ethnische Identität im Kernland des äthiopischen Reiches hatte eine grundlegende Veränderung erfahren.

Das Gonder-Reich

Nach ihrem Rückzug nordwestwärts nach Gonder hatten die äthiopischen Herrscher Mühe, aus den verstreuten Überresten des mittelalterlichen äthiopischen Staates heraus Frieden und Stabilität herzustellen. Zwischen 1636 und 1769 fungierte Gonder als Hauptstadt Äthiopiens, wobei sein Einfluss als Königssitz noch bis in die späten 1880er-Jahre weiterbestand. Die Gonder-Könige waren in der Nachfolge ihrer glanzvollen mittelalterlichen Vorgänger bestrebt, die monarchische Tradition von Zara Yaqob wiederzubeleben, in der die Macht auf lokalen Regierungsstrukturen beruht hatte, und entwickelten sich zu emsigen Heerfahrern. Unter Fasilides, seinem Sohn Yohannes I. (reg. 1667–1682) und seinem Enkel Iyasu I., »dem Großen« (reg. 1682–1706), erlebte das Reich abermals eine Blütezeit. Wenngleich Isayus Herrschaft mit seiner Ermordung endete und die folgenden fünfzehn Jahre turbulent waren, stellte sein Sohn Bakaffa (reg. 1721–1730) Frieden und Ordnung wieder her.

Die Burg in Gonder, erbaut von Kaiser Fasilides (reg. 1632–1667).

Ihm folgte faktisch seine Gemahlin nach, Königin Mentewab, die wohl bemerkenswerteste weibliche Führungspersönlichkeit in der äthiopischen Geschichte. Als ihr minderjähriger Sohn gekrönt wurde, wurde sie es ebenfalls – eine noch nie dagewesene Erhöhung. Mittels ihres Sohnes Iyasu II. (reg. 1730–1755) und ihres Enkels Iyo'as (reg. 1755–1769) herrschte sie von 1730 bis 1767. Nachdem sie die Lage politisch stabilisiert hatte, waltete Mentewab über eine Periode ungeheurer kultureller Kreativität. Ihr kosmopolitischer Hof lockte Musiker, Künstler und Dichter aus Äthiopien und darüber hinaus an, unter anderem solche Besucher wie den schottischen Abenteurer James Bruce.

Gonder entwickelte sich zu einem pulsierenden städtischen Zentrum, mit Zehntausenden Einwohnern und ausgedehnten Handelsnetzen. Es zog die besten Köpfe in der Kirche an, die auf lebhaften Konzilen über dogmatische Fragen debattierten. Gonders Monarchen erbauten mehr als vierzig Kirchen und ein prachtvolles königliches Anwesen. Bedeutende historische und biografische Werke wurden mithilfe von Informationen aus mittelalterlichen Texten verfasst. Die Kunst erlebte eine Blütezeit mit der Entstehung neuer Stile in Buch- und Wandmalerei, die aus einer Vielzahl exotischer Einflüsse schöpften und von Kunsthistorikern, wie wir gesehen haben, als Gonder-Stil bezeichnet werden.

Doch die Monarchen von Gonder mussten das Problem von Land und Einkünften lösen. Nicht genug damit, dass sie viel Territorium und Einnahmen verloren hatten, machte der Zustrom von Flüchtlingen in das, was von Äthiopien noch übrig war, Grund und Boden zu einem sehr viel rareren Gut. In dem Bemühen, ihre Autorität zu behaupten, verfolgte die herrschende Elite eine neue Politik der Beschlagnahme bäuerlichen Grund und Bodens. Neue Methoden der Landvermessung wurden entwickelt, was zu einer Neuordnung der Eigentumsverhältnisse führte.[46] Der Besitz solcher detaillierter Informationen über Grund und Boden steigerte die Macht der Könige. Unterdessen schuf die politische Assimilierung der Oromo in das Gonder-Reich durch Mischehen und Militärdienst im 19. und 20. Jahrhundert den Grundstein für ein stärkeres Maß an ethnischer Integration.

Die »Ära der Prinzen«

Die Gonder-Zeit endete abrupt. Das seit Langem ungelöste strukturelle Problem des Reiches, eine Balance zwischen der Macht der Könige und jener der großen Adligen zu finden, spitzte sich zu und führte zu den Turbulenzen der sogenannten »Ära der Prinzen« (1769–1855). Mikael Sehul, der Gouverneur von Tigray, ermordete 1769 Mentewabs Enkel und wurde Regent. Fünfundzwanzig Jahre später beseitigte ihn eine Koalition aus Adligen, aber andere Königsmacher traten auf den Plan. Die Salomonischen Könige verarmten finanziell, und ihre Autorität reichte nicht über den Schatten ihrer Paläste hinaus. Das Land zerfiel in autonome Regionen: Die zentralen Provinzen wurden von einer christianisierten Dynastie Oromo-muslimischer Herkunft regiert, während solche Gebiete wie Tigray, Godscham und Shewa autonome Provinzen wurden. Die alten mittelalterlichen Länder südlich des Abbai und im östlichen Hochland verblieben weiterhin außerhalb Salomonischer Kontrolle. Die äthiopische Kirche zerfiel unterdessen in zwei bitter verfeindete Sekten, was ihre Bischöfe marginalisierte und isolierte.

Die »Ära der Prinzen« wird von Historikern oft in düsteren Farben als eine Zeit periodisch wiederkehrender Gewalt und sozialen Verfalls dargestellt. In Wirklichkeit war es eine Zeit, die eine gewisse Dynamik entfaltete und ein höheres Maß an Kontinuität aufwies, als bislang gedacht. Regionale Herrscher folgten demselben Regierungsstil wie die einst mächtigen Salomonischen Könige, indem sie auf bewährte rechtliche und administrative Vorbilder zurückgriffen und durch stehende Heere Ordnung hielten. Da das Kirchenpatronat regionalen Herrschern übertragen wurde, bauten sie neue Kirchen, um ihre eigene enge Beziehung zur Priesterschaft zu stärken. Diese Kirchen lockten Gläubige an, die wiederum den Städten, in denen diese Gotteshäuser standen, Wohlstand brachten. Bis Mitte der 1880er-Jahre hatte die Übertragung von Macht an die Regionen zur Entwicklung von Städten, zur Expansion des regionalen Handels und zu verstärkten Bodenmärkten geführt. Die zunehmende politische Assimilierung der Oromo half ebenfalls bei der interregionalen Integration.[47]

In der zweiten Hälfte des 19. Jahrhunderts wurde die zentralisierte Königsmacht wiederbelebt. Teils war dies dem Aufstieg regionaler Herrscher geschuldet, die so stark waren, dass sie als nationale Führer fungieren konnten. Hinzu kam, dass man sich als Reaktion auf die heraufziehende Bedrohung durch den europäischen Kolonialismus zusammenschloss. Eine neue Bewegung, die nach nationaler Wiedervereinigung strebte, wurde von Kassa vorbereitet, einem mächtigen Gouverneur, der sich 1855 durch eine Reihe dramatischer Schlachten den Thron Äthiopiens sicherte. Er wurde zu Theodor (Téwodros) II., der sich als *nəguśä nägäśt*, »König der Könige«, inszenierte und die Ära einer schwachen Monarchie beendete.[48] Theodor verfolgte bemerkenswerte Modernisierungsziele und entwickelte ein Rahmenkonzept zur Vereinigung des Landes, dem Generationen von Äthiopiern folgen sollten. Auf seiner Agenda standen die Wiederherstellung der Autorität sowohl der Kirche als auch der Monarchie, die Beendigung des Sektierertums und der Anstoß zu moralischer Erneuerung. Er war überzeugt, dass die Unterstützung der Kirche durch die Monarchie unerlässlich sei für die Wiederbelebung der Königsmacht. Und er führte westliche Militärtechnologie ein, während er eine diszipliniertere nationale Armee formte. Zu seinen Modernisierungsbemühungen gehörte auch der Bruch mir der gonderinischen Landpolitik, die die geistlichen und weltlichen Eliten außerordentlich begünstigt hatte. Bei beiden kam diese Neuerung jedoch nicht gut an, und spätestens 1865 war Theodor II. die Kontrolle über das Land entglitten, und er war politisch isoliert. Ein diplomatisches Zerwürfnis mit den Briten führte derweil in den späten 1860er-Jahren zu einer militärischen Konfrontation. Als er besiegt wurde und im April 1868 starb, kontrollierte Theodor II. kaum mehr als sein eigenes königliches Feldlager.[49]

Theodors politische Rivalen, die auf den Plan traten, um für den Rest des Jahrhunderts den Ton anzugeben, folgten jedoch seinem Beispiel und verwirklichten seine radikalen Ziele. Im Jahr 1872 wurde ein regionaler Führer aus Tigray als Yohannes IV. König (reg. 1872–1889). Yohannes ragte auf eindrucksvolle Weise heraus, weil er die Kirche wieder vereinte und dem sektiererischen Streit unter ihrem Klerus ein Ende machte. Da das Sektierertum beinahe ausschließlich entlang regionaler Grenzen verlief, war dies ein gewaltiger Schritt in Richtung nationale Vereinigung. Als Yohannes bei der Bekämpfung eines Einfalls mahdistischer Truppen im Jahr 1889 starb, hinterließ er ein sehr viel geeinteres Land. Sein Hauptrivale, ein regionaler Herrscher aus Shewa, Menelik II., der von 1865 bis 1889 als König von Shewa regiert hatte, bemächtigte sich rasch des Throns und herrschte dann von 1889 bis 1913 als Kaiser von Äthiopien. Er setzte die Einigungspolitik seiner Vorgänger mit solchem Erfolg fort, dass er heute weithin als der Begründer des modernen Äthiopien gilt. Während der 1880er- und 1890er-Jahre unterwarf Menelik den größten Teil des mittelalterlichen Königreichs Äthiopien seiner Autorität. Bis 1900 hatte er die Systeme der alten gonderinischen Ära wiederhergestellt, die so stark waren, dass sie bis 1974 Bestand hatten.[50]

Fazit

Das letzte Jahrhundert der Salomonischen Dynastie erlebte ihre größten Siege und schlimmsten Niederlagen. Italien eroberte und kolonisierte die Provinz Eritrea am Roten Meer, aber dann besiegte

1896 die Armee von Kaiser Menelik die italienische Armee in der Schlacht von Adua und sicherte Äthiopiens Unabhängigkeit in der Epoche europäischer Kolonialherrschaft in Afrika. In den Jahren 1935/36 griff Italien Äthiopien an und besetzte das Land brutal, aber mit britischer Hilfe erlangte Äthiopien 1941 seine Unabhängigkeit und das Gebiet Eritrea zurück. Mit anderen Worten, äthiopische Herrscher im 19. und 20. Jahrhundert nutzten, was sie von früheren Salomonischen Herrschern gelernt hatten, um die Nation wieder zu vereinen und ihre Souveränität gegen den europäischen Kolonialismus zu verteidigen. Was zur Folge hatte, dass die antike Dynastie in der Vorstellungswelt der afrikanischen Diaspora eine große Rolle spielte. Schwarze Völker überall auf der Welt priesen die schwarzen christlichen Kaiser, die über europäische Unterjocher triumphiert hatten. In der Religion der Rastafari wurde Kaiser Haile Selassie I. (der von 1916 bis 1930 unter seinem Prinzennamen Lij-a Ras Täfäri Makonnen als *Balemulu 'Inderase*, »Bevollmächtigter Regent«, und von 1930 bis 1974 als Kaiser regierte) der Messias, der die schwarzen Völker an jedem Ort erlösen würde. Passenderweise verfolgte Haile Selassie in den 1950er- und 1960er-Jahren als Teil seines antiimperialistischen Bestrebens eine aggressive panafrikanische Diplomatie. Im Jahr 1963 half er bei der Gründung der Organisation für Afrikanische Einheit (heute die Afrikanische Union), die ihren Sitz heute nach wie vor in Addis Abeba hat, ein Paradebeispiel für den Triumph äthiopischer Diplomatie.

Doch dann, nachdem sie ihre größte territoriale Ausdehnung erreicht hatte, stürzte die Salomonische Dynastie. Haile Selassie hatte versucht, Modernisierungsreformen durchzuführen, aber Ende der 1960er-Jahre empfanden viele Äthiopier die Monarchie inzwischen als ein anachronistisches Hindernis für die Modernisierung. Im Jahr 1975 wurde die Monarchie von einer Revolution hinweggefegt. Eine neue sozialistische Regierung ergriff die Macht und beendete die siebenhundertjährige Salomonische Dynastie. Diese Dynastie hatte über

Das Salomonische christliche Königreich Äthiopien

Kaiser Haile Selassie I., fotografiert bei seiner Krönung in Addis Abeba 1930.

einen Zeitraum von sieben Jahrhunderten ein ausgedehntes multiethnisches Reich aufgebaut, das sie mit Klugheit und Einfallsreichtum regierte. Überzeugt davon, dass sie ausersehen waren zu herrschen, pflegten ihre Könige eine Rechtfertigungsideologie des afrikanischen Zionismus, die das Christentum zu einem wesentlichen Bestandteil der nationalen Identität machte und eine geeinte Kirche beförderte. Durch administrative Neuerungen und eine globale Perspektive schuf die Dynastie so viel Macht und Wohlstand, dass viele Äthiopier weiterhin auf sie als eine Quelle der Inspiration zurückblicken.

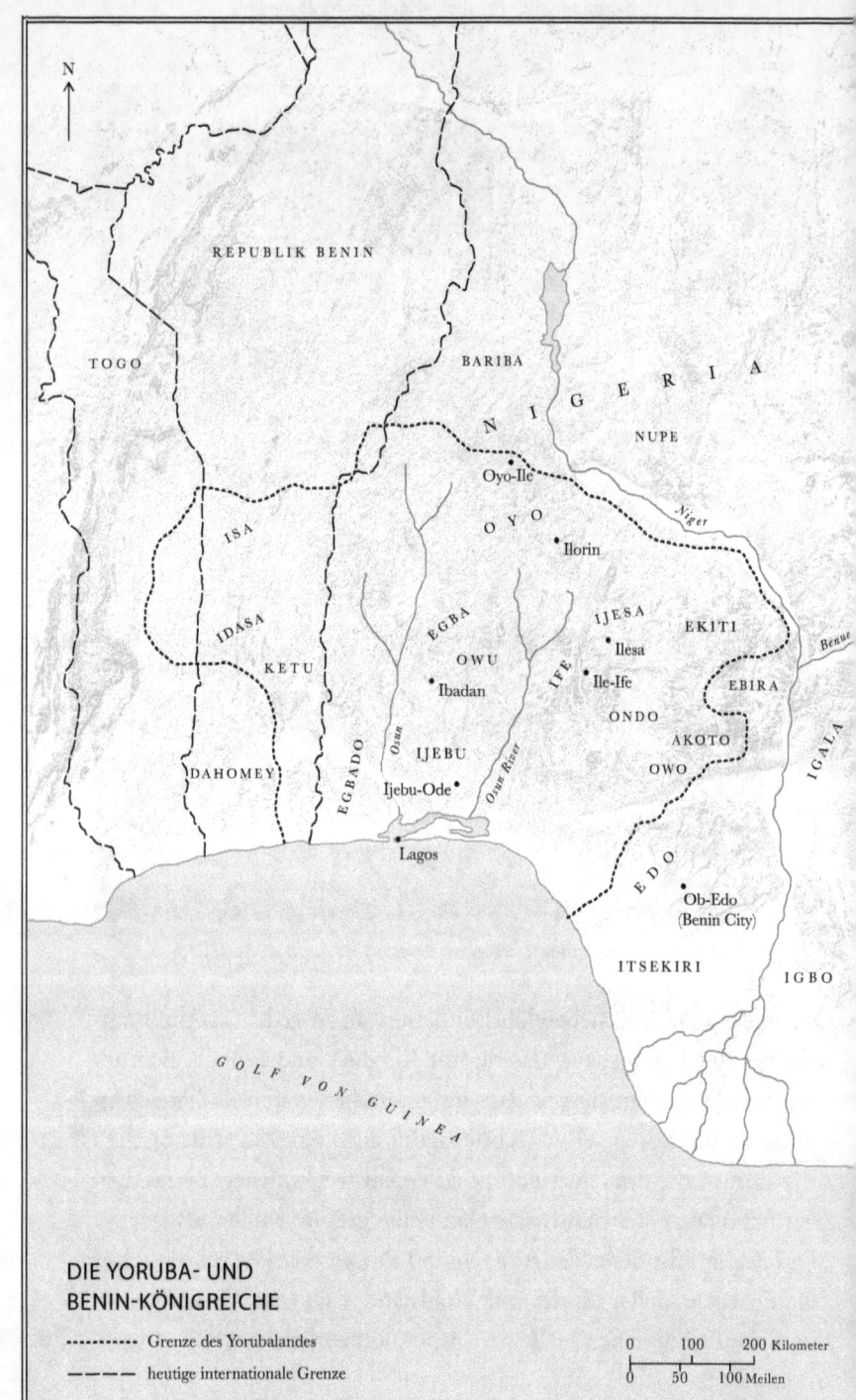

DIE YORUBA- UND BENIN-KÖNIGREICHE

.... Grenze des Yorubalandes

— — — heutige internationale Grenze

KAPITEL 4

DIE YORUBA- UND BENIN-KÖNIGREICHE

Olatunji Ojo

Das Gebiet des heutigen Südwestnigeria wird von verschiedenen Volksgruppen bewohnt, unter anderem von den Yoruba, Edo, Itsekiri, Ijo und Egun. In diesem Kapitel geht es um das Königtum bei den beiden größten dieser Gruppen, den Yoruba und den Edo, die berühmt sind für ihre lange Geschichte von Staatsbildung, Urbanisation und glanzvoller künstlerischer Produktion. Die Edo, Schöpfer des mächtigen Königreichs Benin, bewohnen den östlichsten Teil der Region; in ihrem Osten bildet der Niger eine Grenze mit dem Igbo-sprachigen Südostnigeria. Westlich des Edo-Siedlungsgebietes liegt das ausgedehntere Territorium der Yoruba-sprachigen Völker, das im Norden vom Niger und im Süden vom Atlantischen Ozean begrenzt wird und sich über die Grenze von Nigeria bis in die benachbarten Republiken Benin (nicht zu verwechseln mit dem historischen Königreich) und Togo erstreckt. Dort, an ihrer Westgrenze, geht die Yoruba-Region in das Gebiet der sprachlich und kulturell verwandten Aja-sprachigen Völker über, von denen die Fon, die im 17. Jahrhundert mit Dahomey ein weiteres mächtiges Königreich schufen, das bemerkenswerteste sind. Heute sprechen schätzungsweise 40 Millionen Menschen Yoruba, was diese Volksgruppe zu einer der größten Sprachgemeinschaften Afrikas macht. Die Yoruba haben zudem einen starken Einfluss auf die Bildung diasporischer afrikanischer Identitäten auf dem amerikanischen Doppelkontinent gehabt, vor allem in Brasilien, Kuba, Haiti und Trinidad. Nicht nur ist die Yoruba-Kultur der Dreh- und Angelpunkt einer Kulturzone gewesen, die sich über die historischen westafrikanischen Königreiche Dahomey im Westen und Benin im Osten erstreckte, sondern der Pantheon ihrer Götter, der *orisa*, hat sich auch zum Zentrum der Verehrung in einer »zirkumatlantischen«, globalisierten Religion entwickelt.[1]

Ein Verständnis der Geschichte der Volksgruppen der Yoruba und der Edo muss bei einer Betrachtung ihrer eigenen mündlichen Überlieferungen (in Yoruba, *itan*) ansetzen, die unterschiedliche Formen der Staatsbildung dokumentieren, die von kleinräumigen Dorfstaaten über zentralisierte Königreiche bis zu mächtigen und expansiven multiethnischen »Imperien« reichen, wie etwa Benin und Oyo. Die Wurzeln der Stadtstaaten der Yoruba und das Edo-Königreich Benin liegen in der Vereinigung von Sippen in Dörfern und ummauerten Städten, nicht zuletzt, weil diese Siedlungsformen Sicherheit gegen äußere Angreifer boten. Eine für die Identität der Yoruba zentrale Komponente ist die der *ile*, was Familie, Sippe, Abstammungslinie oder »Haus« bedeutet. Die *ile* sollte als wesentlicher Baustein der größeren Stadt oder *ilu* über alle Zeiten hinweg Bestand haben. Doch die »Häuser« erhielten Schutz nicht gratis: Sie traten einen gewissen Grad an Unabhängigkeit an die *ilu* und die sakralen Könige ab, die schließlich über sie herrschten. Mit der Zeit akzeptierten Gemeinschaften schließlich die Hegemonie der mächtigsten Siedlungen und deren erblichen *oba* oder König, der daraufhin nichts unversucht ließ, noch weitere abseits gelegene Gemeinschaften durch Überredung, Bündnis oder, nötigenfalls, Zwang unter seine Herrschaft zu bringen. Auf diese Weise entstanden in dem ökologischen Grenzraum zwischen den Wald- und Savannenzonen südlich des Zusammenflusses von Niger und Benue die frühesten »Mikrostaaten«. Archäologische Zeugnisse deuten darauf hin, dass dieser Prozess sich in der zweiten Hälfte des 1. Jahrtausends n. Chr. abspielte; das bedeutendste frühe Yoruba-Königreich, Ife, knapp innerhalb des nördlichen Saums des Waldes gelegen, entwickelte sich bis zum 6. Jahrhundert. Es war Ile-Ife, das wichtigste urbane Zentrum des Königreichs, das als die erste *ilu alade* oder »gekrönte Stadt« entstand, anerkannt als die »Wiege der Yoruba« oder die »kosmische Metropole«, von der aus sich nach allgemeiner Ansicht die Ideologie des sakralen Königtums in der gesamten Region und weiter bis nach Benin ausbreitete.[2]

Noch heute konzentriert sich das historische Bewusstsein der Yoruba- und Edo-Volksgruppen auf die Existenz traditionsreicher zentralisierter Königreiche und die hochentwickelten Formen der Staatskunst, mittels derer sie regiert wurden. Ein solcher Eindruck wird gestützt durch maßgebliche Ursprungsüberlieferungen und durch ein reiches künstlerisches Erbe, die beide zu guten Teilen nach den Anforderungen der herrschenden Eliten gestaltet wurden.

Doch weder die Yoruba noch die Edo bilden in Wirklichkeit eine einzige ethnische Gruppe; vielmehr bestehen beide aus verschiedenen Komponenten mit unterschiedlichen Ursprüngen, die im Lauf der Zeit schließlich durch eine gemeinsame Sprache und Kultur vereint wurden. Die Yoruba-Sprache, die erstmals Mitte des 19. Jahrhunderts schriftlich festgehalten wurde, besteht aus etwa fünfunddreißig gegenseitig verständlichen Dialektgruppen.[3] Überlieferungen suchen das Erscheinen des Königtums mit den Ursprüngen des Volkes selbst zu verbinden. Doch dieser Ansatz entsprang oft dem strategischen Versuch, Dynastien Legitimität zu verschaffen, die das Recht beanspruchten, in der Nachfolge ihrer Gründer-Vorfahren zu herrschen, die ihrerseits Autorität aus einer göttlichen Quelle bezogen. Infolgedessen sind die Ursprünge der Yoruba- und Edo-Volksgruppen, ihrer Könige und der politischen Systeme, denen sie vorstanden, verknüpft mit der mythischen Gestalt Oduduwa, angeblich der Gründer von Ife. Bei genauerer Betrachtung zeigt sich jedoch, dass Gemeinschaften und Königreiche von verschiedenen Volksgruppen aufgebaut wurden, die in der Frühzeit ihrer Geschichte vielfältige Wurzeln und Regierungsarten hatten. Ich möchte in diesem Kapitel von der etablierten Auffassung über die Yoruba und Edo als homogene politische Gemeinschaften abrücken zugunsten einer kritischeren Analyse der Geschichte von Staat und Gesellschaft in den beiden Regionen.

Ile-Ife und der Ursprung der Yoruba-Königreiche

Vor dem 19. Jahrhundert hatten die verschiedenen, heute als Yoruba bezeichneten Gruppen keinen gemeinsamen Namen für sich. Die ersten, die diese Völker als »Yoruba« bezeichneten, scheinen die Hausa aus der sudanischen Savannenregion im Norden gewesen zu sein. Etwa ab dem 17. Jahrhundert wurde der Name schließlich am engsten mit dem mächtigen Königreich Oyo in Verbindung gebracht, weitere Verbreitung fand er aber erst nach und nach, als er von europäischen Reisenden und christlichen Missionaren des 19. Jahrhunderts auf die gesamte Region angewendet wurde. Viele dieser Missionare waren selber Yoruba-sprachige Menschen, zu den bekanntesten zählen der bahnbrechende Kirchenmann Rev. Samuel Ajayi Crowther und der Historiker Rev. Samuel Johnson. Für beide formte sich im Exil aus ihren Heimatländern in der britischen Kronkolonie, die im 19. Jahrhundert auf dem Gebiet der heutigen Hauptstadt der Republik Sierra Leone, Freetown, für befreite Sklaven (»Recaptives«) gegründet worden war, der sogenannten »Province of Freedom«, eine verschränkte christliche und Yoruba-Identität.[4] Was als die »kulturelle Arbeit« von Crowther, Johnson und anderen einheimischen Intellektuellen im 19. und frühen 20. Jahrhundert bezeichnet worden ist, formte nicht nur eine modernisierende Yoruba-Identität, sondern fügte den für die Rekonstruktion und Interpretation der Vergangenheit verfügbaren mündlichen, archäologischen, sprachlichen und künstlerischen Zeugnissen einen wichtigen Korpus an Schriftquellen hinzu. Der wiederum die Voraussetzungen schuf für eine zweite Welle der Forschung in den Anfangsjahrzehnten der Unabhängigkeit Nigerias, als eine neue Generation von Wissenschaftlern an der University of Ibaban und anderswo die Vergangenheit der Region ganz oben auf die Agenda des neu entstehenden Fachgebiets Afrikanische Geschichte setzte.[5]

Von den Ursprungsüberlieferungen der Yoruba existieren unterschiedliche, oftmals widersprüchliche Versionen, die Geschichten sowohl von örtlich begrenzter Erschaffung als auch von Migration aus dem Nordosten und anderswoher erzählen. Einige Migrationsüberlieferungen dokumentieren eine Herkunft der Ahnen von so weit entfernten Ländern wie Ägypten oder Arabien, obwohl diese Überlieferungen bestenfalls so verstanden werden, dass sie relativ neue Bemühungen darstellen, eine Verbindung zu antiken Zivilisationen oder zum Kernland von Christentum oder Islam zu unterstellen.[6] Gänzlich zu fehlen scheinen Migrationsüberlieferungen bei vielen Gruppen im östlichen und südlichen Yorubaland, wie etwa bei den Ijebu, Ekiti, Owo und Ikale, deren Ahnen als in ihren gegenwärtigen Gebieten beheimatet in Erinnerung sind.[7] Archäologische und sprachliche Zeugnisse aus jüngster Zeit verweisen jedoch auf einen näher gelegenen nordöstlichen Ort der Ausbreitung, von wo aus die antike Yoruba-sprachige Gemeinschaft sich auffächerte, um den Wald im Süden, das Gebiet um den Zusammenfluss von Niger und Benue, zu besiedeln.[8]

Die Koexistenz unterschiedlicher Ursprungsüberlieferungen deutet darauf hin, dass es sich bei den später sogenannten Yoruba-Völkern um einen Zusammenschluss einheimischer und späterer migrantischer Gruppen handelt. In Fällen, wo die Migranten sich nicht in bestehende Gemeinschaften integrierten, scheinen sie sich einheimischen Völkern aufgezwungen zu haben, mit dem Ergebnis, dass Migrationsüberlieferungen unter den Führungseliten von Oberhäuptern und Königen eine besondere Rolle spielten. Da eine allgemeine Yoruba-Identität sich erst ab dem 19. Jahrhundert herausbildete, sind die Chronologie und der Inhalt der Ursprungsüberlieferungen jeweils eigentümlich für verschiedene Gemeinschaften, Königreiche und die einzelnen *ile*, »Häuser«, aus denen sie errichtet wurden. Im östlichen Yorubaland bekennen sich viele Familien zu einer Herkunft aus Ife, andere hingegen verweisen auf Ursprünge in Ijesa, Nupe, Ijumu, Igbomina, Igala, Ondo oder Benin. Solche Berichte deuten nicht zwingend auf uranfängliche Migrationen hin, vielmehr kann man sie als symbolischen Ausdruck der Assimilation fremder kultureller Merkmale oder der Unterwerfung durch andere verstehen. In Ekiti, Owo und Ikale beispielsweise wurde angesichts der sich abzeichnenden Beherrschung des östlichen Yorubalandes durch das expansionistische Königreich ab dem 15. Jahrhundert die Identifikation mit Benin immer populärer.

Doch wie auch immer ihre Ursprungsüberlieferungen im Einzelnen aussahen, alle Gemeinschaften identifizierten schließlich Ife als das Zentrum der Verbreitung, von dem aus die Yoruba-sprachigen Völker ausschwärmten, um verschiedene regionale Gruppen zu bilden. Ile-Ife galt nicht nur als die Wiege des Volkes der Yoruba, sondern auch als der Ort, an dem die Welt selbst und die gesamte Menschheit ihren Ausgang nahmen. Angeblich stieg genau hier Oduduwa vom Himmel herab und schuf die Gesellschaftsordnung der Yoruba. Im Jahr 1830 erzählten Leute in Oyo Richard und John Lander, dass es »Iffie« gewesen sei, wo »ihre Ureltern erschaffen wurden und von wo aus ganz Afrika bevölkert worden ist«.[9] Im Jahr 1846 meinte ein älterer ehemaliger Sklave in Freetown, Sierra Leone, Ife sei »für die anderen [Yoruba-]Länder, was England für [Sierra Leone] ist«, die Mutternation.[10] Allerdings wurde das Königreich nicht mit groß angelegten militärischen Eroberungen oder imperialer Expansion in Verbindung gebracht; überdies war es seit seinem Höhepunkt im 14. Jahrhundert im Niedergang begriffen gewesen. Ifes Aufstieg als Gründungsheimat der Yoruba war daher für Historiker immer ein äußerst wichtiges Thema. Das frühe Yorubaland wurde zu keinem Zeitpunkt von einem einzigen Staat regiert; vielmehr entwickelten sich die Königreiche als unabhängige Stadtstaaten unter ihren eigenen Herrschern. Wie schuf und bewahrte Ife daher seine mystische Aura unter den Yoruba?

Eine Theorie lautet, dass Ile-Ife der Ort war, an dem die Grundprinzipien der kulturellen Identität der Yoruba erstmals zu einer anspruchsvollen politischen Ideologie ausgearbeitet und in einer städtisch geprägten Zivilisation umgesetzt wurden. Archäologische Zeugnisse legen nahe, dass dieser Prozess spätestens im 11. Jahrhundert im Gange war und seinen Höhepunkt in einer »klassischen« Periode erreichte, die von etwa 1250 bis 1350 währte. In einem kürzlich erschienenen Buch über die tiefenzeitliche Kulturgeschichte der Yoruba identifiziert der Archäologe Akinwumi Ogundiran drei entscheidende Komponenten für das von ihm sogenannte »Wissenskapital« von Ile-Ife: Gottkönigtum, künstlerische Produktion sowie kosmologisches Denken und rituelle Praxis, die um den Pantheon der *orisa* kreisten.[11] Es waren diese Wissensformen und nicht Handelskapital, so die These von Ogundiran, die sich von Ife aus im übrigen Yorubaland und darüber hinaus verbreiteten. Sein Begriff »Wissenskapital« impliziert, dass es sich bei diesen Dingen um eine Art Ware handelte. Indem es sie exportierte, wurde das Königreich ein Ort der »Verehrung und Bezugnahme«, dessen Aura schließlich von den herrschenden Eliten in der gesamten Region mobilisiert wurde, um ihren eigenen Anspruch auf das Königtum zu legitimieren.

Unter Wissenschaftlern hat es im Lauf der Jahrzehnte große Diskussionen über die Beziehung zwischen politischer Macht und sakraler Autorität in Afrika und anderswo gegeben. War das Königtum ursprünglich ein sakrales Amt, und inwieweit blieb es das, sobald dynastische Herrscher zusätzliche »säkulare« Formen von Macht anhäuften? Wurden Könige als göttliche Wesen betrachtet, oder hatten sie lediglich bestimmte sakrale Attribute? So oder so, inwieweit verbesserte die sakrale Identität eines Herrschers seine Fähigkeit, Macht auszuüben, oder schränkte diese Fähigkeit im anderen Fall ein? Die politische Kultur der Yoruba spielt bis heute eine wichtige Rolle in dieser Diskussion, weil ihre Kernideologie des *oba alade*, wie sie sich zuerst in Ile-Ife entwickelte, als eine Ideologie des »Gottkönigtums« interpretiert worden ist. Diese Vorstellung wurzelte in dem Grundsatz *oba alaase ekeji orisa*, »der *oba* hat eine Macht wie die der Götter« oder ist – in der Übersetzung von Aribidesi Usman und Toyin Falola – »der Gebieter und Gefährte der Gottheiten«.[12] Für Jacob Olúpònà war der *oba* im Prinzip ein »Gottkönig«: Einer der Ehren- oder Lobnamen des *ooni*, wie der König von Ile-Ife, das spirituelle Oberhaupt aller Könige des Yorubalandes, genannt wurde, lautete Olofin Ajalaye, »Göttlicher Herrscher der Welt«.[13] Auch für Usman und Falola war der König »halb göttlich«, »von seinen Untertanen unterschieden durch die spirituellen Kräfte, die er bei seiner Einsetzung erlangte«.[14] »*Oba* sterben nicht«, schreiben John Pemberton und Funso Afolayan; vielmehr stellt man sich vor, dass sie »im Boden versinken«. »Der Tod ist eine Zustandsänderung. Er soll mächtiger werden; er soll ein òrìṣà werden.«[15] Ogundiran geht noch etwas weiter, wenn er behauptet, dass es eine »tiefgreifende Veränderung in der politischen Ideologie der Yoruba« bedeutete, dass der lebende *ooni* von Ile-Ife schließlich als ein *orisa* betrachtet wurde, der »bei der Amtsübernahme deifiziert und dem die *ade* aufgesetzt wurde« – die Perlenkrone mit Schnurgehänge, die das Antlitz des Königs in der Öffentlichkeit verhüllte, was seine sakrale und abgeschiedene Identität symbolisierte (siehe Tafel X).[16]

Das sakrale Königtum war also eng verbunden mit der zentralen Rolle der *orisa* (ausgesprochen »orischa«) im kosmologischen

Die Yoruba- und Benin-Königreiche

Der alaafin *von Oyo, Adeyemi I. Alowolodu (reg. 1876–1905), der hier die* ade, *die Perlenkrone mit Schnurgehänge, trägt. Als Sohn von Atiba Atobatale (reg. 1837–1859), dem ersten* alaafin, *der nach der Aufgabe von Alt-Oyo regierte, und Enkel des großen Königs Abiodun war Adeyemi der letzte Herrscher eines unabhängigen Oyo und der erste, der britischer Kolonialherrschaft unterworfen wurde (1894–1896).*

Denken und in der rituellen Praxis der Yoruba. Die Zahl der *orisa* war gewaltig, angeblich belief sie sich auf insgesamt 201 oder gar 401. Die letzte »1«, bemerkt Olúpònà, veranschaulicht »die Inklusivität der religiösen Weltsicht der Yorùbá, die stets bereit ist, dem Pantheon noch eine Gottheit hinzuzufügen« – wobei die zusätzliche Gottheit vielleicht der *ooni* von Ile-Ife selbst ist.[17] Die religiöse Verehrung konzentrierte sich jedoch normalerweise auf eine kleinere Anzahl bedeutender *orisa*, deren Kulte im Lauf der Zeit in verschiedenen Teilen des Yorubalandes und darüber hinaus expandierten und schrumpften: vor allem die männlichen Gottheiten Sango, Ogun, Esu, Obatala und Orunmila sowie die weiblichen Gottheiten Osun und Yemoja. Von diesen Gottheiten war Orunmila (oder Ifa), die beseelende Kraft des *ifa*-Orakel-Systems und wohl »der spirituelle Anker des Yorùbá-Pantheons«, vielleicht besonders wichtig bei der Verbreitung dessen, was Ogundiran als die sanfte Macht von Ile-Ife bezeichnet.[18] Andere Gottheiten sollten später für die stärker militarisierten Staatsbildungsprojekte des Königreichs Oyo nutzbar gemacht werden: Sango, der Donnergott; und Ogun, der eine Verwandlung vom Gott des Eisens und der damit verbundenen Fähigkeiten zum mächtigen Symbol einer neuen Ära der Kriegerkönige durchmachte. Derweil kann der Aufstieg von Osun als »gegenhegemoniale« Reaktion auf diese hypermaskulinen Gottheiten verstanden werden – eine weibliche Kritik männlicher Macht, die auch in den von den Yoruba hergeleiteten Religionen des amerikanischen Doppelkontinents aufrechterhalten worden ist.[19]

Ifes außerordentliche künstlerische Kreativität war ein weiterer Aspekt seiner grundlegenden Rolle in der Yoruba-Zivilisation. Seine berühmtesten Kunstwerke sind die in Terrakotta und in Kupfer oder Kupfer-Zinn-Legierung (Bronze) geformten naturalistischen und lebensgroßen Porträtköpfe, von denen etwa zweihundert ausgegraben und auf das 11. bis 14. Jahrhundert datiert wurden (siehe Tafel IX). Die Köpfe in Kupfer-Zinn-Legierung werden mit der klassischen Periode der Ife-Kultur zwischen 1250 und 1350 identifiziert, insbesondere mit der Regierungszeit von Ooni Obalufon II., der viele von ihnen in Auftrag gegeben haben mag, um teils auf diese Weise zu versuchen, nach einer Zeit des dynastischen Streits abermals seine Autorität geltend zu machen. Während einige dieser Köpfe anscheinend einzelne Könige darstellen oder Ifes aufeinanderfolgende Dynastien symbolisieren, zeigen die meisten tatsächlich Nichtangehörige des Königshauses und gehörten vermutlich zu Begräbniskomplexen oder Ahnenschreinen. Dazu bestimmt, *ase*, die lebensnotwendige innere Stärke oder Energie der Porträtierten, einzufangen und nach außen zu vermitteln, strahlen sie eine tiefe Würde und Gelassenheit aus, die durch alle Zeiten nachhallen und einen weiteren künstlerischen Kreativitätsschub im Königreich Benin befeuern sollten.[20]

Weniger eindrucksvoll, aber für die Projektion von Ile-Ifes kultureller Autorität vielleicht wichtiger war eine andere Kunstform: Glasperlen. Zur Gestaltung der fransenbesetzten Krone und anderer von einem *oba* präsentierter Herrschaftsinsignien verwendet, dienten auch sie dazu, die Ideologie des Gottkönigtums rechtswirksam zu machen. Doch im Gegensatz zu den exklusiven skulptierten Köpfen wurde die schlichte Glasperle zur Haupthandelsware: Unter der Schirmherrschaft des *ooni* im Olokun-Hain innerhalb der ummauerten Stadt in großen Mengen hergestellt, waren Glasperlen nicht nur der weitestgehend anerkannte materielle Vorbote des *oba alaade*, sondern leisteten auch einen wesentlichen Beitrag zum Handelsreichtum von Ife. Darüber hinaus bestand ihre symbolische und finanzielle Bedeutung weiter, nachdem eine Störung in der etablierten Ordnung das Ende der klassischen Periode von Ile-Ife und der dortigen Herstellung skulptierter Köpfe markiert hatte. Beide Kunstformen – Porträtkopf und Glasperle – sollten später in Benin wieder zusammenkommen, wo rote Korallenperlen zu Symbolen dynastischer Macht wurden und oft in einer erneuerten Tradition königlicher Porträtmalerei gemalt wurden.[21]

Das Königreich Oyo und die atlantische Ära des Yorubalandes

Der Grund für den Niedergang von Ife bis zum späten 14. Jahrhundert ist unklar. Ein Faktor mag seine Lage im Wald gewesen sein, die Probleme für die physische Ausdehnung, die Entfaltung militärischer Stärke und die Entwicklung einer aktiven Rolle im transsaharischen Handel aufwarf. Andere Faktoren könnten das Entstehen interner Konflikte zwischen einheimischen und migrantischen Gruppen, dynastische Streitigkeiten und Ausbrüche ansteckender Krankheiten gewesen sein. Klar ist hingegen, dass Ifes Rolle als regionaler Schwerpunkt von der etwa 160 Kilometer weiter nördlich im Wald-Savanne-Randgebiet gelegenen aufstrebenden Macht Oyo übernommen wurde. Oyo wurde um das 13. Jahrhundert herum gegründet, angeblich von Oranmiyan, von dem es hieß, er sei ein Sohn oder Enkel von Oduduwa, und dem auch die Übertragung des Gottkönigtums auf Benin zugeschrieben wurde. Seine günstige geografische Lage in der offenen Savanne ausnutzend, erkämpfe Oyo sich eine Rolle als Vermittler bei Handelsgeschäften zwischen den Waldkönigreichen im Süden und den Reichen der sudanischen Zone im Norden. Spätestens um 1600 reichten diese Geschäftsbeziehungen bis zur Atlantikküste, wo die Ankunft europäischer Händler eine neue Phase in der Geschichte der Yoruba-Staatsbildung ankündigte: eine, die nicht mehr im Zeichen des Wissenskapitals von Ife stand, sondern des Handelskapitals von Oyo. Wenn das materielle Symbol des Ersteren die Glasperle war, dann war das des Letzteren die Kaurischnecke, die, in großen Mengen importiert, dazu diente, den expandierenden Handel zu monetarisieren. Andere Yoruba-Königreiche, wie etwa Ijebu-Ode, Ijesa, Igbomina und Ondo, erlangten ebenfalls in dieser Zeit Bedeutung, doch es sollte Oyo sein, das den neu geschöpften Handelsreichtum und die neu gefundene militärische Stärke am wirkungsvollsten mobilisierte, um einen expansiven imperialen Staat zu schaffen.

Im Gegensatz zu Ife basierte Oyos Macht größtenteils auf militärischer Gewalt. Um das frühe 16. Jahrhundert herum wurde das Reich von den Reitern des nicht zum Yorubaland gehörenden Savannenstaates Nupe im Norden angegriffen; die Hauptstadt, Oyo-Ile, wurde geräumt, und die königliche Familie flüchtete vorübergehend ins benachbarte Borgu. Über die folgenden Jahrzehnte organisierte Oyo seine Armee von Grund auf neu, mit einer Reitertruppe als wichtigster Streitmacht, wobei sowohl Pferde als auch Reiter aus dem Norden importiert wurden. Um die Zeit der Herrschaft des *alaafin* (so der spezielle Oyo-Begriff für einen *oba*) Obalokun (reg. ca. 1590er bis ca. 1620er-Jahre) hatte das Reich sich mit Hilfe seiner neuen Kriegstechnik abermals behauptet und fiel erstmals in das Waldland im Süden ein. Im Lauf des folgenden Jahrhunderts weitete Oyo seine Herrschaft über einen Großteil des Yorubalandes aus und setzte seine Autorität in Nicht-Yoruba-Staaten im Norden, wie etwa Bariba und Nupe, durch. Wie anderswo im atlantischen Afrika brachte die militarisierte Staatsbildung Kriegsgefangene ein, und Oyo wurde ein wichtiger Lieferant versklavter Menschen für die europäischen Sklavenhändler der Küste. In den 1720er-Jahren machte Oyo das Königreich Dahomey tributpflichtig, und in der Regierungszeit von Alaafin Onisile (reg. 1746–1754) sicherte es sich schließlich die Kontrolle über einen Handelskorridor zum Atlantik. Es war zu einem der mächtigsten imperialen Staaten in Westafrika geworden.[22]

Oyo war eine treibende Kraft für die regionale Stabilität, schrieb J. F. A. Ajayi in einer wichtigen Studie über den Aufstieg und Fall des Großreiches. Diese Stabilität der Regierungsführung, so die These von Ajayi, »hilft, das vergleichsweise seltene Auftreten größerer Kriege innerhalb der Yoruba bis zu den 1820er-Jahren zu erklären«.[23] In der Reichshauptstadt Oyo-Ile wurde die politische Macht umsichtig geteilt zwischen zentralen Interessengruppen und Institutionen: dem *alaafin*; dem *oyomesi,* einem Rat aus sieben Oberhäuptern, die die führenden nicht königlichen *ile* repräsentierten; und – falls das System, wie von Samuel Johnson und anderen im 19. Jahrhundert festgestellt, zeitlich zurückextrapoliert werden kann – dem Ogboni, einem rituellen Bund oder Bürger-»Kult«.[24] Der Reichskult des Donnergottes Sango war ebenfalls wichtig. Angeblich (zumindest teilweise) ein früher *alaafin*, der bei seinem Tod als *orisa* deifiziert wurde, war Sango eng verbunden mit der königlichen Autorität und erschien im Zentrum eines Kultes, der in der Kernregion von Oyo und in seinen Yoruba-sprachigen Vasallen-Königreichen herrschte.[25] In diesen Vasallenstaaten und in den anderen tributpflichtigen Staaten, die nicht zum Yorubaland gehörten, wurde die Kontrolle durch das Reich gewöhnlich mit leichter Hand aufrechterhalten. Selbst in benachbarten Königreichen, wie etwa Egba und Egbado, meint Ajayi, wurden lokale Identitäten anerkannt und genossen ihre *oba* beträchtliche Autonomie. Sie wurden beaufsichtigt und beraten von *ajele*, Reichsbewohnern, die die Ablieferung des jährlichen Tributs kontrollierten und im Bedarfsfall auch Truppen für das Reichsheer stellen mussten. Vorausgesetzt, sie erkannten die Oberhoheit des *alaafin* an und entrichteten den festgesetzten Tribut, wurden die einzelnen Reiche größtenteils sich selbst überlassen. Doch wurde diese Anerkennung verweigert oder widerrufen, wurden sie zum Ziel militärischer Strafexpeditionen und auf Linie gebracht.

Spätestens um die Mitte des 18. Jahrhunderts geriet Oyos System der Regierungsführung zunehmend unter Druck. Zum Teil war dies dem besonderen Umstand geschuldet, dass die gewaltige militärische Macht des Großreiches auf der Reiterei beruhte. Weil der *alaafin* aber kein Monopol auf die Einfuhr von Pferden besaß und die Kriegsführung zu Pferde ein viel Erfahrung erforderndes, professionalisiertes Unternehmen war, befanden sich die Streitkräfte größtenteils unter der Kontrolle der nicht königlichen Geschlechter. Eine gewisse königliche Oberaufsicht war durch ihren Zusammenschluss unter siebzig Hauptleuten gewahrt worden, den sogenannten *eso*, die ursprünglich dem ranghöchsten Mitglied des *oyomesi*-Rates, dem *basorun*, verantwortlich waren und später dann, ab Mitte des 17. Jahrhunderts, einem neuen Oberbefehlshaber sklavischer Herkunft mit dem Titel *Are-ona-Kakanfo*. Aufgrund ihrer militärischen Tüchtigkeit erlangten die Inhaber dieses Amtes jedoch großes Ansehen und beträchtliche Autorität. »Der Kakanfo wurde so mächtig wie der Basorun und manchmal mächtiger«, schreibt Ajayi, »und der Alafin rückte weiter in den Hintergrund.«[26]

Laut den von Samuel Johnson zusammengetragenen mündlichen Überlieferungen starb im 18. Jahrhundert sogar nicht ein einziger *alaafin* eines natürlichen Todes. Jeder König wurde entweder gezwungen, Selbstmord zu verüben, oder wurde vergiftet. Mit nur zwei Ausnahmen – Ojigi, der Eroberer von Dahomey, und Abiodun, der die königliche Macht am Ende des Jahrhunderts erfolgreich wieder behauptete – dokumentieren die Überlieferungen die *alaafin* als schwache oder unbedeutende Gestalten, während *basorun* und *kakanfo* als die wahren Gewalten hinter dem Thron in Erscheinung treten.[27]

Von etwa 1754 bis 1774 wurde der Staat beherrscht von dem rücksichtslos ehrgeizigen *basorun* Gaha, der höchstpersönlich vier Könige in den Tod schickte, bevor er von Alaafin Abiodun (reg. ca. 1770–1789) gestürzt wurde. Johnson – selber ein stolzer Nachfahre Abioduns – zeichnet seine Regierungszeit als ein neues goldenes Zeitalter in Sachen wirtschaftlicher Wohlstand, kulturelle Verfeinerung und künstlerische Produktion. Doch er sollte Oyos letzter großer König sein. Das »atlantische Zeitalter« des Yorubalandes hatte all jenen beträchtlichen Wohlstand und Stabilität beschert, die die durch den Aufstieg des Handelskapitals gebotenen Gelegenheiten nutzen konnten. Doch die Ausbreitung neuer Formen von Handelsreichtum und merkantiler Macht hatte tiefe Widersprüche und soziale Spannungen erzeugt, die sich im frühen 19. Jahrhundert in offenem Streit entladen sollten. »Bis 1810«, schreiben Usman und Falola, »war Oyo auf einen Stadtstaat oder ein Königreich reduziert worden, wie es vor dem 16. Jahrhundert gewesen war.«[28] Wie wir weiter unten sehen werden, löste sein endgültiger Zusammenbruch in den 1830er-Jahren eine Periode weit verbreiteter Gewalt und Erschütterungen für den Rest des 19. Jahrhunderts aus.

Olatunji Ojo

Die politische Organisation der Yoruba

Für jedwedes Verständnis der Yoruba-Staatsbildung sind die beiden bedeutenden Zentren Ile-Ife und Oyo-Ile ganz offensichtlich von entscheidender Bedeutung. Doch in den letzten Jahren ging es Historikern eher darum, sich von der althergebrachten Auffassung zu lösen, wonach die Vergangenheit der Region von einer, wie Ogundiran es ausdrückt, »Parade von Königreichen und Stadtstaaten« beherrscht wurde.[29] Schon für Angehörige einer früheren Forschergeneration hatte die Frage gelautet, ob die Vorrangstellung von Ife und Oyo – und von Benin – in puncto Staatskunst historische Realität war oder ein späteres ideologisches Konstrukt. Bereits 1973 bezeichnete Robin Law die mystische Aura des antiken Ile-Ife als ein Werk der Propaganda, wodurch Yoruba-Monarchen ihre eigene dynastische Macht zu bestätigen suchten. Für einige Königreiche scheint die Identifikation mit der Aura von Ife eine relativ neue Strategie gewesen zu sein: eine Zurückweisung der Oyo-Hegemonie im 18. und 19. Jahrhundert.[30] Unter diesem Blickwinkel ist der Mythos von Oduduwas sechzehn Söhnen, die von Ile-Ife aus loszogen, um eine Penumbra von Königreichen zu gründen, etwas, das man als »fiktive Sippenbindung« bezeichnen kann. Bestehende unabhängige Stadtstaaten, meint Suzanne Preston Blier, schworen Ife häufiger Treue »im Austausch für diplomatische Beziehungen, Handel, Schutz und rituelles Engagement«.[31]

Sprich, die historische Erfahrung der Yoruba blieb in der Regel lokal ausgerichtet, fest verwurzelt in der *ile*, dem Haus, und der *ilu*, der Stadt. Tatsächlich war die Letztere ein Erkennungsmerkmal der Yoruba-Zivilisation und -Regierungsführung, die sich auf die Autonomie der *ilu alade*, der »gekrönten Stadt«, konzentrierten.[32] Entlegene Dörfer wurden gewöhnlich von einem ungekrönten Herrscher oder *baale* geführt, und ihre Bewohner verfolgten ihre Ahnen oftmals zurück bis in die Hauptstadt und bezeichneten deren *oba* auch als »*baba*«, als Vater des Königreichs – ein weiterer Akt fiktiver Sippenbindung. Wie wir im Fall von Oyo gesehen haben, wurde die politische Autorität sorgfältig unter verschiedenen Interessengruppen aufgeteilt. Dem *oba* stand ein Rat aus Oberhäuptern – in manchen Fällen waren es mehrere Ratsgremien – zur Seite. In der Theorie besaß der König absolute Autorität, aber in der Praxis war er ein konstitutioneller Monarch, dazu verpflichtet, in regelmäßigen, oft täglichen Sitzungen seine Gremien zu konsultieren. Das höchste Ratsgremium bestand gewöhnlich aus den Oberhäuptern der vornehmsten Geschlechter des Königreichs, die der *oba* auf eigenes Risiko überging. Die verfassungsmäßige Ordnung hinderte ihn folglich daran, tyrannisch zu herrschen.

Der lange und komplexe Prozess, der mit der Einsetzung eines *oba* einherging, bot die Gelegenheit, dem neuen Herrscher die Kunst der Staatsführung einzuprägen. Normalerweise verstrich ein Zeitraum von drei Monaten zwischen Wahl und Krönung. Sobald das Herrscherhaus (oder, wo die Königsherrschaft zwischen verschiedenen Geschlechtern rotierte, jener Teil des Herrscherhauses, der an der Reihe war, einen *oba* zu stellen) Vorschläge unterbreitet hatte, pflegten die Königsmacher die Experten des *ifa*-Orakels, die *babalawo*, zu befragen, um den besten Kandidaten zu bestimmen. Anschließend wurden aufwendige Zeremonien vollzogen, um den neuen König zu weihen. In vielen Königreichen wurden die Fähigkeiten des auserkorenen *oba* zur Selbstbeschränkung und sein Durchhaltevermögen getestet, indem man ihn prügelte und zwang, Lumpen zu tragen. Dieses Ritual war auch dazu gedacht, ihn die Mühsal der Armen spüren zu lassen, damit er künftig in seiner gehobenen Position stets an die einfachen Leute dächte. Danach verbrachte er drei Monate eingesperrt; in dieser Zeit wurde er in der Geschichte des Königreichs und der Bedeutung seiner Rolle als Vater seines Volkes unterwiesen. Nachdem er die sakralen Befugnisse aller seiner Vorgänger erhalten hatte, wurde der *oba* schließlich gekrönt und sein Gesicht mit der *ade* verhüllt, der Perlenkrone mit Schnurgehänge.

Trotz seines sakralen Status riskierte ein *oba*, sollte er seine Pflichten vernachlässigen oder versuchen, ungerechte oder unverhältnismäßige Macht auszuüben, schwerwiegende Sanktionen. Wir haben gesehen, dass der *oyomesi*-Rat eine maßgebliche Rolle in der Regierungsführung von Oyo spielte; er repräsentierte, mit Johnsons Worten, »die Stimme der Nation«.[33] Der *oyomesi* übte auch eine gewisse Kontrolle über das religiöse Leben aus: von seinen sieben Mitgliedern war der *alapinin* der Leiter der Egungun-Maskerade; der *laguna* der des Kultes von Oko, des *orisa* der Fruchtbarkeit; der *agbakin* der des Kultes von Oranmiyan; der *asipa* der des Kultes von Ogun und der *basorun* der des *orun*-Kultes um den spirituellen Doppelgänger des Königs, »mit der Befugnis, dem Alafin kundzutun, dass er von den Göttern abgelehnt worden sei«.[34] Bei den Ijebu und Egba waren der Osugbu- oder der Ogboni-Kult so beherrschend, dass der *oba* eigentlich kaum reale Macht hatte.

In jenen Teilen des Yorubalandes, in denen der Ogboni- oder der Osugbu-Kult keine wichtige Rolle spielten oder wo der Rat der Oberhäupter – im Gegensatz zu Oyo – nicht die verfassungsrechtliche Befugnis hatte, einen *oba* abzusetzen, konnte ein despotischer Herrscher nur durch Aufruhr beseitigt werden. Üblicherweise leiteten die Oberhäupter einen solchen Prozess ein, indem sie die traditionelle tägliche Huldigung verweigerten, die dem König in seinem Palast erwiesen wurde. Außerdem verlegte die Gemeinschaft vielleicht den Marktplatz oder Frauen protestierten, indem sie Flüche sprachen, geweihte Orte entweihten oder sich, in einer eindrucksvollen Demonstration geschlechtsspezifischer »Politik der Nacktheit«, unbekleidet in der Öffentlichkeit zeigten, um den König bloßzustellen.[35] Der geweihte und abgesonderte Körper des *oba* war äußerst anfällig für solche Entweihung. Unterstrichen wurde diese Absonderung durch die Tatsache, dass der *oba* gewöhnlich im Hintergrund der laufenden Regierungsführung blieb. Oft nahm er nicht einmal an Ratssitzungen teil, die meist auf der Veranda seines Palastes stattfanden und deren Entscheidungen ihm zwecks Bestätigung übermittelt wurden.

Die Regierungsführung war auch nicht ausschließlich eine Angelegenheit des *oba* und seiner führenden Räte. Bürgerliche (im Sinne freigeborener erwachsener Männer und, oftmals, auch prominenter Frauen) waren ebenfalls beteiligt. Yoruba-Städte waren kompliziert gegliedert in unterschiedliche Viertel (*ogbon*), an deren Spitze adelige Oberhäupter standen: die, aus denen Oyo bestand, zählten sechsunddreißig, Ijebu-Ode bestand aus fünfundzwanzig und Ilesa, die Hauptstadt des Königreichs Ijesa, aus siebzig solcher Viertel. Die Oberhäupter mussten ihre Leute über die im Rat des *oba* geäußerten Erwägungen und Absichten informieren, während die Leute wiederum über ihre Clanchefs ihre Ansichten und Wünsche gegenüber den Oberhäuptern der Viertel zum Ausdruck brachten, die sie anschließend dem *oba* mitteilten. In jenen Teilen des Yorubalandes, wo die Oberhäupter Bürgerbünden wie Ogboni angehörten, beispielsweise in Ijebu, Ekiti, Egba und Ondo, wurden Fragen der Regierungsführung auch mit deren Mitgliedern erörtert. In Ekiti äußerten die jungen Männer ihre Ansichten in Versammlungen von »Altersklassen« (d. h. Generationenbünden), die dann dem *oba* übermittelt wurden. Eine effektive Verwaltung war zudem auf eine Hierarchie von Palastbeamten angewiesen. Diese waren die persönlichen Bediensteten des *oba* und wurden mit einer Vielzahl von Begriffen bezeichnet: als *ilari* in Oyo, *odi* in Ijebu und *emese* in Ife, Ekiti und Ilesa. Großteils handelte es sich um ehemalige Sklaven, obwohl in einigen Regionen auch freigeborene Männer zu ihnen gehörten.

Der *oba* und die Oberhäupter bezogen Einkünfte aus verschiedenen Quellen, in erster Linie aus dem Ertrag ihrer Höfe. Meist hatten sie große Gefolge aus Bediensteten, oftmals Sklaven oder sogenannte

»Verpfändete« (d. h. in Schuldknechtschaft lebende Personen), die sie normalerweise auf ihren landwirtschaftlichen Gütern arbeiten ließen. Geschenke, Strafgelder, Tribute, Zölle und Abgaben und, in Zeiten militärischer Auseinandersetzungen, Kriegsbeute waren die anderen Haupteinnahmequellen von Königen und Oberhäuptern. Allerdings genoss der *oba* kein Vorzugsrecht beim Handel: Sowohl Oberhäupter als auch gewöhnliche Bürgerliche durften sich am Lokal- und Fernhandel beteiligen. In den meisten Fällen trieben die Ehefrauen, die versklavten und die freien Bediensteten auf eigene Rechnung Handel. Der *oba* erbte auch nicht nur den Besitz seines Vorgängers, sondern erhielt darüber hinaus Erbschaftssteuern von der Familie verstorbener vermögender Oberhäupter. Doch weil man keinen klaren Unterschied zwischen der Staatskasse und dem persönlichen Reichtum des *oba* machte, wurde ein erheblicher Teil des Letzteren unweigerlich aufgewendet, um Leistungen für seine Untertanen zu erbringen. Dies gilt auch im Fall der bedeutenden Oberhäupter, die regelmäßig Rituale für die *orisa* vollziehen und bei Festveranstaltungen Mitglieder der Abstammungslinie festlich bewirten mussten. In seiner Position als Vater seines Volkes und Oberpriester des Königreichs wendete der *oba* einen Großteil seiner Einkünfte für den Vollzug von Ritualen auf, die das körperliche und geistige Wohl seiner Untertanen gewährleisten sollten.

Die Zentralgewalt war ferner über ein ausgeklügeltes System der Schutzherrschaft auf höchster Ebene mit der Peripherie verbunden. Diese Schutzherren waren ebenfalls als *baba* (»Vater«) bekannt, die mit ihren »Kindern« über Repräsentanten in den Vasallenstädten, die sogenannten *baba kekere* (»kleiner Vater«) oder *baba isale* (»Vater vor Gericht«), kommunizierten.[36] Angelegenheiten, die die untergeordneten Städte betrafen, wurden diesen Schutzherren zugetragen, die sie im Rat der Oberhäupter vorbrachten. Tribut wurde über die Schutzherren entrichtet, die ihren eigenen Anteil abzweigten, bevor sie den Rest dem *oba* ablieferten. In Oyo wurden die Schutzherren aus den Reihen der höherrangigen Oberhäupter der Hauptstadt bestimmt. Um jedoch Intrigen vorzubeugen, ordnete der *alaafin* gewöhnlich einen seiner *ilari* (königlichen Bediensteten) zum Gefolge des Schutzherrn ab, damit er dort als die »Augen des oba« (*oju oba*) fungiere. *Ilari* wurden von Zeit zu Zeit ausgeschickt, um über die Aktivitäten sowohl der *ajele* als auch des *baale* zu berichten, während die rituelle Autorität des *alaafin* zudem durch die Entsendung von Priestern des großen *orisa* Sango in die Randgebiete des Großreichs gestärkt wurde. Trotz der abgesonderten und ritualisierten Stellung des Königs erlaubte ihm somit ein wohldurchdachtes Einflussgeflecht, zu regieren anstatt einfach nur zu herrschen.

Das hier zusammengefasste Regierungsmodell hatte viele lokale Varianten. Außerdem wurde es im Lauf der Zeit modifiziert, als Städte an Größe und Komplexität zunahmen und Königreiche territorial weiter ausgriffen. Die Expansion einiger Königreiche bedeutete unweigerlich den Niedergang anderer; viele untergeordnete Städte wollten schon lange vor dem Erscheinen einer Zentralgewalt existiert haben, und einige behaupteten, ihre eigenen Herrscher hätten ungerechterweise das Recht verloren, die Perlenkrone eines *oba* zu tragen. Was in historischen Darstellungen, die sich auf eine »Parade von Königreichen« fokussieren, oft übersehen wird, ist, dass manche Regionen unbeirrt an recht ausgeprägten dezentralen Formen der Regierungsführung festhielten. Eine dieser Regionen war Egba an der südlichen Grenze des imperialen Oyo. Sie zeichnete sich durch eine hochkomplexe politische Struktur aus. Das Volk der Egba lebte in drei Königreichen: Egba Agbeyin, Egba Agura und Egba Oke-Ona. Alle drei waren Föderationen vieler Städte – 144 lautet die Zahl, die für Egba Agura angegeben wird –, die weiterhin einen ungewöhnlich hohen Grad an Autonomie besaßen, jede von ihnen mit ihrem eigenen Herrscher und einer komplizierten Hierarchie aus Ogboni-Oberhäuptern und denen anderer lokaler Bürgerbünde wie Olorogun und Parakoyi. Jede Stadt stellte darüber hinaus

Oberhäupter, um Ämter auf föderaler Ebene zu bekleiden. Die Verbindung zwischen den drei föderierten Königreichen ist bis heute unklar, obwohl Ajayi Ajisafe behauptet, dass der *oba* von Egba Agbeyin, der *alake*, als der höherrangige König anerkannt wurde.[37]

Das östliche Yorubaland an den Grenzen zu Benin hatte eine noch stärker fragmentierte politische Struktur. Ekiti, Ijebu, Ondo, Owo und Awori blieben alle außerhalb des Einflussbereichs der imperialen Macht Oyos und zeichneten sich durch ein auffälliges Fehlen zentraler Autorität aus. Mündliche Überlieferungen von Ekiti dokumentieren die politischen Folgestreitigkeiten, als die Nachfahren von Oduduwa aus Ile-Ife eintrafen, vielleicht im 16. Jahrhundert, und den bestehenden kleinen Königreichen der Region ihre Herrschaft aufzwingen wollten.[38] Weiter verkompliziert wurde die Situation durch die spätere Ankunft von Migranten aus Ijebu-Ode, Oyo und Benin. Demografisch setzte sich Ekiti daher schließlich aus den ursprünglichen Einwohnern, der Oduduwa-Gruppe aus Ile-Ife, Edo-Migranten und, zu guter Letzt, neuen Wellen von Oyo- und Igbomina-Flüchtlingen zusammen, die durch die Kriege vertrieben wurden, die das Yorubaland im 19. Jahrhundert heimsuchten.

Die Awori waren wohl die am wenigsten zentralisierten von allen. Jede Stadt wurde von einem männlichen Ältestenrat, dem *igbimo*, regiert, der seine Verfügungen durch eine Geheimgesellschaft durchsetzte. Zwar existierte das Amt des *oba*, aber sein Inhaber blieb eher ein Priester als ein weltlicher Herrscher. In dem Awori-Königreich Lagos scheint die Monarchie etwas stärker gewesen zu sein als in benachbarten Siedlungen. Dies ist vermutlich dem Einfluss von Benin geschuldet, das schon im 16. Jahrhundert Kontakte zu der Hafenstadt hatte; im darauffolgenden Jahrhundert wurde der lokale König oder *olofin* gestürzt, und Lagos wurde ein Vasall von Benin. Aufgewertet wurde die Autorität des *olofin* (oder des *ologun* oder *eleko*, wie der *oba* in der Vergangenheit verschiedentlich genannt wurde) wahrscheinlich auch durch die neue Rolle der Stadt im atlantischen Sklavenhandel.[39]

Die Auffassung von einer durch dynastische Macht dominierten Yoruba-Vergangenheit bedarf daher einer gewissen Einschränkung. Die Yoruba wurden weder »zentral« noch »dezentral« regiert, typisch für ihre politische Organisation war vielmehr meist eine einfallsreiche und veränderliche Kombination der beiden Regierungsformen. Untergeordnete Städte bemühten sich allerorten, weiterhin ihre eigenen Herrscher zu bestimmen, und waren oft ausgesprochen besorgt um lokale Rechte und Identitäten, wie sie in Gründungsurkunden, in den *oriki* oder Lobgedichten, die geheiligten historischen Gestalten gewidmet waren, und in Formen der *orisa*-Verehrung verankert waren. Höherstehenden Herrschern in den Hauptstädten wie dem *ooni* von Ife und dem *alaafin* von Oyo war dies nur allzu bewusst. Solange weiterhin gegenseitige Verpflichtungen erfüllt wurden, zögerten sie, sich in die inneren Angelegenheiten der entlegenen Städte einzumischen, über die sie die Oberherrschaft ausübten. Hierin liegt ersichtlich die Genialität der Yoruba-Staatskunst.

Das Königreich Benin

Die Edo-Gründer des Königreichs Benin führten ihre Ursprünge auf ein antikes Reich namens Igodomigodo zurück, das von dem *ogiso*, dem »König vom Himmel« oder »König des Himmels«, regiert wurde. Die Überreste von Dörfern, umschlossen von umfangreichen Schanzwerken, deuten darauf hin, dass Vorfahren der Edo im ausgehenden 1. Jahrtausend n. Chr. begannen, die Waldregion östlich des Yorubalandes zu besiedeln. Mündliche Überlieferungen dokumentieren, dass, obwohl die *ogiso* mächtige und geachtete Könige waren, ihre Dynastie am Ende unterging. Es gibt unterschiedliche Versionen davon, wie anschließend eine neue Dynastie erschaffen wurde, wenngleich allen ein Element gemeinsam ist: die zentrale Rolle von Ife beim Aufbau eines neuen Modells sakraler Königsherrschaft. In einer Version führt ein Disput zwischen dem Kronprinzen Ekaladerhan und einer Gruppierung innerhalb des Palastes dazu, dass Ekaladerhan besiegt wird und von Benin nach Ife flüchtet. Als der *ogiso* stirbt, erinnern sich die Königsmacher von Benin an den im Exil lebenden Prinzen und setzen ihn auf den Thron. Die andere Überlieferung wurde im 19. Jahrhundert erstmals schriftlich festgehalten und in den 1930er-Jahren durch den bahnbrechenden nigerianischen Autor und Historiker Jacob Uwadiae Egharevba bekannt gemacht, dessen Arbeit von der Welle historischer Forschungsarbeiten im benachbarten Yorubaland inspiriert war. In Egharevbas Fassung bitten die Königsmacher von Benin den *ooni* von Ife, in einer dynastischen Krise zu intervenieren. Der *ooni* entsendet seinen Sohn Oranmiyan, um den Thron zu übernehmen. Obwohl es Oranmiyan nicht gelingt, sich die Unterstützung der Edo-Oberhäupter zu sichern, heiratet er eine einheimische Frau, und es ist ihr gemeinsamer Sohn, Eweka, der als König und Begründer der neuen Dynastie in Erscheinung tritt. Oranmiyan, heißt es, kehrte ins Yorubaland zurück, wo er dann Oyo gründete und sein *alaafin* wurde.[40] Doch als Eweka stirbt, werden seine sterblichen Überreste nach Ife zurückgebracht. Egharevba erklärte in den 1930er-Jahren, dass diese Begräbnissitte »bis in jüngste Zeit« für jeden dritten *oba* beibehalten worden sei: sinnbildlich, schreibt Olúpònà, »für die Rückkehr des ›Ausländerkönigs‹ an seinen autochthonen Ort«.[41]

Im Gegensatz zu diesen unterschiedlichen Überlieferungen wird die Expansion von Benin in allen Berichten mit der dynamischen Herrschaft von Oba Ewuare (reg. ca. 1440 bis ca. 1473) in Verbindung gebracht. Ewuare schuf eine starke Armee und ein Beratergremium; er baute auch die Hauptstadt wieder auf, die er Ob-Edo nannte. Er ließ breite Straßen anlegen, organisierte die Handwerkerschaft in Zünften und gliederte die Bürgerschaft in Altersstufen. Zwei Klassen von Oberhäuptern wurden geschaffen: Stadt-Oberhäupter (*Eghaevbo n'Ore*) und Palast-Oberhäupter (*Eghaevbo n'Ogbe*), deren Aufgabe es war, dem König und dem Gremium der

Königsmacher (der *uzama*) bei legislativen und judikativen Pflichten behilflich zu sein. Die sogenannten *uzama*-Oberhäupter, deren Rolle auf das frühe Edo zurückgeht und die bislang großen Einfluss ausgeübt hatten, verloren allmählich ihre Befugnisse an den *oba* und seine ernannten Amtsträger. Angesichts der territorialen Expansion des Königreichs spielten die neuen Oberhäupter eine Schlüsselrolle in der Provinzialverwaltung und beim Einzug von Tribut. An Ewuare erinnert man sich auch als an den Herrscher, der das System der königlichen Primogenitur einführte, um die erbitterten Nachfolgeauseinandersetzungen zu beenden, die in der Vergangenheit die Ursache für viel Streit gewesen waren. Er berief seinen designierten Erben Edaiken in die *uzama*, angeblich, um ihn mit den Mechanismen der Regierungspolitik vertraut zu machen, aber in Wahrheit auch, um die Macht der alten Königsmacher zu kontrollieren.

Die königliche Autorität scheint daher im frühen Benin auf eine stärkere verfassungsrechtliche Basis gestellt worden zu sein als im Yorubaland im Osten. Auf jeden Fall war die Struktur der von Ewuare aufgebauten Herrschaft von langer Dauer: Im Gegensatz zum Aufstieg und Niedergang von Ife und Oyo behauptete das Königreich Benin seine regional bedeutende Stellung seit dem 14. Jahrhundert – und seine zweite Dynastie regiert noch heute in Benin City. Doch die Königsherrschaft sollte nicht absolut sein. Die *Eghaevbo n'Ore* mögen durchaus dazu gedient haben, den Einfluss der Königsmacher zunichte zu machen, aber ihr ranghöchstes Mitglied, der *iyase*, entwickelte sich im Lauf der Jahrhunderte zur beherrschenden Figur in der Politik von Benin. In mündlichen wie in schriftlichen Quellen wurde der *iyase* schließlich sogar als das Zentrum des Widerstands gegen die Macht des *oba* dargestellt und fungierte bis zur Ernennung eines neuen Militärbefehlshabers, des *ezomo*, im 18. Jahrhundert als Armeechef von Benin.[42]

Unter Ewuare setzte sich die territoriale Expansion Benins bis ins östliche Yorubaland fort. Es geschah während der Herrschaft seines

Nachfolgers Ozolua (reg. ca. 1481 bis ca. 1503), dass Benin zum ersten Mal von portugiesischen Seefahrern besucht wurde, die um 1485 die Küste erreichten und sich bemühten, Handelsbeziehungen mit dem mächtigen Königreich zu eröffnen. Eine Handelsware, die die Portugiesen erwarben, waren versklavte Gefangene, die anfangs in regionalen Häfen von der Goldküste östlich bis zur Insel São Tomé weiterverkauft wurden. Wie in Oyo und anderswo in Westafrika kam es dadurch zu einer Verstrickung des Prozesses der militarisierten territorialen Expansion mit dem der Versklavung und Beteiligung am atlantischen Sklavenhandel. Eine weitere Phase der Expansion erfolgte unter Oba Ehengbuda (reg. ca. 1578 bis ca. 1606), der, wie Ewuare, »sowohl als mächtiger Heiler-Magier wie auch als großer Krieger anerkannt« war.[43] Mit der Zeit wurde die Macht von Benin westlich entlang der Reihe von Küstenlagunen bis nach Lagos, nördlich durch die Yoruba-Regionen Ekiti und Owo in Richtung auf den Zusammenfluss von Niger und Benue, östlich bis zu den Grenzen von Igboland und südlich bis ins Nigerdelta getragen. Dieser Abschnitt der Atlantikküste zwischen Lagos und dem Delta tauchte nach und nach auf europäischen Karten unter der Bezeichnung »Bucht von Benin« auf.

Europäische Quellen liefern Informationen sowohl über einige dieser Kriege als auch über andere Aspekte von Staat und Gesellschaft Benins.[44] Bereits 1516 schloss sich ein Trupp portugiesischer Soldaten, begleitet von ein paar Kapuzinermönchen, der Armee von Benin in einem Feldzug gegen das Königreich Igala an. Ein Jahrhundert später – inzwischen hatten rivalisierende europäische Mächte angefangen, das portugiesische Monopol auf den Seehandel in Westafrika herauszufordern – liehen auch deutsche und holländische Söldner dem Königreich ihre Dienste. Diese Soldaten sind auf einigen der Messing-Wandtafeln porträtiert, die einst den großen Königspalast im Zentrum von Ob-Edo schmückten – eine Projektion der Förderung des *oba* durch die Europäer und seines Zugangs

Die Yoruba- und Benin-Königreiche

zu ihren Waren und ihrer Wehrtechnik. Die Europäer ihrerseits porträtierten ihre Verbündeten aus Benin in schriftlicher Form und in der Kunst. Vielleicht am bekanntesten ist der von Olfert Dapper verfasste Bericht über das Königreich, der erstmals 1668 erschien, aber aus zahlreichen früheren europäischen Quellen schöpfte. Dappers Beschreibung des Königspalastes, die illustriert ist mit einem Stich, der den *oba* zeigt, wie er seine Residenz in einem feierlichen Umzug verlässt, deutet an, wie beindruckt frühe Besucher von der Königsstadt waren:

»Das Schloß des Königs ist viereckig und stehet auf der rechten Seite der Stadt, wann man zum Gottonischen Tore hineinkommt. Es ist wohl so groß als die Stadt Harlem und rund herum mit einer sonderlichen Mauer umgeben. Es ist in viel prächtige Wohnungen eingeteilt und hat schöne lange viereckige Lustgänge, die ungefähr so groß sein als die Börse zu Amsterdam; doch einer ist größer als der andere. Das Dach derselben steht auf hölzernen Säulen, welche von unten bis nach oben zu mit Missings (Messing) überzogen, darauf ihre Krieges Taten und Feldschlachten sind abgebildet. Alles wird sehr reinlich unterhalten. Die meisten Königlichen Wohnungen sind mit Palmblättern überdeckt, anstatt viereckiger Bretter; und ein jeder Giebel ist mit einem Türmlein geziert, welches oben spitz zuläuft. Darauf stehen Vögel von Kupfer gegossen, mit ausgebreiteten Flügeln, sehr künstlich nach dem Leben gebildet.«[45]

Dappers Beschreibung verweist auf Benins eindrucksvolle Leistungen in Kunst und Architektur und auf deren Rolle bei der Außendarstellung dynastischer Macht. Von Egharevba gesammelte Überlieferungen dokumentieren, dass der Gelbguss ebenfalls aus Ife eingeführt wurde, und zwar während der Regierungszeit von Benins Oba Oguola im späten 14. Jahrhundert. Wie in Ile-Ife scheinen Terrakotta-Figuren den in Metall hergestellten vorangegangen zu sein, aber spätestens im 15. Jahrhundert waren naturalistische Bildnisse in Kupfer-Zinn-Legierung, sogenannte *uhumwelo* oder »schöne Köpfe«, die bemerkenswerteste Form künstlerischer Gestaltung. Zu diesen Porträts gehörten fantastische Darstellungen von Königinmüttern, kenntlich an ihren hohen Kronen, von denen man annimmt, dass sie aus der Regierungszeit von Oba Esigie im frühen 16. Jahrhundert stammen, der in Anerkennung der äußerst wichtigen Rolle, die seine eigene Mutter, Idia, in der Regierung spielte, das Amt der Königinmutter schuf. Die Herstellung der mehr als neunhundert bekannten Messing-Wandtafeln, die den Palastkom-

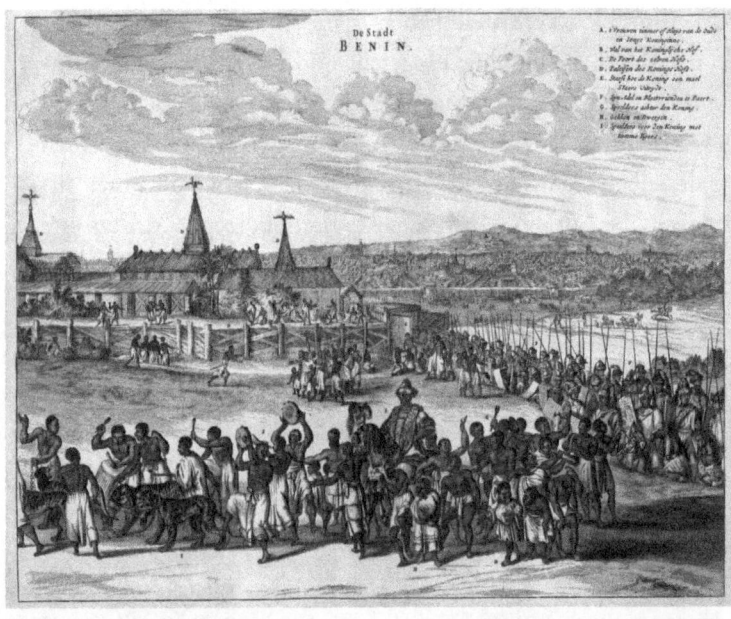

Der oba von Benin verlässt seinen Palast, begleitet von angeleinten Leoparden, Musikanten, bewaffneten Vasallen und Hofprominenz. Aus Olfert Dapper, Naukeurige Beschrijvinge de Afrikaensche Gewesten (Amsterdam, 1668). Die Skulpturen von Nashornvögeln und anderen Vögeln oben auf den Türmen des Palastes waren eine sichtbare Erinnerung an die kosmologische Verbindung zwischen Tierwelt und Königsmacht.

plex schmücken, begann vermutlich ebenfalls unter Esigie. »Ideologisch beruhte die Macht des Königs auf seinem göttlichen Wesen«, schreibt die führende Kunsthistorikerin von Benin, Paula Girshick Ben-Amos, »aber konkret basierte sie auf seiner Kontrolle über eine Militärmaschinerie.« Die Ikonografie königlicher Kunst wurde daher beherrscht von diesen Aspekten dynastischer Macht: »den Zwillingsthemen Kriegsführung und höfische Pracht«.[46] Ein weiteres Thema war abseitiger: die Darstellung von Vögeln, Schlangen, Schlammfischen und anderen Tieren, um die komplexen kosmologischen Verbindungen zwischen natürlicher Welt und Königsmacht zu betonen (siehe Tafel VIII).

Der Tod von Oba Ehengbuda im Jahr 1606 bei einem Kanu-Unfall, während er in der Küstenlagune kämpfte, führte zu einem Erlass, der seinen Nachfolgern verbot, ihre Streitkräfte persönlich in die Schlacht zu führen. Dieses Gesetz hatte unbeabsichtigte Folgen: Auf die Hauptstadt beschränkt und im Königspalast abgesondert, büßte der *oba* allmählich an Autorität ein. Gefüllt wurde das Vakuum von den *Eghaevbo n'Ogbe*, den Palast-Oberhäuptern, die diese Chance zu ihrem Vorteil nutzten, indem sie ihren Einfluss auf den König und, trotz der Primogenitur-Regel, auf den Prozess der königlichen Nachfolge sicherten. Eine Kombination aus Palastintrigen und einer Abfolge jugendlicher oder schwacher Könige ermöglichte den Oberhäuptern zusätzlich, die Situation für ihre eigenen Zwecke auszunutzen. Allerdings fehlten den Oberhäuptern die Mittel für den Zugriff auf die ganze Macht, die umkämpft blieb. Wie die Yoruba-Könige verkörperte der *oba* von Benin wirkmächtige spirituelle und weltliche Autorität. Außerdem handelte es sich bei den Oberhäuptern in Benin, im Gegensatz zu Yoruba, meist um vom König ernannte Amtsträger und nicht um etablierte Repräsentanten ihrer Geschlechter. Ihre Stellung als höchste Quelle der Macht taktisch nutzend und die verschiedenen Hebel der Regierung sorgfältig austarierend, schafften es die geschickteren *oba,* eine Gruppe von Oberhäuptern gegen die andere auszuspielen und ihre Rolle als die unerlässliche Personifizierung und sakrale Seele des Staates zu behalten.

Nichtsdestotrotz schwächte der andauernde Streit zwischen dem König und seinen Oberhäuptern Benin. In den 1650er-Jahren arrangierten einzelne Interessengruppen unter den Oberhäuptern die Thronbesteigung von Prinzen, die unbedeutenden Zweigen der Dynastie fern der Hauptstadt entstammten, was die mystische Aura königlicher Autorität untergrub. Gleichzeitig diente der Wirtschaftswandel auf dem unbeständigen Schauplatz des atlantischen Handels dazu, Macht und Einfluss vom Palast auf neue, im Niger-Delta stationierte Handelsvertreter und auf ehrgeizige Militärunternehmer zu übertragen. Im Gegensatz zum 16. Jahrhundert, als die Portugiesen Pfeffer und versklavte Gefangene nur mit ausdrücklicher Genehmigung des Königs oder seiner Bevollmächtigten erstanden, untergruben neue Handelsstrukturen – die zunehmend auf dem Import von Textilien beruhten – allmählich das königliche Monopol. Die Folge war der Ausbruch eines Bürgerkriegs, der von 1689 bis 1720 dauerte.[47]

Der Palast ging siegreich aus diesem langwierigen Konflikt hervor. Oba Ewuakpe (reg. 1690–1713) setzte erfolgreich wieder die Primogenitur-Regel durch, während seine Nachfolger Akenzua I. (reg. 1715–1735) und Eresonyen (reg. 1735–1750) die dynastische Legitimität weiter erneuerten. Dieser Prozess ist am sich verändernden Charakter der künstlerischen Produktion ablesbar. Wie Ben-Amos darlegt, unterschied sich die Ikonografie des 18. Jahrhunderts von der früheren durch ein vorrangiges Interesse für angestammte Legitimität und durch einen Blick zurück auf das Zeitalter der großen Kriegerkönige des Reiches. Es lässt sich nachweisen, dass die Kunst dieser Periode nicht einfach eine Darstellung königlicher Macht war, sondern auch, dass sie strategisch eingesetzt wurde, um sie zu mehren. Auch erscheinen nach und nach explizit Yoruba-orientierte Motive, da Benins Könige bestrebt waren, den Ursprung ihrer Macht in dem mythischen Gründer Oranmiyan zu stärken. Zu den neuen künstlerischen Medien zählten kunstvoll geschnitzte Elefantenstoßzähne; »Neuheit an sich«, schreibt Ben-Amos, »wurde zur Strategie«.[48]

Das turbulente 19. Jahrhundert

Wie anderswo in Afrika war das 19. Jahrhundert auch für die Volksgruppen der Yoruba und Edo eine turbulente und schwierige Zeit. Der tiefgreifendste Wandel vollzog sich im Yorubaland, wo der Untergang des Königreichs Oyo der Katalysator für etwas war, das Ogundiran als verheerenden Zusammenbruch der gesellschaftlichen Ordnung bezeichnet.[49] Über die Gründe für den Niedergang und die anschließende Implosion von Oyo ist viel diskutiert worden. Ogundiran verweist auf die durch die Verwicklung in den atlantischen Handel verursachten Widersprüche in der Yoruba-Gesellschaft, aber Oyos dynastische Krise war die Kulmination mehrerer Faktoren, innerer wie äußerer. Die politischen Spannungen waren bereits in dem Machtkampf zwischen den *alaafin* und den von den *basorun* angeführten Oberhäuptern der Geschlechter offensichtlich. Dies eröffnete spätestens im frühen 19. Jahrhundert einigen tributpflichtigen Königreichen – darunter Dahomey – die Möglichkeit, sich von der imperialen Oberhoheit zu lösen. Die unmittelbare Ursache für den Zusammenbruch jedoch war verbunden mit dem Ausbruch des Aufstands des Shehu Usman dan Fodio in der Hausa-Region und der Errichtung des Kalifats von Sokoto (siehe Kapitel 7). Obwohl der Islam in den nördlichen Gebieten von Oyo nur begrenzte Fortschritte gemacht hatte, zettelte 1817 ein abtrünniger *kakanfo,* Afonja, unter Muslimen in der Provinz Ilorin einen Aufstand an. Ilorin, schreibt Ajayi, »entwickelte sich dadurch von einer aufrührerischen Provinz von Oyo zu einem Grenzposten des *jihad* der Fulbe«.[50] Eine Kombination aus interner Revolte und militärischem Druck vonseiten dschihadistischer Truppen führte dazu, dass Oyo-Ile überrannt wurde. Mitte der 1830er-Jahre war die Stadt aufgegeben worden, ihre Bewohner flüchteten in den Süden. Der imperiale Staat war zerstört worden.

Die Folgen wirkten bis zum Ende des 19. Jahrhunderts im gesamten Yorubaland nach und waren noch in der versklavten afrikanischen Diaspora auf dem amerikanischen Doppelkontinent spürbar. In den darauffolgenden Jahrzehnten stürzte die Region in Wellen gewalttätiger Auseinandersetzungen, die zu umfangreichen Bevölkerungsverschiebungen, zu Militarisierung, sozialer Entwurzelung und Versklavung führten. Obwohl die Briten den atlantischen Sklavenhandel im Jahr 1807 durch den Slave Trade Act abschafften, wurden von den 1790er- bis zu den 1860er-Jahren schätzungsweise 500 000 versklavte Angehörige des Volkes der Yoruba über den Atlantik geschafft, die Mehrzahl nach Brasilien und Kuba. Hunderttausende weitere verloren ihr Leben im Krieg, Millionen andere wurden vertrieben, und eine neue Generation selbsternannter lokaler Machthaber bemühte sich, die uralte Autorität der *oba* zu usurpieren.[51] Die vor den Kämpfen Geflüchteten gründeten neue Städte, wie etwa Ibadan, ein ehemaliges Kriegslager, das sich zur beherrschenden Macht in dem Land entwickelte. Die soziale Entwurzelung führte ferner zum Glaubenswandel in Gestalt zunehmender Konversion sowohl zum Islam als auch zum Christentum. Spätestens 1871 hatte Ibadan seinen ersten muslimischen Herrscher, den *Areona-Kakanfo* Momoh Latosisa, während Neu-Oyo, das südlich der verlassenen Hauptstadt errichtet worden war, sich eines Dutzends Moscheen rühmte. Eine weitere neu geschaffene Stadt in der Region Egba, Abeokuta, war ein früher Hauptstandort christlicher Missionsbemühungen und rückkehrender Saro, also Menschen aus Sierra Leone, die eine maßgebliche Rolle bei der Herausbildung einer neuen Yoruba-Identität spielen sollten.[52]

Auch die Errichtung des Kalifats von Sokoto hatte spürbare Auswirkungen auf Benin. Bis 1815 hatte der Dschihad auf die nördlichen Bezirke des Königreichs übergegriffen, und drei Jahre später, als Oba Osemwende Truppen entsandte, um eine Erhebung in Ekiti niederzuschlagen, wurden sie von örtlichen Streitkräften und denen Sokotos besiegt. Die friedliche Koexistenz, die seit Langem zwischen Oyo und Benin bestanden hatte, wurde erschüttert durch den Aufstieg von Ibadan, das aggressiv in Benins Yoruba-sprachigen Grenzregionen Ekiti, Owo und Akoto expandierte. Zudem hatte Benin Mühe, die Nachwirkungen der Abschaffung des atlantischen Sklavenhandels in Grenzen zu halten. Obwohl das Königreich kein bedeutender Lieferant versklavter Gefangener mehr war, konzentrierte sich der lukrative neue Handel mit Palmöl, der das Geschäft mit Sklaven allmählich ersetzte, auf das Niger-Delta und entzog sich damit der direkten Kontrolle Benins. Die Kampagne gegen den Sklavenhandel und der Übergang zum sogenannten legitimen und gerechten Handel lockte zudem die Briten in die Region: Lagos wurde 1850 besetzt, und 1884 erhielt das Vereinigte Königreich auf der Berliner Kongokonferenz 1884/85 offiziell die Kontrolle über das Niger-Delta. Die Verwaltung dieses »Protektorats Nigerküste« wurde einem privaten, militarisierten Handelskonsortium, der Royal Niger Company, übertragen. Als Reaktion auf die Vereitelung eines früheren Versuchs, Benin zu infiltrieren, rückte 1897 eine britische Strafexpedition gegen das Königreich vor. Nach heftigen Kämpfen wurden Benins Verteidiger besiegt, und der *oba* wurde abgesetzt und später ins Exil geschickt. Unterdessen machten sich Kolonialtruppen daran, die Kunstschätze des Königreichs zu plündern. Zahlreiche dieser gestohlenen Objekte wurden von Museen und privaten Sammlern in Europa erworben, wo die meisten sich auch mehr als ein Jahrhundert später noch befinden. Zurzeit ist eine internationale Kampagne im Gange, um sie Nigeria zurückzugeben, wo sie in einem geplanten neuen Edo Museum of West African Art in unmittelbarer Nachbarschaft des Königspalastes in Benin City ausgestellt werden sollen.

Bedrucktes Tuch, das an den 30. Jahrestag der Krönung von Benins Oba Erediauwa (reg. 1979–2016) im Jahr 2009 erinnert. Das Tuch ist umsäumt von Reihen aus Kreisen, die zwei gekreuzte Schwerter enthalten, das ada *und das* eben, *die die Vorstellung vom* oba *als eines sowohl sakralen als auch weltlichen Herrschers symbolisieren. 107 cm × 190 cm.*

Auch das Yorubaland wurde, wenn auch unter anderen Umständen, den Gebieten einverleibt, die 1914 zur britischen »Kronkolonie und Protektorat Nigeria« zusammengefasst wurden. Mit Ausnahme von Ilorin und Ijebu erfolgte die koloniale Eroberung auf dem Vertragsweg und nicht durch militärische Kampagnen: In Ajayis Worten »machten die Kriege und Spaltungen unter den Yoruba eine Eroberung in großem Stil überflüssig«. Vielmehr schlichen sich die Briten geschickt in die Region ein, indem sie das Ende der Feindseligkeiten zwischen den Kriegsparteien aushandelten und 1893 Ibadan, Abeokuta und was von Oyo noch übrig war, zur Unterzeichnung von »Freundschaftsverträgen« drängten. »Die Briten traten somit als die Macht auf, die am ehesten in der Lage war, das von

Alt-Oyo hinterlassene Vakuum zu füllen«, schreibt Ajayi. Allerdings sollten sie nach und nach offenbaren, »dass sie keine Freunde oder Verbündete mehr waren, sondern Herrscher, die weit effektiver und tyrannischer waren, als es Alt-Oyo jemals gewesen war.«[53]

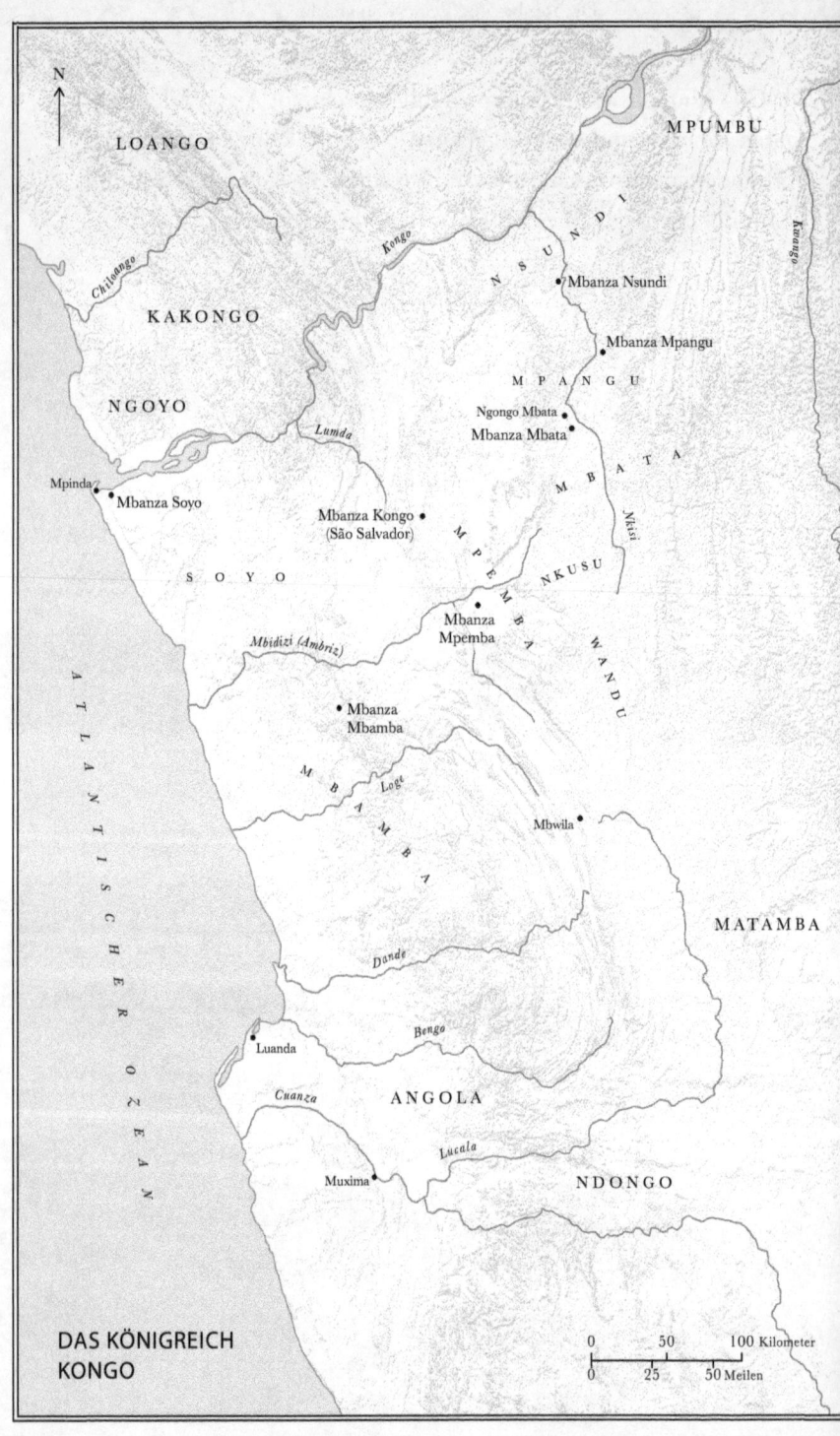

DAS KÖNIGREICH KONGO

KAPITEL 5

DAS KÖNIGREICH KONGO[1]

Cécile Fromont

Im Jahr 1506, beim Tod seines Vaters João Nzinga a Nkuwu, beanspruchte Nzinga Mbemba Afonso (auch Nzinga Mpangu; reg. 1506–1542) den Titel Mani-Kongo (oder Mwene Kongo), Herr des Kongo. Der Titel, so erfahren wir aus den Briefen, die Afonso I. auf Portugiesisch an die Vasallenherrscher unter seiner Souveränität und an seinen Amtskollegen in Lissabon, Manuel I., schrieb, bedeutete König, und sein Herrschaftsgebiet war ein Königreich.[2] Wie es in Momenten des politischen Übergangs in der Region häufig der Fall war, stieß sein Anspruch auf Widerspruch: Ein anderer Angehöriger der königlichen Dynastie erhob ebenfalls Anspruch auf die Königswürde und stand bereit, dafür mit einer Mischung aus Palastintrigen und bewaffnetem Kampf zu streiten. Afonso hatte starke Argumente, die seine Bewerbung stützten: Sein Vater hatte ihn zum rechtmäßigen Erben gemacht, indem er ihn zum Herrscher der wohlhabenden Nsundi-Provinz des Königreichs ernannte, ein Privileg, das der Mani-Kongo gewöhnlich seinem bevorzugten Nachfolger vorbehielt. Doch Afonso hatte auch Gründe, einen Streit zu erwarten. Seine Stellung am Königshof und sein Ruf darüber hinaus hatten gelitten, da Mitglieder rivalisierender politischer Gruppierungen Gerüchte über seinen brutalen Herrschaftsstil und seine Bemühungen streuten, die Ehefrauen des eigenen Vaters zu verführen. Außerdem wusste er, dass sein Status als rechtmäßiger Erbe seinen Hoffnungen, der Mani-Kongo zu werden, nur begrenztes Gewicht verlieh, da das Königtum nicht im Ermessen seines Vaters lag. Vielmehr verlieh nach dem Tod eines Königs ein Komitee aus Wahlmännern den Titel dem Kandidaten, den man für den geeignetsten hielt. Tatsächlich hatte die Person hinter den Gerüchten gegen Afonso, sein Halbbruder Mpanzu a Nzinga, ebenfalls Hoffnungen, die Thronfolge anzutreten. Beim Tod ihres Vaters taktierte Mpanzu a Nzinga geschickt, um Unterstützung von entscheidenden Wahlmännern zu erhalten, und schickte sich an, gegen Afonso zu den Waffen zu greifen. Solche brüderliche Rivalität scheint ein gängiger Bestandteil der Kongo-Nachfolge gewesen zu sein – und sollte die politische Stabilität in den kommenden Jahrhunderten weiter gefährden. Die Auseinandersetzung von 1506 hing indes von einer Sache ab, die von tiefgreifenderer Bedeutung war als die zur Norm gewordene Palastintrige. Sie spielte sich entlang eines entstehenden politischen und spirituellen Grabens ab, der konkurrierende Ansichten über das innerste Wesen und die Zukunft des Königreichs trennte.

Der Kongo war der westlichste Staat in dem Bogen Bantusprachiger Staatswesen, die entlang der südlichen Randgebiete des zentralafrikanischen Regenwalds entstanden. Er war das früheste und in vielerlei Hinsicht bekannteste Gemeinwesen in dieser Zone der Staatsbildung. Der wegweisende Historiker Jan Vansina hat sie als »die Königreiche der Savanne« bezeichnet.[3] Größtenteils südlich des Kongo-Flusses gelegen, der das riesige Äquatorialbecken in den Atlantischen Ozean entwässert, erstreckte sich der Kernbereich des Königreichs Kongo über Teile der heutigen Staaten Angola (drei Viertel) und Demokratische Republik Kongo (ein Viertel). In den drei Jahrzehnten, die der umstrittenen Thronfolge von 1506 vorausgingen, erlebte das Königreich eine Reihe von Ereignissen, die seine etablierte Gesellschaftsordnung und religiöse Identität erschütterten. Portugiesische Seefahrer erreichten 1483 seine Küsten, und in den Jahren, die folgten, begannen sowohl afrikanische als auch europäische Kulturvermittler – manche aus freien Stücken, andere zwangsweise – zwischen Lissabon und Zentralafrika hin und her zu reisen. Das Christentum gewann bereits 1491 allmählich an Boden, als wichtige Mitglieder der Führungsschicht, darunter Nzinga a Nkuwu und der Mani-Soyo, Herrscher der Küstenprovinz Soyo, die Taufe erhielten. Der Mani-Soyo nahm den christlichen Namen Manuel und der Mani-Kongo den Namen João an, Letzterer entlehnt von seinem portugiesischen Amtskollegen. Die persönliche und politische Bedeutung dieser Geste ist bis heute unklar, da über Nzinga a Nkuwus Beschäftigung mit dem neuen Glauben wenig bekannt ist. Was auch immer seine innersten Überzeugungen waren, jedenfalls genehmigte der König die Ansiedlung einer portugiesischen Gemeinschaft, zu der auch katholische Geistliche gehörten. Unterstützt von der Kongo-Krone und mit aus Portugal zurückgekehrten Afrikanern der Oberschicht zusammenarbeitend, bauten diese Priester ein Unterrichtswesen auf, das Bildung in privaten und öffentlichen Angelegenheiten förderte und christliche Lehren verbreitete. Das Ergebnis – einzigartig in der frühneuzeitlichen Geschichte des tropischen Afrika – war, dass an der Atlantikküste des Kontinents im frühen 16. Jahrhundert ein christliches Königreich entstand.

Als Mitglied der herrschenden Elite des Kongo wuchs Nzinga Mbemba Afonso natürlich mit der Vermittlung der Geschichte und Mythologie des Königreichs auf, studierte als Erwachsener aber auch die Lehren und Überlieferungen der christlichen Kirche. Wenn über das Verhältnis seines Vaters João zum Katholizismus wenig bekannt ist, dann existiert doch eine Fülle mündlicher und schriftlicher Quellen, die auf Afonsos Frömmigkeit verweisen.

Geschichten über sein engagiertes Studium christlicher Lehren und der Kirchengeschichte, seine Belesenheit in der Heiligen Schrift und seine begeisterten Missionierungsbemühungen wurden zu Kernelementen im historischen Gedächtnis des Kongo.[4] In dem Narrativ, das Afonso entwickelte, nachdem er sich den Thron gesichert hatte, war es dieser Übertritt zum Christentum, der ihm in dem Erbfolgestreit mit seinem Bruder und den Kongo-Traditionalisten, die sich dem Aufkommen des neuen Glaubens widersetzten, den entscheidenden Vorsprung verschaffte. Tatsächlich waren die Inhaber der Würde des Mani-Kongo angesichts rivalisierender politischer Interessengruppen stets gezwungen, ihre Herrschaft zu legitimieren, und das Christentum bot Afonso eine Möglichkeit, seine Herrschaft als vom historischen Präzedenzfall und von mächtigen neuen übernatürlichen Kräften unterstützt zu präsentieren. Die Ereignisse rund um seinen Aufstieg zur Macht sind in erster Linie durch seine eigenen schriftlichen Berichte bekannt, in denen er anfing, diese Erzählung zu befördern. Das Schicksal des Königreichs, erklärte er, sei auf dem Schlachtfeld besiegelt worden: Mpanzu a Nzingas »heidnische« Bataillone hätten die Oberhand gehabt, als, kurz vor einem Angriff, der sich gewiss als verhängnisvoll für seine Sache erwiesen hätte, unter einem glänzenden himmlischen Kreuz ein Heer aus Rittern zu Pferde mit gezückten Schwertern auftauchte. Die Wundertruppen hätten alle, die sich ihnen entgegenstellten, hinweggefegt, Afonso so zu einem überwältigenden Sieg über seinen Bruder verholfen und ihm die Krone des Kongo gereicht.

Natürlich sind Berichte über Schlachten, die auf göttliche Intervention hin eine Wendung zugunsten der Sieger nehmen, zu allen Zeiten in vielen Teilen der Welt verbreitet. Doch Afonsos Sieg hatte tiefgreifende Auswirkungen auf die Geschichte des Kongo. Der neue König schrieb die Geschichte seines Aufstiegs als ein Narrativ, das zentralafrikanische Auffassungen über politische Macht mit der christlichen Lehre verband, und diese sinnstiftende Erzählung sollte in den kommenden Jahrhunderten nachwirken. Als Heldensage wiederholte sie bewusst die Gründungsmythen des Kongo und anderer zentralafrikanischer Reiche, in denen ein aufgeklärter Herrscher und gerissener Krieger einem in einer zerrütteten Vergangenheit feststeckenden unwissenden Land eine neue, hoch entwickelte Zivilisation bringt. Afonsos Erzählung kleidete dies in die Form eines heiligen Krieges zwischen einem rechtschaffenen christlichen Prinzen und einem heidnischen Widersacher – eine Neuinszenierung der Bemühungen Kaiser Konstantins I. (Konstantin der Große), Rom für das Christentum zu gewinnen. Sie gestaltete folglich einen Raum, in dem zentralafrikanischer Mythos und christliche Lehre sich in eine einzige Geschichte des Kongo einfügen konnten, während das Königreich einen Platz in der wachsenden Christenwelt des 16. Jahrhunderts fand.

Die Ursprungsüberlieferung des Königreichs Kongo, die Afonsos Bericht zugrunde lag, ist aus verschiedenen Fassungen bekannt, die zwischen dem 16. und 20. Jahrhundert von afrikanischen und europäischen Besuchern niedergeschrieben wurden. Ihr zentraler Protagonist ist Lukeni lua Nimi, der später auch als Ntinu Wene, wörtlich »König des Königreichs«, bekannt werden sollte. Ein prototypischer Fremdenkönig, überquerte Lukeni lua Nimi den Kongo-Fluss von Vungu in nördlicher Richtung (oder in einigen Versionen den Kwango-Fluss nach Osten) und brachte von einheimischen Völkern bewohnte Gebiete unter Kontrolle, die von einer älteren lokalen Dynastie regiert wurden. Indem er die schwere Übertretung beging, die schwangere Schwester seines eigenen Vaters zu ermorden, hob er sich vom gemeinen Volk ab; sprich, er wurde ein ungewöhnlicher, nicht durch etablierte gesellschaftliche Normen gebundener Mensch. Mit den Worten des Anthropologen Luc de Heusch wurde er ein »heiliges Ungeheuer« – ein König.[5] Wie andere Gründungs- und »Kulturheroen« der Savannenreiche erschien auch er ausgestattet mit einer transformativen politischen Philosophie, und einigen

Versionen zufolge schlich er sich geschickt ein in die etablierte Gesellschaftsordnung, indem er eine Angehörige der lokalen Führungsschicht ehelichte. Von der Hauptstadt Mbanza Kongo aus weitete Lukeni anschließend seine Herrschaft über die umliegenden Fürstentümer Mpemba, Nsundi, Mbata und Soyo aus, die die Kernprovinzen des neuen Königreichs bilden sollten.

Die Erzählung von Afonsos Aufstieg zur Macht steht im Einklang mit dieser antiken Ursprungsüberlieferung. Wie Lukeni lua Nimi war auch Afonso kein gewöhnlicher Mensch mehr, sondern ein sakraler König, dessen Legitimität durch mächtige spirituelle Kräfte untermauert wurde. Einige Fassungen der Geschichte aus dem 18. Jahrhundert lassen ihn die gerade erst christianisierte Kultur seines Herrschaftsbereichs zum Preis einer mit derjenigen Lukanis vergleichbaren abscheulichen Übertretung aufrechterhalten: Er tötet seine eigene Mutter, als diese sich weigert, sakrale Objekte zu zerstören, die er für heidnische Götzenbilder hält.[6] Afonsos Herrschaft war von zentraler Bedeutung und leitete ein neues Zeitalter für den Kongo – aber auch für die Aufzeichnung seiner Geschichte – ein. Das Königreich war nicht der einzige Einheitsstaat in der Region, doch seine kosmopolitische christliche Kultur und intensive Beschäftigung mit der umfassenderen atlantischen Welt ab dem späten 15. Jahrhundert haben es zum bekanntesten gemacht. Dass der Kongo sich darüber hinaus sowohl bei inneren als auch bei internationalen Angelegenheiten der Schrift bediente, hat Wissenschaftlern ermöglicht, seine tiefere Vergangenheit in einem Ausmaß zu erforschen, das im Afrika südlich der Sahara ungewöhnlich ist. Wie die Herausgeber eines kürzlich erschienenen Buches über seine Frühgeschichte geschrieben haben, ist der Kongo »ein berühmtes Sinnbild für die Vergangenheit Afrikas« und »ein wichtiger kultureller Orientierungspunkt für Afrikaner« geworden.[7] Doch der Reichtum des Kongo an schriftlichen und mündlichen Quellen hat komplexe Probleme der Interpretation erzeugt, weil seine Historiker beispielsweise bis heute bestrebt sind, Afonsos Versuche zur Umdichtung der Vergangenheit und Gestaltung der Zukunft zu verstehen und darüber hinauszugehen. Wie können wir uns also über das Königreich informieren, um das Afonso und sein Bruder im Jahr 1506 kämpften, und was können wir darüber erfahren?

Der Kongo vor 1500

Die Ursprünge und Frühgeschichte des Kongo sind bis heute Gegenstand zahlreicher Debatten. Ein Punkt, auf den man sich dabei immer wieder konzentriert hat, ist die Erzählung von der Gründung des Königreichs durch Lukeni lua Nimi, ein Prozess, den Historiker meist auf irgendeinen Zeitpunkt im späten 13. oder frühen 14. Jahrhundert datieren. Es handelt sich um eine Debatte, die über die Region und sogar über Afrika hinausweist, geht es in ihrem Kern doch um das Verhältnis von »Mythos« und »Geschichte«. Der Kongo war eines von vielen Bantu-sprachigen Königreichen in Zentralafrika, deren Ursprungsüberlieferungen sich um das Auftauchen eines edlen Fremden von jenseits eines Flusses drehten, der einer älteren, oftmals despotischen Dynastie die Macht entreißt und eine neue zivilisierte, auf sakraler Königsherrschaft beruhende Gesellschaftsordnung einführt. Vansinas bahnbrechende Bemühungen, diese Berichte für die Forschung nutzbar zu machen, tendierten dazu, sie durchaus wörtlich zu nehmen, indem sie unterstellten, dass Kulturheroen wie Lukeni lua Nimi, Kalala Ilunga von den Luba und Cibinda Ilunga von den Lunda historische Staatsgründer waren, deren Eroberungen datiert werden konnten, indem man die Generationen erinnerter Könige von belegbaren Nachfolgern aus zurückrechnete.[8] Spätere Interpretationen verwarfen indes die Vorstellung, dass es sich hier um historische Gestalten handele. Vor allem der Anthropologe Luc de Heusch vertrat die These, dass Ursprungsüberlieferungen mythische Urkunden seien, wenngleich solche mit fundierten und tief verwurzelten Sinngehalten für lokale Gesellschaften.⁹ Auch Historiker wählten schließlich eine kritischere Herangehensweise an die Prozesse, durch die mündliche Überlieferungen hervorgebracht und weitergegeben wurden. Beispielsweise kann man sehen, dass unterschiedliche und bisweilen widersprüchliche Versionen der Geschichte von der Entstehung des Kongo, die über die Jahrhunderte dokumentiert wurden, zum Teil aus der »politischen Arbeit« hervorgingen, die zu leisten die Überlieferung aufgefordert war. Mündliche Überlieferungen waren also keineswegs unveränderlich: Oft verraten sie uns genauso viel über die Umstände ihrer Entstehung und Weitergabe wie über die Geschichten, die sie dokumentieren.

Diese Debatten sind noch längst nicht vorüber. So hat sich der historische Anthropologe Marshall Sahlins kürzlich mit dem Einwand eingemischt, dass es völlig unerheblich sei, ob die Kongo-Ursprungsüberlieferung nachweisbar »wahr« sei oder nicht.¹⁰ Sie müsse ernst genommen werden, beharrt Sahlins, weil sie im Lauf der Zeit von den Kongo selbst absolut ernst genommen wurde. Der »Mythos« habe dazu gedient, die Kongo als Volk in ihrer eigenen Geschichte zu verorten, und eine entscheidende Schablone für das Verständnis historischen Wandels geliefert. Wir haben dies bei Afonsos Entscheidung gesehen, seinen eigenen Aufstieg zur Macht in einer Weise darzustellen, die an das Erscheinen von Lukeni lua Nimi erinnerte. Andere Forschungsarbeiten in jüngster Zeit zielten darauf ab, die tiefere Geschichte der Staatsbildung in Afrika zu untersuchen, indem sie Ursprungsüberlieferungen im Verein mit Zeugnissen und Befunden aus den Fächern Archäologie und historische Linguistik einer nochmaligen Überprüfung unterzogen. Das zwischen 2012 und 2016 in der Demokratischen Republik Kongo (aber leider nicht im benachbarten Angola) durchgeführte, auf archäologischer Feldforschung beruhende Projekt »KongoKing« ist ein solches interdisziplinäres Unterfangen. Das mit diesem Projekt befasste Forschungsteam machte sich daran, den Umfang und die Dynamik dessen zu untersuchen, was die beteiligten Wissenschaftler als den »politischen Raum« des frühen Kongo bezeichnen; das heißt Veränderungen, was den Grad der Zentralisierung – oder Dezentralisierung – in dem Königreich im Lauf der Zeit betrifft.[11] Wie es aussieht, ging das historische Königreich wahrscheinlich aus dem Zusammenschluss mehrerer älterer Gemeinwesen hervor und expandierte zunächst mittels ausgehandelter Bündnisse und dann, nachdem es eine gewisse zentralisierte Macht angesammelt hatte, durch Krieg. Zur Zeit von Afonso konnten Hinweise auf den Prozess, durch den die einzelnen Regionen des Reiches eingegliedert wurden, in ihrer politischen Organisation und Beziehung zum Königshof entdeckt werden. Dem entstehenden Königreich durch Bündnisse einverleibte Regionen, wie etwa Mbata, wahrten eine gewisse Autonomie und hatten eine eigene Stimme in zentralen politischen Fragen, vor allem bei der Wahl von Königen. Dagegen wurden eroberte Gebiete, wie beispielsweise Nsundi, unmittelbar von entsandten Gouverneuren aus den Hauptstadt Mbanza Kongo regiert.

Doch es bleiben Unterschiede in der Interpretation. Eines der Bücher, die aus dem »KongoKing«-Projekt hervorgingen, enthält Kapitel, die von zwei führenden Wissenschaftlern des Kongo verfasst wurden und deutlich abweichende Auffassungen über das Wesen dieses Königtums formulieren. Der Anthropologe Wyatt MacGaffey bezweifelt die unproblematische Kennzeichnung des Kongo als »zentralisiertes Reich« im Jahr 1480 und danach. Portugiesische Beobachter hätten den Kongo so bezeichnet, meint MacGaffey, weil nach ihrem Verständnis Staaten genau das waren – zentralisierte Reiche. Doch in Zentralafrika, so seine These, habe politische Autorität ganz anders funktioniert: Sie sei diffuser gewesen und habe weniger auf »instrumenteller Macht«, unterstützt von Streitkräften, basiert als auf der kreativen Mobilisierung spiritueller Kräfte.[12] Dem widerspricht der Historiker John Thornton, indem er die Auffassung verwirft, beim Königreich Kongo habe es sich um ein weitgehend symbolisches Gebilde gehandelt. »Obwohl die Situation in den Vorgängerstaaten durchaus existiert haben mag«, so Thornton, »war der Kongo, wie aus den frühesten Dokumenten hervorgeht, ein viel stärker integriertes Gemeinwesen, das die frühen europäischen Besucher als Reich begriffen.«[13] »Das Ausmaß der Zentralisierung von Autorität und Einkünften«, schreibt er an anderer Stelle, »war bemerkenswert.«[14] Und genau so habe Afonso seine Herrschaftsbereiche auch der Außenwelt präsentieren wollen, ungeachtet der Tatsache, dass er das Christentum als eine neue Form ritueller Autorität aufbot.

Klar scheint auf jeden Fall zu sein, dass politische Autorität auch auf der geografischen Lage des Kongo und der Fähigkeit, Güter aus unterschiedlichen ökologischen Zonen umzuverteilen, beruhte. Handelsrouten, die Kupfer und Bast produzierende Gebiete im Norden und Osten mit jenen im Westen und Süden verbanden, die Salz und als Zahlungsmittel verwendete *nzimbu*-Muscheln produzierten, prägten seine territoriale Genese. Im Jahr 1480 erstreckte sich das Reich über drei gegensätzliche ökologische Zonen: einen schmalen, relativ trockenen Savannenstreifen entlang der Atlantikküste im Westen; eine fruchtbarere Zentralregion aus wogenden bewaldeten Hügeln, wo die Hauptstadt des Königreichs und die am dichtesten bevölkerten Gegenden lagen; und Steilhänge, die eine Höhe von fast 1500 Metern erreichten, mit zwischengelagerten Tälern und Flussbetten im dünner besiedelten Osten. Der Wohlstand des Kongo rührte zum Teil von der Verschiedenartigkeit dieser Regionen her, die unterschiedliche Ressourcen lieferten und eine vielfältige handwerkliche Produktion ermöglichten. Zudem lag der Kongo an einer Kreuzung von Fernhandelsrouten, die sich über die Grenzen des Königreichs hinaus erstreckten. Ein effizientes System landwirtschaftlicher Produktion machte zusammen mit dem Tribut, der aus den durch militärische Expansion unterworfenen Provinzen eingetrieben wurde, den Kongo zu einem reichen Land.[15]

Verwandtschaftsgruppen, sogenannte *makanda* (Sing. *kanda*), und mächtige, für die Fruchtbarkeit des Landes zuständige Ritualexperten, sogenannte *itomi* (Sing. *kitomi*), waren die treibenden Kräfte der miteinander verwobenen politischen und spirituellen Ökonomie des Kongo.[16] *Itomi* besaßen spirituelle, bisweilen aber auch weltliche Macht über ein bestimmtes Gebiet, und zwar durch ihre Beziehung zu den mit diesem Land verbundenen Geistern, den *nkita*. Unter den *makanda* stellt man sich am besten »Clans« vor, deren Mitglieder sich auf eine Abstammung von Lukeni lua Nimi beriefen, und die den Adel des Königreichs bildeten, dessen Bevölkerung ansonsten aus freien Bürgern von niedrigerem Status sowie versklavten Männern und Frauen bestand.[17] Die politische Macht gehörte letztendlich dem König, der sie Provinzherrschern, die aus den Reihen der *makanda* ausgewählt wurden, verlieh oder bevorzugten Klienten, die in Bevölkerungszusammenballungen namens *mbanza*, kleinen Städten, lebten. Die lokal herrschenden Eliten der *mbanza* profitierten von der produktiven Arbeit der umliegenden Landbewohner, die in Verwandtschaftsgruppen organisiert waren und kleine Dörfer, sogenannte *mabata*, bewohnten. Von der Bezahlung der Steuern, die vom Zentrum auferlegt und durch den Dorfvorsteher, den *nkuluntu*, eingetrieben wurden, einmal abgesehen, lebte diese ländliche Bevölkerung größtenteils außerhalb des Zuständigkeitsbereichs der *mbanza*.

Bewohnt wurde das Land ferner von den Ahnen, die, nachdem sie aus der bekannten Welt in ein anderes Reich geschieden waren, innige Beziehungen zu ihren lebenden Nachfahren unterhielten. An einer bestimmten Stätte in Mbanza Kongo, bekannt als *ambiro*, nahm die Präsenz der königlichen Ahnen konkrete Form an. Materielle Objekte, darunter hölzerne Figuren namens *iteke* (Sing. *kiteke*), die kongolesische und europäische Schriftquellen als »Götzen« oder »Fetische« zu bezeichnen pflegten, sowie Bauten, die als »Tempel« bezeichnet wurden, erlaubten Menschen, mit den Ahnen- und

Naturgeistern zu interagieren. Ritualexperten, sogenannte *inganga* (Sing. *nganga*), besaßen die Übung und das Wissen, diese zahlreichen rituellen Kräfte abzurufen und sie, bis zu einem gewissen Grad, zu kontrollieren und nutzbar zu machen, indem sie sie beispielsweise in einem *kiteke* oder einer anderen Art von Gefäß fingen.[18] Eine wichtige Kategorie solcher »Machtobjekte« waren *minkisi* (Sing. *nkisi*). Das Wort *nkisi* ist anerkanntermaßen schwer zu übersetzen, da seine Bedeutung sowohl die Vorstellung von einer transzendenten spirituellen Kraft als auch ein breites Spektrum ritueller Abläufe und die dabei verwendeten materiellen Objekte beinhaltete. Von den vielen Arten zentralafrikanischer Machtobjekte ist der *nkisi nkondi* die in Europa und Nordamerika bekannteste Form, die erstmals im späten 18. Jahrhundert in Regionen weitab vom Kernland des historischen Königreichs dokumentiert wurde. Ein *nkisi nkondi* war normalerweise eine menschenähnliche hölzerne Figur, dicht besetzt mit Mengen wirkmächtiger Materialien, die rituell aktiviert wurde, indem man den *nganga* eiserne Nägel oder Klingen in sie schlagen ließ. Im späten 19. und frühen 20. Jahrhundert diente der *nkisi nkondi* als Instrument des Widerstands gegen die europäische koloniale Eroberung. In der Folge wurden viele dieser Statuetten gewaltsam beschlagnahmt und fortgeschafft nach Europa, wo sie in völkerkundlichen Ausstellungen und Gelehrtengesellschaften als Forschungsobjekte dienten, bevor sie neu als »Kunst« eingestuft wurden. Viele dieser Figuren befinden sich bis heute in westlichen Galerien und Museen. Solche *minkisi* strukturierten, wie MacGaffey dargelegt hat, die gesellschaftliche Ordnung und die politische Macht. Übereinstimmend mit seiner Analyse der spirituellen Basis politischer Autorität vertritt er die These, dass, wie anderswo in Zentralafrika, »Herrscher, um zum ›Königreich‹ zu gehören, gegen Tribut einen Titel erwarben und sich mit den geeigneten Machtobjekten versahen«.[19] Tatsächlich kann das außergewöhnliche – und gefährliche – Wesen des Königtums und anderer politischer Ämter mit dem Wesen spiritueller Kraft gleichgesetzt werden: »Einmal eingeführt, wird das Oberhaupt selbst zu einer Art menschlichem *n'kisi*.«[20]

Ermöglicht worden ist das Verständnis dieser grundlegenden politischen und kulturellen Merkmale durch eine eingehende Untersuchung schriftlicher Dokumente, materieller Objekte und mündlicher Erzählungen, aber die Bezüge zur Geschichte des Kongo vor 1500 sind doch recht spärlich. Zeugnisse aus der Phase des Übergangs zur christlichen Periode im frühen 16. Jahrhundert, ethnografische Informationen von im 20. und 21. Jahrhundert lebenden Menschen sowie im Nachgang der Bekehrung geschaffene Objekte und Darstellungen gewähren nur unvollständigen Zugang zu dieser tieferen Vergangenheit. Die aussagekräftigsten Spuren des Kongo vor 1500 sind daher vielleicht in der Rolle zu finden, die sie als die Grundlage spielten, auf der König Afonso die neue christliche Ordnung errichtete. Die Umgestaltung der politischen und spirituellen Strukturen des Königreichs durch Afonso diente am Anfang dazu, seine Herrschaft zu legitimieren, und sie sollte die Legitimitätsansprüche jener Herrscher verankern, die in späteren Jahrhunderten auf ihn folgten. Außerdem sollte sie das Königreich auf einen von keinem seiner Zeitgenossen in Westafrika erreichten Kurs bringen: den eines kosmopolitischen Reiches, das aufs Engste in die politischen, geschäftlichen und religiösen Geflechte eingebunden war, die Afrika, Europa und den amerikanischen Doppelkontinent in einer neuen vernetzten Welt verbanden.

Der Kongo in der christlichen Ära

Beginnend in der Ära von João Nzinga a Nkuwu und Nzinga Mbemba Afonso und sich über die nächsten vier Jahrhunderte fortsetzend, übernahm und adaptierte die herrschende Elite des Kongo eine große Vielfalt an Vorstellungen, Zielen und Vorgehensweisen – so wie sie andere erwog und verwarf –, die den Weg in das Königreich über dessen Einbeziehung in die Netzwerke der atlantischen Welt fanden. Althergebrachte Kulturformen vermischten sich mit diesen neuen Elementen, um eine unverwechselbare und dauerhafte christliche Kultur des Kongo hervorzubringen. Das Königreich wurde zu seinen eigenen Bedingungen – oder zumindest zu denen seiner Herrscher – in ein kosmopolitisches Reich umgewandelt, das in Zentralafrika verankert, aber in einem dynamischen Dialog mit Europa und dem amerikanischen Doppelkontinent begriffen war.[21]

Während es vom Leben und Denken im Kongo vor 1500 nur bruchstückhafte Zeugnisse, oft aus zweiter Hand, gibt, existiert für die christliche Ära des Königreichs eine Fülle von Quellen. Historiker machen bis heute eifrig Gebrauch von den wertvollen schriftlichen Berichten afrikanischer und europäischer Autoren. Die jüngere Forschung hat sich überdies auf die reiche Auswahl an visuellen Quellen und materiellen Kulturen des Kongo fokussiert. Beispielsweise malten zwischen 1650 und 1750 Kapuziner- und Franziskanermönche, die im Kongo und in Angola im Süden tätig waren, eine Reihe anschaulicher Aquarelle, die einheimische Völker und Gebräuche zeigten. Die Mönche hofften, diese Darstellungen würden bei der Ausbildung zukünftiger Missionare in Italien als didaktische Materialien dienen, indem sie Neulinge von irrigen Vorstellungen und Vorurteilen über Afrika befreiten.[22] Die Bilder lassen das Zentralafrika des 17. und 18. Jahrhunderts auf dramatische Weise lebendig werden. Nähert man sich ihnen kritisch, so bereichern sie die bekannten schriftlichen und mündlichen Archive, indem sie viele der Komplexitäten und Uneindeutigkeiten eines Königreichs vermitteln, das mit einem schnellen und oftmals turbulenten Wandel kämpfte.

Markant dargestellt sind beispielsweise bleibende Formen des politischen Zeremoniells und Ornats, die während der Regierungszeit Afonsos entstanden. In einem von dem Mönch Bernardino

Ignazio gemalten Aquarell wirken bei einem zeremoniellen Tanz führende Kongo-Männer mit, die sowohl als afrikanische Krieger wie auch als christliche Ritter gekleidet sind, während sie die Umwandlung des Königreichs von einem heidnischen in ein christliches Reich nachspielen und die Legitimität seines Herrschers bekräftigen (siehe Tafel XII). Der Tanz blickt zurück auf die Ahnengestalt Afonso und seine Annahme des christlichen Glaubens als eine alternative Quelle königlicher Legitimität, im Gegensatz zu der von einheimischen spirituellen Kräften verliehenen. Zum Klang von Trommeln, Elfenbeinhörnern und Marimbas führen Kongo-Krieger, die zu Füßen eines Kreuzes vor einer Kirche herumhüpfen und mit ihren Schwertern fuchteln, ein Scheingefecht auf, das Afonsos Triumph auf dem Schlachtfeld heraufbeschwört. An ihrer Spitze kniet ein lokaler Herrscher vor einem Mönch, um dessen Segen zu empfangen. Er trägt charakteristische zentralafrikanische Statussymbole: ein Schulternetz, eine *mpu*-Kappe und einen Beinrock (wahrscheinlich gefertigt aus prestigeträchtigem, aus Übersee importiertem Stoff) sowie einen mit dem Emblem des katholischen Ordens der Ritter unseres Herrn Jesus Christus (Christusorden) bestickten roten Umhang, wie die Vasallen des Mani-Kongo sie von diesem erhalten. Er ist also ein christlicher Adliger des Kongo, dessen Insignien und frommes Auftreten die schöpferischen Kombinationen und Neuerfindungen verkörpern, die der frühneuzeitlichen Kultur des Königreichs zugrunde lagen.[23]

Der Mönch nimmt den Ehrenplatz in der Darstellung ein, was die Bedeutung des ordinierten christlichen Klerus in den politischen Machtzirkeln des Kongo widerspiegelt. Aber es ist die neben ihm stehende, in ein strahlend weißes Tuch gehüllte Person, der die wichtigste gesellschaftspolitische und spirituelle Rolle in dem Vorgang zukommt. Sie gehört der Institution an, die auf Portugiesisch als *mestres da igreja*, »Herren der Kirche«, bekannt ist. Bei diesen »Herren« handelte es sich um Mitglieder der höchsten Kreise des

Königreichs, die als Kinder sowohl eine literarische Bildung in Portugiesisch und Latein als auch eine Unterweisung in den Lehren der Kirche erhielten, entweder durch Geistliche oder, häufiger, durch ältere Generationen von *mestres*.[24] Teils wegen der Steine, die Portugal dem in den Weg legte, entstand im Kongo niemals ein lokaler ordinierter afrikanischer Klerus.[25] Die Organisation der Kirche und die Übermittlung ihrer Riten und Lehren verblieben fest in den Händen der *mestres*, die Kinder im Katechismus unterrichteten, Kirchen unterhielten, vorbeteten und europäischen Missionaren in ihren Evangelisierungsbemühungen beistanden – wozu auch gehörte, für Achtung vor lokalen christlichen Praktiken zu sorgen. Sprich, sie waren das Rückgrat der Kongo-Kirche, denen die Missionare sich fügen mussten, und ihre Position bescherte ihnen beträchtliches Sozialprestige und finanziellen Gewinn. Bezeichnenderweise erscheinen die *mestres* oft in Darstellungen aus dem frühneuzeitlichen Zentralafrika, wo sie neben Missionaren auf Besuch stehen und einen Stock mit einem Kreuz halten, Rosenkränze tragen und sich ein weißes Tuch über eine Schulter geworfen haben. Die Kongo-Kirche entstand im frühen 16. Jahrhundert durch die Bemühungen portugiesischer Weltgeistlicher, die vom Kongo unterstützt wurden, und wurde in der Folgezeit durch regelmäßige Missionen von Orden wie den Kapuzinern und Jesuiten gestärkt – es war jedoch größtenteils den einheimischen *mestres* zu verdanken, dass der katholische Glaube bis ins 19. Jahrhundert Bestand hatte.[26]

In Bernardino Ignazios Aquarell kniet der Herrscher vor dem Mönch und dem *mestre*, aber seine Geste des Respekts ist auch an die Kirche, das Kreuz und das Bildnis der heiligen Jungfrau hinter ihnen gerichtet. Seit der Zeit von Afonso wurden überall im Kongo christliche Kirchen errichtet, die man mit aus den Werkstätten Lissabons und anderer Teile Europas importierten liturgischen Requisiten und Gemälden ausstattete. Die importierten Bildnisse wurden neben Textilien und Objekten angebracht, die in althergebrachten zentralafrikanischen Schnitten und Stilen gefertigt waren. Basttextilien mit komplizierten, in ihre abstehenden Fasern geschnittenen geometrischen Motiven, exquisite Elfenbeinschnitzereien, geprägte Terrakottafiguren und dekorative Metallarbeiten werteten allesamt sakrale Innenräume auf und erzeugten Kombinationen aus Textur, Farbe und Design, die jenen ähnelten, die in Königspalästen und bei höfischen Ritualen präsentiert wurden.[27]

Die glanzvolle Zurschaustellung von Motiven und Farbschattierungen bei den einheimischen und importierten Textilien und in den Metallarbeiten, den Elfenbein- und Holzschnitzereien von Kongo-Künstlern, die das laizistische und religiöse zeremonielle Leben in dem Königreich ausmachten, ist in einer Abbildung aus Olfert Dappers *Naukeurige beschrijvinge der afrikaensche gewesten* von 1668 zu sehen.[28]

Der Thron des Kongo-Königs, aus Olfert Dapper, Naukeurige beschrijvinge der afrikaensche gewesten van Egypten, Barbaryen, Libyen, Biledulgerid, Negroslant, Guinea, Ethiopien, Abyssinie (Amsterdam, 1668)

Diese Darstellung, die möglicherweise auf Zeichnungen beruht, die der holländische Künstler Abraham Willaerts während seines Aufenthalts in Zentralafrika um 1641 anfertigte, führt uns auf einen umzäunten Platz, wo alles für die Ausrichtung der Zeremonien und Rituale aus Anlass der Krönung des Mani-Kongo García II. bereit ist.[29] Ein Thron nach europäischer Art mit dem königlichen Wappen des Kongo steht auf einer erhöhten Plattform, die mit einem großen Teppich bedeckt ist. Vor dem leeren Thron liegen auf einem Kissen die königlichen Insignien: eine vom Papst als Geschenk geschickte vergoldete Krone, drei Armbänder – ein Verweis auf den *malunga*-Armreif, der die grenzenlose Stärke des Königreichs und seines Monarchen symbolisierte – und ein Beutel, der eine päpstliche Bulle enthält.[30] Zur Linken stehen Würdenträger mit ihren

Links: Messing-Anhänger des hl. Antonius von Padua, 16. bis 19. Jahrhundert. Höhe 10,2 cm. Rechts: Messing-Kruzifix, möglicherweise 18. Jahrhundert. Höhe 27,3 cm. Beide geschaffen von unbekannten Kongo-Künstlern.

charakteristischen hohen Hüten und prächtig gekleidet mit fließenden Stoffen und eleganten europäischen Lederstiefeln. Zur Rechten vervollständigen Musiker und Tänzer diese anschauliche Darstellung der alle Sinne ansprechenden Szene aus dem zeremoniellen Leben des Kongo.

Zusätzlich zu Darstellungen, die von Europäern geschaffen wurden, spiegeln vor Ort gefertigte Objekte die spirituelle und politische Lebenswelt des christlichen Königreichs beredt wider. Kruzifixe in Kupfer-Zink-Legierung (Messing) namens *nkangi kiditu* (was »Christus der Beschützer« heißt), die in Häusern und Kirchen zur Schau gestellt oder von Angehörigen der Elite am Körper getragen wurden, brachten die Korrelation zwischen der Erzählung von Tod und Widerauferstehung Christi und zentralafrikanischen Auffassungen von einer zyklischen Passage zwischen Leben und Tod zum Ausdruck. Heiligenfiguren, die als Anhänger getragen oder als Statuen ausgestellt wurden, spiegelten in ihrer drapierten Kleidung und den Kreuzen, die sie trugen, das Erscheinungsbild christlicher Adliger des Kongo wider und bekräftigten so die Verbindungen zwischen Christentum, Prestige und Macht. Kruzifixe waren ferner Insignien lokaler politischer Stärke und blieben es bis ins 20. Jahrhundert, als Herrscher von Regionen, die einst zu dem Königreich gehört hatten, sie als Symbol ihrer Autorität behielten. Kirchen, Kirchtürme und monumentale Kreuze erhoben sich auch über den Anwesen und Plätzen der zentralen Orte des Königreichs, von denen der wichtigste die spätestens Ende des 16. Jahrhunderts auch als São Salvador bekannte Hauptstadt Mbanza Kongo war. Mittlerweile wurden die Kathedrale von Mbanza Kongo, einige ihrer anderen Kirchen und von Ausländern benutzten Häuser nach europäischen Standards in Stein und Mörtel errichtet oder mit weiß verputzen Strohmauern, eine Ergänzung althergebrachter, auf der Verwendung von Holz und Fasern beruhender Bautechniken. Obwohl sie im Lauf der turbulenten Geschichte des Königreichs mehrmals zerstört und wiederaufgebaut wurde, stehen Teile der Kathedrale noch in Mbanza Kongo im heutigen Nordangola. Im Jahr 2017 wurde im Rahmen der 41. Sitzung des Welterbekomitees im polnischen Krakau die historische Altstadt von Mbanza Kongo in die Liste der UNESCO-Welterbestätten aufgenommen. »Mehr als irgendwo sonst im subsaharischen Afrika«, vermerkt die UNESCO-Website, veranschaulichen die Überreste von Mbanza Kongo »die tiefgreifenden Veränderungen, die von der Einführung des Christentums ausgingen«.[31]

Der Kontrast zwischen Kirchen und den niedrig gebauten Häusern von Anwesen war nicht bloß eine Frage der Höhe. Kirchenfassaden und Glockentürme lagen nach außen, zu offenen Plätzen und anderen öffentlichen Räumen hin, während traditionelle Gebäude nach innen blickten, umschlossen von einer Reihe von Zäunen, die sie von außen abschirmten. Erst nachdem sie durchschritten hatten, was europäische Beobachter als einen labyrinthischen Komplex aus Gängen und Türöffnungen beschrieben, bot sich Besuchern dann der Anblick von Häusern, die aus ineinander verflochtenen Brettern in verschiedenen Farben und erlesenen Dekors errichtet waren. Die komplizierten geometrischen Muster von Häusern und Zäunen sollten in einem visuellen Dialog stehen mit ähnlich verzierten Textilien, Elfenbein- und Metallarbeiten, die von der Kongo-Elite präsentiert, getragen und besessen wurden. Wie in der Abbildung aus Dapper angedeutet und in archäologischen Funden nachgewiesen, spielten Luxusimporte, wie etwa Textilien und Töpferwaren aus Asien, Europa und Amerika, eine wichtige Rolle bei der Schaffung dieser reichhaltigen visuellen Assemblage.[32]

Die kosmopolitische visuelle Kultur des Kongo zeugt von der Verbundenheit des Reiches mit der umfassenderen atlantischen Welt. Seit dem ersten Kontakt mit portugiesischen Seefahrern in den 1480er-Jahren waren seine Monarchen bestrebt, ihre

Pyramidenfeld bei Jebel Barkal im heutigen Sudan in der Nähe der antiken Stadt Napata.

Luftansicht der westlichen *defuffa* in der antiken nubischen Stadt Kerma nach der Restaurierung.

III Die Große Moschee von Djenné im heutigen Mali. Im 13. Jahrhundert n. Chr. erstmals errichtet, wurde die Moschee 1907 umfangreich wiederaufgebaut und wird auch heute noch in regelmäßigen Abständen saniert.

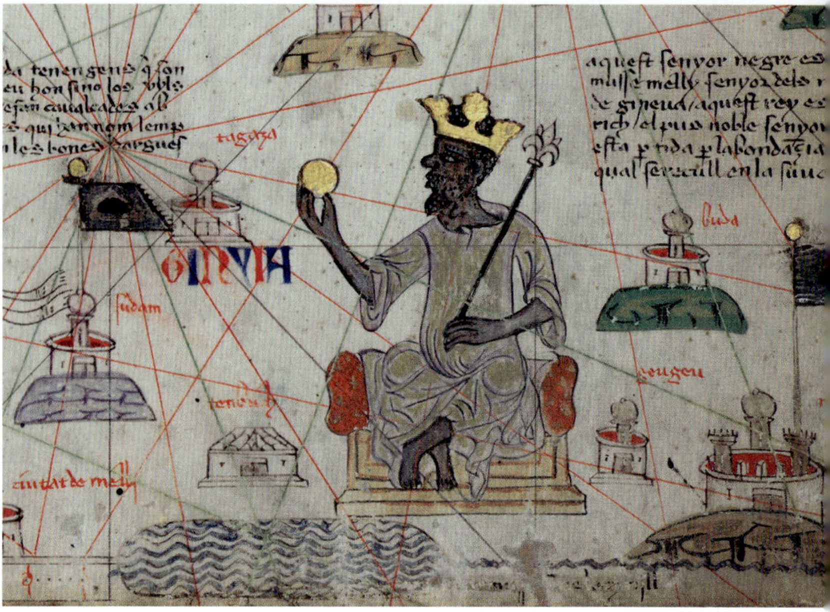

IV Mansa Musa I. von Mali, wie er in dem katalanischen Atlas von 1375 dargestellt ist. Einen goldenen Reichsapfel emporhaltend, sitzt der Herrscher von »Guinea« (»Ginyia«) würdevoll da, umgeben von den bedeutenden Städten seines Herrschaftsbereichs: Gao (»geugeu«), Timbuktu (»tenbuch«) und der »Stadt Mali« (»cuitat de melli«); links von dem Reichsapfel liegt die saharische Oasenstadt Taghaza.

V Statuen nubischer Pharaonen im Museum in Kerma.

VI Eine Seite aus einer äthiopischen *Ta'ammera Maryam*-(»Wunder der Jungfrau Maria«) Handschrift des 18. Jahrhunderts, gemalt im zweiten Gonder-Stil.

VII Ein Stelenfeld bei Aksum im heutigen Nordäthiopien, um 350 n. Chr. Die höchste erhaltene stehende Stele (2. v. l.), aus einem einzigen Granitblock gearbeitet, ist 21 m hoch und so gemeißelt, dass sie ein zehnstöckiges Gebäude mit einer falschen Tür am Sockel darstellt.

III Eine Messing-Wandtafel aus dem Königspalast von Benin, 16. bis 17. Jahrhundert. Diese Darstellung, die einen *oba* zeigt, der die charakteristische Perlenkrone und den unverkennbaren Kragen trägt und zwei Leoparden an ihren Schwänzen schwingt, während seine unteren Extremitäten unerklärlicherweise in Schlammfische verwandelt sind, betont die Fähigkeit des Königs, die mächtigen Kräfte der Tierwelt zu beherrschen und sich nutzbar zu machen. Die Katalognummer der Tafel im British Museum, Af1898,0115.30, erzählt eine andere Geschichte von Herrschaft: Sie bildet einen Teil der sogenannten Benin-Bronzen, die 1897 von einfallenden Kolonialtruppen geraubt und im folgenden Jahr von dem Museum erworben wurden. 40,6 cm × 31,75 cm

X Terrakotta-Kopf aus Ife, 13. bis 15. Jahrhundert. Ausgegraben 1958 an der Grabungsstätte Ita Yemoo in der Yoruba-Stadt Ile-Ife, trägt die dargestellte Frau eine komplizierte fünfstufige Perlenkrone, die zweifelsfrei Aufschluss darüber gibt, dass sie eine Königin oder ein anderes hochrangiges Mitglied des Königshauses war. Höhe 25 cm.

X Eine *ade*, eine Perlenkrone mit Schnurgehänge, aus der Region Ekiti des Yorubalandes, ca. 1920. Die am oberen Teil der Krone dargestellten Vögel symbolisieren angeblich die rituellen Kräfte, die mächtige Frauen besitzen und die der König sich zunutze zu machen sucht, um erfolgreich zu herrschen. Höhe 76 cm.

XI Das Aquarell von Carlos Julião zeigt das sogenannte »Festival des Schwarzen Königs« in Brasilien, aus *Riscos illuminados de figurinhos de brancos e negros dos uzos do Rio de Janeiro e Serro do Frio*, spätes 18. Jahrhundert.

XII Christliche Begegnung im Königreich Kongo, wie sie ein Aquarell des Kapuzinermönchs Bernardino Ignazio mit dem Titel »Der Missionar erteilt dem Mani beim Sangamento seinen Segen« darstellt. Aus der Handschrift *Missione in prattica. Padri cappuccini ne' Regni di Congo, Angola, et adiacenti* in der Biblioteca Civica Centrale, Turin, ca. 1750.

XIII Apolo Kaggwa (2. v. r.) und Daudi Chwa II., Kabaka (König) von Buganda (reg. 1897–1939).

XIV Die Königstrommeln von Buganda.

V Dala Hill, das antike Epizentrum der Stadt Kano in Nordnigeria.

VI Zwei Seiten aus einem kleinen handgeschriebenen Buch (ca. 8 × 8 cm) aus der Hausa-Region, spätes 17. bis frühes 18. Jahrhundert. Geschrieben in Arabisch, handelt der Text auf dem linken Blatt von der Zeitmessung. Das rechte Blatt enthält die Namen des Propheten Mohammed und von drei der vier »Rechtgeleiteten Kalifen«, die in einem kreisförmigen Muster platziert sind: ein in den Palästen der Hausa-Könige als Zeichen königlicher Autorität oft gezeigtes Symbol.

XVII »Feldherr in seiner Kriegstracht«, aus T. Edward Bowdich, *Mission from Cape Coast Castle to Ashantee* (London, 1819). Obwohl der dargestellte »Feldherr« einen Speer trägt, lässt sein Kopfschmuck aus Adlerfedern und einem vergoldeten Widderhorn darauf schließen, dass er in Wahrheit einer der königlichen Schwertträger oder *afenasoafo* war, die Bowdich bei seinem Einzug in die Aschanti-Hauptstadt Kumasi am 19. Mai 1817 beobachtete.

XVIII »Des Königs Schlafgemach«, aus T. Edward Bowdich, *Mission from Cape Coast Castle to Ashantee* (London, 1819). Bowdichs Zeichnung erfasst die fantastische Verwendung von rot und weiß bemaltem und mit geometrischen Formen im Flachrelief verziertem Lehm in der Architektur der Aschanti. Zwei Palastdiener spielen das Brettspiel *warri,* und neben dem Baum befinden sich in Astgabeln zwei Metallschalen: das allgegenwärtige beschützende Hausheiligtum oder *nyame dua* (»Baum Gottes«).

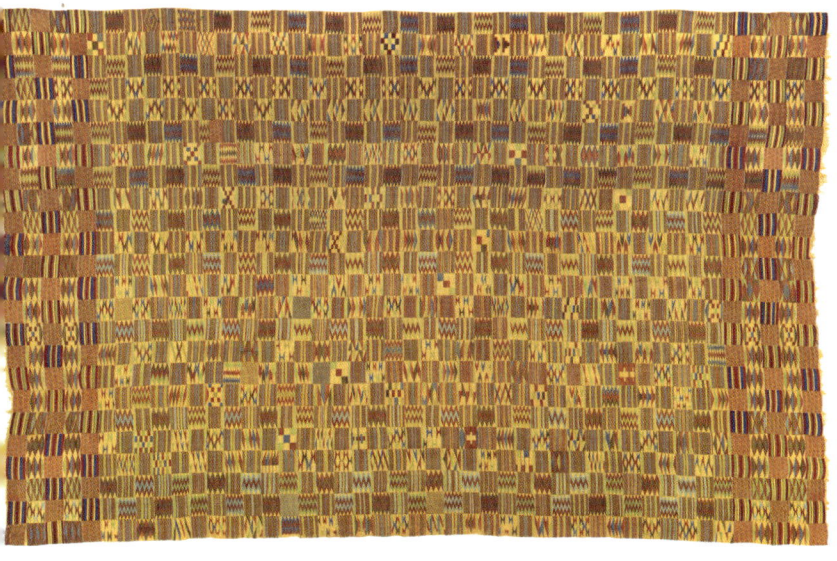

XIX Die repräsentativste Ausführung eines *kente*-Tuchs der Aschanti, bekannt als *adwinasa* oder »Ornamentfülle« und im klassischen Design namens *sika futura*, »Goldstaub«. 1,79 × 1,8 m.

XX Ausschnitt aus »The First Day of the Yam Custom« aus T. Edward Bowdich, *Mission from Cape Coast Castle to Ashantee* (London, 1819). Asantehene Osei Tutu Kwame, der unter dem roten Schirm mit dem vergoldeten Elefanten als Bekrönung sitzt, während zu seiner Rechten der Goldene Stuhl emporgehalten wird, empfängt die britischen Gesandten beim Odwira-Fest vom 6. September 1817.

XXI Der Zulu-König Cetshwayo besteigt am 4. September 1879 ein Boot, das ihn zur HMS Natal und ins Exil bringen wird. Aus den *Illustrated London News*, 18. Oktober 1879.

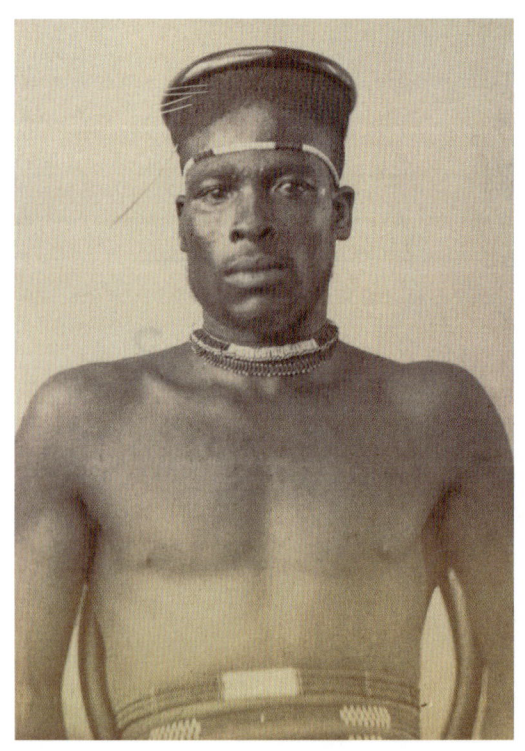

XXII Eine Fotografie mit dem Titel »Zulu-Mann mit *isikoko*, um 1879«, aus der Sammlung von Queen Victoria.

Oberhaupt Makosso-Tati mit seinem nkangi kiditu, *fotografiert in Yenga, Angola, 1940–1950.*

politischen Absichten zu befördern, indem sie Emissäre entsandten, Briefe schrieben und Geschenke nach Europa schickten und im Gegenzug Gesandte und Missionare empfingen sowie Luxuswaren und neue Formen des Wissens erhielten. Das Ergebnis dieses Austauschs war die Anerkennung der Stellung des Kongo als unabhängiges christliches Königreich durch den Papst und andere europäische Höfe. Doch das Spiel der Diplomatie war ein gefährliches. Bis zum frühen 17. Jahrhundert hatte der Kongo ein Bündnis mit den Holländern gegen die Portugiesen geschmiedet, die seit 1575 an der südlichen Grenze des Königreichs in der Kolonialstadt Luanda saßen.[33] Angriffe der Niederländischen Ostindien-Kompanie erzwangen für ein paar Jahrzehnte einen portugiesischen Rückzug aus dem Südatlantik. Die Kompanie besetzte in den 1630er-Jahren die nordöstlichen Provinzen Brasiliens und nahm 1641 Luanda in Besitz. Doch bis zu den späten 1640er-Jahren hatten die Portugiesen zurückgeschlagen: 1648 eroberten sie Luanda zurück und vertrieben dann in den 1650er-Jahren die Holländer aus Brasilien. Anschließend übten portugiesisch-brasilianische Streitkräfte und ihre afrikanischen Bundesgenossen aus der Region Angola kontinuierlichen militärischen Druck auf das Königreich aus, bis sie dem Kongo schließlich in der Schlacht von Ambuila am 29. Oktober 1665 eine verheerende Niederlage zufügten. Dutzende herausragender Kongo-Führer wurden getötet, darunter der Mani-Kongo António I., dessen abgetrennter Kopf im Triumph nach Luanda zurückgebracht wurde, wo er angeblich in der Mauer der Kirche Unserer Lieben Frau von Nazareth deponiert wurde. Diese Katastrophe sollte einen weiteren Wendepunkt in der Geschichte des Königreichs markieren.

Die Auswirkungen des atlantischen Sklavenhandels

Mit dem diplomatischen Austausch und den christlichen Missionen kamen wertvolle Luxuswaren in die Kongoregion. Doch die exotischsten Importe erreichten das Königreich durch seine Beteiligung am atlantischen Sklavenhandel. Schon in den 1520er-Jahren exportierte der Kongo zwei- bis dreitausend Gefangene jedes Jahr, von denen die meisten zur brutalen Sklaverei auf den Zuckerplantagen bestimmt waren, die von den Portugiesen auf der Insel São Tomé vor der Küste Afrikas im Norden errichtet worden waren. Im Jahr

1526 schrieb Afonso eine Reihe von Briefen an João III. in Lissabon, in denen er die sich verschärfende gesellschaftliche Krise darlegte, die der illegale Handel verursachte. Der König lehnte die Institution der Sklaverei nicht per se ab. Vielmehr war er beunruhigt über die Versklavung von und den illegalen Handel mit Menschen, die nach Kongo-Recht frei geboren waren und das Recht hatten, es auch zu bleiben. Hiesige und ausländische Sklavenhändler, »Diebe und Männer mit bösem Gewissen«, schrieb er, »ergreifen [jeden Tag] unsere Einheimischen, Söhne des Landes und Söhne unserer Edelmänner und unserer Vasallen und unserer Verwandten.«[34] Doch Afonsos Einwände gegen den Handel und seine Einsicht in dessen zerstörerische Auswirkungen kamen zu spät: Obwohl es ihm gelang, die Sklavenexporte auf ausländische Gefangene und diejenigen seiner eigenen Untertanen, die schwerer Straftaten überführt waren, zu begrenzen, waren die unerbittlichen Räder des atlantischen Handelsverkehrs in Bewegung.

Der Sklavenhandel sollte auch in den folgenden Jahrhunderten die Geschichte des Kongo weiter entscheidend mitprägen. Zum Hauptexportartikel des Königreichs wurden, wie auch andernorts an der Westküste Afrikas, versklavte Gefangene, deren Verkauf sich mit anderen Schlüsselfaktoren in der Geschichte des Landes vermischte: den Beziehungen mit benachbarten Staaten und mit den europäischen Seemächten und der Unfähigkeit des Systems der Wahlnachfolge, friedliche königliche Machtwechsel zu gewährleisten. Der illegale Handel mit versklavten Menschen wuchs in Zeiten politischer Instabilität, insbesondere während des Bürgerkriegs, der das Königreich in der zweiten Hälfte des 17. Jahrhunderts verschlang. Die Teilnahme am atlantischen Handelsverkehr mag die einheimische Elite mit neuen Formen von Wohlstand, materiellen Gütern und Machtinsignien versehen haben, aber diese Dinge hatten einen hohen Preis, da sie erlangt wurden im Austausch gegen Männer, Frauen und Kinder, die nicht nur jenseits der Grenzen des

Königreichs gefangen genommen wurden, sondern – Afonsos Bemühungen zum Trotz – auch im Innern des Kongo selbst.

Das Ausufern des Handels mit versklavten Menschen hatte komplexe und bisweilen widersprüchliche Folgen für die Gesellschaftsordnung des Kongo und die Souveränität seines Königs. Führende afrikanische Zwischenhändler bezogen aus dem Handel nicht nur großen Wohlstand, sondern auch Macht: Die europäischen Feuerwaffen und die für die Verschleppung und den Transport von Gefangenen entwickelten militarisierten Systeme konnten auch mobilisiert werden, um politische Ambitionen zu verwirklichen. Ob alteingesessene Angehörige des einheimischen Adels oder ehrgeizige Emporkömmlinge, die Handelsgüter, die sie im Austausch gegen Gefangene erhielten, wurden verwendet, um politische Prominenz und Legitimität aufrechtzuerhalten oder aufzubauen. Herrschaftsinsignien, wie beispielsweise Zibetfelle oder luxuriöse ausländische Textilien, die Herrscher einst über diplomatische Kanäle erhalten hatten, wurden Teil des Warenpakets, das europäische Sklavenhändler zum Erwerb ihrer menschlichen Fracht verwendeten.[35] In den ersten anderthalb Jahrhunderten der bereitwilligen Teilnahme des Kongo am atlantischen Handelsverkehr gefährdete der Sklavenhandel gelegentlich die Stabilität der Monarchie, ohne diese jedoch ernsthaft zu schwächen. Doch spätestens Mitte des 17. Jahrhunderts führte die Anhäufung von Reichtum und Macht durch Provinzherrscher, besonders durch die selbst ernannten Fürsten der Küstenprovinz Soyo, vermehrt zu Forderungen nach Unabhängigkeit vom Mani-Kongo. In Verbindung mit dynastischer Instabilität, die durch wiederholte Nachfolgestreitigkeiten im Zentrum verursacht wurde, führten diese Forderungen im Nachklang der Niederlage durch die Portugiesen im Jahr 1665 zum Ausbruch einer länger andauernden Periode des Bürgerkriegs. Bis Anfang des 18. Jahrhundert gelang es der teilweise rezentralisierten Kongo-Krone, wieder eine gewisse Kontrolle über den Sklavenhandel durchzusetzen, während der überlebende Adel, der versklavte Menschen besaß, von der Arbeit der in die einheimische Wirtschaft integrierten Sklavenbevölkerung profitierte.[36] Ein Jahrhundert später entwickelten sich neue Formen der Autorität um Personen herum, die nicht den Kreisen der traditionellen herrschenden Elite angehörten. Diese Personen waren ihrerseits bestrebt, aus dem atlantischen Sklavenhandel des 19. Jahrhunderts militärische Stärke, Reichtum und Einfluss zu akkumulieren, und sollten eine neuerliche Herausforderung für die gesellschaftliche und politische Ordnung des Königreichs darstellen.[37]

Das Schicksal des Staates

Die Geschichte des Kongo in der Epoche, die durch seine Verflechtung mit der umfassenderen atlantischen Welt definiert ist, war eine turbulente. Auf Zeiten politischer und sozialer Stabilität folgten immer wieder Ausbrüche von Instabilität und Konflikt. Die langen und erfolgreichen Regentschaften von Afonso (reg. 1506–1542) und García II. (reg. 1641–1660) bildeten die Klammer für anderthalb Jahrhunderte, die häufig als das goldene Zeitalter des Königreichs angesehen werden. Doch selbst in dieser Epoche gab es Zeiten bürgerlicher Unruhen und ausländischer Einfälle, insbesondere den Überfall der kriegerischen »Jaga« von außerhalb der Grenzen des Königreichs im Jahr 1568, der zur Zerstörung von Mbanza Kongo/São Salvador führte.[38] Das Bündnis mit den Holländern war sehr vielversprechend, aber dann kamen die Niederlage durch die wiedererstarkenden Portugiesen sowie die anhaltende Gewalt und Zerrissenheit der Bürgerkriege. Vor dem Hintergrund einer Umweltkrise, als periodisch wiederkehrende Dürren im Verein mit Angst und Verunsicherung Nahrungsmittelengpässe und Elend verursachten, wuchs die politische Unruhe. All dies führte dazu, dass die von Afonso geschaffene politische und spirituelle Ordnung von weiten Teilen der Bevölkerung grundlegend infrage gestellt wurde. Es war dieser Hintergrund, vor dem in den frühen 1700er-Jahren die von Kimpa Vita (Taufname Ndona Beatrice, daher auch Dona Beatriz) angeführte prophetische Sekte der Antonier auftauchte. Erzogen in der christlichen Kongo-Kirche, erklärte sich die aus der Oberschicht stammende Kimpa Vita zur Inkarnation des heiligen Antonius, mit dem Ziel, die durch die Bürgerkriege zugefügten gesellschaftlichen Wunden zu heilen. Jeden Freitag, so erklärte sie, stürbe sie und kehre sonntags ins Leben zurück, nachdem sie Gott und die Heiligen über die Leiden der Welt und die probaten Heilmittel befragt habe. Eine große Anhängerschaft aus dem Volk ködernd, schienen Kimpa Vitas antieuropäische Lehren und Rituale eine Zeit lang eine Alternative zur christlichen Orthodoxie des Kongo zu bieten. Am Ende jedoch behaupteten sich die konservativen Kräfte, und 1706 wurde sie als Ketzerin auf dem Scheiterhaufen verbrannt, zusammen mit ihrem neugeborenen Baby. Eine orthodoxere Auslegung des Katholizismus – eine, die eng mit der etablierten politischen Hierarchie verbunden war – hatte sich ersichtlich gegen die populäre Synthese aus christlichem und indigenem Glauben durchgesetzt. Dennoch können paradoxerweise die tiefen Wurzeln des Kongo-Christentums an der Rolle gemessen werden, die es bei Bewegungen, wie etwa dem Antonianismus, oder in Initiationsbünden, wie beispielsweise *kimpasi*, spielte.[39]

Während die Kongo-Könige anfangs im Christentum einen mächtigen ideologischen Kitt gegen zentrifugale Kräfte gefunden hatten, gewann ab dem späten 17. Jahrhundert auch die Clan-Politik an Bedeutung.[40] Mit der Wiederherstellung einer zentralisierten Monarchie auf der Basis einer Vereinbarung, die Thronfolge zwischen den verschiedenen königlichen Geschlechtern oder *makanda* rotieren zu lassen, kehrte 1709 eine gewisse Stabilität zurück. Die wieder eingesetzten Monarchen bekräftigten nochmals erfolgreich ihre Verbindung zu Afonso und dem während seiner Herrschaft gepriesenen sakralen Charakter des christlichen Königtums. Doch das Wesen ihrer Souveränität hatte sich verändert. Obwohl der König symbolische Macht über die entlegenen Provinzen ausübte, konnte er sie nicht wirkungsvoll kontrollieren. Vielmehr suchte der Hof in Mbanza Kongo die ideologische Legitimität auf die Provinzherrscher auszuweiten, deren Autorität wiederum von der Aufrechterhaltung der symbolischen Struktur des Königreichs abhing.[41] Seit der Mitte des 18. Jahrhunderts transformierten »unternehmerische Adlige« allmählich die politische Landschaft und schufen neue *makanda*, indem sie Boden beanspruchten und eine Mischung aus freien und unfreien Bevölkerungsgruppen unter ihrer Autorität versammelten. Dieser Wandel der politischen Ideologie prägte dann spätere mündliche Überlieferungen, die zunehmend um die Geschichten bestimmter Clans kreisten.[42] Einige Historiker haben über den »Niedergang« des Königreichs geschrieben, obwohl andere, worauf MacGaffey verweist, die These vertreten, »es sei zurückgekehrt zu so etwas Ähnlichem wie der Struktur, die es im Jahr 1480 hatte, als der Mani-Kongo *primus inter pares* in einer Ansammlung rivalisierender Fürstentümer oder ›Bezirke‹ war und Staatsführung mehr eine Frage der rituellen Zugehörigkeit als der Verwaltung«.[43]

Der Kongo auf dem amerikanischen Doppelkontinent

Trotz zunehmender Einschränkungen der Königsmacht innerhalb der Grenzen des Reiches überwand die Aura des Mani-Kongo Grenzen nicht nur in Zentralafrika, sondern auch in der größeren atlantischen Welt in Übersee. Männer und Frauen zentralafrikanischer Herkunft schöpften aus der Idee des Kongo-Königtums, um in den Sklavengesellschaften Amerikas einen gewissen unabhängigen sozialen Raum zu schaffen. Eine zentrale Rolle in dieser Hinsicht spielte die katholische Kirche, weil sie ein Umfeld bot, das versklavten Kongolesen vertraut war, jenen, die das christliche Königreich eher vom Hörensagen kannten, und deren Nachfahren. Fast die Hälfte aller Afrikaner, die im Verlauf des atlantischen Sklavenhandels nach Amerika verschleppt wurden, stammte aus dem Kongo, aus Angola und von anderen Orten in Zentralafrika. Bereits in den Anfangsjahrzehnten des 16. Jahrhunderts gründeten versklavte Zentralafrikaner im Dunstkreis der Kirche in Portugal und Spanien Vereinigungen, eine Praxis, die später in den Kolonien des amerikanischen Doppelkontinents auftauchte. Diese katholischen Bruderschaften in Brasilien und anderswo wählten einen *Rei Congo*, einen »Congo-König« – manchmal auch eine Königin –, nebst einem Hof aus Amtsträgern, deren Titel scheinbar die ihrer europäischen Unterdrücker nachahmten, in Wirklichkeit aber auf jene von Mbanza Kongo zurückblickten. Das Andenken Afonsos und die Erinnerung an die alljährliche Wiederaufführung seines berühmten Sieges über seine heidnischen Feinde regten ähnliche Scheingefechte an, die in den versklavten und freien afrikanischen diasporischen Gemeinschaften Amerikas inszeniert wurden.[44]

Eine Darstellung aus dem späten 18. Jahrhundert zeigt den Prunk, der einen von der afrikanischen Bevölkerung – der versklavten wie der befreiten – im Brasilien der Sklavenzeit gewählten *Rei* (oder eine *Reina*) *Congo* umgab (siehe Tafel XI). Der König, der Krone, Jacke, Umhang und Beinkleid trägt, schreitet feierlich in einem Zug unter einem purpurfarbenen Schirm daher. Die feine Kleidung, die lebhaften Posen und die musikalische Besetzung – eine Art spanische Gitarre ergänzt hier die afrikanische Marimba – erkennen wir von dem auf der anderen Seite des Atlantiks nur ein paar Jahrzehnte früher gemalten Bild wieder. Die Darstellung dieser afro-brasilianischen Zeremonie verweist auf die zeit- und raumübergreifende Reichweite der Idee des Kongo-Königtums im »Schwarzen Atlantik«. Von Brasilien nach Kuba, Haiti und sogar bis nach Albany, New York, bauten Menschen in der Diaspora eine soziale Welt auf, die zum Teil aus Erinnerungen an Zentralafrika schöpfte.[45] Als »Untertanen des ›Congo-Königs‹« fanden versklavte Afrikaner die Mittel, die Knechtschaft zu ertragen und sich, wie in Haiti bewiesen worden ist, im Zeitalter der Revolution, das im 19. Jahrhundert über die atlantische Welt hinwegfegte, gegen die Sklaverei zu erheben.[46] Im 21. Jahrhundert schaffen sich Männer und Frauen überall auf dem amerikanischen Doppelkontinent weiterhin vermittels des Prunks des Kongo-Königtums und der rituellen Macht, die es untermauerte, eine soziale, spirituelle und künstlerische Heimat.[47]

Der Kongo im 19. und 20. Jahrhundert

Das 1709 eingeführte alternierende System, durch das rivalisierende königliche *makanda* sich die Kongo-Krone teilten, zerfiel in den 1770er-Jahren. Von da an beanspruchte bis in die erste Hälfte des 19. Jahrhunderts hinein eine Reihe von Königen den Thron, die nicht mehr mit der dynastischen Erblinie Afonsos verbunden waren. Nichtsdestotrotz schöpften sie weiterhin aus dem symbolischen Werkzeugkasten des christlichen Königtums des 16. Jahrhunderts, um angesichts einer wachsenden Bedrohung durch die portugiesische Kolonie Angola im Süden ihre Souveränität zu bekräftigen. Dass Angehörige des niederen Adels zunehmend in der Lage waren, sich Herrschaftsbereiche innerhalb des Königreichs zu erkämpfen, und nicht adlige Kaufleute neue, auf wirtschaftlichem Wohlstand beruhende *makanda* begründen konnten, trug ebenfalls zur Instabilität im Innern bei.[48] Unterdessen entzog sich die mächtige und wohlhabende Küstenprovinz Soyo immer weiter dem Zugriff des Kongo und vergrößerte ihren Einflussbereich nördlich des Kongo-Flusses. Obwohl die Herrschaftsgebiete des Königreichs stark schrumpften, funktionierte es als Rahmen für die Regierungsführung weiterhin, und Mbanza Kongo blieb ein lebhaftes spirituelles und kulturelles Zentrum.[49] Die lange Erfahrung des Kongo mit internationalem Handel, Diplomatie und Christentum verschaffte seiner Elite eine starke Position, um den Mitte des 19. Jahrhunderts stattfindenden Übergang von einer auf dem Sklavenhandel beruhenden Wirtschaft zu einer Wirtschaft zu bewältigen, die auf dem Export der sogenannten legitimen Handelswaren Elfenbein und Kautschuk beruhte.

Im Jahr 1859 sicherte sich König Pedro V. (reg. 1859–1891) den Thron des Kongo, indem er sich mit den Portugiesen verbündete, so wie es einige seiner Vorgänger vor ihm getan hatten. Pedro sah sich als Nachfolger Afonsos und versah seine eigene Korrespondenz mit einem Wachssiegel, das das Wappen des Königreichs aus dem 16. Jahrhundert trug.[50] Doch zu den Bündnisverhandlungen mit Portugal gehörte, dass Pedro eine Vasallitätsakte unterzeichnete – und seine späteren Briefe trugen dann auch die Hoheitszeichen des portugiesischen Reiches.[51] Mit diesem Vertrag von 1860 begann die lange Vereinigung des Kongo mit Portugiesisch-Angola – ein Prozess, den Portugal im Anschluss an die Berliner Kongokonferenz, die festlegte, dass europäische Mächte die »effektive Inbesitznahme« eines Territoriums nachweisen mussten, um es als Eigentum zu beanspruchen, ab 1885 mit neuer Entschlossenheit betrieb. Auch der Kautschuk-Boom und die Entwicklung neuer Cash Crops – ausschließlich für den Markt erzeugte Agrarprodukte – machten die Inbesitznahme für die Portugiesen, die ihre Kontrolle über die Region durch die Krone in Mbanza Kongo ausübten, am Ende finanziell rentabel. Bis Anfang des 20. Jahrhunderts hatte Portugal ein Ziel erreicht, das es über viele Jahrhunderte angestrebt hatte:

die Integration des Kongo-Kernlandes in das koloniale Angola. Die näher am Kongo-Fluss gelegenen nördlichen Provinzen des Königreichs wurden unterdessen Teil des Kongo-Freistaats (ab 1908 Belgisch-Kongo) von Leopold II., König der Belgier.

Wie anderswo in Afrika bedeutete koloniale Eroberung nicht kulturelle oder politische Vernichtung. Seine Souveränität als unabhängiges Königreich mag beendet und seine Herrschaftsgebiete mögen aufgeteilt worden sein, aber die Kongoregion überstand die europäische Herrschaft, und ihre Völker wahren heute weiterhin eine Identität, die auf Erinnerungen an eine glorreiche Vergangenheit zurückgreift. Es wurde sogar behauptet, dass der Kongo erst im 20. Jahrhundert eine ausgeprägte Gruppen-Identität, ein Wir-Gefühl entwickelte, das sich an einer nationalistischen Auffassung von der Kikongo-Sprache festmachte und verortet war in der Politik der Bewältigung der Kolonialherrschaft.[52] Vor allem in Belgisch-Kongo war dies der Fall. Als in den 1950er-Jahren verspätet antikoloniale nationalistische Bewegungen entstanden, appellierte die Alliance des Bakongo (ABAKO)[53], eine kulturelle Organisation, die zu einer politischen Partei wurde, an alle Erben von Kongo dia Ntotila – ein anderer Name für Mbanza Kongo, das nun auf der anderen Seite der Grenze in Angola lag –, sich zusammenzutun.[54] ABAKO-Mitglieder sahen sich in enger Verbindung mit dem historischen Königreich und bezeichneten den Führer der Bewegung Joseph Kasavubu gar als ihren »König«. Zu einer allgemeinen Mobilisierung gegen die belgische Herrschaft kam es zuerst in der Kikongo-sprachigen Region Bas-Congo, die an die koloniale Hauptstadt Léopoldville angrenzte, und 1960 wurde Kasavubu, der sich die Macht mit Patrice Lumumba als Premierminister teilte, der erste Präsident des gerade erst unabhängigen Kongo.

Aber es geschah in einer sehr viel bescheideneren Funktion, dass einer der Erben des Königreichs Kongo moderne Geschichte schrieb.

Cécile Fromont

Ein dramatisches Foto hält den Moment am 29. Juni 1960 fest, als Ambroise Boimbo sich das Schwert des Königs der Belgier Baudouin greift.

Am 29. Juni 1960 wurde der König der Belgier Baudouin auf seinem Weg zu der Zeremonie, die die Unabhängigkeit des Kongo einleitete, durch die Straßen von Léopoldville (heute Kinshasa) gefahren. Unterwegs ergriff ein gewisser Ambroise Boimbo, ein Mitglied von ABAKO, die Gelegenheit, um eine andere Art von Machtwechsel zu vollziehen.[55] In einer ikonischen Geste schoss Boimbo aus der Menge hervor und schnappte sich Baudouins Schwert. Mit der Waffe in der Hand wirbelte er herum und sprang in die Luft, damit anscheinend jenen Kriegstanz vollführend, den seine Ahnen veranstaltet hatten, um Legitimität zu beanspruchen und Macht zu demonstrieren. Boimbos dramatischer Akt von *lèse-majesté*, Majestätsbeleidigung, hat Kommentatoren zumeist fassungslos gemacht. Aus dem Blickwinkel der *longue durée*, der langen Dauer, der Geschichte des Kongo betrachtet, ist die Bedeutung seiner Geste vielleicht weniger schleierhaft. Wie der große christliche König Afonso schrieb Ambroise Boimbo aufs Neue Kongo-Geschichte, indem er ein exotisches Machtemblem in Besitz nahm und es in ein wirkmächtiges einheimisches Symbol verwandelte. Damit machte er die Unabhängigkeit des Kongo zu einer innerkongolesischen Angelegenheit.

KAPITEL 6

BUGANDA

John Parker

Buganda ist der Archetyp eines ostafrikanischen Königreichs. Das Land an der Nordwestküste des Victoriasees im heutigen Uganda ist eines der wenigen großen Königreiche auf dem Kontinent, das einer noch existierenden Nation, deren Teil es ist, seinen Namen gegeben hat. Tatsächlich war die Stellung Bugandas im Uganda des 20. Jahrhunderts – zunächst dem britischen Protektorat und seit der Unabhängigkeit im Jahr 1962 dem modernen Staat – immer ein wesentlicher Faktor für das Verständnis von dessen Geschichte. Und diese Geschichte reicht weit in die Vergangenheit: Der zentralisierte Staat begann wahrscheinlich um 1600 n. Chr. Form anzunehmen, doch seine Wurzeln lassen sich bis zu sozialen und wirtschaftlichen Entwicklungen verfolgen, die noch Jahrhunderte weiter zurückliegen. Erst die Übernahme Bugandas als Glanzstück des entstehenden British East Africa in den 1890er-Jahren schuf aber die Bedingungen für eine bemerkenswerte Blüte der Forschung über das Königreich und der Erkenntnisse über seine Vergangenheit. Wie anderswo in Afrika wurde ein Großteil dieser wissenschaftlichen Arbeit von europäischen Historikern geleistet, bei denen die Existenz eines mächtigen, hoch entwickelten Königreichs in einem bukolischen Land im

Herzen des Kontinents große Neugier weckte. Die bedeutendsten Beiträge aber stammten von afrikanischen Gelehrten, besonders dem Ganda-Politiker und christlichen Modernisierer Apolo Kagwa (1869–1927), der in den ersten Jahrzehnten des 20. Jahrhunderts mehrere auf Luganda verfasste Bücher über Geschichte und Kultur seines Volks herausbrachte. Das berühmteste davon trägt den Titel Basekabaka be Buganda (»Die Könige Bugandas«), eine dynastische Chronik, die erstmals 1901 erschien; doch Kagwas Arbeit umfasst auch Untersuchungen zu Bräuchen der Ganda, Mpiza za Baganda (1905), und zu den Clans, Bika bya Baganda (1912). Damit inspirierte er ähnliche Buchprojekte in den Nachbarreichen, vor allem in Bunyoro, dem Langzeitrivalen Bugandas, aber auch in anderen Bantu-sprachigen Königreichen in der Region der Großen Seen, etwa im belgisch regierten Ruanda und Burundi. Die mündlich überlieferten Narrative, die bei diesen bahnbrechenden lokalen Forschungsprojekten aufgezeichnet wurden, sollte wiederum eine neue Generation professioneller Historiker ab den 1960er-Jahren als Beweis für die lange Geschichte des Königtums und für effektive Staatenbildung zitieren. In seinem historischen Standardwerk konstatiert Jean-Pierre Chrétien, die Region und ganz besonders Buganda sei »ein Ort der theoretischen Auseinandersetzungen über politische Systeme in Afrika geworden und geblieben«.[1]

Dieses Kapitel behandelt die Geschichte Bugandas, aber es legt auch dar, wie diese Geschichte wahrgenommen, interpretiert und infrage gestellt wurde – von außenstehenden Beobachtern und vom Volk der Ganda selbst.[2] Debatten über das politische System Bugandas und anderer Königreiche in der Region waren nie reine Theorie – sie wirken sich bis heute tiefgreifend und manchmal extrem zerstörerisch auf die jüngere Geschichte der Länder aus. Die Region der Großen Seen am Äquator und damit im Herzen des Kontinents mag den europäischen Kolonisatoren bukolisch erschienen sein – Winston Churchill nannte Uganda bekanntlich die »Perle

Afrikas« –, doch all die Gewaltexzesse seit den 1970er-Jahren waren zum Teil auf politische Konflikte zurückzuführen, die in einer verzerrten Wahrnehmung der Vergangenheit wurzelten. Die brutale Militärdiktatur von Idi Amin in den 1970er- und der Bürgerkrieg in den frühen 1980er-Jahren versetzte Uganda in Aufruhr; und das wurde gar noch übertroffen, als die beständig brodelnden Konflikte zwischen Gruppen von Hutu und Tutsi im benachbarten Ruanda 1994 im Genozid an geschätzt 800 000 Menschen gipfelten. Dieser Konflikt schwappte dann über in den Ostteil der heutigen Demokratischen Republik Kongo, wo die andauernde Gewalt inzwischen zu noch höheren Opferzahlen geführt hat. Debatten über historische politische Systeme – über das Wesen der Macht, darüber, wer »dazugehört« und wer nicht – hatten also umfassende konkrete Folgen. Die Rolle der Gewalt in der Geschichte Bugandas war immer ein wichtiger Teil dieser Debatten: War das Königreich ein beeindruckend regierter und organisierter bürokratischer Staat, oder herrschte dort im Wesentlichen ein aggressiv militarisierter, ja räuberischer Despotismus? Bei allem, was zu der gesamten Region geschrieben wurde, entfällt jedenfalls der größte Teil der historischen Studien auf Buganda – wobei auch Ruanda einige Aufmerksamkeit erhielt, überwiegend von frankophonen Wissenschaftlern. Daher nahm sich Richard Reid in einer neueren Analyse gezielt vor, die Geschichte Ugandas zu »dezentralisieren« und den Fokus nicht länger allein auf das große Königreich zu richten.[3] Wenden wir uns also zum Einstieg in das Verständnis dieser Geschichte der geografischen Lage Bugandas im Umfeld der großen Seen zu und betrachten wir, wie die explosionsartige Begegnung mit der Außenwelt im 19. Jahrhundert die wissenschaftlichen Vorstellungen über seine Vergangenheit prägt.

John Parker

Buganda in der Region der Großen Seen

Buganda war eines der unzähligen von Bantu-sprachigen Völkern gegründeten Königreiche in der Region, die Mitte des 19. Jahrhunderts von Außenstehenden als Region der Großen Seen bezeichnet wurde. Diese geografische Namensgebung war europäisch inspiriert, geprägt von Entdeckern, die in der Viktorianischen Ära ausschwärmten, um die »weißen Flecken« auf den Karten des afrikanischen Binnenlands zu füllen und die Nilquelle zu lokalisieren. Dass die meisten Namen nach Mitgliedern des britischen Königshauses benannt wurden, spricht Bände über die dauerhafte Prägung, die das Aufeinandertreffen afrikanischer Gesellschaften und des europäischen Imperialismus in der Region hinterlassen hat. Albert-, Georg-, Eduard-, Kiwu- und Tanganjikasee liegen in einer 1300 Kilometer langen nord-südlich verlaufenden Kette im Großen Afrikanischen Grabenbruch und bilden heute die Grenze zwischen der Demokratischen Republik Kongo im Westen und Uganda, Ruanda, Burundi und Tansania im Osten. Östlich davon liegt der riesige Victoriasee oder, um auch den Namen zu nennen, den er auf Kiswahili, der Sprache der afrikanischen Ostküste, erhielt, Victoria-Nyanza. Natürlich hatten die heimischen Gesellschaften ihre eigenen Namen für die Seen: Die Nyoro und Toro zum Beispiel nannten den Eduardsee Mwitanzige (»Heuschreckentöter«), und bei den Ganda hieß der Victoriasee Nnalubaale (»Mutter der lubaale«, also der Geister oder Götter). Wie der englische Entdecker John Hanning Speke bei seiner Buganda-Reise 1862 herausfinden sollte, fließt tatsächlich der Nil nördlich des Victoria-Nyanza in den Kyogasee und schlängelt sich dann zum Albertsee, bis er nach Norden fließt und auf seiner langen Reise zum Mittelmeer den Südsudan, den Sudan und Ägypten durchquert. In der relativ hochgelegenen, gut bewässerten und fruchtbaren Zone zwischen den Seen bildeten sich im Verlauf des ersten Jahrtausends unserer Zeit Sprachgemeinschaften heraus, die älter sind als die verschiedenen in der Region verbreiteten Bantu-Sprachen.

Wahrscheinlich war es die vermeintliche Isolierung von der Außenwelt, die Speke und andere viktorianische Entdecker nach Buganda lockte und die zu der beinahe mystischen Aura führte, die dem Königreich in frühen europäischen Berichten zugeschrieben wird. Fest steht jedenfalls, dass die Staaten und Gemeinschaften der Region mit als Letzte in die Netzwerke der Fernhandelsrouten aufgenommen wurden, die Afrika umspannten: Kleine Mengen exotischer Güter wie Stoffe und Geschirr trafen zögerlich ab Ende des 18. Jahrhunderts ein, doch erst in den 1840er- und 1850er-Jahren drangen die ersten Karawanen der Araber und Swahili aus Sansibar und anderen Gebieten im Osten bis Buganda vor.

Allerdings war die Region seit Jahrtausenden eine bedeutende kulturelle Drehscheibe, eine Zone der Interaktion, wo Bantu-sprachige Völker aus dem Westen auf ihren Wanderbewegungen Völker nilotischer Sprachen aus dem Norden kreuzten. Die Komplexität der

Kabaka Mutesa I. empfängt 1862 die britischen Forscher Speke und Grant, aus John Hanning Speke, Journey of the Discovery of the Source of the Nile *(Edinburgh, 1863).*

Topografie und der Niederschlagsmuster führte zur Herausbildung sehr variabler lokaler Ökosysteme, in denen sich im Gegensatz zu Westafrika wechselweise sowohl Vieh- als auch Landwirtschaft etablierten. Diese beiden bäuerlichen Subsistenzformen sowie die Nutzung von Eisen und bei den Gemeinschaften an den Seeufern der Fischfang sollten die Grundlagen für eine zunehmende soziale Komplexität und später die Staatenbildung liefern. Für die trockeneren Zonen im Norden und Westen der Region war die hauptsächliche Wirtschaftsform die Viehzucht. Landwirtschaft überwog eher an den gut bewässerten Ufern des Victoria-Nyanza, wo allmählich eine Ackerfrucht alle anderen ausstach: die Banane. Wenn, wie Historiker es darstellten, in einigen Gebieten bestimmte »pastoralistische Ideologien« aufkamen, die Viehzucht mit politischer Autorität verknüpften, so war die bescheidene Banane die materielle Grundlage, auf der die Ganda-Gesellschaft aufbaute.[4] Zudem war es eine

Holzschnitt von der Hauptstadt Bugandas mit Bananengarten hinter dem säuberlichen Zaun, der die Hauptachse zum Königspalast säumt, aus Henry Morton Stanley, Through the Dark Continent, London 1878 (dt. Im dunkelsten Afrika, übers. Von H. von Wobeser, Leipzig 1890).

Grundlage mit deutlich geschlechtsspezifischen Zügen: Für Bugandas Bananengärten waren ausschließlich Frauen zuständig, deren Arbeit, so die Interpretation von außen, es den Männern erlaubte, sich anderen Aufgaben zuzuwenden: »der Fischerei, dem Tauschhandel und dem Krieg«.[5]

»Isolierung« mag im Auge des Betrachters liegen, doch in zumindest einem entscheidenden Punkt wirkte sich die späte Begegnung Bugandas mit externen Akteuren ganz sicher auf das Studium seiner Vergangenheit aus: Vor 1862 gibt es keinerlei schriftliche Aufzeichnungen. Anders als in der Sudanzone Westafrikas, wo Abhandlungen arabischer Geografen und Reisender bis ins 9. Jahrhundert zurückreichen und die Überlieferung der Timbuktu-Chroniken immerhin ins 17. Jahrhundert, sind Historiker für diese Region stärker auf alternative Quellen angewiesen: Archäologie, komparative Ethnografie, mündliche Überlieferung und historische Linguistik. Leider sind auch archäologische Funde nur eingeschränkt verfügbar, weil die feuchten Umweltbedingungen am See sie stark beschädigt haben. Wie in der Bantu-sprachigen Region im westlichen äquatorialen Zentralafrika hat sich dagegen die Linguistik als fruchtbares Terrain erwiesen, um die frühe Vergangenheit nachzeichnen zu können. Die Methodik ist komplex und umstritten, doch kurz gefasst lässt sich die Chronologie von Sprache nachzeichnen, indem man untersucht, welche unterschiedlichen Wörter in den verschiedenen Zweigen der Bantu-Sprachfamilie für dieselben Gegenstände oder Begriffe verwendet werden. Illustrieren wir das an den Beispielen Vieh und Bananen. »Vieh gehörte schon sehr früh zu den ererbten Ernährungsgewohnheiten an den Großen Seen«, erklärt David Schoenbrun, »und zwischen der Herausbildung einer Taxonomie von Zuchtarten und einer Taxonomie der Fellfarben liegen ganze 2000 Jahre.« Nachdem aus Südostasien Bananen eingeführt worden waren, entwickelte sich das Vokabular rund um diese Pflanze dagegen sehr viel schneller: »Nur 600 Jahre trennten die Einführung der ersten Stauden von der Herausbildung von Oberbegriffen und einem Wortschatz zum Anbau.«[6] Um 1000 bis 1200 n. Chr. aber glichen sich diese verschiedenen Geschwindigkeiten des Sprachwandels aneinander an; plötzlich gab es geradezu eine Explosion verschiedener Wörter zur Beschreibung der Farbe von Kühen und für die Sorten, den Anbau und den Verzehr von Bananen. Das »Spracharchiv« zeigt, dass die Spezialisierung auf Viehwirtschaft und der intensive Bananenanbau Form annahmen. Rhiannon Stephens erforschte kürzlich mit derselben Methodik die Geschichte der Mutterschaft bei Bantu-Sprechern vom Zweig des Nord-Nyanza, der angestammten Sprachgemeinschaft der Ganda und der benachbarten Soga östlich des Nils. Ideologien der Mutterschaft und andere Formen der Geschlechtsidentität, wie etwa der Bananenanbau, sollten sich erheblich auf die Geschichte Bugandas auswirken.[7]

Doch gerade die Wahrnehmung der Fremden erhielt große Bedeutung. Speke und andere Besucher am Hof des kabaka oder Königs von Buganda, Mutesa I.(reg. ca. 1856–1884), waren äußerst beeindruckt von der effizienten Verwaltung und der Disziplin des Königreichs – versinnbildlicht für viele durch die breiten, geraden und sorgfältig unterhaltenen Straßen, die strahlenförmig aus der königlichen Residenzstadt herausführten und die Paläste innerhalb der Stadt miteinander verbanden. Mutesa und seine nnamasole oder »Königinmutter« Muganzirwaza bewohnten getrennte Palastkomplexe auf nebeneinanderliegenden Hügeln, und die Prachtstraße, die sie verband, war die wichtigste Verkehrsachse der Hauptstadt – ein deutlicher Hinweis darauf, wie ausgeglichen die politische Macht zwischen den Geschlechtern war. Solche positiven Beurteilungen wurden allerdings getrübt durch das Unbehagen über Mutesas Jähzorn und die häufigen Gewaltausbrüche in Form von groß angelegten Hinrichtungen, grausamen Verstümmelungen und willkürlichen Morden. Wie im westafrikanischen Aschantireich fiel es europäischen Besuchern im 19. Jahrhundert schwer, diese offensichtlichen

Widersprüche in Einklang zu bringen; die verbreitete Schlussfolgerung war aber, dass die Ganda auffällig begabte Menschen waren und ihr Königtum ein Modell guter – wenn auch despotischer – Regierungsführung. Nach seinem Besuch bei Mutesa im Jahr 1875 startete der aus Wales gebürtige amerikanische Journalist Henry Morton Stanley – dessen Karriere als Afrikaforscher auch von Ausbrüchen mörderischer Gewalt gekennzeichnet war – einen dringenden Aufruf, Missionare zu schicken, um das Evangelium zu diesem Volk zu bringen, das er für hoch entwickelt hielt und für die Vorzüge der christlichen Moderne für reif befand. Um 1880 hatten sowohl katholische als auch protestantische Missionsgesellschaften auf diesen Aufruf reagiert, und die schnelle Übernahme des Christentums, besonders unter jungen Männern aus dem Umkreis des Königshofs, verstärkte wiederum den Sonderstatus Bugandas in den Augen der Europäer. Es folgten Gewalt und der Ausbruch eines Bürgerkriegs. Als diese politische Unordnung sich Ende der 1890er-Jahre legte, schwang sich aber die protestantische Partei gebildeter christlicher Modernisierer im Bund mit den britischen imperialen Streitkräften an die Spitze des Königreichs auf. Diese Partei der sogenannten basomi oder »Leser« versuchte fortan auch, die Kontrolle über die Vergangenheit Bugandas zu erlangen: Einer ihrer Anführer war der katikkiro oder »Premiermister« des Königreichs, Apolo Kagwa.

Die Könige von Buganda

Die geschriebene Geschichte Bugandas begann tatsächlich mit Apolo Kagwa. Sein Hauptwerk wurde zunächst unter dem Titel Ekitabo kya Bakabaka be Buganda (»Das Buch der Könige von Buganda«) 1901 in London herausgebracht, dann in einer zweiten Ausgabe als Basekabaka be Buganda (»Die ehemaligen [oder vielleicht besser gepriesenen] Könige von Buganda«) 1912; für die dritte Ausgabe 1927 wurde der Titel erweitert um na be Bunyoro, na be Koki, na be Toro, na be Nkole (»und von Bunyoro und von Koki und von Toro und von Nkole«). 1971 – in dem Jahr, in dem Idi Amins Militärputsch die Öffnungsphase von Ugandas postkolonialer Geschichte beendete – erschien es in einer kommentierten englischen Übersetzung von M. S. M. Kiwanuka als erster Band in einer Reihe mit dem Titel Historical Texts of Eastern and Central Africa. Kiwanukas eigene Geschichte Bugandas, für die Basekabaka die bedeutendste Einzelquelle darstellte, erschien im selben Jahr.[8] Kagwas Buch war bei Weitem nicht die einzige Abhandlung über Geschichte und Kultur des Königreichs aus der Feder eines einheimischen Gelehrten in der frühen Kolonialzeit; es folgte viel weiteres Material, häufig in missionarischen Veröffentlichungen wie dem katholischen Blatt Munno, das ab 1910 publiziert wurde.[9] Auch war er nicht der Erste, der die dynastische Geschichte Bugandas in Form einer Liste der königlichen Herrscher niederschrieb: Beginnend mit Speke 1862 und Stanley 1875 waren bereits fünf solche Listen erstellt worden, als Kagwa in den 1890er-Jahren begann, mündliche Überlieferungen aufzuzeichnen. Dennoch war seine Arbeit die mit der größten Autorität und dem größten Einfluss: »In den 1950er-Jahren«, so notiert Christopher Wrigley, »gab es in den meisten Dörfern Exemplare von Kaggwas Buch, und für einen Außenstehenden wäre es schwierig gewesen, dahinter zurückzufallen oder darüber hinauszugehen.«[10] Neben der Bibel war Basekabaka mit Sicherheit das meistgelesene Buch in Buganda, und sein Autor wurde einer der berühmtesten Intellektuellen und »Kulturvermittler« des kolonialen Afrika, in seiner Geltung vergleichbar etwa dem bahnbrechenden Yoruba-Historiker Rev. Samuel Johnson in Nigeria. Ein Großteil der späteren in den Landessprachen verfassten wissenschaftlichen Untersuchungen über benachbarte Königreiche sowie spätere Abhandlungen über Buganda durch professionelle Historiker war mehr oder weniger ein Versuch, auf seine grundlegende Arbeit zu reagieren.

Sowohl die intellektuelle Genese als auch der politische Kontext von Kagwas Expertise sind faszinierend. Als Urenkel eines führenden Provinz-Oberhaupts vom Heuschrecken-Clan war er einer der ehrgeizigen jungen »Pagen« am Hof von kabaka Mutesa, der sich von der Missionsschule und der dort vermittelten Bildung anziehen ließ. Nachdem er sich Ende der 1880er-Jahre als Anführer der siegreichen protestantischen oder »englischen« Partei in dem turbulenten Vier-Fronten-Kampf zwischen Protestanten, Katholiken, Muslimen und traditionalistischen Politikern hervorgetan hatte, wurde er zum katikkiro ernannt und vertrat 1900 sein Land als Verhandlungsführer und Unterzeichner des sogenannten Uganda Agreement, das die Bedingungen für die britische Kolonialherrschaft festsetzte. Diese Bedingungen waren für Buganda – oder zumindest für seine landbesitzende Elite – äußerst günstig, und man kann sagen, dass Kagwas Rekonstruktion einer altehrwürdigen, glorreichen dynastischen Geschichte ein Hauptbestandteil seines Projekts war, für das Königreich die bestmögliche Stellung in der neuen Kolonialordnung herauszuholen. Den Anstoß für seine Zusammenstellung historischer Überlieferungen erhielt Kagwa auch von seinem engen Mitarbeiter Rev. John Roscoe, einem anglikanischen Missionar, der parallel eine ethnografische Abhandlung über die Gesellschaft der Ganda verfasste. Roscoe wiederum war ein Schüler des Großmeisters der frühen britischen Anthropologie, Sir James Frazer, der seine Vorstellungen über die Natur des »Gottkönigtums« in der klassischen Antike, in Afrika und anderswo – darunter auch Material, das er Kagwa und Roscoe entnahm – in seinem berühmten Kompendium The Golden Bough (publiziert 1911–1915; gekürzt als Der goldene Zweig 1928 auf Deutsch erschienen) darlegte. Im Gegensatz zu den ägyptischen Pharaonen waren die kabakas allerdings keine Gottkönige oder menschgewordene Götter. Genauso wenig praktizierten die Ganda den rituellen Königsmord, ein zentrales Moment in Frazers Theorie, die unter Anthropologen schon bald in Ungnade fallen sollte. Wie viele andere Könige in Afrika und darüber hinaus verkörperten sie aber wichtige sakrale Attribute: Formen ideologischer oder sogenannter kreativer Macht, die verschränkt waren mit der »instrumentellen« Macht, die sich aus der Zwangsgewalt ableitete. »Der Kabaka von Buganda war nicht nur ein bürokratisches und politisches Instrument in der Evolution eines zentralisierten Staatswesens«, so Benjamin Ray, »sondern auch ein ideologisches Geschöpf, die Verkörperung eines Symbols, was am deutlichsten in den königlichen Mythen und Ritualen zum Ausdruck kommt, wie Kaggwa und Roscoe sie verzeichnen.«[11]

Die Befunde deuten darauf hin, dass die Ideologie des Königtums sich in der Region der Großen Seen herauszubilden begann, lange bevor es zentralisierte Staatswesen gab. Kagwa identifizierte dreißig namentlich bekannte kabakas, angefangen mit Kintu, dem ersten Menschen, der von Gott auf die Erde herabgesandt wurde, bis hin zu Mutesa, von dem wir aus anderen Quellen wissen, dass er um 1856 an die Macht kam. Abgesehen vom Eintreffen Spekes im Jahr 1862 konnte Kagwa jedoch vor 1867 keinerlei Datierungen vornehmen. In diesem Jahr aber befolgte Mutesa unter dem Einfluss von muslimischen Arabern und Swahili-Händlern erstmals den muslimischen Fastenmonat Ramadan; das erlaubte es Kagwa, die Ereignisse seiner übrigen Herrschaftszeit nach aufeinanderfolgenden Fastenzeiten zu datieren (»Am Ende seines siebten Ramadans ging Mutesa nach Kabojja und errichtete eine Hauptstadt ...«).[12] Die ältere Chronologie sollte erst nachträglich erstellt werden: Ausgehend von den von Kagwa aufgezeichneten Überlieferungen zu jedem kabaka, bestimmte Kiwanuka, dass die dynastische Genealogie neunzehn Generationen umspannte; bei einem Durchschnitt von dreißig Jahren pro Generation erlaubte das, die Regierungszeiten abzuschätzen und bis zum Auftreten Kintus Anfang des 14. Jahrhunderts zu datieren. Aufgrund weiterer Erkenntnisse konnten einige dieser Daten noch modifiziert werden; allerdings herrscht unter Historikern zunehmend Konsens, dass frühestens die Datierungen ab Mitte des 17. Jahrhunderts als verlässlich gelten dürften. Unter der Herrschaft des mächtigen kabaka Ssekamaanya (dessen Regierungszeit Kagwa auf 1584–1614 datiert) identifiziert Wrigley »einen tiefgreifenden Wandel im Charakter des Königtums«. »Hier«, so schreibt er, »scheinen wir uns tatsächlich der Schwelle zur Historizität zu nähern« – und das im westlichen Sinne, basierend auf schriftlichen Quellen und definierten Regeln von Ursache und Wirkung.[13] Jan Vansina bleibt in seiner Untersuchung zum Nyiginya-Königreich in Ruanda sogar noch zurückhaltender und nennt keinerlei feste Daten vor der Thronbesteigung durch König Mibambwe III Mutabazi II Sentabyo im Jahr 1796 – dieses Jahr lässt sich durch eine gleichzeitige Sonnenfinsternis identifizieren. Vansina verwirft die Chronologie des ruandischen Hofgelehrten Alexis Kagame und seines Inganji Kalinga (1943–1947) und gibt an, dass das Königreich parallel zu anderen in der Region der Großen Seen »wahrscheinlich um 1650 gegründet wurde – fast sechs Jahrhunderte nach dem Jahr 1091, das Kagame ansetzt«.[14]

Für alles, was davor liegt, ist die historische Zeit kaum mehr von der mythologischen Zeit unterscheidbar. Das soll nicht heißen, dass Ursprungsmythen als schlichte »Erfindungen« abzutun wären. Vielmehr erfordern sie eine genaue, kritische Analyse; nur dann können sie den tiefgründigen und häufig umstrittenen Sinngehalt, der in ihnen ruht, preisgeben. Wie Ray aufzeigt, bergen gerade die Mythen und Rituale den ideologischen Kern des Ganda-Königtums. Um diese Überlieferungen aufzuzeichnen, wandte sich Kagwa in den 1890er-Jahren an die greisen Wächter der sogenannten königlichen Kieferknochenschreine, in denen als Denkmal ihrer Herrschaft die herausgelösten Kieferknochen und erhaltenen Nabelschnüre jedes kabaka aufbewahrt wurden.[15] Spätere Forscher betrachteten auch die detailliert ausgestalteten Zeremonien zur Einsetzung des kabaka, in deren Verlauf, so Ray, das Königtum »durch eine Reihe von Riten neu konstituiert wurde, bei denen der neue König und die Oberhäupter die Gründungsakte der frühen Könige nachspielten.« Diese rituellen Darbietungen wirkten damit ebenfalls als ganz wesentliche Merkhilfen; tatsächlich »beruhen Berichte der Ganda über die Gründung des Königtums fast ausschließlich auf den Einsetzungsriten«.[16] Das mag durchaus stimmen; und daneben liefert die historische Linguistik weitere wichtige Hinweise darauf, wie sich in frühen Zeiten die Vorstellung königlicher Autorität herausformte. Bereits Mitte des ersten Jahrtausends, so konnte Schoenbrun nachweisen, entwickelten die Sprecher von West-Nyanza-Bantu (aus dem Nord-Nyanza und dann Luganda hervorgehen sollten) zwei wichtige nominale Suffixe, die erbliche Macht bezeichnen: -kama oder »König« und -langira oder »erbherrschaftlich«. Das Wort -kama leitete sich von einem älteren Verb mit der Bedeutung »melken« oder »auspressen« ab, und -langira geht auf ein Verb zurück, das »berichten«, »verkünden« oder »prophezeien« bedeutet. Letzteres beschreibt damit heilige oder »kreative« Macht, während Ersteres eher für »instrumentelle« Macht steht – dabei bleibt es eine Frage der Interpretation, ob das Symbol des Königs als Kuhmelker eher seine Rolle als Versorger seines Volks beschreibt oder seine Macht, sich auf ihre Kosten zu bereichern. Bedenkt man, wie ambivalent historische Könige von ihrem eigenen Volk bewertet wurden, könnte es durchaus auch beides bedeuten.[17]

Dass das Königsgeschlecht der Ganda mit Kintu, dem Urmenschen, begonnen haben soll, ist keine Überraschung. Als typischer wandernder »Fremdenkönig« – eine Heldengestalt, die aus einem anderen Reich einwandert und eine fortschrittlichere kulturelle Ordnung mitbringt – gründete Kintu das Königreich, so berichtet Kagwa, nachdem er die Schlange Bemba besiegt hatte, einen despotischen Herrscher mit Merkmalen einer Python; dieser beschwört also Zeiten herauf, in denen die menschliche Kultur erst teilweise von einer anarchischen, bedrohlichen Natur emanzipiert war. Wie die dynastische Genealogie Ruandas, die Kagame bis 1091 zurückverfolgt, lässt sich das aber auch als Ausdruck für Bugandas späteren Status als dominante Regionalmacht lesen: So vermutet Neil Kodesh in seiner Untersuchung zu den Spannungen zwischen Königtum und Clanherrschaft in der Geschichte der Ganda, dass die Erzählung über Kintu und Bemba womöglich erst im 18. Jahrhundert in das dynastische Narrativ eingefügt wurde, um die königliche Autorität zu stärken.[18] Mitte des 19. Jahrhunderts sollte noch eine weitere Interpretation hinzutreten: Muslimische Händler assoziierten die Ankunft Kintus als heldenhafter Eroberer gern mit der biblischen (und koranischen) Gestalt Ham, dem Sohn Noahs, der verbannt wurde, weil er seinen Vater nackt gesehen hatte, und der als Stammvater der Afrikaner galt. Ebenfalls von Ham leitet sich der Begriff der Hamitentheorie ab: Diese verheerende eurozentrische Idee geht auf die Annahme zurück, jeglicher höherer Entwicklungsstand einer afrikanischen Gesellschaft müsse auf dem Einfluss einer überlegenen, hellhäutigeren »Rasse« aus den Norden zurückzuführen sein, vielleicht aus Äthiopien oder Ägypten. Aufgestellt wurde dieses rassistische Hirngespinst durch Speke nach seinem Besuch in Buganda 1862, und es sollte den europäischen Blick auf Ostafrika über die ganze Kolonialzeit hinweg weiter beeinflussen – mit katastrophalen Folgen auch in Ruanda und Burundi, wo die belgischen Obrigkeiten den Tutsi-Adel als überlegene »nilo-hamitische« Herrscherelite wahrnahmen und behandelten. Doch Buganda war weder das erste noch ursprünglich das mächtigste Königreich in der Region. Nördlich lag der ältere Staat Kitara, der angeblich von einer Dynastie namens Chwezi (oder Bachwezi) beherrscht wurde und einen ausgedehnten, wenn auch lockeren imperialen Einfluss über weite Grasländer ausübte. Diese Chwezi sollten später »untergehen« und von einer neuen Dynastie verdrängt werden, die ein weiterer Eroberer und Fremdenkönig namens Rukidi begründet hatte. In Rukidis Ankunft aus dem

Norden klingt die graduelle Südwärtsbewegung Nilotisch-sprachiger Luo-Völker am Nil entlang an, und tatsächlich heißt es in der mündlichen Überlieferung, eine neue Bito-Dynastie sei aus einer »Eroberung« Bantu-sprachiger Gemeinschaften durch die Luo entstanden. Anhand archäologischer und linguistischer Befunde lassen diese Prozesse sich wohl auf das 15. oder 16. Jahrhundert datieren. Komplizierter wird die Frage nach der Natur Kitaras aber dadurch, dass die Chwezi als einflussreicher Geisterkult wiederauftauchten, der bis heute in der Region der Großen Seen existiert. Waren also die Chwezi eine Königsdynastie, die als Ahnengeister vergöttlicht wurden, oder eine Geisterfamilie, die in der mündlichen Überlieferung zu Gründungskönigen stilisiert wurden? In diesem Punkt gehen die Meinungen der Historiker auseinander.[19] Jedenfalls sollte aus der Bito-Dynastie um 1600 ein neues Königreich hervorgehen: Bunyoro.

Bunyoro war Bugandas »Alter Ego« und umgekehrt: Sie rivalisierten erbittert um die regionale Vormachtstellung, ihr militärischer Expansionismus richtete sich in der Regel gegen den jeweils anderen, und ihre gegenseitige Abscheu dauerte bis ins 20. Jahrhundert an. Als Reaktion auf Kagwas Arbeit und das Abkommen der Ganda-Herrschaftselite mit den Briten sollten ab den 1920er-Jahren Autoren aus Nyoro – darunter der mukama oder König selbst – die Geschichte ihrer Dynastie konstruieren und immer detaillierter ausgestalten. Dieses Projekt kulminierte 1947 in dem Werk Ky'Abakama ba Bunyoro-Kitara (»Die Könige von Bunyoro-Kitara«) des Hofhistorikers John Nyakatura; wie der Titel suggeriert, sollte es das Königreich als Erbe des alten Reichs von Kitara und der vergötterten Chwezi etablieren.[20] Nyakatura zufolge war der dritte bekannte kabaka, Kimera, Rukidis jüngerer Zwillingsbruder, der entsandt wurde, um über das damals noch kleine Vasallenreich Buganda zu herrschen. Das mag stimmen oder nicht – jedenfalls war Bunyoro unbestritten das dominantere Reich, bis im 18. Jahrhundert der Einflussbereich der Ganda so drastisch expandierte. »Buganda stand auf der Verliererseite mehrerer zerstörerischer Angriffe«, schreibt Reid, »und musste schnell lernen – vielleicht, indem man den Nyoro selbst nacheiferte –, um überhaupt als autonome politische Einheit zu überleben.«[21]

Clans und Könige

Es dürfte klar geworden sein, dass es sich bei den dynastischen Herrscherlisten und den damit verknüpften mündlichen Überlieferungen um komplexe und häufig infrage gestellte historische Texte handelt. Die Aufzeichnungen von Überlieferungen zu den Königshäusern durch wegweisende lokale Gelehrte wie Kagwa, Kagame und Nyakatura hat späteren Historikern umfassende Korpora mit vielfältigem Quellenmaterial an die Hand gegeben; doch es ist erwiesen, dass es durch vergangene politische Umstände geprägt war und im Aufeinandertreffen mit der Kolonialherrschaft und der aufkommenden »neuen schriftlichen Welt«[22] erneut umgeprägt wurde. Die Dichte und Komplexität von Bugandas mündlichem und schriftlichem Archiv machte aber auch den Weg frei für ein interessantes Spektrum verschiedener Interpretationen zur Geschichte des Königreichs, seit die Gelehrten begannen, über den auf Staaten konzentrierten Rahmen der »dynastischen Zeit« hinauszugehen, den Kagwa und später Kiwanuka gesetzt hatten. So betrachten wir jetzt die allgemeinere historische Entwicklung Bugandas von seiner Entstehung als zentralisierter Staat im 17. Jahrhundert bis zu seiner Begegnung mit den disruptiven globalen Kräften ab den 1850er-Jahren. Wie entwickelte sich in diesen zweihundert Jahren das Wesen des Königtums und sein Verhältnis zur Gesellschaft der Ganda?

Generell herrscht unter Historikern Konsens, dass die Geschichte Bugandas durch eine starke Spannung zwischen Clans und

Königen geprägt ist. Die Institution des Königtums, so die häufigste Darstellung, stellte einen Bruch zu einer älteren Form sozialer Organisation und Zugehörigkeit dar, die auf der Mitgliedschaft in Verwandtschaftsgruppen beruhte, den bika oder »Clans«. Trotz seiner erklärt royalistischen Perspektive erkannte Kagwa das an, indem er sich in den Jahren nach dem Uganda Agreement von 1900 den Clans widmete und 1912 Bika bya Baganda veröffentlichte. Jeder der über vierzig bika war nach seinem eigenen Tier- oder Pflanzenemblem benannt; die Mitglieder verteilten sich meist über die ganze Ganda-Region, allerdings hatte jeder Clan auch sein anerkanntes Heimatgebiet mit Ländereien oder bataka, die von amtierenden »Oberhäuptern« verwaltet wurden; gesichert wurden sie durch die Beerdigung der Toten innerhalb dieser Grenzen. Ensi engula mirambo, lautete ein bekanntes Sprichwort: »Land wird durch Gräber erworben (oder ›vermenschlicht‹)«.[23] Das Clanwesen galt keineswegs als archaische Institution, die durch den Aufstieg der zentralisierten Staatsmacht obsolet geworden war, sondern spielte in der Staatsführung weiterhin eine ganz zentrale Rolle. Mächtige bataka-Oberhäupter besetzten am königlichen Hof ausgewiesene Ämter: Wichtig war zum Beispiel das Amt des mugema, das vom Führer des Grünmeerkatzen-Clans und der Provinz Busiro besetzt wurde, dem Begräbnisort der verstorbenen Könige. Der mugema war verantwortlich für die Einsetzung des kabaka, er legte ihm Rindentuch und Kalbsleder um die Schultern und sprach: »Ich bin dein Vater, du bist mein Kind. Durch alle Zeiten, von dem Ahnen Kimera an, bin ich dein Vater.«[24] Die Autorität des bika wurde auch durch das Amt der Königinmutter oder nnamasole vertreten. Da die Königsfamilie selbst zu keinem Clan gehörte und über den bika stand, war die nnamasole die mächtigste »Bürgerliche« im Königreich und stammte häufig aus einem von wenigen führenden Clans – deren Einfluss sie noch weiter förderte. Dass sowohl Clan-Oberhäupter als auch Frauen zu einem gewissen Grad über verfassungsmäßige

Autorität verfügten, ist eine wichtige Erkenntnis im sich etablierenden Verständnis, dass die politische Macht der Ganda gewissermaßen »diffuser« war als bisher gedacht. So weist Stephens darauf hin, dass der Titel kabaka eigentlich drei Ämter beinhaltete: den kabaka selbst, die nnamasole und die lubuga oder »Königinschwester«.[25]

Die Expansion des Königreichs lässt sich daher als zweischrittiger Prozess darstellen: Territoriale Erweiterung, meist mit militärischen Mitteln und in der Regel auf Kosten der benachbarten Bunyoro und Busoga; und die Ausdehnung der königlichen Autorität über Clans, Heiligtümer, Heilerzentren und andere Institutionen der Ganda-Gesellschaft. Bezeichnenderweise erhielt Mutesas Nachfolger Mwanga II. bei seiner Einsetzung 1884 vom mugema den Auftrag, »deine Feinde zu bekämpfen und Buganda zu erobern«.[26] Über die mündliche Überlieferung zu den jeweiligen Herrschaftszeiten der aufeinanderfolgenden kabakas konnten Historiker in diesem doppelten politischen Projekt entscheidende Momente ausmachen. Für Wrigley war ein früher Hinweis auf einen Zuwachs politischer Macht die Tötung von Nankere, einem Oberhaupt, der für den Ritus okukulu kwa kabaka, »das Aufwachsen des Königs«, verantwortlich war, durch kabaka Ssekamaanya (»den Gewalttätigen«). Nankere sollte einen Sohn überantworten, den Ssekamaanyas designierter Nachfolger erstechen würde; doch er zog sich den Zorn des Königs zu, indem er das verweigerte und stattdessen einen Ochsen zur rituellen Schlachtung anbot. Dafür bezahlte er mit dem Leben. Wenn diese Episode sich tatsächlich ereignete, als Anfang des 17. Jahrhunderts allmählich der »historische Horizont« in Sicht kam, so zeigt sie Wrigley zufolge, dass »die alten Rituale an Macht verloren und dass die, die sie ausführten, nicht mehr als sakrosankt galten«.[27] Daneben haben wir hier einen Hinweis auf die Bedeutung der rituellen Gewalt, die den König zu einer Art »heiligem Monster« macht, für das die Regeln der normalen Menschen nicht gelten: Die okukulu-Riten sollten noch bis ins

19. Jahrhundert hinein den Abschluss der kabaka-Einsetzung bilden. Wir werden später noch einmal darauf zu sprechen kommen.

Zu diesem Zeitpunkt war Buganda immer noch ein winziges Königreich oder ein »Mikrostaat« auf seinem Kernland Busiro, 24 Kilometer nordwestlich des heutigen Kampala. In der zweiten Hälfte des 17. Jahrhunderts aber begann unter der Führung der kabakas Kateregga (reg. ca. 1640–1670) und Mutebi I. (reg. ca. 1670–1700) seine territoriale Ausweitung. Wertvolles Weideland wurde erworben, und besiegte lokale Clan-Oberhäupter wurden durch Handlanger des Königs, häufig die siegreichen Heerführer, ersetzt. Zu einer weiteren militärischen Expansion kam es unter kabaka Mawanda (reg. ca. 1730–1760), der die Grenze des Reichs ostwärts bis zum Nil vorschob. Ebenso bedeutsam war unter Mawanda und seinem Nachfolger Namugala (reg. ca. 1760–1790) die Einsetzung einer neuen Ordnung von Oberhäuptern, den batongole, die vom König bestellt und ihm direkt verantwortlich waren. Bekannt als die »Männer des Königs«, galten die batongole manchen Historikern als Startpunkt der eher bürokratischen Form der Regierung, die europäische Beobachter im 19. Jahrhundert so beeindruckte. Wie zur selben Zeit im westafrikanischen Königreich Aschanti war Buganda allerdings wohl weniger ein bürokratischer als ein »patrimonialer« Staat; mit seiner Verwaltung waren also aristokratische Beamte betraut. »Die soziale Organisation war in ihrem Kern militärisch«, schreibt John Iliffe, und »mit der Eroberung neuer Territorien wurde aus der Clangemeinschaft ein Militärstaat mit patrimonialen Ämtern.«[28]

Namagula ist auch bekannt dafür, dass er in Buddo im südlichen Busiro die aufwändigen Installationsriten des Königs einrichtete, die bei allen nachfolgenden Königen durchgeführt wurden und die auch Kagwa und andere Gelehrte beobachteten und beschrieben. Die neue Zeremonie gilt als wesentliche Entwicklung in dem entscheidenden Tauziehen zwischen dem Clanwesen und

Königtum der Ganda, da sie das Zentrum der Inthronisierung vom Clansitz in Bakka Hill im Norden – dem Standort des älteren okukulu kwa kabaka – in das königliche Anwesen von Buddo Hill verschob. Die Oberhäupter der benachbarten Zibetkatzen-, Frosch-, Stummelaffen- und Pilz-Clans waren damit ausgeschlossen, und die Riten konzentrierten sich auf eine symbolische »Schilf-Schlacht« mit einer Darbietung von Kintus Sieg über Bemba, auf die Verehrung der sterblichen Überreste des Sehers Buddo, der Namugalas Aufstieg an die Macht gefördert hatte, und schließlich auf die Einsetzung des kabaka und der lubuga auf einem Ameisenhaufen, der als Sitz des Geistes oder lubaale Kibuuka galt. Kürzlich legte allerdings Kodesh eine Neuinterpretation mit einer leicht abweichenden Lesart der Quellen vor. Erst im Rahmen dieser neuen Einsetzungsriten, so Kodesh, sei nämlich Kintu im Narrativ der Dynastie zum ersten kabaka erklärt worden und Kibuuka zu einem großen »nationalen« Kriegsgott. Die Riten stellten also weniger eine Strategie dar, bestehende Formen ritueller und an die Clans gebundener Macht zu verdrängen, sondern sie sollten »die Autorität, die die öffentlichen Netzwerke der Heiler bargen, auf die Unterstützung eines zunehmend ehrgeizigen königlichen Zentrums lenken«.[29] Blickt man »über den königlichen Tellerrand hinaus«, so schließt Kodesh, behielten Priester, Geistermedien, Heiler und Clanführer ihre grundlegende Bedeutung für die Ganda-Gesellschaft, denn sie alle dienten dazu, lokale Identitäten tiefsinniger zu prägen als eine zentralisierte Staatsmacht es gekonnt hätte.

Gewalt

Der Einsatz von Gewalt war und ist in jedem Teil der Welt ein entscheidendes Werkzeug der Staatenbildung – auch in Afrika. Ob sie real existierte oder bedroht war, ob sie sich militärisch gegen äußere Feinde richtete oder vom Staat gegen das »eigene« Volk, seit jeher war Zwangsgewalt ein wesentlicher Punkt für das Verständnis politischer Macht. In ihrer umfassenden Neubetrachtung des Begriffs vom Königtum erklären die Kulturanthropologen David Graeber und Marshall Sahlins, eine fundamentale Definition der Souveränität –»eine, die einen zum Souverän macht« – wäre »die Kapazität, ungestraft willkürliche Gewalt auszuüben«.[30] Graebers und Sahlins Diskussion über das Wesen und die Funktionsweise des Königtums weist aber über die Gewalt weit hinaus; tatsächlich plädieren die Autoren eindringlich dafür, kritisch an ältere anthropologische Auffassungen anzuknüpfen, die das Königtum in Afrika und anderswo vor allem als sakrale Institution verstanden. In Übereinstimmung mit vielen afrikanischen Wissenschaftlern, die inzwischen die historische Rolle der Zwangsgewalt oder »instrumentellen« Macht gegenüber nicht zwingender »kreativer« Macht hintanstellen, gehen sie davon aus, dass die Bedeutung der Kriegsführung bei der Herausbildung und Regierung von Staaten wohl übertrieben wurde, und das auch in den einheimischen mündlichen Überlieferungen: »Was traditionell oder in der wissenschaftlichen Literatur als ›Eroberung‹ gilt, ist manchmal die Usurpation des vorherigen Regimes und nicht Gewalt gegen die einheimische Bevölkerung.«[31] Und doch bleibt Gewalt, sei sie real oder symbolisch, ein Schlüsselbegriff zum Verständnis der Geschichte in der Region der Großen Seen. Buganda war bei Weitem nicht das einzige hoch militarisierte, aggressiv expansionistische Königreich, das ab dem 17. Jahrhundert Gestalt annahm: Genauso gilt das für das benachbarte Ruanda, und auch in Westafrika entstanden solche autoritären »fiskal-militärischen« Staaten in der zunehmend von Gewalt geprägten Ära des transatlantischen Sklavenhandels. Wahrgenommen aber wurde Buganda – von anderen, aber bezeichnenderweise auch von sich selbst – als außerordentlich gewalttätig; als Staat, in dem die Souveränität seiner Könige direkt von ihrer Kapazität abhing, die »Feinde zu bekämpfen und Buganda zu erobern«.

Für den Historiker liegt hier die Gefahr darin, sich fälschlicherweise »von den Quellen leiten« zu lassen, seien es mündliche Überlieferungen, die die militärische Stärke und die wunderbare Macht des kabaka rühmen, oder Berichte von europäischen Besuchern des 19. Jahrhunderts, die dasselbe tun, allerdings mit einem zusätzlichen rassistischen Seitenhieb gegen die afrikanische »Wildheit«. Seit jüngere Studien bei der Betrachtung der Geschichte Bugandas den Königshof möglichst aus dem Blick nahmen und stattdessen stärker diffuse Formen der Autorität beleuchteten, wie sie in der breiteren Gesellschaft verankert war, konnte das Bild des Königreichs als mörderischer militarisierter Staat relativiert werden. Holly Hansons Buch über die wechselseitigen Verpflichtungen, durch die Staat und Gesellschaft der Ganda aneinander gebunden waren, ist dafür ein Beispiel. Es beginnt mit der eindrücklichen Feststellung: »Wenn die Menschen in Buganda an Macht dachten, sprachen sie von Liebe.« Zeremonielle Zusicherung und intensiver Ausdruck von Zuneigung waren bei den Ganda ein Kernstück der Machtausübung, so Hanson. Dabei »schloss das Liebesvokabular in Staatsdingen gnadenlose Gewalt ein, wenn etwa Untertanen im 19. Jahrhundert dem König auf Knien für das Privileg dankten, ihrer Oberhaupt-Stellung enthoben zu werden« oder »nach der Willkür des Königs zum Tode verurteilt zu werden«.[32] Zu bedenken ist hier auch der historische Wandel, denn vieles deutet darauf hin, dass die Kultur von Gewalt und Raub in Buganda Mitte des 19. Jahrhunderts einen Höhepunkt erreichte, als sie sich mit Mutesas impulsiver Persönlichkeit paarte. Hanson legt dar, dass eine ältere, gutmütigere Tradition gegenseitiger Verpflichtungen in den Gemeinschaften durch die Expansion der zentralisierten Staatsgewalt überlagert wurde. Und wo andere in der Einrichtung der batongole-Oberhäupter den Startpunkt eines modernisierenden bürokratischen Regimes sehen, fällt Hansons Beurteilung negativer aus: Sie sieht darin eine partielle Auflösung der alten Bindungen aus gegenseitiger Verpflichtung.

Hinnehmen mussten die staatliche Strafgewalt keineswegs nur die feindlichen Nyoro und Soga oder mutmaßliche Missetäter aus den Reihen der Ganda. Auch die königliche Familie selbst war offenbar von mörderischen Rivalitäten und wiederholtem Vatermord zerrissen. Kagwas Chronik berichtet, dass von den acht oder neun kabakas im 18. Jahrhundert nicht weniger als sieben von adeligen Usurpatoren ermordet wurden. Namugalas Reformen können daher als Versuch gelten, nach einer besonders stürmischen Folge von Regiziden wieder für Stabilität zu sorgen, und er selbst konnte einer Ermordung tatsächlich entgehen – allerdings nur, indem er zugunsten seines Bruders Kyabaggu abdankte, dessen Verschwörungspläne er fürchtete. Kyagabbu wiederum sollte um 1790 durch die Hand seines Sohnes umkommen. »Die vermehrte monarchische Macht ließ offenbar eine instabile Situation entstehen«, kommentiert Ray mit einigem Understatement.[33] In den Griff bekam die Lage schließlich kabaka Ssemakookiro (reg. ca. 1800–1812), »wahrscheinlich der fähigste und gnadenloseste aller Herrscher in Buganda«, dessen Taten »ein entscheidendes Moment in der Staatskonsolidierung« darstellten.[34] Seine Lösung bestand in der systematischen Liquidierung aller königlichen Prinzen bis auf seinen designierten Nachfolger und einen oder zwei weitere Lieblingssöhne. Diese Praxis sollte sich im Erbfolgezyklus immer dann wiederholen, wenn die Anzahl von Prinzen und anderen potenziellen Thronrivalen wieder gefährliche Höhen erreichte: Nach seiner Amtseinsetzung um 1830 ließ kabaka Ssuuna II. sechzig seiner Brüder töten, um seine erwachsenen Söhne zu schützen. Buganda hatte damit wohl eine Lösung für ein Problem gefunden, mit dem viele afrikanische Königreiche kämpften: die heftig umstrittene und gewaltsam beeinflusste Thronfolge. Und tatsächlich starben die fünf wichtigsten kabakas im 19. Jahrhundert offenbar alle eines natürlichen Todes. Allerdings forderte diese Stabilität einen hohen Tribut an Menschenleben in der königlichen Familie: Wrigley merkt an, dass diese »außerordentlich wenig Gebrauch von dem biologischen Vorteil machte, den ihr der unbegrenzte Zugriff auf die schönsten und fruchtbarsten Frauen Bugandas und seiner Nachbarländer bot«. »Vielleicht könnte man auch sagen, dass sie ihre genetischen Interessen dem Wohl des Reichs hintanstellte.«[35] Ray zufolge erlaubte es Ssemakookiros brutales Abschlachten den kabakas des 19. Jahrhunderts, »sich selbst Gesetz zu werden, womit Buganda in einen verfügten Despotismus versetzt wurde«.[36]

Dieser »verfügte Despotismus« wiederum beeindruckte und entsetzte Speke und andere europäische Besucher an Mutesas Hof in den 1860er- und 1870er-Jahren. Zwar erreichte Buganda seine größte territoriale Ausdehnung unter Kamaanya (reg. ca. 1812–1839), dem letzten der großen Kriegerkönige, doch die Militarisierung der politischen Kultur setzte sich unter seinem Nachfolger Ssuuna II. (reg. ca. 1830–1856) und dann unter Mutesa fort.[37] Vansina macht in Ruanda einen ähnlichen Prozess aus, der im »unablässigen Anschwellen einer Welle des Terrors« kulminierte und sich unter Mutesas Zeitgenossen Rwabugiri (reg. 1867–1895) ausgehend vom Königshof über das ganze Königreich ausdehnte.[38] Die Königsmacht in der Region der Großen Seen hatte demnach ihren Höhepunkt erreicht, symbolisiert im Besitz großer dynastischer Kriegstrommeln: mujaguzo in Buganda, bagendanwa in Nkore oder kalinga in Ruanda (von denen Alexis Kagame den Titel seiner Königschronik ableitete: Inganji Kalinga, »Triumphierende Kalinga«). Wie die schlagenden dynastischen Trommeln, die das Königreich zum Krieg mobilisierten (siehe Tafel XIV), hatte auch die Gewalt des Königs sowohl eine praktische als auch eine symbolische Funktion: Sie war nicht nur Ausdruck der königlichen Autorität; sie machte ihn erst zum König. Der kabaka, so schreibt Ray, »wurde der Termitenkönigin gleichgesetzt [...], die die Termiten ihrer Kolonie auffraß, dem Schmied, der das Eisen schmilzt, um es zu formen, und einem Hammer, der zerstört, was er trifft«.[39] Diese beängstigende und bisweilen willkürliche Macht über Leben und Tod wurde zudem offenbar vom gewöhnlichen Volk nicht nur toleriert, sondern sogar begrüßt als etwas, was nur »ihrem« König gebührte. Wie Wrigley in seiner Überlegung zur verschwendeten Reproduktionsmöglichkeit der königlichen Ehefrauen anklingen lässt, zeigte sich Macht auch in der ostentativen Ansammlung immer größerer Zahlen von Frauen – darunter auch weibliche Kriegsgefangene, die im Rahmen der Ideologie der wechselseitigen Verpflichtungen an die Oberhäupter weiterverteilt wurden. So wurde im 19. Jahrhundert die Gefangennahme von Frauen womöglich zu einem immer wichtigeren Aspekt organisierter Gewalt.[40] »Die Europäer, die in den 1860er-Jahren eintrafen, sahen vor allem Aristokraten an der Macht«, schreibt Chrétien. Dabei entging ihnen, »wie diese Institution im Grunde im Volk verwurzelt war. Der Machtmissbrauch wurde aufgezeigt, nicht aber die Motive, warum die Menschen ihn hinnahmen.«[41]

Trotz ihrer beeindruckenden Fülle an instrumenteller Macht gelang es den kabakas doch nie ganz, sich von den tiefer liegenden Machtstrukturen zu befreien, die an Clans, Heiligtümer und das Sakrale gebunden waren – wenn das überhaupt ihr Ziel war. Ssemakookiros gnadenlose Erbfolgereform beendete zwar die erschreckende Folge von Regiziden, doch dass alle kabakas des 19. Jahrhunderts eines »natürlichen« Todes starben und nicht von ihren eigenen Söhnen umgebracht wurden, sollte doch noch nuanciert werden: Kagwa zufolge starb Ssemakookiro an einer Krankheit, die der Geist eines prominenten, von ihm ermordeten Heilers geschickt hatte. Sein Nachfolger Kamaanya wurde auch von einem Geist getötet, nämlich dem seines ermordeten Sohns Nakibine in Abstimmung mit dem lubaale Mukasa, dem Gott des

Victoria-Nyanza. Und nachdem sich Ssuuna selbst zu einem lubaale auf Erden erklärt hatte, wurde er von einem Blitz aus der Hand des lubaale Kiwanuka getroffen. Er überlebte – und starb an Pocken, angeblich, weil er sich geweigert hatte, den Rat des Priesters von Mukasas lubaale-Gefährten Nnede zu beherzigen. Zuletzt erlag Mutesa 1884 einer längeren Geschlechtskrankheit, die entweder auf den Racheakt eines Geistes für den Mord an einer Ehefrau zurückging oder darauf, dass er dem Grünmeerkatzen-Clan das Amt des mugema entzogen hatte. Die kabakas, so suggeriert also die mündliche Überlieferung, mussten sich weiterhin für ihre Taten vor den großen lubaale rechtfertigen und bezahlten das Verbrechen der Hybris und die Übertretung ihrer Machtbefugnisse mit ihrem Leben.[42]

Begegnungen im 19. Jahrhundert

Die Begegnung Ugandas mit der Welt außerhalb der Region der großen Seen ging nicht ohne Tumulte vonstatten. Es begann 1844 mit der Ankunft einer Gruppe von arabischen und/oder Swahili-Händlern von der Insel Sansibar, dem Hauptsitz der dem Sultan von Oman untergebenen Provinzen an der afrikanischen Ostküste. Die Omaner hatten sich über Jahrzehnte einen Zugang zu den Stadtstaaten der Swahili und zu den Fernhandelsrouten erarbeitet, die von dort ins Binnenland führten; von dort wollten sie sich Ware für die wachsende Nachfrage nach zwei lukrativen Exportprodukten beschaffen: versklavte Gefangene und Elfenbein. Das Ergebnis war verbreitete Destruktion und Gewalt, denn diese neuen Quellen für merkantilen Reichtum und die Feuerwaffen, die sich dafür erwerben ließen, gaben ehrgeizigen Kriegsherren die Möglichkeit, sich politische Macht zu verschaffen. Immer größere Razzien von Sklaventreibern führten außerdem zu einer Eskalation von Raub und Unsicherheit. »Veränderungen«, so fasst Iliffe zusammen, »die sich in Westafrika über Jahrhunderte hinweg vollzogen hatten, verdichteten sich im Osten auf wenige Jahrzehnte.«[43] Dass in Buganda die Zentralgewalt so stark konzentriert war, schirmte das Land von solchen disruptiven Entwicklungen zunächst ab. Nun aber fanden die wichtigsten Waren, die von den Händlern an der Küste zum Verkauf angeboten wurden, nämlich Stoffe und Feuerwaffen, begeisterte Abnehmer am Königshof und bei der adligen Elite. Nach seiner Amtsübernahme um 1856 ließ sich Mutesa auch zu einer anderen Innovation hinziehen, die mit den Karawanen aus Sansibar in die Region gelangten: zum Islam. Motiviert wurde der kabaka wohl unter anderem von den anhaltenden Spannungen zwischen königlicher Macht und der in den Clans verorteten Autorität der lubaale; jedenfalls ermunterte er seine Höflinge und Pagen aktiv dazu, den Koran zu lesen und zum Islam überzutreten. In den späten 1860er-Jahren hatte er in seiner Hauptstadt den Bau einer Moschee angeordnet, zum Tragen von importierten Stoffkleidern anstelle des traditionellen Rindentuchs aufgefordert und, wie schon erwähnt, auch selbst begonnen, die muslimischen Gebetszeiten und den Ramadan einzuhalten. Daneben griff Mutesa radikal in die königliche Begräbnispraxis ein, indem er die sterblichen Reste von bis zu zehn seiner Vorgänger aus ihren Gräbern in Busiro exhumieren ließ, ihre Skelette mit den herausgenommenen Kieferknochen vereinte und sie in einem neuen Mausoleum in seinem eigenen Einflussbereich wieder bestattete; Teil dieses Prozesses war auch, dass er dem Grünmeerkatzen-Clan die Zuständigkeit für das Amt des mugema entzog. Das alles weist darauf hin, dass der kabaka den Islam als neue Waffe im Kampf für sein Projekt nutzte, die dynastische Macht zu konsolidieren.

1876 aber wich Mutesa von diesem Weg ab, ließ etwa siebzig muslimische Konvertiten hinrichten, die es gewagt hatten, ihm in Fragen islamischer Prinzipien zu widersprechen, und sagte sich von seinem eigenen öffentlichen Bekenntnis zum islamischen Glauben los. Um 1880 wurde die religiöse Landschaft noch komplizierter, als zunächst anglikanische Prediger von der Church Missionary Society und dann die katholischen White Fathers eintrafen. Beide Missionsgesellschaften zogen schon bald Konvertiten an, hauptsächlich aus den Reihen der jungen bagalagala oder »Pagen«, die am Königshof die niedrigeren Ränge belegten. Mutesa hielt sich vom Christentum fern, wenngleich er hoffte, seine europäischen Verbindungen könnten sich bei der Abwehr einer erneuten Bedrohung durch den Erzfeind Bunyoro als nützlich erweisen. Auch Bunyoro war in die ausgreifenden Tentakel des Fernhandels geraten – zunächst nicht von der Ostküste her, sondern aus dem Norden, von wo türkisch-ägyptische Händler und Sklaventreiber von Khartum aus am Nil entlang in den heutigen Südsudan vorgedrungen waren. Dem mukama Kabalega von Bunyoro (reg. ca. 1870—1899) erlaubte das den Zugriff auf ein äußerst bedeutsames Produkt: auf Feuerwaffen. So aufgerüstet, feierte Kabalega große Erfolge, als er in den 1870er- und 1880er-Jahren zunächst seine eigenen Oberhäupter wieder auf Linie brachte und dann Offensiven gegen Buganda startete. Während in Buganda Ende der 1880er-Jahre der Bürgerkrieg ausbrach, stellte Bunyoro seinen einstigen Status als regionale Hegemonialmacht wieder her. »Aufgrund der politischen Konsolidierung«, so Iliffe, »war Bunyoro Hauptnutznießer des afrikanischen Handels im 19. Jahrhundert.«[44]

Mutesa starb 1884, und gemäß seiner Verfügung wurde sein Leichnam unversehrt in einem neuen königlichen Mausoleum in Kasubi bestattet. Sein erst 18-jähriger Sohn und Nachfolger kabaka Mwanga verfügte weder über die Erfahrung noch den Charakter, die eskalierenden Spannungen einzudämmen, die durch den raschen sozialen Wandel und die gleichzeitige Bedrohung von außen noch befördert wurden. 1886 fühlte sich Mwanga vom Ehrgeiz der christlichen busomi oder »Leser« so bedrängt, dass er es seinen Vorregenten gleichtat und auf großer Bühne etwa vierzig von ihnen in einem Akt der Strafgewalt öffentlich hinrichten ließ. Dann versuchte er die aufstrebenden Parteien protestantischer, katholischer und muslimischer Konvertiten an sich zu binden und zu einen, indem er sie zum Eintritt in Regimenter seiner Armee zwang und sie gegen die immer widerspenstigeren Clan-Oberhäupter einsetzte. Stattdessen wandten sie sich aber gegen den kabaka und entmachteten ihn 1888. Daraufhin begannen die drei Gruppen sich untereinander zu bekämpfen und richteten sich außerdem gegen eine vierte, »traditionalistische« religiöse Partei, die weiterhin die lubaale verehrte. Wie auch anderswo auf dem Kontinent scheiterten die Bemühungen der königlichen Herrscher, die Kräfte zu bändigen, die unter dem schnellen sozialen Wandel aufflammten, und den Staat gegen die immer mächtiger werdende Bedrohung von

Königliches Mausoleum auf dem Kasubi-Hügel in Kampala, Fotografie vom Beginn des 20. Jahrhunderts.

außen wieder erstarken zu lassen. Doch aus dem Chaos der späten 1880er- und frühen 1890er-Jahre sollte eine neue Führungsriege der Ganda hervorgehen: eine schriftkundige, modern ausgerichtete Elite, die – mit Unterstützung der Briten – gewillt und in der Lage war, die Gelegenheit zu nutzen und das Königreich ins 20. Jahrhundert zu führen.

Die zweite Hälfte des 19. Jahrhunderts ist der am umfassendsten untersuchte Abschnitt in der Geschichte Bugandas. Dennoch bleibt die Frage, ob die Abfolge der Ereignisse, die 1894 in der Machtübernahme durch die Briten kulminierte, als Ergebnis eines seit Langem gärenden inneren Prozesses zu sehen oder auf den plötzlichen verheerenden Einfluss äußeren Drucks zurückzuführen ist. Wie so häufig bei historischen Zusammenhängen gibt es auf diese Frage keine letztgültige Antwort; doch je mehr über die ältere Vergangenheit des Königreichs bekannt wird, desto besser können Historiker zeitübergreifende Kontinuitäten nachzeichnen. Gefördert wurde dieser Perspektivwechsel auch durch den Unwillen, die koloniale Eroberung als den zentralen Wendepunkt der langen Geschichte Afrikas in den Vordergrund zu stellen. Wie Hanson betont, bewerteten sowohl Beobachter aus den Reihen der Ganda als auch spätere Historiker die Unruhen der 1880er- und 1890er-Jahre »als ›religiösen Umsturz‹, bei dem modernisierende Christen und Muslime unter den Ganda das Heidentum verdrängten und im Anschluss gegeneinander kämpften, um Buganda katholisch, protestantisch oder muslimisch zu machen.« Allerdings waren diese konfessionellen Identitäten nur eine Dimension des Konflikts, so Hanson; gleichzeitig war er auch »ein Ganda-spezifischer Ausdruck für den Kollaps der sozialen Institutionen, der ganz Ostafrika betraf – eine Folge des Handels mit Elfenbein und Sklaven.«[45] Ganz zutreffend ist das nicht: Ruanda etwa schottete sich gegen Handelskarawanen von der Küste völlig ab, und doch kam es auch dort Ende des 19. Jahrhunderts zu extremen sozialen Umbauprozessen und zu politischer Gewalt; Ursache war hier ein sich verschärfender Konflikt zwischen aristokratischen Geschlechtern und dynastischer Herrschaft, der zu einer immer weiter klaffenden Spaltung zwischen den sozialen Gruppen der Hutu und Tutsi führte.[46] War womöglich auch die Krise in Buganda ein neuer Ausdruck der älteren Rivalität zwischen dem historischen Projekt des Königtums und der breiteren Gesellschaft, der es seine Herrschaft aufzuzwingen versuchte? In diesem Fall sollte genau diese Rivalität im 20. Jahrhundert immer weitere Blüten treiben.

Von Buganda zu Uganda

Die Unterwerfung Bugandas durch die Briten hatte für Königtum und Volk unterschiedliche Folgen. Die Geschichte als souveräner Staat war beendet, und die einst so beeindruckende Machtfülle des kabaka war dahin: 1897 setzten die Briten zum letzten Mal den rebellierenden Mwanga II. ab und ersetzten ihn durch seinen erst einjährigen Sohn Daudi Chwa II.; dieser regierte als Marionettenkönig, anfangs mit Kagwa und zwei anderen führenden christlichen Ministern als Regenten, bis zu seinem Tod im Jahr 1939 (siehe Tafel XIII). Für viele normale Ganda bedeuteten die ersten Jahrzehnte der Kolonialherrschaft eine schwere Bürde mit immer höheren Arbeitsnormen, sozialen Umbrüchen und wiederholten Schlafkrankheit-Epidemien. Die gesamte Region der Großen Seen erlebte, so Chrétien, »zwischen 1890 und 1930 eine echte ökologische und demografische Krise«.[47] Doch für die »Leser« und progressiven Oberhäupter, die an der Jahrhundertwende als legitime Erben des Königreichs aufgetreten waren, stand die Kolonialherrschaft unter einem guten Stern. Die Bedingungen dieser Herrschaft waren 1900 im Uganda Agreement festgehalten worden – die eintreffenden Briten übernahmen den Kiswahili-Namen für Buganda – Uganda – für das Königreich und die größere Kolonie, deren Teil es wurde. Innerhalb Bugandas ermöglichte das Abkommen die Privatisierung von Grund und Boden, wodurch Ländereien, die bisher von Beamten verwaltet wurden, jetzt zum erblichen Privateigentum des Oberhaupts wurden, der zu diesem Zeitpunkt gerade das Amt innehatte. Das führte zur Herausbildung einer männlichen landbesitzenden Elite, die sich dann zu einer Klasse kapitalistischer Baumwollproduzenten weiterentwickelte. Jenseits der Grenzen waren die Nachbarreiche Bunyoro, Nkore, Toro und Busoga und ihre politischen Systeme einer schrittweisen »Gandaisierung« unterworfen. Besonders bitter war das für die Nyoro, die Erben des alten Königreichs Kitara. Das umkämpfte Grenzgebiet zwischen den beiden Reichen – und darin die Königsgräber der Nyoro, die mit dem Chwezi-Kult assoziiert waren und daher eine enorm wichtige Verbindung zu ihrer Vergangenheit darstellten – gingen an Buganda. Der Verlust dieser Gebiete wurde über Jahrzehnte nicht verdaut und sollte die Bestrebungen wecken, die dynastische Geschichte der Bunyoro zu rekonstruieren. Nach einem kurzen Nyoro-Aufstand unter mukama Kabalega hatte Buganda sich mit britischer Unterstützung als dominante Regionalmacht durchgesetzt.

Unterdessen wurde in der ethnografischen Forschung der Kolonialzeit das rationale, »bürokratische« Element in der Regierungsführung der Ganda stark betont: Man stärkte den Gedanken der batongole als »die Männer des Königs«.[48] Doch als in den Jahren nach dem Zweiten Weltkrieg die Schlussphase der europäischen Kolonialherrschaft begann, wurde Bugandas Status als Kern Ugandas infrage gestellt. Die Aussicht, in einem unabhängigen Uganda unterzugehen, spaltete die Gesellschaft der Ganda, und zunehmende politische Unruhen veranlassten die Briten 1953, kabaka Edward Mutesa II. (reg. 1939–1966) vorübergehend des Landes zu verweisen. Als er gerade als König einer konstitutionellen Monarchie wieder eingesetzt worden war, wuchs er sich zum Symbol einer wiedererstarkenden politischen Identität der Ganda aus. In der Schlussphase vor der Unabhängigkeit von 1962 gründeten Royalisten die Kabaka Yekka-Partei (»der König allein«), die sich für eine Herauslösung des Königreichs aus Uganda starkmachte. Dazu sollte es nicht kommen, und 1966 wurde Mutesa II. wieder ins Exil geschickt, diesmal auf Betreiben der postkolonialen Regierung unter Milton Obote. Im Jahr darauf wurden Buganda und die anderen Monarchien formal abgeschafft. Erst 1993 wurden unter der Herrschaft des National Resistance Movement von Präsident Yoweri Museveni alle Monarchien bis auf Nkore wieder eingerichtet und ihre Könige in der Verfassung als »kulturelle Anführer« verankert.

Die Ideologie des Königtums hat damit in Buganda und anderswo in der Region der Großen Seen die Zeit überdauert. Der koloniale und danach der postkoloniale Staat verfügte zwar nicht mehr über dieselbe Zwangsgewalt, doch im Ergebnis weisen die heutigen Könige durchaus einige Ähnlichkeiten mit den alten Herrschern auf: nicht als räuberische Militärs, sondern als »Architekten der Eintracht«, die vor allem das Wohlbefinden der Gemeinschaft anstreben.

So kam mit der Rückkehr Ugandas zur Monarchie in den Jahren 1993–1995 etwas auf, was Chrétien als »Restaurationsfieber« bezeichnet. Es fegte nicht nur durch die historischen Reiche, sondern trotz eines gewissen anfänglichen Widerstands im Volk auch durch Regionen ohne eigene monarchische Tradition. In Nyoro wurde zugleich die öffentliche Verehrung der alten Chwezi-Geister wieder eingeführt; hier und anderswo, so beobachtet Chrétien, wurde in erster Linie »die Ehre der uralten Riten« wiederbelebt.[49] Wie stark monarchische Riten und Grabstätten als Erinnerungsorte wirken und eine kollektive Identität stiften können, zeigte sich erneut, als 2010 Mutesas Mausoleum in Kasubi durch einem Brand zerstört wurde – in Buganda sorgte das für viel Bestürzung.

Wie anderswo in Afrika kam es in der Geschichte Bugandas im 20. und 21. Jahrhundert zu grundlegenden Verschiebungen im historischen Wettstreit zwischen zentralisierter Staatsmacht einerseits und eher kreativen und diffusen Formen der Autorität andererseits: Kurz, die königliche Dynastie und das Königreich, das sie schuf, sind heute Teil der Gesellschaft. Die Frage, wie genau dieser Wettstreit in früheren Zeiten ablief, wird die Historiker in Uganda noch viele Jahre lang beschäftigen.

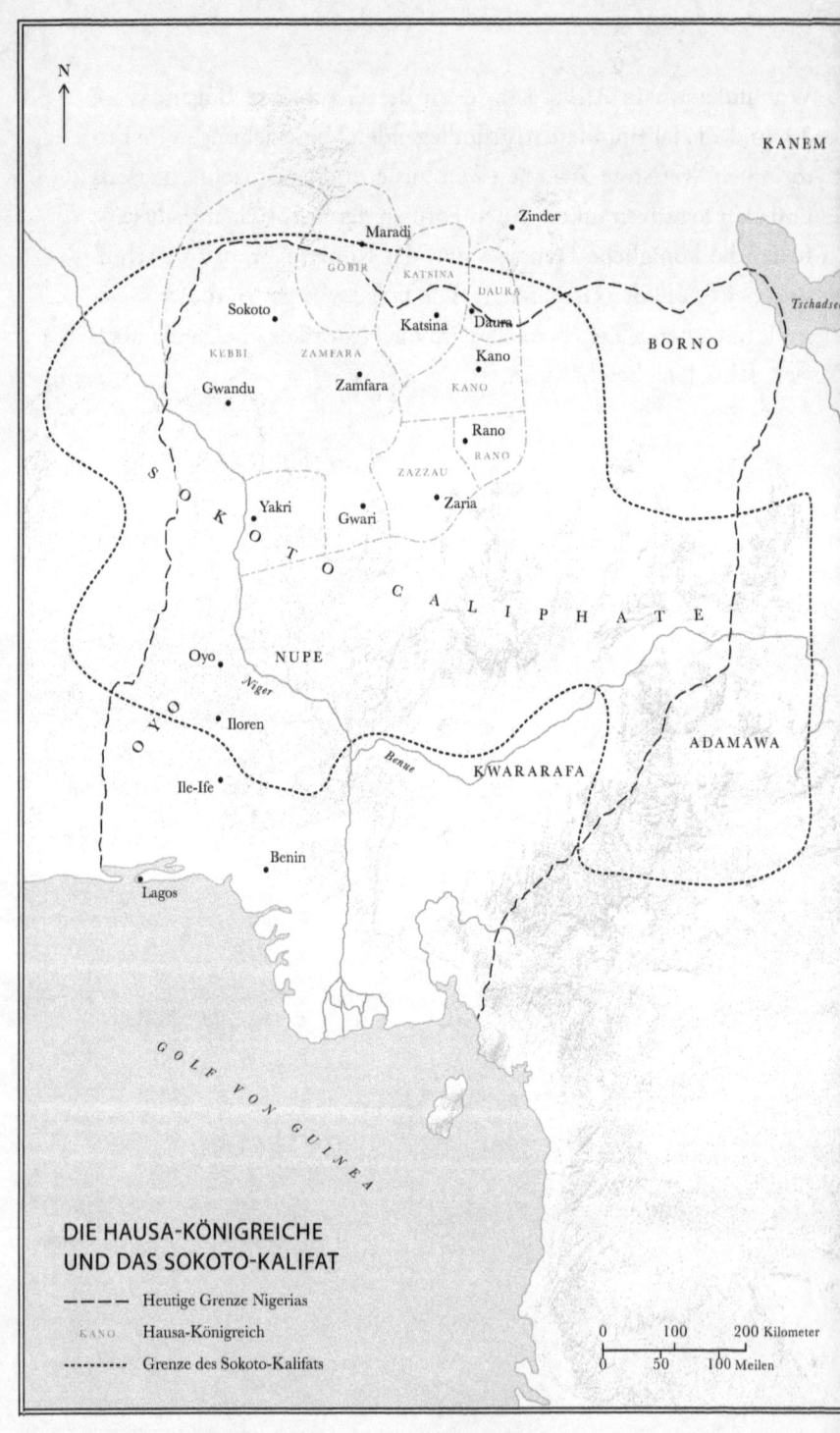

KAPITEL 7

VON DEN HAUSA-KÖNIGREICHEN ZUM KALIFAT VON SOKOTO

Muhammadu Mustapha Gwadabe

Die Hausa-Region in Westafrika ist eine der bevölkerungsreichsten und am besten erforschten Regionen des afrikanischen Kontinents mit einer langen Geschichte der Staatenbildung, der Stadtentwicklung und der kulturellen Kreativität. Das kasar Hausa oder »Hausaland«, das den zentralen Teil der sudanischen Savannenzone zwischen dem Niger im Westen und dem Tschadsee im Osten einnimmt, setzt sich aus dem heutigen Nordnigeria und dem südlichen Rand der Republik Niger zusammen. In diesem historischen Siedlungskern und im westafrikanischen Umland ist Hausa die Muttersprache von bis zu 40 Millionen Menschen und die Zweitsprache von etwa 20 Millionen weiteren – und damit eine der wichtigsten Sprachen des Kontinents.[1] Im Verlauf des letzten Jahrtausends durchlief das, was zum kasar Hausa werden sollte, einen allmählichen Prozess politischer, wirtschaftlicher und kultureller Entwicklung, der Charakteristika wie ummauerte Städte, eine dynamische, auf Ackerbau, Kunsthandwerk und Handel basierende Wirtschaft und politische Institutionen hervorgebracht hat, die durch mächtige Könige und hoch entwickelte höfische Kulturen gekennzeichnet waren. Die Stadtstaaten der Region entwickelten beeindruckende militärische Fähigkeiten und das kulturelle Ethos des heroischen berittenen Kriegers, das nicht nur Konflikte unter ihnen prägte, sondern auch territoriale Expansion ermöglichte. Lange Zeit war das Hausaland dem Rest der Welt kaum bekannt und bildete eine Art dezentralisiertes Grenzgebiet zwischen den mächtigeren Königreichen Kanem-Borno im Osten und Gao im Westen. Im 16. Jahrhundert hatte sich die Region jedoch zu einem Knotenpunkt der Handelsrouten entwickelt, die sich durch die Sahara und über die Savannenzone in den Süden der Wüste erstreckten. Die führenden Hausa-Königreiche, zunächst Katsina, Kano und Zazzau und später Zamfara, Gobir und Kebbi, hatten begonnen, eine gemeinsame Identität zu entwickeln und in der gesamten Region an Einfluss zu gewinnen. Weiter gestärkt wurde dieser Einfluss durch den Zusammenbruch des Songhaireiches im Jahr 1591, das sich von seinem Kernland Gao aus zum letzten der großen imperialen Staaten im westlichen Sudan entwickelt hatte (siehe Kapitel 2). Trotz wiederholter militärischer Konflikte zwischen den – und manchmal auch innerhalb der – Hausa-Reiche waren die folgenden Jahrhunderte von anhaltendem wirtschaftlichem Wohlstand, demografischem Wachstum und dem zunehmenden Einfluss des Islam geprägt.[2]

Am Ende des 18. Jahrhunderts gerieten zuerst Gobir und dann auch die anderen Hausa-Reiche durch eine militante islamische Reformbewegung in Bedrängnis, die die Reinheit des Glaubens und letzten Endes den Sturz der von der Bewegung als dekadent und korrupt betrachteten herrschenden Elite anstrebte. Im Jahr 1804 brach ein Dschihad aus, den der charismatische Geistliche Scheich Usman ibn Fudi (1754–1817) – oder Shehu Usman Dan Fodio, wie er auf Hausa genannt wird – anführte und der zur Vereinigung der Königreiche zum größten und beeindruckendsten afrikanischen Staat des

19. Jahrhunderts führte: dem Kalifat von Sokoto. Es war eines der einschneidendsten Ereignisse in der jüngeren Geschichte des Kontinents und zugleich eines der bestdokumentierten – wenn auch größtenteils aus der Perspektive der siegreichen Reformer. Die Führungsriege der Bewegung war der arabischen Schrift mächtig. Wie es ein Historiker ausdrückte, waren sie »besessene Schriftsteller« und hinterließen einen umfangreichen Literaturbestand.[3] Dieser beinhaltete zwei maßgebende Berichte über die Rebellion von Usman Dan Fodios Sohn Muhammad Bello und seinem Bruder Abdullahi. Daher wurden die Entstehungs- und Entwicklungsgeschichte des Sokoto-Kalifats zum Gegenstand intensiver Forschung, insbesondere für Generationen nigerianischer Wissenschaftler an den führenden Universitäten des Landes.[4] Als Projekt der Staatsbildung ist Usman Dan Fodios Bewegung außerdem eine der wenigen in der afrikanischen Geschichte, deren Ziel es war, ein etabliertes königliches Herrschaftssystem zu stürzen und durch eine radikal neue Regierungsform zu ersetzen. Tatsächlich, wie einer ihrer wegweisenden Historiker schrieb, »ist die Bewegung so zentral für die Geschichte Westafrikas, wie beispielsweise die Französische Revolution für Europa«.[5] Wie auch bei dieser Revolution müssen wir weit in die Vergangenheit des kasar Hausa blicken, um sie zu verstehen. Dieses Kapitel untersucht daher die Entstehung und das Wachstum der Hausa-Reiche und die Prozesse, die zur Transformation ihrer etablierten politischen Struktur in ein mächtiges islamisches Emirat führten.

Die Gründung der Hausa-Königreiche

Das Gebiet, in dem die Hausa-Reiche entstanden, war reich an großen Flächen fruchtbaren Lands. Das generierte landwirtschaftlichen Wohlstand und bot Zuflucht für Wellen von Zuwanderern, die existenzfähige Siedlungen gründen wollten.[6] »Die Herkunft der

Haussa liegt im Dunkeln«, gesteht John Iliffe in seiner Geschichte Afrikas.[7] Die Hausa-Sprache gehört dem tschadischen Zweig der afroasiatischen Sprachfamilie an, die in Nordafrika und der Sahararegion verbreitet ist. Deshalb wurde spekuliert, dass sich ihre sprachlichen Vorfahren vor langer Zeit in den Süden zurückgezogen hatten, um der Wüstenausbreitung zu entgehen. Die jüngste Neubewertung der linguistischen Anhaltspunkte lässt jedoch Zweifel an einer solchen eindeutigen Nord-Süd-Bewegung aufkommen.[8] Jedenfalls ermöglichte die Savannenlandschaft des Zentralsudan es einer aufstrebenden Herrscherklasse, Kontrolle über eine relativ dichte Bevölkerung und ihre Landwirtschaftsproduktion zu erlangen. In der Region gab es außerdem reichhaltige Eisenerzvorkommen, was sie zu einem wichtigen Zentrum für Metallurgie in Westafrika machte. Diese Faktoren waren – womöglich bereits im 10. Jahrhundert – ausschlaggebend für die Ausdifferenzierung der sozialen Schichten und die Etablierung politischer Strukturen. Damals wurde die dortige Bevölkerung wohl noch nicht als »Hausa« bezeichnet. Dieser Begriff findet sich zum ersten Mal in schriftlichen Aufzeichnungen aus dem frühen 17. Jahrhundert. Arabische Quellen weisen auf die Herausbildung von zwei großen Kulturzonen hin: eine im nördlichen Teil der Region, die von nordafrikanischen Chronisten als »Habescha« bezeichnet wird (ein Begriff, der gewöhnlich mit Äthiopien in Verbindung gebracht wird, der aber vielleicht der Ursprung des Wortes Hausa ist), und die andere im Süden, die als »Mbau« bekannt ist. Siedlungen wurden offenbar vorwiegend auf Granitaufschlüssen wie dem Dala Hill in der Stadt Kano errichtet, den Archäologen als eine frühzeitliche Stätte der Eisenverarbeitung ansehen (siehe Tafel XV). Kleinere Gemeinwesen wiederum entstanden um heilige Herrscher oder Heiligtümer herum. Tatsächlich konnte es sich dabei um ein und dieselbe Sache handeln: Wie Murray Last schreibt, war »in einigen Fällen das ›Heiligtum‹ kein bestimmter Ort oder Gegenstand, sondern die heilige Person eines bestimmten Individuums, das die Königswürde innehatte.«[9]

Es gibt jedoch nur wenige schriftliche Quellen über die Region, da der Transsahara-Handel im Zentralsudan zunächst vorwiegend im Königreich Gao am Fluss Niger im Westen und im Königreich Kanem am Tschadsee im Osten stattfand. Im Gegensatz dazu war der Warenaustausch der Proto-Hausastaatenwohl eher lokal begrenzt. Infolgedessen fasste der Islam erst spät bei den Hausa Fuß, und sie blieben mittelalterlichen nordafrikanischen Händlern und arabischen Geografen größtenteils unbekannt. Dennoch gab es mündliche Überlieferungen, die später vielfach in lokalen arabischen Schriften festgehalten wurden und die verschiedene Versionen des Entstehungsprozesses der Staaten in der Mbau-Region schildern. Das berühmteste dieser Werke, das auch eine wichtige Quelle für die Geschichte der Hausa-Region ist, ist die sogenannte Kano-Chronik, ein anonymes Manuskript, das vermutlich im späten 19. Jahrhundert verfasst wurde, aber sich auf mündliche Überlieferungen und schriftliche Quellen bezieht, die bis ins 17. Jahrhundert zurückreichen.[10] Der bekannteste Ursprungsmythos ist die Legende von Bayajidda, der von Bagdad über Ägypten nach Kanem und weiter in den Hausastaat Daura reiste, wo er die Königin heiratete. Der Sohn des Paares, Bauwo, hatte dann jeweils zwei Söhne von drei Frauen, von denen jeder einen von sechs der insgesamt sieben »wahren« Hausastaaten, die Hausa Bakwai, gründete: Daura, Kano, Zazzau, Gobir, Katsina und Rano (es gibt unterschiedliche Angaben darüber, welches das siebte Königreich war).[11] Die Ursprünge Bayajiddas können als »historische Metapher« verstanden werden, die den weit verbreiteten Wunsch der Muslime an den Grenzen des Dar al-Islam – des »Wohnsitzes des Islam« – widerspiegelt, ihre Gemeinschaften mit dem Kernland des Glaubens zu verbinden. Bayajiddas Verbindung zu Kanem kann darüber hinaus als prototypische Übertragung von Staatskunst von einem etablierteren und mächtigeren Nachbarkönigreich gelesen werden. Wie bei anderen Ursprungsmythen auch, schreibt Last, »sind die historischen Vorstellungen, die ihn den ersten Zuhörern als glaubwürdig erschienen ließen, von Bedeutung«.[12] Auch das »Lied von Bagauda« – dem König, der Kano gründete – erzählt von verschiedenen Wellen von Einwanderern, die vor Hungersnöten und Konflikten flohen, um sich in dem zunehmend wohlhabenden Königreich niederzulassen. Diese allmähliche wirtschaftliche Expansion und die Entwicklung des Königtums fanden vermutlich zwischen dem 11. und dem 15. Jahrhundert statt. Der Fernhandel veränderte sich schließlich mit den sogenannten Juula- oder Wangara-Händlern aus den Gefilden des Mali-Reiches (auf Hausa: »Wangarawa«), die ihre weit verzweigten Handelsnetze in die Savanne der Hausa ausdehnten. Im Osten kamen die Hausa zudem in engeren Kontakt mit Kanem, nachdem die dort herrschende Saifawa-Dynastie um das 14. Jahrhundert nach Borno – südwestlich des Tschadsees – übersiedelte. Aus den Schriften des in Andalusien geborenen nordafrikanischen Diplomaten al-Hasan al-Wazzan (auch bekannt als Leo Africanus) geht hervor, dass die Hausa-Stadtstaaten zu Beginn des 16. Jahrhunderts, als er die Region besuchte, vollwertige Königreiche waren. Zu diesem Zeitpunkt war Mali bereits vom immer mächtigeren Songhaireich verdrängt worden, dessen Hauptstadt Gao an der Grenze zu den kasar Hausa lag. Obwohl diese frühen Hausa-Staaten voneinander unabhängig waren, entwickelte sich ein regionales System, das alle durch wirtschaftliche Kooperation, aber auch durch Konflikte miteinander verband. Lokale Entwicklungen innerhalb der Hausa-Gemeinschaften standen in Wechselwirkung mit dem Fernhandel und führten zu Bevölkerungswachstum, wirtschaftlicher Expansion und der Entstehung eines ausgereiften Staatswesens, was wiederum Gelehrte, Händler und andere Zuwanderer in die Region zog.

Der Zusammenbruch des Songhaireiches nach der Niederlage gegen eine marokkanische Armee, die 1591 die Sahara durchquerte, war ein Wendepunkt in der Geschichte Westafrikas. Das Ende der »imperialen Tradition« im westlichen Sudan hatte bedeutende historische Auswirkungen auf die im Osten des Reiches gelegene Hausa-Region. Die marokkanische Armee siegte in der Schlacht von Tondibi nicht nur dank militärischer Überlegenheit durch Schusswaffen und Kampferfahrung, sondern auch, weil der Verwaltungsapparat des Songhaireiches zunehmend schwächer wurde.

Der militärische Widerstand Songhais hielt bis 1595 an, als dessen letzter Herrscher, Askia Nuh, getötet wurde und sein weitläufiges Herrschaftsgebiet zu einer Provinz Marokkos erklärt wurde. Doch Marokkos Herrscher, Sultan Ahmad al-Mansur, war nicht in der Lage, seine Herrschaft in seinem westafrikanischen Reich effektiv zu etablieren oder für Ordnung zu sorgen, was zum Erstarken regionaler Kriegsherren und zu wiederkehrender Gewalt führte. Die Tuareg der Sahara, die Fulbe und die Bambara (oder Bamana) von Ségou sowie die sogenannten Arma (die Überreste der marokkanischen Armee) kämpften gegeneinander um Kontrolle über die Region. Die großen Handels- und Gelehrtenstädte Timbuktu, Gao und Djenne entlang des Nigers erlebten eine Zeit des Niedergangs. Diese chaotische Situation führte zu einer Unterbrechung des Transsahara-Handels und des Wirtschaftslebens im Westsudan. Das etablierte Handelssystem, das Gold, Sklaven und andere Güter durch die Wüste nach Norden schickte, verlagerte sich nach Süden an die Atlantikküste, wo zunächst die Portugiesen und später andere europäische Seemächte Handelsniederlassungen gründeten. Trotz – oder vielleicht wegen – dieser Verlagerung konnten die Hausastaaten im 17. Jahrhundert ihre Unabhängigkeit festigen und erlebten eine Blütezeit.

Das Durcheinander, das auf den Zusammenbruch Songhais folgte, führte dazu, dass Händler und Gelehrte ihre Aktivitäten nach Osten in die relativ friedliche und wohlhabende Hausa-Region verlagerten. Die ursprünglichen Hausa Bakwai und die in jüngerer Zeit gegründeten Königreiche Zamfara und Kebbi waren unabhängig und befanden sich in unterschiedlichen Stadien der sozioökonomischen und politischen Entwicklung. Sie alle verwendeten jedoch ein Verwaltungssystem namens sarauta, das in der Kano-Chronik gepriesen wird. Im Wesentlichen bestand es aus einer Gruppe von Amtsträgern, die vom König oder sarki(n) (Pl. sarakana) ernannt wurden. Wenn man es jedoch als System der Staatsführung auffasst, beinhaltete es »den Bau befestigter Städte wie Kano und Katsina, die Ernennung von ranghohen Verwaltungsbeamten (häufig nach dem Vorbild Bornos), die Einführung von robusteren Kriegspferden, systematische Sklavenraubzüge unter Niger-Kongo-sprechenden Gruppen im Süden, wiederholte Kriege zwischen den neuen Königreichen, die Übernahme des Islam durch die herrschende Oberschicht (die allerdings weiterhin traditionelle religiöse Praktiken pflegte) und die Beherrschung des Landes durch die Städte«.[13] In Kano umfasste diese ausgefeilte Verwaltungsstruktur die Ämter des Galadima, des engsten Beraters oder Wesirs des sarki; des Maidawaki, des Befehlshabers der Kavallerie oder »Herr des Pferdes«; und des Sarkin Kasuwa, der den großen Kurmi-Markt im Zentrum der Stadt beaufsichtigte.[14]

Fortschritte in der Militärtechnik einerseits und Sklavenhandel und territoriale Expansion andererseits waren eng miteinander verbunden. Bereits zu Beginn des 15. Jahrhunderts schrieb John Hunwick: »Kano soll sich Kettenhemden, Eisenhelme und Gambesone (lifidi auf Hausa, vom arabischen libd), wahrscheinlich über Borno und letztlich aus Ägypten beschafft haben.«[15] Sklaven konnten gegen zusätzliche Pferde getauscht werden, aber wurden auch häufig als Land- und Stadtarbeiter in die lokale Wirtschaft integriert. Vertrauenswürdige Sklaven, einschließlich Eunuchen, konnten außerdem im Rahmen des sarauta-Systems zu Amtsträgern ernannt werden; in der Kano-Chronik wird diese Praxis als eine der »zwölf Neuerungen« von Kanos mächtigem sarki Muhammad Rumfa (reg. 1463–1499) dargestellt, zu denen auch die Gründung des Kurmi-Marktes, die Feier des Eid-al-Fitr-Festes am Ende des Fastenmonats Ramadan und die Sitte kulle, die Abschirmung oder Parda der Frauen, gehören.[16]

Wie der Name Muhammad Rumfa andeutet, hatten auch einzelne Hausa-Herrscher oder in einigen Fällen ganze Königsfamilien begonnen, zum Islam zu konvertieren. Die Könige der beiden mächtigsten und wohlhabendsten Staaten, Katsina und Kano, scheinen die ersten gewesen zu sein, die dies im 15. Jahrhundert taten. Der Islam verbreitete sich den Aufzeichnungen zufolge sowohl von Borno im Osten als auch von Songhai im Westen aus über die Handelsrouten der Wangarawa-Händlerdiaspora in den Hausastaaten. Neben dem Bekenntnis der herrschenden Elite zum neuen Glauben existierten jedoch weiterhin der einheimische Glaube und einheimische Praktiken, die an die etablierten Gottheiten des Landes gerichtet waren. Beides konnte auch zu einem »synkretistischen« Ganzen verschmelzen: Einige der Geister des Bori-Kults trugen zum Beispiel eindeutig muslimische Namen, was zeigte, »wie sehr die Hausa den Islam nach ihrem eigenen Ermessen übernommen hatten«.[17] Diese Tendenz wurde von arabischen und berberischen Geistlichen, die die Region bereisten, verurteilt, insbesondere von dem Juristen Scheich al-Maghili aus Tlemcen im heutigen Algerien. Als er während der Herrschaft Muhammad Rumfas nach Kano reiste, warnte er den König, dass die »heidnischen« Hausa – die später unter dem Hausa-Begriff Maguzawa (d. h. magi oder Magier) bekannt wurden – »die Muslime durch den Kontakt mit ihnen auf Märkten und anderswo verunreinigten«.[18] Die langsame und ungleichmäßige Ausbreitung des Islam war jedoch ein Schlüsselfaktor für die Entwicklung der Region. Der Islam bot ein neues Rechtssystem sowie neue Methoden zur Finanzierung der Staaten durch die Erhebung von Steuern bei der Bevölkerung. All dies schuf ein Klima, das weitere islamische Gelehrte anzog und die Verbreitung der Alphabetisierung, die Produktion von Büchern und die Entwicklung neuer administrativer Fähigkeiten ermöglichte. Zu diesen Neuankömmlingen gehörten auch Geistliche der Fulbe (oder Fulani), gelehrte Vertreter eines ausgedehnten Netzwerks von Hirtenvölkern, die ursprünglich aus der Region Senegambia stammten. Die Fulbe spielten, wie wir noch sehen werden, eine entscheidende Rolle in der islamischen Reformbewegung des 18. und 19. Jahrhunderts.

Wirtschaftlicher Fortschritt und staatliche Expansion brachten entschlossene Herrscher hervor, die bei den Hausa eine virile politische Kultur verfestigten. Das Königreich Zazzau (oder Zaria) dehnte seine Grenzen bis zu den Königreichen Nupe und Kwararafa im Süden aus. Auch Kano hatte eine effektive Regierung und eine dynamische Wirtschaft. Katsina profitierte jedoch am meisten von der Niederlage Songhais. Aufgrund seiner Lage war das Königreich seit dem 15. Jahrhundert mit Agadez (im heutigen Niger) verbunden, was zur Entstehung einer großen Hausa-Gemeinschaft in der Stadt am Rand der Wüste führte. Durch den Zusammenbruch des Songhaireiches wurde Katsina zum neuen Endpunkt der Karawanenroute, die von Tripolis durch die Sahara-Oasen Ghadames und Ghat bis nach Agadez führte. Im 17. Jahrhundert war Katsina daher das erste der Königreiche, das eine bedeutende Anzahl von Händlern und islamischen Gelehrten anzog und sich zum führenden Handels- und Bildungszentrum der Region entwickelte. Das Königreich hatte sich bereits während der Herrschaft Aliyu Karya Giwas (reg. 1419–1431) im Süden bis nach Yauri ausgedehnt und konnte dort seine Herrschaft bis zum Aufstieg Kebbis aufrechterhalten. Infolgedessen wurde Katsina in die Rivalität zwischen Gao, dem letzten Machtsitz der Songhai, und Kanem-Borno verwickelt. Auch in der näheren Heimat sah Katsina seine Stellung durch Gobir und Kano bedroht. Um dieser Herausforderung zu begegnen, strebte Katsina die Freundschaft mit den Nicht-Hausa-Staaten Hadejia und Nupe an.

Auch Kano versuchte, seine Position in der Region nach dem Niedergang Songhais zu festigen. Der wirtschaftliche Aufschwung Kanos zeichnete sich bereits im späten 14. Jahrhundert ab und führte zur Entstehung einer ausgesprochen offenen Gesellschaft, die empfänglich für neue Kulturen und Waren war und daher attraktiv für Zuwanderer mit einer Vielzahl von Fähigkeiten und Berufen. Kano wurde auch zu einem wichtigen Bindeglied im Fernhandelsnetz Westafrikas, durch das Kukawa und Wadai im Osten mit Timbuktu am Nigerbogen verbunden waren sowie das Hausaland mit Nupe und der Yoruba-Region im Süden und darüber hinaus mit der Akan-Region im heutigen Ghana. Von den Wäldern der Akan aus begann der Handel mit Gold und Kolanüsse über Kano. Im späten 16. Jahrhundert berichtete ein Händler aus Ragusa (dem heutigen Dubrovnik in Kroatien), dass Kano neben Fès in Marokko und Kairo in Ägypten zu den großen Handelsstädten Afrikas zu zählen sei.[19] Wie in Katsina und Kebbi wurde auch in Kano die imposante Stadtmauer im 16. Jahrhundert wieder aufgebaut und erweitert. Kano errichtete zudem eine neue Kasbah oder Zitadelle, die, wie Last schreibt, Teil »eines geschickten Versuchs« war, »ein neues, unabhängiges Königtum mit neuartigen Privilegien, Insignien und Ritualen zu errichten«.[20] Immer neue Zuwanderergemeinschaften, auch aus Nordafrika, ließen sich in der Stadt nieder und gingen wirtschaftlichen Tätigkeiten nach. Dieser ökonomische Erfolg stärkte die königliche Macht in Kano und führte zu immer ausgefeilteren Formen der Verwaltung und der territorialen Kontrolle. Das Königreich wurde in Bezirke unterteilt, die jeweils auf lokaler Ebene von Herrscherhäusern mit bestimmten politischen Zuständigkeiten regiert wurden.[21]

Es kam zu weiteren Gründungen von ummauerten Hauptstädten oder birni, etwa in Zazzau am südlichen Rand der Hausa-Region. Der Mauerbau um Birnin Zaria wurde mündlichen Überlieferungen zufolge von der legendären Königin Amina geleitet. Tatsächlich ist, wie R. A. Adeleye anmerkt, »ihr Name mit Mauerbauprojekten an vielen verschiedenen Orten in den Hausastaaten und darüber hinaus verbunden«.[22] Im 19. Jahrhundert schrieb der Herrscher des Sokoto-Kalifats, Muhammad Bello, dass Amina von Zazzau »die erste war, der die Macht über die Hausastaaten übertragen wurde«. Ihr Ruf als

»erste Reichserbauerin der Hausa« ist zwar fragwürdig, doch Adeleye sieht es als erwiesen an, dass sie eine historische Figur war, die wahrscheinlich im 15. Jahrhundert herrschte. Die Stadtmauern von Zaria (die, wie anderswo auch, Ganuwar Amina genannt werden) könnten jedoch während der Herrschaft von Sarkin Zazzau Bakwa (reg. ca. 1492–1522) errichtet worden sein.[23] In jedem Fall war diese bemerkenswerte Stadtentwicklung ein bedeutender Meilenstein in der Geschichte der Region.

Diese Errungenschaft Zazzaus war auch durch den militärischen Druck des benachbarten Kano bedingt, der dazu führte, dass die verschiedenen Siedlungen des Reichs in ihrer Loyalität gegenüber dem sarki vereint wurden. Mitte des 15. Jahrhunderts konvertierte zudem Sarkin Muhammadu Rabbo (reg. 1456–1481) zum Islam,

Ein Tor in der Stadtmauer von Kano, Mitte des 20. Jahrhunderts fotografiert.

wodurch sich noch mehr muslimische Kaufleute in Birnin Zaria ansiedelten. So erlebte Zazzau eine Zeit des Wohlstands und gewann in der Region an Bedeutung. Das hat sich anscheinend nach dem Niedergang des Songhaireichs im 17. Jahrhundert fortgesetzt, da das Königreich weiterhin von seinen Verbindungen in den Süden des Hausalandes profitierte. Aus der Waldregion flossen Waren über Zazzau in die expandierenden Märkte des Hausalandes. Dazu gehörten Tributzahlungen in Form von Kolanüssen und versklavte Eunuchen aus dem Königreich Nupe.[24]

In der westlichen Hälfte des kasar Hausa festigten die Königreiche Kebbi, Zamfara und Gobir ebenfalls ihre Macht und bildeten ein Gegengewicht zur etablierten Achse Katsina-Kano-Zazzau im Osten. Kebbi war das erste, das Bedeutung erlangte. Im 16. Jahrhundert, unter Führung des energischen Königs Kanta Kotal, den andere Hausastaaten offenbar als Herrscher anerkannten und ihm Tribut entrichteten, wurde es zu einem Schutzwall gegen das Vordringen der Songhai. Nach dem Tod Kanta Kotals in der Schlacht gegen Katsina im Jahr 1555 begann die Vorherrschaft Kebbis jedoch zu schwinden, und seine Vasallenstaaten, insbesondere Zamfara und Gobir, konnten ihre Unabhängigkeit behaupten. Auch hier begann sich der Islam tiefer zu verwurzeln: Sarkin Zamfara Aliyu soll in seiner Hauptstadt und in den umliegenden Dörfern zahlreiche Moscheen errichtet haben.[25] Mitte des 18. Jahrhunderts war es an Gobir, die Vorherrschaft zu übernehmen. Doch wiederkehrende militärische Konflikte zwischen den Königreichen belasteten die Finanzen und das Verhältnis zwischen der herrschenden Elite (masu sarauta) und den Beherrschten (talakawa). Von Sarkin Kano Muhammad Sharefa Dan Dadi (reg. 1703–1731) ist überliefert, dass er seinen Untertanen sieben verschiedene Steuern auferlegte, darunter eine, die Familien von Bräuten für deren Heirat entrichten mussten, und eine weitere auf Transaktionen auf dem Kurmi-Markt, »die allesamt«, so die Kano-Chronik, »Raub waren«.[26] Die Hausa-sarakana begannen zwar, sich auch als muslimische Emire zu geben (einige von ihnen versuchten selbst, den Glauben zu läutern), aber die zunehmende Verbreitung des Islam in den Städten und auf dem Land bedeutete, dass der Glaube zu einem Vehikel für die wachsende Unzufriedenheit des Volkes wurde.

Der Aufstieg des islamischen Reformismus

Historiker haben sich ausführlich mit den Ursachen für die Entstehung der populistischen Reformbewegung unter Führung von Shehu Usman Dan Fodio im späten 18. Jahrhundert beschäftigt, die sich schlagartig zu einem bewaffneten Dschihad ausweitete, der die Hausastaaten zu Fall brachte und zur Entstehung des Kalifats von Sokoto führte.[27] War der Aufstieg und letztendliche Sieg der Bewegung das Ergebnis der Kohärenz ihrer islamischen Ideologie oder des Verfalls des etablierten sarauta-Systems der Herrscherdynastie? Wie entscheidend war die charismatische Führung des Shehu und seiner Befehlshaber im Vergleich zu den zugrunde liegenden sozialen und wirtschaftlichen Faktoren? War die Bewegung nicht nur ein religiöser Kampf, sondern hatte sie auch eine ethnische Dimension? Handelte es sich also im Wesentlichen um einen Aufstand der Fulbe-Viehhalter gegen eine Ordnung, die die städtischen Hausa etabliert hatten? Und schließlich: Wie »revolutionär« war die neu entstandene Konföderation, die von der neuen, namensgebenden Hauptstadt Sokoto aus regiert wurde? Bewahrten die siegreichen Kleriker ihre ideologische Inbrunst und Reinheit, oder wurde ihre Bewegung letztlich von der seit Langem etablierten Kultur der besiegten Hausa-Königreiche absorbiert? Inwieweit »stellt das Kalifat also eine neue politische Ordnung dar«?[28]

Hierzu muss erst einmal bemerkt werden, dass die Gründung des Sokoto-Kalifats in der afrikanischen Geschichte zwar das drastischste Beispiel für eine islamische Reformbewegung war, die die politische Macht ergriff, aber nicht das einzige. Wie auch anderswo war es für Muslime an den Grenzen der islamischen Welt eine herausfordernde Frage, wie sie am besten mit Nichtmuslimen zusammenleben sollten, auf die sehr unterschiedliche Antworten gefunden wurden. Dies galt unabhängig davon, ob es sich bei den betreffenden Muslimen um eine Minderheit handelte, die unter der Herrschaft »heidnischer« Könige stand, oder um Aristokraten, die zum Islam konvertiert waren und selbst über eine nicht muslimische Bevölkerung herrschten. Trotz der Ermahnungen puritanischer Kleriker wie al-Maghili ging die Tendenz in Westafrika in Richtung Toleranz und Zusammenleben. Das war aber nicht zuletzt durch die äußeren Umstände bedingt: Ob sie politische Macht hatten oder nicht – kleine muslimische Gemeinschaften, die inmitten des städtischen Kosmopolitismus lebten, hatten kaum eine andere Wahl, als sich mit traditionellen Religionen, die sie überall umgaben, zu arrangieren. Mit der zunehmenden Verbreitung des Islam wurde jedoch dieser sogenannte quietistische Ansatz – der davon ausging, dass sich der Glaube aufgrund seiner inhärenten Überlegenheit mit der Zeit durchsetzen würde – von militanteren Ideologien infrage gestellt, die diesen Prozess beschleunigen wollten. Diese Militanz lag (womöglich schon im 11. Jahrhundert) dem Aufkommen der Almoraviden-Bewegung unter den nomadischen Sanhadscha-Berbern in der Westsahara zugrunde, die aus der Wüste aufbrachen, um Marokko und einen Großteil des muslimischen Spanien zu erobern. Südlich der Sahara gewann der populistische islamische Reformismus ab dem späten 17. Jahrhundert an politischem Schwung, zunächst in der Westsahara in Form einer als Char Bouba bekannten Bewegung, dann in der Region Futa Jalon im heutigen Guinea in den 1720er-Jahren und in Futa Toro im Senegal in den 1760er-Jahren. Sowohl in Futa Jalon als auch in Futa Toro waren die Hauptakteure Fulbe-Kleriker, deren Aufruf zum Dschihad zum Sturz nicht muslimischer Dynastien und zur Gründung islamischer Imamate führte.[29]

Wenn diese Bewegungen eine erste Phase des islamischen Reformismus in Westafrika darstellten, dann waren die Bewegungen im Hausaland in den 1790er- und 1800er-Jahren und im Königreich Masina am mittleren Niger in den 1810er- und 1820er-Jahren die zweite Phase. Der entscheidende Unterschied zur ersten war jedoch, dass sie sich gegen andere Muslime richtete. Es war sicherlich fraglich, wie fromm die Hausa-Könige waren, aber sie herrschten über ein Reich, das weithin als Teil des Dar al-Islam anerkannt war. Die grundlegende Bruchlinie, die zutage trat, bildete in einer Debatte über die Einhaltung des Glaubens gleichzeitig eine wachsende Kluft zwischen Stadt und Land ab. In Lasts Worten wurde der Aufstand »von einer populistischen Revolte auf dem Land gegen die Muslime in den Städten dominiert«.[30] Der Aufstand war auch durch das Bestreben von Usman Dan Fodio und anderen führenden Reformern gekennzeichnet, ihr Handeln zu legitimieren. Das führte zur Entstehung einer umfangreichen sogenannten apologetischen Literatur, die sich häufig auf Präzedenzfälle aus der frühen Geschichte des Islam beruft.

Trotz wiederholter Kriege deutete alles auf einen anhaltenden Aufschwung in den verschiedenen Wirtschaftssektoren des Hausalandes hin: Getreideanbau, Viehzucht und Fernhandel – einschließlich des Exports versklavter Gefangener durch die Sahara nach Tripolis. Die nachlassende administrative Effizienz der Herrscherdynastie und die Wahrnehmung, dass das Gebaren der etablierten herrschenden Eliten im Widerspruch zu den Grundsätzen der sozialen Gerechtigkeit stand, erzeugten jedoch wachsende Unzufriedenheit unter der Bevölkerung.[31] In Gobir wie auch in Kano regte sich durch die immer höheren Steuern zunehmender Unmut. Die Abgaben belasteten die Bevölkerung zu stark, und der luxuriöse Lebensstil der Königsfamilie erzeugte großen Ärger. Folglich eskalierten die sozialen Spannungen. Gleichzeitig hatte Gobir auch mit äußeren Bedrohungen zu kämpfen, in Form von wiederkehrenden Konflikten mit Katsina und mit den Tuareg des Aïr-Gebirges in der Wüste im Norden. Drei Könige Gobirs verloren in diesen Kriegen ihr Leben, wodurch die militärische Leistungsfähigkeit und die politische Stabilität des Königreichs untergraben wurden. Dies alles führte dazu, dass das einfache Volk, die talakawa, das Vertrauen in die etablierte Herrscherdynastie verlor. Viele wandten sich daher auf der Suche nach Inspiration und Führung den Ulama oder islamischen Gelehrten zu.

Die Situation in Katsina war nicht besser, insbesondere während der Herrschaft von Sarkin Katsina Gozo (reg. 1796–1801). Gozo selbst war eine Art Reformer: Seine Ablehnung etablierter Praktiken mit der Begründung, dass sie gegen die Scharia verstießen, verärgerte den eher traditionalistischen Teil der herrschenden Klasse. Zu diesen Praktiken gehörte zum Beispiel das Begräbnisritual: Der neue König musste über den Leichnam seines verstorbenen Vorgängers treten, ein schwarzer Stier wurde geopfert und der neue König mit seinem Blut gesalbt, worauf er sieben Tage abgeschottet im Palast verbringen musste. Das aus dieser Haltung entstandene Zerwürfnis drohte das politische Gefüge Katsinas zu zerreißen. Wie in Gobir fand man auch in Katsina, dass die herrschende Elite übermäßigen Druck auf die talakawa ausübte, was zur Eskalation der sozialen Spannungen beitrug. Einem Prinzen, Bakin Wake, wurde vorgeworfen, überheblich zu sein und Menschen wie Lasttiere zu behandeln. Die Oberhäupter von Gozaki und Maska, zwei Regionen, die Katsina stets treu ergeben gewesen waren, drohten mit Sezession. In diesem Moment traten die Ulama in Erscheinung und predigten, dass gegen den Staat rebelliert werden müsse. Auch in Kano musste die Bevölkerung unter einer repressiven Politik leiden. Während der Herrschaft Sarkin Kano Kambaris (reg. 1731–1743) wurde die Besteuerung als so übermäßig empfunden, dass viele arabische Siedler es vorzogen, nach Katsina umzusiedeln. Dadurch litt Kanos Wirtschaft, was zu militärischen Übergriffen durch Borno und zu inneren Unruhen führte, die sich zu einem Bürgerkrieg ausweiteten. Die herrschende Klasse ignorierte diese Probleme und schwelgte weiter in ihrem pompösen Lebensstil, der aus den Staatskassen finanziert wurde.

Trotz der Ausbreitung des Islam waren ursprüngliche Glaubensvorstellungen und Praktiken, insbesondere Rituale aus dem Bori-Besessenheitskult, immer noch weit verbreitet. Besorgte muslimische Ulama stellten nicht nur fest, dass eine Politik der religiösen Toleranz derartige Rituale förderte, sondern dass auch die herrschenden Eliten sie selbst praktizierten. Hodi Dan Tarana zum Beispiel, der Sohn von Sarkin Kebbi Suleiman (reg. 1783–1803), soll »heidnische« Glaubensvorstellungen (tsafi) leidenschaftlich gefördert haben, obwohl Suleimans andere Kinder gläubige Muslime waren. In Kebbi hatte die herrschende Elite zunächst nicht so viel Kontakt mit der Bevölkerung wie anderswo. Doch nachdem Suleiman starb und Hodi Dan Tarana die Thronfolge antrat, wurde auch Kebbi zu einem Nährboden für die revolutionären Predigten der örtlichen Ulama unter der Führung von Usman Mussa, und es kam zu Spannungen. Nur in Zamfara schien es diesen zunehmenden Druck nicht zu geben. Wegen einer tiefen Feindseligkeit gegenüber Gobir positionierte sich das Königreich aufseiten der aufkommenden reformistischen Bewegung. In der Tat rekrutierte Dan Fodio viele seiner ersten Anhänger unter den Dakkawa von Zamfara.[32]

Shehu Usman Dan Fodio ging als dominierende Figur aus diesen eskalierenden Unruhen im Hausaland hervor. Der 1754 in Maratta im westlichen Gobir (dem heutigen Niger) geborene Dan Fodio war ein Nachkomme angesehener Fulbe-Gelehrter der Torenke-Familie, die ursprünglich aus Futa Toro stammten.[33] Er wurde Scheich der Sufi-Bruderschaft Qadiriya und beherrschte neben seiner Muttersprache Fulfulde auch Arabisch, Hausa und die Tuareg-Sprache Tamascheq. So erwarb er sich einen Ruf als gelehrter und charismatischer Prediger. Im Jahr 1781 wurde er als Berater von Sarkin Gobir Bawa und Tutor der königlichen Familie in der Hauptstadt Alkalawa angestellt. Das war eine übliche Stellung für führende Mitglieder

der islamischen Ulama, auch wenn der Shehu eher ein Außenseiter blieb und kein städtischer »Hofgeistlicher« wurde. In seinen späteren Schriften prangerte er dann Gelehrte an, die mit Königen verkehrten. In den späten 1780er-Jahren setzte er sich dafür ein, dass die Muslime in Gobir besondere Privilegien bekamen: das Recht, spezielle Kleidung zu tragen (Turbane für Männer und Schleier für Frauen), Steuerbefreiung und die Erlaubnis, zu missionieren und Menschen zum Islam zu bekehren. Diese Privilegien wurden gewährt, obwohl sie eindeutig eine Bedrohung für die königliche Autorität darstellten. Bawa selbst äußerte sich besorgt darüber, dass »Gobir nach ihm nur noch ein Dorfoberhaupt und keinen König mehr haben würde«.[34] Nach Bawas Tod um 1790 wurden die Privilegien jedoch wieder abgeschafft. Der neue Sarkin Gobir, Nafana, ordnete an, dass Predigten, mit Ausnahme derer des Shehu, im ganzen Königreich verboten seien; dass es keine weiteren Konversionen zum Islam geben dürfe und dass diejenigen, die konvertiert waren, wieder ihre ursprüngliche Religion annehmen müssten. Dies veranlasste Dan Fodio und seine Anhänger, Alkalawa zu verlassen und aufs Land nach Degel umzusiedeln. Dort strebten sie die Schaffung eines autonomen »muslimischen Raums« außerhalb der königlichen Macht an.

Usman Dan Fodios Verlassen des königlichen Hofes und die Rückkehr in seine ländliche Heimat markierte den Beginn einer militanteren Phase seiner Bewegung. Dieser Rückzug, die Hidschra, sollte bewusst an die Übersiedlung des Propheten Mohammed und seiner Anhänger von Mekka nach Medina im Jahr 662 n. Chr., zu Beginn der Blütezeit des Islam (oder im islamischen Kalender 1 d. H.), erinnern. Dan Fodio lehnte Nafanas Versuch ab, der muslimischen Gemeinschaft wieder Steuern und andere »Kasten«-Beschränkungen aufzuerlegen, und verkündete, dass seine Anhänger sich bewaffnen und auf den »Dschihad des Schwertes« vorbereiten sollten. Ihr Feind war eine dynastische Elite, die nun als illegitim verdammt wurde, weil sie weiterhin an Elementen der einheimischen Religion festhielt. »Die Regierung eines Landes ist ohne Frage die Regierung seines Königs«, schrieb der Shehu 1811, um den bewaffneten Aufstand zu rechtfertigen. »Es ist unbestritten, dass die Hausa-Könige an vielen Orten Götzen, Bäume und Felsen verehrten und ihnen Opfer darbrachten. Dies ist nach allgemeiner Auffassung Unglaube.«[35] Die Könige bezeichneten sich selbst zwar als Muslime, doch die islamische Bewegung verurteilte sie als habe, eine abfällige Bezeichnung der Fulbe für »heidnisch«. Dan Fodio mobilisierte eine wachsende Opposition gegen die etablierte Ordnung. Er gab die Schuld für die immer schlechteren Lebensbedingungen im Hausaland der dekadenten Elite, die sich zwar zum Islam bekannte, aber den Bezug zum Glauben verloren hatte. Anfang 1804 zwangen Angriffe der Truppen Gobirs die wachsende Gemeinschaft, sich von Degel nach Gudu zurückzuziehen, einem strategisch wichtigen Ort an der Grenze zu Kebbi, wo andere Gelehrte und ihre begeisterten Anhänger aus der gesamten Hausa-Region sich ihnen anschlossen. Das Banner des Dschihad war gehisst, und der Krieg hatte begonnen – der Ruf nach Reformen war zur Revolution geworden.

Die Errichtung des Sokoto-Kalifats

Die militärischen Auseinandersetzungen zwischen Usman Dan Fodios Bewegung und dem Königreich Gobir begannen im Tal des Flusses Rima, wo Gobir, Kebbi und Zamfara schon lange territoriale Konflikte miteinander führten. Katsina, Kano, Zazzau und die anderen Hausareiche wurden ebenfalls in den Konflikt hineingezogen, da der Shehu Flaggen an sein Netzwerk aus Unterstützern verteilte, die seine Erlaubnis zur Revolte gegen die korrupten Herrscher in anderen Gebieten symbolisierten. Einige Jahre lang war der Ausgang des Kampfes unklar, da Gobirs Heer schwer bewaffnet und die Hauptstadt gut befestigt war. Dan Fodios Truppen bestanden zu einem großen Teil aus Fulbe, ergänzt durch aufgebrachte Hausa-Bauern und Tuareg-Nomaden. Sie hatten den Vorteil, dass sie mobiler waren. Im Jahr 1808 errang Dan Fodio einen entscheidenden militärischen Sieg, vertrieb den Sarkin Gobir ins Exil und gründete im darauffolgenden Jahr eine neue Hauptstadt in Sokoto.

Auf den Sieg über Gobir folgten Siege in anderen Teilen des Hausalandes. In Katsina entstand durch die Ermordung Gozos ein Machtvakuum, das die Klasse der Gelehrten ausnutzte, um die Herrscherdynastie zu stürzen. Sodann wandten sich die verschiedenen Clan-Oberhäupter aus Kano an Dan Fodio.

Der Sullubawa-Clan erhielt eine Flagge und führte somit den Dschihad an. Sarkin Kano Alwali versuchte von seinem Hauptquartier in Danyahiya aus, sein Gebiet zu verteidigen, schaffte es aber nicht, den Danbazawa-Clan im Osten abzuwehren. Die endgültige Niederlage Kanos und der Tod Alwalis erfolgten in der Schlacht von Burum-Burum, die das Ende der alten Dynastie bedeutete. Ihre mächtige Armee wurde in die islamischen Streitkräfte eingegliedert.[36] In Kebbi und Katsina war es ein Nachfolgestreit, der der Reformbewegung zum Sieg verhalf, während in Zamfara die Auswirkungen des Kampfes in Gobir Bedingungen schufen, durch die die dynastische Herrschaft gestürzt wurde. Außerhalb der Kernregion des Hausalandes dauerten die militärischen Auseinandersetzungen bis etwa 1810 an, als an den südlichen und östlichen Grenzen Bornos neue Emirate gegründet wurden, die sich nach Nupe und Oyo sowie nach Adamaua im heutigen Kamerun erstreckten. Das Jahr 1812 markierte einen Wendepunkt, da sich Dan Fodio aus dem Kampf zurückzog und das neu geschaffene Dar al-Islam seinem Sohn Muhammad Bello und seinem Bruder Abdullahi übertrug. Ersterer übernahm von der Hauptstadt Sokoto aus die Verantwortung für die östlichen Emirate, während Letzterer von Gwandu aus die westlichen Emirate verwaltete. Der Tod des Shehu fünf Jahre später führte zu einer Art Verfassungskrise, die dadurch gelöst wurde, dass Muhammad Bello zum neuen Oberbefehlshaber der Gläubigen, dem Amir al-Muʿminin (oder auf Hausa: Sarkin Musulmi) ernannt wurde. Ab diesem Zeitpunkt kann das weitläufige Gebiet zu Recht als Kalifat bezeichnet werden, das bewusst dem ursprünglichen islamischen Staat nachempfunden war, den die Nachfolger des Propheten Mohammed errichtet hatten.

Die Gründung des Kalifats von Sokoto bedeutete das Ende der etablierten Hausa-Dynastien, die nun als habe bezeichnet und der vorislamischen Vergangenheit der Dschahiliya oder Unwissenheit zugeordnet wurden. Das Kalifat war in zwei Sektoren aufgeteilt, die von den gemeinsamen Hauptstädten Sokoto und Gwandu aus regiert wurden. Am Höhepunkt ihrer Macht bestand die Konföderation aus dreißig Emiraten und erstreckte sich über ein Gebiet von etwa 650 000 Quadratkilometern. Die Vision eines erneuerten und geläuterten muslimischen Raums blieb jedoch nicht unangefochten. Der bedeutendste Widerstand kam aus dem alten Königreich Borno, wo der Versuch, das »Schwert der Wahrheit« weiter nach Osten zu tragen, von Truppen unter der Führung des charismatischen Gelehrten Scheich Muhammad al-Kanemi aufgehalten wurde. Nachdem er Sokotos militärischen Vormarsch zurückgeschlagen hatte, schrieb al-Kanemi mehrere Briefe auf Arabisch an Dan Fodio und Muhammad Bello, in denen er die theologische Rechtfertigung ihrer Bewegung in Frage stellte. Seiner Meinung nach stand ihr Dschihad nicht im Dienst des Islam, sondern zielte darauf ab, die Macht der Fulbe auszuweiten. Weiterhin argumentierte er, »dass die religiösen Sünden der Einwohner Bornos keinen Unglauben darstellten und innerstaatlich durch Ermahnungen und nicht durch Krieg behoben werden sollten«.[37] Der erste Kritikpunkt hatte eine gewisse Berechtigung. Last argumentiert, dass trotz der Anziehungskraft, die die Bewegung des Shehus auf viele verärgerte Hausa und Tuareg ausübte, etwa achtzig Prozent der Kernanhänger der Bewegung Fulbe waren und dass der Anteil der Fulbe-Krieger in der Revolutionsarmee im Verlauf des Konflikts gewachsen und nicht gesunken war.[38] Der zweite Kritikpunkt macht deutlich, dass es in der westafrikanischen Savanne nach wie vor eine alternative und gleichermaßen berechtigte Interpretation des Dar al-Islam gab.

Wenn Dan Fodios Bewegung tatsächlich von strengen Fulbe-Viehhaltern dominiert wurde – Iliffe beschreibt sie als »Krieger, die den Städtern und der politischen Führung gegenüber feindselig eingestellt waren und Steuern ablehnten« –, dann mussten schnell Wege gefunden werden, das riesige Gebiet, das sie nun beherrschten, nach den Normen der islamischen Regierungsführung zu verwalten.[39] Dass die Bewegung diese Herausforderung meisterte, war zu einem großen Teil den herausragenden Führungsqualitäten Muhammad Bellos zu verdanken, dem es von 1817 bis zu seinem Tod im Jahr 1837 gelang, den anhaltenden Widerstand gegen den neuen Staat zu unterdrücken und ein dauerhaftes Herrschaftssystem zu errichten. An der Spitze der Macht stand die Familie des Shehu und ihre engen Berater, insbesondere Bellos Schwager Gidado, der sein Wesir wurde. Es war jedoch ein föderales System, in dem die dreißig Emirate eine beträchtliche Autonomie genossen. Die meisten wurden von den Nachkommen der lokalen Fulbe-Geistlichen regiert, die dem Aufruf zum Dschihad gefolgt waren. Die Effektivität der Regierungsführung wurde durch Alphabetisierung, Rechtsstaatlichkeit und das historische Modell des ursprünglichen islamischen Kalifats untermauert, das einer schriftlichen Verfassung gleichkam. »Eine solche Regierungsführung«, schreibt Iliffe, »gab es nicht einmal in den ausgereiftesten afrikanischen Staaten, die vor der Alphabetisierung entstanden waren. In Sokoto regierten zum ersten Mal in Afrika Gesetze und nicht Menschen.«[40] Im Bereich der Besteuerung wurden beispielsweise alle von den alten Regimen auferlegten Abgaben abgeschafft und durch die ersetzt, die vom Islam sanktioniert und in der Verfassung festgelegt waren. Anders als in der Vergangenheit bedienten sich die Emire nicht aus den

Staatskassen. Darüber hinaus wurde die Alphabetisierung gefördert, indem ein auf dem Koran basierendes Bildungssystem geschaffen und die Volkssprachen Hausa und Fulfulde als Adschami, also in arabischer Schrift, verschriftlicht wurden.[41] Die Tochter des Shehu und Schwester von Bello, Nana Asma'u (1793–1864) setzte sich für die Bildung der weiblichen Elite ein. Sie hatte aktiv am Dschihad teilgenommen und wurde eine bekannte Dichterin. Nana Asma'u wollte auch den Bori-Besessenheitskult läutern, der größtenteils von Frauen– auch von versklavten – dominiert wurde; doch anstatt ihn insgesamt zu verdammen, erkannte sie seine islamischen Elemente und seine Wirksamkeit beim Umgang mit alltäglichen Problemen und Ängsten an. »Ihre Bemühungen hatten einen bedeutenden Anteil daran,« schreibt David Robinson, »dass der Islam so tief in der Kultur des Hausalandes eingebettet wurde«.[42]

Obwohl sich der Islam weiter verfestigte, blieb der Bori-Kult bestehen. Dies galt auch für andere fest verwurzelte Aspekte der Hausa-Kultur, sowohl im politischen als auch im volkstümlichen Bereich. Wie andere strenge Eiferer in der Geschichte des Islam in Afrika und anderswo wurden auch Dan Fodios Fulbe-Krieger allmählich von der städtischen Hausa-Kultur absorbiert, die sie eigentlich stürzen wollten. Viele heirateten Hausa-Frauen, begannen Hausa zu sprechen und gewöhnten sich bereitwillig an die Annehmlichkeiten des Stadtlebens. Entgegen dem erklärten Wunsch des Shehu übernahmen die Emirate auch die etablierte Hierarchie der Adelstitel. Somit kann argumentiert werden, dass das sarauta-System im Endeffekt eher konsolidiert als gestürzt wurde.[43] Ironischerweise könnte es gerade dieser Prozess der Enkulturation gewesen sein, der dem Kalifat Stabilität verlieh und wirtschaftlichen Auftrieb gab. Die Städte des Hausalandes lösten nicht nur Timbuktu als Zentrum islamischer Gelehrsamkeit ab, sondern wurden auch zu den Knotenpunkten einer der wohlhabendsten Regionen Afrikas. Die Landwirtschaft, der lokale Handel und der Transsahara-Handel blühten weiter auf, während Kano zum Zentrum der Textilherstellung des Kontinents wurde und für seine mit Indigo gefärbten Stoffe berühmt wurde. Ab Mitte des 19. Jahrhunderts zog es europäische Reisende in diese grosse, von Mauern umgebene Stadt, und ihre Berichte sind neben den Schriften der Reformatoren eine zusätzliche historische Quelle. »Der Name ›Kano‹ hat mir nun schon länger als ein Jahr in den Ohren geklungen«, schrieb Heinrich Barth über seine Reise im Jahr 1851; »denn es war einer unserer grossen Zielpunkte gewesen: als ein Mittelpunkt des Handels, als die grosse Niederlage von Nachrichten und als der Ort, der den besten Ausgangspunkt zur Erreichung entfernterer Gegenden bilden würde. Endlich, nach fast einem Jahre voller Mühen und voller Entbehrungen, hatte ich es erreicht«.[44]

Der Wohlstand war natürlich nicht gleichmäßig über alle Gesellschaftsschichten verteilt. Die Sklaverei war seit Langem ein Bestandteil der Hausa-Gesellschaft, aber im 19. Jahrhundert wurde sie dramatisch ausgeweitet. Nicht islamische Völker an den Grenzen des Staates – die aufgrund ihres Status als »Heiden« legal versklavt werden konnten – waren zur trockenen Jahreszeit brutalen Beutezügen durch die berittenen Krieger des Kalifats ausgesetzt.

Ein mit Indigo gefärbtes riga *(Gewand für Männer) aus der Hausa-Region im Norden Nigerias. Die mit Seidengarn gestickten Motive stammen aus der islamischen Symbolwelt und umfassen die klassischen »acht Messer« und die spiralförmige »Trommel«, die beide den Träger vor bösen Einflüssen schützen sollen.*

»Kano von der Felshöhle Dala« von Heinrich Barth, Reisen und Entdeckungen in Nord- und Centralafrika, Bd. 2 (Gotha 1855—1858).

Einige dieser Gefangenen wurden über die Sahara nach Nordafrika und in den Nahen Osten exportiert, doch die meisten wurden in die heimische Wirtschaft integriert und lebten oft in landwirtschaftlichen Sklavendörfern oder auf Plantagen (rinji), die Fulbe-Aristokraten oder Hausa-Händlern gehörten. Andere unterstützten den urbanen Lebensstil ihrer Besitzer als Hausangestellte, Handwerker, Soldaten und Konkubinen. Die Nähe der Sklaven zu ihren Herren und ihre im islamischen Gesetz verankerten Rechte boten einen gewissen Schutz und zumindest die Möglichkeit einer begrenzten sozialen Mobilität über Generationen hinweg oder sogar noch zu Lebzeiten. Historiker schätzen jedoch, dass Ende des 19. Jahrhunderts ein beträchtlicher Teil der Bevölkerung versklavt war. Wie auch anderswo auf dem Kontinent hielt sich die Institution bis weit ins 20. Jahrhundert hinein, da die neuen britischen Kolonialverwalter nicht gewillt waren, allzu drastisch in die Eigentumsrechte der aristokratischen Führungseliten einzugreifen.[45]

Fazit

Die Errichtung des Kalifats von Sokoto kann als das beeindruckendste Projekt der Staatsbildung in Afrika in der Periode nach dem Zusammenbruch des Songhaireichs im Jahr 1591 angesehen werden. Im Gegensatz zum Aufstieg anderer expansionistischer Königreiche in der Ära des atlantischen Sklavenhandels war die Entstehung des Kalifats zudem weitgehend durch inländische Faktoren bedingt. Shehu Usman Dan Fodio wusste sicherlich von den Bemühungen um eine Wiederbelebung der islamischen Herrschaft im Rest der Welt, wie auch in den neuen Emiraten Futa Jalon und Futa Toro im Westen, doch, wie Iliffe schreibt, »in der Hauptsache resultierte der Dschihad aus den Widersprüchen, zu denen der Islam im Zuge seiner Ausbreitung in den Haussa-Staaten führte«.[46] Die Wurzeln des Kalifats liegen also zu einem großen Teil in der tieferen Vergangenheit der Hausa-Region. Über einen Großteil dieser frühen Geschichte kann nur spekuliert werden, da sie lediglich umrisshaft anhand archäologischer und sprachlicher Zeugnisse rekonstruiert werden kann. Das kasar Hausa beginnt erst zwischen dem 14. und 16. Jahrhundert in historischen Aufzeichnungen deutlicher hervorzutreten. Möglicherweise war die frühere »Isolation« der Region zwischen Gao und Borno einfach dadurch bedingt, dass Händler und Geografen, die von Nordafrika aus die Sahara durchquerten, nichts von ihr wussten. Wie dem auch sei – ab dem 16. Jahrhundert und befördert durch das Ende der Songhai-Herrschaft wurden die Hausa-Königreiche zu einem wichtigen Knotenpunkt in der sudanischen Zone im Süden der Wüste. Die Verfestigung des Islam war bei Weitem nicht der einzige Grund für die Widersprüche innerhalb ihres speziellen Regierungssystems. Dieses sarauta-System kann als eine ausgeklügelte Form der Staatskunst angesehen werden, die zum Teil dazu diente, eine florierende regionale Wirtschaft zu verwalten. Die Hausastaaten, schreibt Adeleye, »waren so organisiert, dass Austausch gefördert wurde«.[47] Doch ihre herrschenden Eliten waren auch überaus militaristisch, führten verlustreiche Kriege und verhielten sich überdies ihren Untertanen, den talakawa, gegenüber anmaßend und beuteten sie aus. Im späten 18. Jahrhundert wurden die Forderungen des Volkes nach Veränderung lauter – und sie wurden zunehmend in der Rhetorik eines geläuterten Islam geäußert.

Die große islamische Konföderation, die dann entstand, hatte auch ihre Widersprüche. Viele Historiker haben die Anfänge des Kalifats unter der Führung von Muhammad Bello als »goldenes Zeitalter« dargestellt, nach dem ein allmählicher Verfall des Regierungssystems einsetzte. Barths wertvoller Bericht über seine Reise in den 1850er-Jahren vermittelt den Eindruck, dass die politischen Konflikte in vielen der Emirate Chaos stifteten. In den 1870er-Jahren begann sich schließlich das Machtgleichgewicht zwischen der Zentralregierung in Sokoto und den umliegenden Emiraten zugunsten der Letzteren zu verschieben. Man könnte jedoch argumentieren, dass die komplexen Probleme, die sich aus dem Bestreben ergaben, die islamischen Grundsätze auf ein so großes Gebiet anzuwenden, noch nicht gelöst waren, als das Kalifat in den letzten Jahrzehnten des Jahrhunderts durch den europäischen Imperialismus zunehmend unter Druck geriet. Dieser Druck wurde zunächst von der Royal Niger Company ausgeübt, einer Handelskompanie, die Großbritannien zur Verwaltung seiner Interessen im späteren Protektorat Südnigeria engagiert hatte. Als sich die kommerziellen »Einflusssphären« in den 1890er-Jahren zu einem regelrechten »Wettlauf um Afrika« ausweiteten, konkurrierten Großbritannien, Frankreich und Deutschland darum, ihre Herrschaft im westafrikanischen Landesinneren auszudehnen. Am Ende verleibte sich Großbritannien einen Großteil des Kalifats ein und erklärte 1900 ein als Nordnigeria bezeichnetes Gebiet zum Protektorat. Zwei Jahre später lehnte der Kalif Attahiru Dan Ahmadu im Namen des Islam das Angebot des Kommandeurs der britischen Streitkräfte, Frederick Lugard, ab, sich der Kolonialherrschaft zu unterwerfen. Im Jahr 1903 wurden erst Kano und dann Sokoto unterworfen. Attahiru floh nach Osten und »behauptete, er habe einen Haddsch (Pilgerreise nach Mekka) angetreten, obwohl seine Route eher einer Hidschra (Flucht vor den Ungläubigen) glich«.[48] Britische Truppen verfolgten und töteten ihn.

Vieles spricht dafür, dass die politische Kultur der Hausa-Königreiche im Gefüge des Sokoto-Kalifats in veränderter Form überlebt hat. Daher kann davon ausgegangen werden, dass auch die daraus resultierende »Hausa-Fulani«-Ordnung die britische Kolonialherrschaft zwischen 1903 und der Unabhängigkeit Nigerias im Jahr 1960 überlebt hat. Tatsächlich wurde diese Herrschaftsordnung in vielerlei Hinsicht bewusst von Lugard unterstützt. Unter seiner Statthalterschaft wurde das Protektorat Nordnigeria zum Versuchsgebiet für die Übertragung des britischen Systems »indirekter Herrschaft« von Indien auf Afrika. Die Fulbe-Emire waren genau die Art von autoritären, konservativen Aristokraten, mit denen Lugard Geschäfte machen konnte, und so machte er sich den ausgeklügelten Verwaltungs- und Steuererhebungsapparat unter ihrer Kontrolle zunutze, indem er ihn weitgehend aufrechterhielt. Das Kalifat wurde formell abgeschafft und der Kalif zum säkularen »Sultan« umbenannt, aber, wie Lugard erklärte, »Jeder Sultan und jeder Emir […] wird wie in alter Zeit sein Volk regieren«.[49] Andere Aspekte der vorkolonialen sozialen Hierarchie in Sokoto wurden ebenfalls beibehalten, insbesondere die Sklaverei sowie die Unterordnung und Abschirmung der Frauen. Das galt auch für das auf dem Koran basierende Bildungssystem und das islamischen Rechtssystem, das neben dem kolonialen Recht weiterhin Bestand hatte und in einigen Gebieten sogar auf die verbliebenen nicht muslimischen Gemeinschaften ausgedehnt wurde. Das Sokoto-Kalifat existierte als souveräner Staat nicht mehr, und 1960 wurden seine Kerngebiete in die neue Nation Nigeria eingegliedert. Dennoch hatte die britische Herrschaft viel dazu beigetragen, die Autorität und Autonomie der islamischen Führungselite zu bewahren, die – unterstützt durch das demografische Gewicht Nordnigerias – zu einem wichtigen Akteur in den oft erbittert geführten politischen Kämpfen und religiösen Konflikten im Zeitalter der Unabhängigkeit werden sollte.

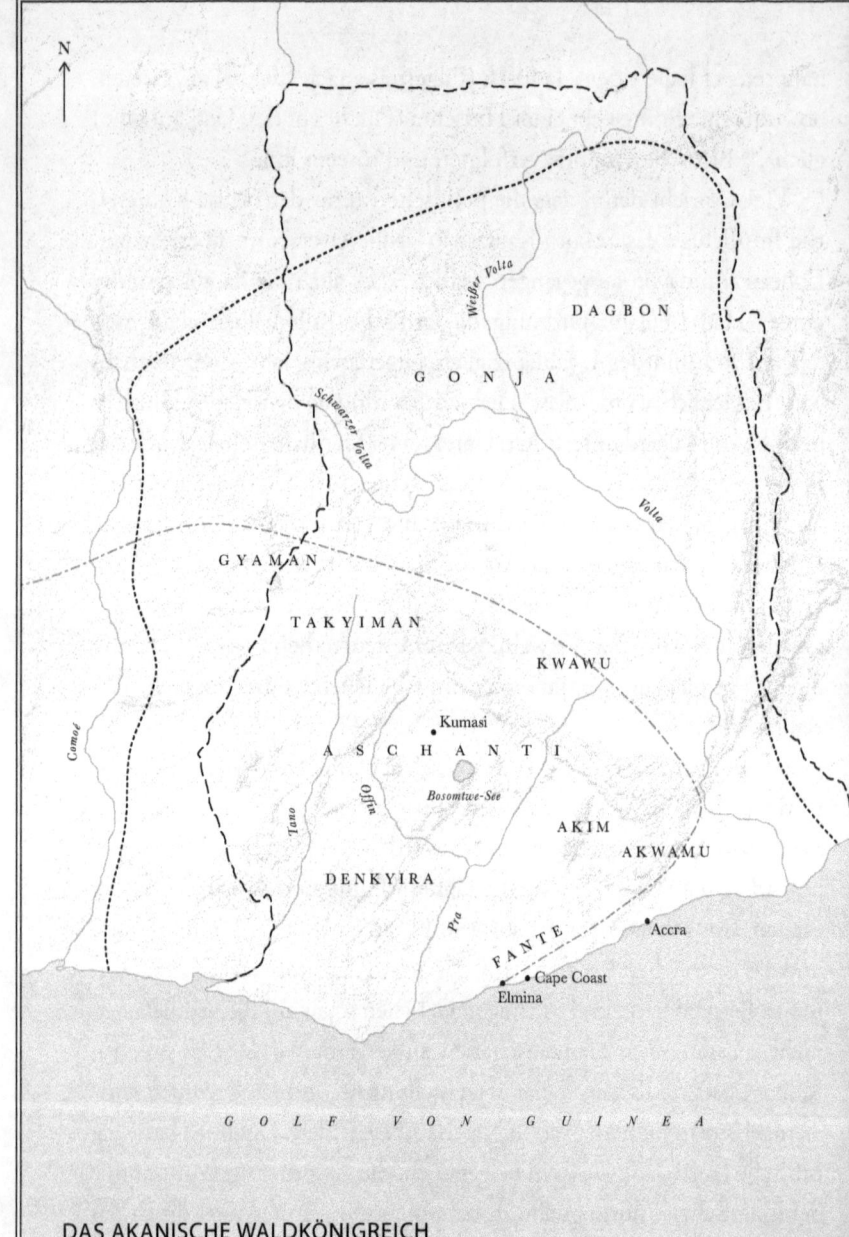

DAS AKANISCHE WALDKÖNIGREICH DER ASCHANTI

– – – – Heutige Staatsgrenze von Ghana
·········· Ungefähre Grenze von Groß-Aschanti
– · – · – Nördliche Waldgrenze

0   50   100 Kilometer

KAPITEL 8

DAS AKANISCHE WALDKÖNIGREICH DER ASCHANTI

John Parker

Am 19. Mai 1817 empfing Asantehene Osei Tutu I. Kwame erstmals eine britische diplomatische Gesandtschaft in seiner Hauptstadt Kumasi. Die Gesandten und ihr afrikanisches Gefolge waren zwei Wochen zuvor von Cape Coast Castle aufgebrochen, einem befestigten Stützpunkt an der Küste des Golfs von Guinea, der ab Mitte des 17. Jahrhunderts und bis 1807 als Zentrale des britischen Sklavenhandels in Westafrika gedient hatte. Während die Gesandtschaft auf einer der acht »großen Straßen«, die von Kumasi aus strahlenförmig in die Randgebiete des Aschantireichs führten, den Regenwald durchquerte, erhielt sie Weisung, in einer Stadt 48 Kilometer vor der Hauptstadt Rast zu halten, während Osei Tutu Kwame der sogenannten »königlichen Fetischwoche« vorsaß.[1] Es handelte sich dabei um die sechs Tage vor dem akwasidae, einem der beiden feierlichen adae-Feste in den je zweiundvierzig Tage umfassenden Zyklen des Aschanti-Kalenders; in diesem Zeitraum entzog sich der König im Inneren seines Palasts den Blicken der Öffentlichkeit, um mit seinen Ahnen Zwiesprache zu halten und damit das Wohlergehen des Asanteman, des »Reichs der Aschanti«, zu sichern. Nach einem frühmorgendlichen Besuch am königlichen Mausoleum mit den Gebeinen seiner verehrten Ahnen trat er wieder in Erscheinung, und der so begonnene Tag galt für die Erledigung diplomatischer und anderer Regierungsgeschäfte als besonders günstig. Am Nachmittag eben dieses Tages wurden die vier britischen Gesandten nach Kumasi vorgelassen. Nach dem Regenwald und dem gepflegten Flickwerk bäuerlicher Siedlungen rund um die Hauptstadt staunten sie, welch ein spektakulär choreografierter Anblick sich ihnen rundum bot.

»Über 5000 Menschen, größten Theils Krieger, kamen uns mit einer fürchterlichen, kriegerischen Musik, die durch ihr Gemisch noch mißtönender wurde, entgegen; denn Hörner, Trommeln, Klappern und Gong-gons wurden alle mit einem Eifer in Bewegung gesetzt, der an Raserey gränzte, um so durch den ersten Eindruck auf uns zu wirken«, schrieb ein Mitglied der Gruppe, T. Edward Bowdich (siehe Tafel XVII). »Der Rauch, der uns von dem unaufhörlichen Abschießen der Musketen umgab, beschränkte unsere Aussicht auf die nächsten Gegenstände, und wir mußten Halt machen, während die Hauptleute, in einem von ihren Kriegern gebildeten Kreise, ihren Pyrrhischen Tanz ausführten; eine Menge Englischer, Holländischer und Dänischer Flaggen wurden nach allen Richtungen hin geschwenkt.« Mühsam schob sich die Gesandtschaft durch die dicht gedrängte Masse von Würdenträgern und Stadtbewohnern und kam »durch eine sehr breite, und ungefähr eine Viertelmeile betragende Straße, auf dem Marktplatze an.

Unsere im Vorbeygehen gemachten Beobachtungen ließen uns ein Schauspiel ahnen, was unsere Erwartungen übertreffen würde; aber sie hatten uns keineswegs auf die Entwickelung einer Scene vorbereitet, die sich nun vor unsern Blicken entfaltete. Eine fast eine Meile enthaltende Ebene war von nie gesehener Pracht vollgedrängt. Der König, seine Vasallen und Hauptleute strahlten aus der Ferne, umgeben von Begleitern jeder Art, und vor ihnen eine Masse von Kriegern, die ihn für uns unzugänglich zu machen schien. Die Sonne strahlte mit einem Glanze, der eben so wenig als die Hitze zu ertragen war, von den massiv goldenen Zierrathen zurück, die allenthalben uns entgegen glänzten. Mehr als 100 Musikanten-Trupps ließen auf ein Mahl bey unserer Ankunft die Lieblingsstücke ihrer Hauptleute ertönen; [...] Wenigstens 100 sehr große Sonnenschirme oder Thronhimmel, die wohl 30 Personen schützen konnten, wurden, nicht ohne Wirkung, von den Trägern auf- und niedergezogen. Sie waren aus scharlachrothen, gelben und den hellsten seidenen Zeugen verfertiget, und auf der Spitze mit Halbmonden, Pelikanen, Elephanten, Fässern, Waffen und Schwertern von Gold noch besonders verziert [...] Das fortdauernde Blasen der Hörner, ein betäubendes Wirbeln der Trommeln [...] verkündete, daß wir uns dem Könige näherten; schon gingen wir vor den Haupt-Officieren seines Hofstaates vorüber. Der Kammerherr, der Goldhorn-Bläser, der Capitän der Bothen, der Befehlshaber bei den königlichen Hinrichtungen, der über Kauf und Verkauf gesetzte Capitän, der Aufseher über den königlichen Begräbnisplatz, das Oberhaupt der Musiker, saßen da umgeben von einem Gefolge und einem Glanze, der von der Würde und Wichtigkeit ihrer Ämter zeugte.«[2]

Endlich gelangten Bowdich und seine Begleiter bis dicht vor den wartenden Asantehene.

»Seine Haltung zog meine ganze Aufmerksamkeit auf sich. Angeborne Würde bey Fürsten, die wir so gern Barbaren nennen, schien mir der Aufmerksamkeit doppelt werth. Seine Manieren waren seinem Stande angemessen, und doch zugleich auch herablassend. [...] Um seine Schläfe trug er ein Stirnband von rothen Korallenkugeln; ein Halsband von goldenen Mispel-Schalen (cock-spur shells), [...] Seine Armbänder waren das reichste Gemisch von Korallen und Gold und seine Finger mit Ringen bedeckt. Sein Kleid war von dunkelgrüner Seide [...] und seine Knöchelbänder aus einem goldenen Schmucke der feinsten Arbeit, [...] und [er] hatte ein Paar goldene Castagnetten an seinen Fingern und Daumen, durch deren Zusammenschlagen er Stillschweigen geboth. Die Gürtel der Wachen hinter seinem Stuhle waren mit Gold reich besetzt, und mit Zierrathen, die menschlichen Kinnladen glichen, und zwar von demselben Metalle, bedeckt. Die Elephantenschweife, die wie eine kleine Wolke ihn umwogten, funkelten von Gold, und große Federbüsche schwenkte man dazwischen. Sein Eunuch führte den Vorsitz über diese Dienerschaft [...]. Der königliche Thron, mit Gold fast bedeckt, stand unter einem glänzenden Schirme.«[3]

So geht die Beschreibung weiter. Als der Tag sich neigte, wurde der gewaltige Empfang bei Fackelschein fortgesetzt, »und es dauerte lange, ehe wir die Freyheit erhielten, uns in unsere Wohnung zu begeben«. Allein die Zahl der anwesenden Krieger schätzte Bowdich auf »dreyßig tausend Mann«.[4]

Die britischen Bemühungen, die kommerziellen und politischen Beziehungen mit Aschanti vertraglich festzuschreiben, scheiterten. Für den Rest des 19. Jahrhunderts sollten die beiden Mächte in eine ganze Reihe von wiederkehrenden Konflikten geraten, bis das Königreich 1896 auf dem Höhepunkt des europäischen Imperialismus in Afrika von den Briten besetzt wurde. Fünf Jahre später wurde es nach einem letzten vergeblichen Aufbäumen in die schon ältere Kronkolonie Goldküste eingegliedert. 1957 schließlich erlangte die Goldküste – mit dem Aschantireich in seiner Mitte – die Unabhängigkeit und wurde der Staat Ghana. Wenn auch die diplomatische Mission von 1817 zu nichts führte, so markiert doch der Bericht, den Bowdich zwei Jahre später unter dem Titel Mission from Cape Coast Castle to Ashantee (als Mission der Englisch-Afrikanischen Compagnie von Cape Coast Castle nach Ashantee 1826 auf Deutsch erschienen) veröffentlichte, den Beginn einer nachhaltigen Faszination, die das große Reich im Regenwald bei außenstehenden Beobachtern hervorrief. Das gegen Ende des 17. Jahrhunderts gegründete Aschantireich sollte das mächtigste und profilierteste Beispiel dessen werden, was eine jüngere Studie die »fiskal-militärischen Staaten« Westafrikas nannte.⁵ Nach dem Niedergang des Songhaireichs 1591 stellte der Aufstieg von Oyo, Aschanti, Dahomey und Ségou eine neue Phase der militärisch gestützten Staatenbildung dar, und die Ausweitung des transatlantischen Sklavenhandels kennzeichnete das Ende der »mittelalterlichen« Epoche und den Beginn einer zunehmend unsteten »modernen« Phase der westafrikanischen Geschichte. Man kannte Aschanti für seinen märchenhaften Reichtum, und Bowdich lässt keinen Zweifel daran, worauf dieser Reichtum sich gründete: auf Gold. Als Erbe der traditionellen westafrikanischen Goldproduktion, die im Mittelalter das Zahlungsmittel für den Transsahara-Handel geliefert und ab dem 15. Jahrhundert habgierige Europäer an die Atlantikküste gelockt hatte, betrat Aschanti die Bühne der Weltgeschichte als verführerisches Reich des Goldes. Unter der Herrschaft von Osei Tutu Kwame (reg. 1804–1823) stand es im Zenit seines Reichtums, seiner militärischen Vormacht und seiner imperialen Ausdehnung. Das Wesen des Königtums, das aus diesem Goldreichtum erstand und über ihn verfügte, wollen wir in diesem Kapitel darstellen.

Die oben zitierten Auszüge aus der Beschreibung vom Einzug der Mission von 1817 in Kumasi enthalten bedeutende Hinweise auf Grundzüge der Staatsführung in Aschanti. Die Königsherrschaft basierte auf dem Aufbau von Vermögen aus den landwirtschaftlichen Ressourcen des Regenwalds und der Goldproduktion, gestärkt noch durch militärische Schlagkraft und einen sorgfältig durchstrukturierten Regierungsapparat. Getragen wurde sie außerdem durch spirituelle Macht. Wie Bowdich beobachtet, widmete der Asantehene der Spiritualität viel Zeit und Mühe: allein zwölf Tage jedes 42-tätigen adaduanan oder Monatszyklus verbrachte er abgeschottet im Inneren seines Palasts in Begleitung seiner verstorbenen Ahnen. Außerdem ließ er noch etliche weitere rituelle Beobachtungen, Darbietungen und Opferfeiern abhalten, etwa das große Odwira-Fest, das jährlich das historische Projekt des Aschantireichs rekapitulieren sollte. Inwieweit entspricht damit Aschanti dem Modell des »sakralen Königtums«, wie es jüngst die historischen Anthropologen David Graeber und Marshall Sahlins in ihrem Buch *Über Könige*[6] aufstellten? Diese Frage bildet den Hintergrund vieler historischer Debatten über Aschanti. Die früheste Forschung hob in der Regel eher die materielle Grundlage Aschantis hervor, die komplexen Strukturen für seine Eliten und Würdenträger sowie die hochgradige Bürokratisierung seiner Regierung.[7] Spätere Untersuchungen kritisierten diesen Ansatz und fragten stattdessen, inwieweit politische Macht mit Spiritualität verwoben war und wie der Staat Glauben und Aufgeklärtheit der Gesellschaft kontrollierte.[8] Eines jedenfalls ist klar: In seiner Blütezeit verfügte Aschanti über kolossale Zwangsgewalt, also »instrumentelle« Macht, gleichzeitig aber auch über ein überwältigendes Spektrum ideologischer oder »kreativer« Macht sowie die Fähigkeit, sie in Szene zu setzen.[9] Seine dynastischen Herrscher waren Meister in der Darstellung ihrer Macht. Bevor wir also in diese Debatte einsteigen, wenden wir uns zunächst den Ursprüngen des Aschantireichs sowie der umfassenderen Akan-Kultur zu, aus der es hervorging.

Herkunft der Akan

Schriftliche Berichte von Europäern wie Bowdich liefern uns wichtige Einsichten zu Aschanti in seiner Blütezeit im 19. Jahrhundert, aber um in die ältere Geschichte der Akan-Völker vorzudringen, müssen wir auf eine andere Quellengattung zurückgreifen: die mündliche Überlieferung. Sie wurde von den Akan und den Bono, ihren ebenfalls Twi-sprachigen Nachbarn am Nordrand des Regenwalds, von einer Generation zur nächsten weitergereicht, und das in den unterschiedlichsten Formen: adomankomasem, Schöpfungsmythen zur menschlichen Kultur; atetesem, Erzählungen über alte Wanderbewegungen und die Entstehung sesshafter Gemeinschaften; und schließlich abakosem, spätere Erzählungen über die Herausbildung politischer Autorität. Diese Interpretationen der Vergangenheit waren in der Musik der offiziellen Trommler, Hornbläser und Preissänger, wie Bowdich sie beschreibt, verankert und wurden mit dem Aufkommen der Literalität an der Goldküste ab Mitte des 19. Jahrhunderts verschriftlicht. Eine geschriebene Version verfasste 1907 Asantehene Agyeman Prempeh I. (reg. 1888–1931), der 1896 von den Briten abgesetzt und auf die Seychellen verbannt worden war. Auf der Grundlage des umfassenden Wissens von Agyeman Prempehs Mutter, der Asantehemaa (oder »Königinmutter«) Yaa Kyaa, die ihm ins Exil gefolgt war, hält The History of Ashanti Kings and the Whole Country Itself die Frühgeschichte der Herrscherdynastie Oyoko fest. Es handelt sich dabei um die älteste verlässliche Darstellung der Ursprünge von Aschanti und vielleicht um das früheste Beispiel historischen Schreibens auf Englisch durch einen afrikanischen Herrscher.

»Nach Anbeginn der Welt«, als »alle Pflicht im Jagen liegt«, so beginnt The History of Ashanti Kings, ging ein Jäger in den Wald und erfuhr von einem Honigdachs, dass bald Menschen auf die Erde gelangen würden. Bald darauf fiel eine goldene Kette vom Himmel, an der ein Herold herabstieg, eine Frau, die einen Stuhl trug, und dann Ankyewa Nyame, die Urahnin der Oyoko-Abstammungslinie oder abusua.[10] Ankyewa Nyame ließ sich an einem Ort namens Asantemanso nieder, wo weitere Menschen dem Boden entstiegen und an ihre Seite traten; über drei Generationen hinweg vermehrten sich die Oyoko und begannen, die Grundzüge der sozialen Ordnung herauszubilden. Auf der Suche nach neuem Siedlungsraum zogen sie ins benachbarte Kokofu, und unter der Führung von Oti Akenten weiter nach Kwaman, wo sie für Gold der ursprünglichen Besitzerin Land abkauften und die Siedlung Kumasi gründeten, »unter (ase) dem kum-Baum«. »Die protohistorische Phase«, so schreibt der Pionier der Aschanti-Forschung Ivor Wilks, »weicht der historischen;

auf Oti Akenten folgte Obiri Yeboa, auf Obiri Yeboa folgte Osei Tutu, der erste Asantehene, dessen Tod im Jahr 1717 auch von zeitgenössischen europäischen Quellen vermerkt wird.«[11]

Wilks sieht in dieser und ähnlichen Überlieferungen aus anderen Geschlechtern einen Beweis, dass der Übergang vom Jagen und Sammeln zur Landwirtschaft im Regenwald möglicherweise erst im 15. oder 16. Jahrhundert stattfand. Angesichts der kolossalen Herausforderung, im dichten Regenwald eine sesshafte Gesellschaft herauszubilden, so argumentierte er, tauschten die Akan den einzigen wertvollen Rohstoff, den sie produzierten – Gold –, gegen das ein, was sie dringend brauchten, um genügend Baumbestand und tropische Vegetation roden und eine Agrarwirtschaft etablieren zu können: Menschen. Neben die Yamswurzel, das ursprüngliche Haupterzeugnis im Wald, traten später neue Nahrungsmittel, die im sogenannten Columbian Exchange aus Amerika eintrafen: Maniok und Mais. Wilks' Interpretation verbreitete sich später unter der Bezeichnung »Big bang«- oder »Urknall«-Theorie zur Herkunft der Akan; demnach seien Ackerbau betreibende Gemeinschaften und Königreiche im Regenwald nicht etwa in grauer Vorzeit entstanden, sondern hätten sich schnell und parallel zum Aufkommen der modernen Weltwirtschaft herausgebildet. Findige Unternehmer oder big men (auf Twi abirempon) tauschten Gold gegen die Arbeitskraft von Sklaven, erst aus der nördlichen Savannenregion und später von portugiesischen Seefahrern, die in den 1470er-Jahren an der Atlantikküste auftauchten; sie gründeten »Anwesen«, auf denen Landwirtschaft betrieben und Gold geschürft wurde, und diese vereinigten sich dann zu frühen Königreichen. In der Tat zeichneten sich Akan-Staaten von Anfang an durch den hohen Stellenwert aus, der materiellem Besitz beigemessen wurde – sika sene, biribi ansen bio, lautet eines der vielen Sprichwörter über die Bedeutsamkeit monetären Reichtums: »Gold (oder Geld) geht über alles; nichts geht darüber.« Eine andere allgegenwärtige Maxime spricht den Prozess an, in dem versklavte

Gefangene und freie Siedler in die expandierende heimische Gesellschaft integriert wurden: obi nkyere obi ase, »man enthüllt nicht eines anderen Herkunft«. Allerdings versucht dieser Spruch eine tiefere Tatsache zu verschleiern: dass nämlich in den aufkommenden Staaten eben doch Hierarchien und Ungleichheit herrschten.[12]

Die »Big bang«-Theorie zur Herkunft der Akan blieb nicht unwidersprochen. Neuere archäologische Ausgrabungen von Erdwällen in Süd-Ghana und anderen westafrikanischen Stätten vom Ende des ersten Jahrtausends n. Chr. deuten auf eine alternative Hypothese: Ihr zufolge war die Regenwaldzone bereits vor dem Aufkommen des Transatlantikhandels großflächig von Gruppen von Bauern besiedelt, die auch Eisen benutzten.[13] Zudem verweist die Untersuchung von Münzen, die in Tunis und Libyen geprägt wurden, darauf, dass Goldexporte aus der Region bereits im 9. Jahrhundert Nordafrika erreichten.[14]

Neuere Hinweise auf einen größeren Zeitrahmen für die ökonomischen Umbauprozesse, aus denen der Akan-oman (Plural aman) oder Akan-Staat entstand, dürfen freilich nicht davon ablenken, wie stark das tradierte Verständnis der Einheimischen von Herkunft und Wesen ihrer Gesellschaft und ihres Königtums von der mündlichen Überlieferung geprägt ist. So verbirgt sich hinter dem Abstieg der ersten Menschen vom Himmel oder aus der Erde heraus etwa die »Bedeutung«, dass sie nicht aus der Fremde kamen; sie waren also die ursprünglichen Herren des Landes. Auch in dem Wort Akan selbst ist diese Identität verklausuliert, trägt es doch Konnotationen eines »ursprünglich ersten« und kulturell überlegenen Volks. Die akanman piesie nnum, die fünf »erstgeborenen« Städte, die als Wiege der Akan-Völker gelten, liegen alle in einem Becken zwischen den Flüssen Pra und Offin mit einem Durchmesser von weniger als 130 Kilometern. Die abirempon, die Vermögen an Land, Gold und Menschen erwarben und schließlich als amanhene der neu entstandenen Staaten fungierten (das Suffix hene bedeutet auf Twi »Herrscher von«), waren daher nicht die klassischen »Fremdenkönige«, die wir anderswo auf dem Kontinent antreffen: heroische Wanderer aus einer anderen Gegend oder einem anderen Reich, die eine fortschrittlichere Kultur als Gabe mitbrachten. Die Königsherrschaft bei den Akan war eine einheimische Entwicklung, die wie bei den europäischen »Thronen« durch einen Stuhl symbolisiert wurde – etwa den, der vor Ankyewa Nyame vor Urzeiten an der goldenen Kette niederging. Anfang des 18. Jahrhunderts kam, so hieß es, ein weiterer Stuhl vom Himmel herab und verlieh dem Herrscher einer mächtigen neuen Militärallianz politische Autorität. Es handelte sich um den sika dwa kofi, den Goldenen Stuhl – das verehrte Objekt, das Bowdich am 19. Mai 1817 »unter einem glänzenden Schirme« erblickte und der für die Aschanti das sunsum, die »Seele« des Staats verkörperte.

Osei Agyeman Prempeh II. (reg. 1931–1970) sitzt neben dem sika dwa kofi *oder Goldenen Stuhl am Tag seiner Wiedereinsetzung als Asanthehene durch die britische Kolonialmacht am 31. Januar 1935.*

Osa nti fo

Zur Gründung des ersten Akan-Staats kam es in jedem Fall vor der Ankunft der Portugiesen, die in den 1470er-Jahren an der später so benannten Goldküste landeten. Allerdings sollte der Transatlantikhandel in der ganzen Region zu tiefgreifenden Umwälzungen führen. Die Portugiesen und ihre Konkurrenten unter den nordeuropäischen Seefahrern waren sich durchaus im Klaren, dass das bewaldete Hinterland von »Königen« beherrscht wurde; festgehalten wurde diese politische Landschaft 1629 auf der ersten detaillierten Karte des Binnenlands von einem holländischen Kartografen. Zu diesem Zeitpunkt hatten eineinhalb Jahrhunderte des Seehandels die Akan bereits von ihren etablierten Verbindungen in den von Mali dominierten Norden gelöst und dem expandierenden Atlantikhandel zugewandt. Im weiteren Verlauf des 17. Jahrhunderts kam es zu dramatischen politischen Veränderungen: Um 1660 hatten sich zwei expandierende Akan-Staaten, nämlich Denkyra im Becken der Flüsse Offin und Pra sowie Akwamu im Osten, in ihrer jeweiligen Region in eine Vormachtstellung gebracht. Nach dem Abzug der Portugiesen Anfang des 17. Jahrhunderts lieferten beide Reiche Gold und zunehmend versklavte Gefangene an die immer zahlreicheren niederländischen, englischen und dänischen Forts an der Küste (daher die Fahnen dieser Handelsnationen, die Bowdich 1817 in Kumasi sah). Im Gegenzug importierten Denkyra und Akwamu Schusswaffen und andere europäische Erzeugnisse, um ihre militärische Vormacht auszubauen und ihre zentralisierte politische Macht zu stärken. Der kleine »Staat« Kwaman um seine Hauptsiedlung Kumasi war einer von vielen, die nun dem Einfluss von Denkyra unterstanden und den dortigen stolzen, waffenstarrenden Herrschern jährliche Tributzahlungen entrichten mussten. Zermürbt von den harten Bedingungen dieses Vasallentums, begannen die aufstrebenden Kumasifo (das Suffix fo bedeutet »Bewohner von«), lokale Bündnisse zu schließen und die humanen, technologischen und rituellen Ressourcen zu bündeln, die sie brauchten, um Denkyra zu stürzen.

Von diesen Ereignissen berichtet die History of Ashanti Kings. Demnach entstand das Königtum aus dem vereinten Genie zweier Männer: Osei Tutu, dem omanhene von Kumasi, und Komfo Anokye, einem berühmten, in den Riten sehr bewanderten »Priester« (okomfo). Osei Tutu war der Neffe von Oti Akenten und seinem Nachfolger Obiri Yeboa; seine Mutter war Manu, die Enkelin von Birempona Piese, welche wiederum die Tochter der Oyoko-Ahnin Ankyewa Nyame war. An dieser Genealogie ist abzulesen, dass Aschanti zwar von Männern regiert wurde, dass Frauen aber in Staat und Gesellschaft eine grundlegende Rolle spielten: Die Akan sind ein matrilineares Volk, bei denen Verwandtschaft und Abstammung über die weibliche Linie definiert werden. Um die jährliche Tributzahlung zu garantieren, verlangte der Denkyrahene Boamponsem von Oti Akenten, er solle ein Familienmitglied als Geisel entsenden; diese Geisel war Osei Tutu, der aber nach gegenseitigen Vorwürfen sexueller Übergriffigkeit zurück nach Kumasi floh und dann im östlich gelegenen Königreich Akwamu Zuflucht suchte. An dieser Stelle tritt Komfo Anokye in die Erzählung ein: Er begleitet Osei Tutu in die Sicherheit von Akwamu und zurück nach Kumasi, und als Osei Tutu der neue omanhene von Kumasi ist, unterstützt er mit der Macht der Riten dessen Feldzüge. Wie Wilks festhält, wird die Tragweite der Ereignisse in den 1690er-Jahren durch Chroniken von Europäern an der Goldküste bestätigt, deren importierte Feuerwaffen bei den rivalisierenden Kräften im bewaldeten Landesinneren sehr begehrt waren. So schreibt etwa der Pionier unter den Historikern zur Goldküste, Carl C. Reindorf, im 19. Jahrhundert, Osei Tutus Aufenthalte in den militarisierten Reichen von Denkyra und Akwamu habe ihm »Gelegenheit gegeben, sich die Politik der beiden Hauptmächte seiner Zeit anzueignen«.[15]

Zwar lässt sich diese »Politik« als die Organisation der Akan-Königreiche nach militärischer Maßgabe resümieren, doch sie wurde zumindest flankiert durch die Wundertaten von Komfo Anokye. In der Überlieferung der Oyoko zur abschließenden Großschlacht gegen Denkyrahene Ntim Gyakari findet zwar durchaus Erwähnung, wie wichtig die Schusswaffentechnik ist; größeres Gewicht liegt aber auf dem, was Komfo Anokye mit seinem magischen Waffenarsenal zur Überwältigung der zahlenmäßig überlegenen feindlichen Kräfte beitrug. Zu den »wichtigsten Wundern, die der Prophet Annochi vollbrachte«, gehört, dass er sich selbst in eine Frau verwandelte und mit Ntim Gyakari ins Bett ging, um seinem Gegner die Kampfkraft zu nehmen, und dass er zu Beginn der Schlacht sinnbildlich seine Herrschaft über den Wald demonstrierte: »Als sie an einen Ort namens Féyiasi kamen«, berichtet die History of Ashanti Kings, »sagte Annochi: ›Ich gehe den Feind beschauen‹, und gemeinsam mit seinem Sohn Japa kletterte er auf einen Baum, und die Fußspuren von Annochi und seinem Sohn waren [d. h. sind] bis heute überall da auf dem Baum zu sehen, wo seine Füße ihn berührten.«

Bei seiner Rückkehr sagte Annochi: »Sie sind zu viele, du (Ossai) und all deine Männer müssen kommen und euch hinter diesem Baum verbergen, weil eine einzige Salve des Feindes euch sonst alle zermalmen wird.« Und so verbargen die Aschantis sich hinter besagtem Baum, und man sagt, sobald der Feind feuerte, wurde der Baum breiter [...] und alle Kugeln blieben im Baum stecken, doch sobald die Aschantis schossen, wurde der Baum klein, und die Kugeln töteten den Feind. Die Kugeln des Feindes waren [d. h. sind] bis heute an dem Baum zu sehen.[16]

Das Heer der Denkyra wurde geschlagen und Ntim Gyakari getötet: »Durch Annochis Genie wurden die Aschantis [...] das Volk, das über alle großen Länder rundum herrschte.« Ende 1701 gelangte die Nachricht zu den Niederländern an der Goldküste, dass

»die Assjanteese« – der erste schriftliche Beleg des Wortes – »einen vollständigen Sieg über die Dinquirase errungen haben«, die »gezwungen waren, zu fliehen vor denen, die sie nicht lange zuvor noch als nichts Besseres als ihre Sklaven ansahen, und nun selbst als Sklaven verkauft wurden«.[17] Ganz gesichert ist die Etymologie nicht, aber möglicherweise stammt der Name des von den Kumasi angeführten Militärbündnisses von der Formulierung osa nti fo ab, was auf Twi bedeutet: »Krieg-bedingtes Volk«.

Nach (oder laut manchen Berichten vor) der Niederlage von Denkyra demonstrierte Komfo Anokye ein weiteres Mal seine Fähigkeit, sich mächtige spirituelle Kräfte zunutze zu machen, indem er die Erschaffung des Goldenen Stuhls beaufsichtigte. Die History of Ashanti Kings lässt dieses bedeutsame Ereignis unerwähnt, doch Anfang des 20. Jahrhunderts wurden in Aschanti mehrere Versionen aufgezeichnet; sie unterscheiden sich in den Einzelheiten, stimmen aber alle darin überein, dass der Stuhl als heiliges Ursymbol des neuen Königreichs erschaffen wurde. »Anotchi sagte den Aschantis, wenn dieser Stuhl gestohlen oder zerstört würde«, so hörte es R. S. Rattray, der in der Kolonialzeit als Ethnograf tätig war, »so werde, gerade wie ein Mann siecht und stirbt, wenn sein sunsum zu Lebzeiten davongegangen oder verletzt worden ist [...], das Volk der Aschanti siechen und seine Lebenskraft und Macht verlieren.«[18] Ein Informant berichtete Rattray, Komfo Anokye habe den hölzernen Kern des Stuhls vom Himmel herabgezogen und dem wartenden Osei Tutu auf die Knie gelegt; ein anderer dagegen, nämlich Kwadwo Apao, Anokyes Nachfahre und Nachfolger als Agonahene, sagte, er sei auf der Erde geschnitzt worden wie jeder andere Stuhl oder akonnwa. Jedenfalls setzte Komfo Anokye diverse machtvolle »Medizinen« in den Stuhl, darunter auch den Geist eines Menschenopfers: laut Kwadwo Apao »schlug ihn Anokye auf den Kopf, und er verschwand im Stuhl«.[19] Dieser wurde dann vergoldet und mit sieben Glocken behängt, die laut Anokye »die sieben

Könige darstellten, die alle mächtig sein würden; nach dieser Zeit werde die Macht der Aschanti schwinden«.[20] Später sollte der Stuhl noch mit goldenen Darstellungen des abgehauenen Kopfes von Ntim Gyakari und anderen in den Feldzügen Aschantis besiegten großen Königen geschmückt werden – lauter klare Symbole für die unbezwingbare Macht und den Stellenwert des materiellen Besitzes in diesem expansionistischen Staat.

Das imperiale Reich

Der Goldene Stuhl verkörperte den Status Kumasis als primus inter pares (der Erste unter Gleichen) in dem Militärbündnis benachbarter Königreiche, die sich ab 1690 unter Osei Tutu zusammenschlossen. Diese ursprünglichen territorialen Teilgebiete Aschantis wurden kollektiv als amantoo bezeichnet, und die bedeutendsten davon wiederum als ka naman nnum, »die fünf aman vom ersten Rang«: Dwaben, Kokofu, Bekwai und Nsuta, die ebenfalls von Zweigen der matrilinearen Oyoko-Abstammungslinie regiert wurden, sowie Mampon, deren Könige aus dem Beretuo-Clan stammten. Alle fünf befanden sich im Umkreis von knapp 50 Kilometern um Kumasi; das Kerngebiet des neuen Reichs, das zentrale Aschanti, war also relativ kompakt. Mampon mit seinem einzigartigen »Silbernen Stuhl« galt generell – und ganz sicher in den eigenen Augen – als führender oman nach Kumasi: Der Mamponhene Boahen Anantuo hatte 1701 das Aschanti-Heer angeführt, und seine Nachfolger bekleideten weiterhin das Amt des Aschanti Kontihene oder militärischen Oberbefehlshabers. Jeder Teilstaat im amantoo behielt seinen eigenen omanhene und verfügte über beträchtliche Autonomie in Fragen der militärischen Organisation, der Steuer- und Finanzpolitik, in rechtlichen und kultischen Belangen. Dennoch waren all diese Reiche dem königlichen Hof des

Asantehene fest zugeordnet. Das Rechtssystem etwa sicherte das Recht, als oberste Instanz den Asantehene als Richter anzurufen – und Besucher von Kumasi wissen zu berichten, dass dieser auf die Urteilsfällung in solchen Fällen tatsächlich viel Zeit verwendete. Im spirituellen Bereich hielt jeder oman jährlich sein eigenes Odwira-Fest ab, allerdings erst nachdem der omanhene und sein Hof den Treueeid an den Asantehene erneuert hatten, indem sie am großen Odwira in Kumasi teilnahmen. Tatsächlich stellte das Odwira-Fest den entscheidenden Mechanismus dar, um die Teilstaaten an ihr Zentrum zu binden; ritueller Schwerpunkt war dabei nicht der Goldene Stuhl, sondern ein älteres suman oder Talisman, der Apaframram, der angeblich aus Akwamu stammte. Als Osei Tutu die furchteinflößenden Kräfte Apaframs unterworfen hatte, so erläutert die History of Ashanti Kings, verbreitete er die Kunde »in all seinen Gebieten und Ländereien und erklärte, an einem Tag im Jahr würden alle Untertanen des Aschantireichs einberufen, um das suman zu feiern«.[21]

Aus der Perspektive der 1920er-Jahre, als die Briten das Aschantireich vollständig zerlegt hatten und seine konstituierenden aman als getrennte »Eingeborenenstaaten« regierten, war Rattray im Rückblick auf die vorkoloniale Vergangenheit voll des Lobes für das, was er als geniale Konstitution dieses Staatenbündnisses ansah. Fünfzig Jahre später betonte auch Wilks die Rationalität und Effizienz der Regierung von Aschanti, legt allerdings größeres Gewicht auf die zentralen Machtorgane in Kumasi und die verwirrende Komplexität seiner Ränge und Würdenträger. Und doch sollte die konstituierende Balance zwischen dem Asantehene einerseits und den amanhene der anderen Kernstaaten andererseits über die gesamte Geschichte Aschantis heftig umstritten bleiben. Mampon und Dwaben hatten ein auffällig gespanntes Verhältnis zur Zentralmacht, und Letzteres rebellierte gar in den 1830er-Jahren und erneut nach 1870 offen gegen die Vormacht Kumasis. Auch innerhalb der herrschenden Oyoko-Dynastie selbst waren Konflikte nichts Ungewöhnliches: Die Nachfolge auf den Goldenen Stuhl war stets heftig umkämpft (wenn auch weniger als in vielen anderen afrikanischen Königreichen), und vier der zwölf Asantehenes, die in vorkolonialer Zeit regierten, wurden gestürzt oder »vom Stuhl abgesetzt«. Zum Teil waren diese Probleme auf den expansiven Ehrgeiz Aschantis zurückzuführen. Mitte des 18. Jahrhunderts erstreckte es sich weit über sein ursprüngliches Kerngebiet im Regenwald: Wie Wilks formulierte, »wurde Kumasi, das anfangs tatsächlich lediglich führendes Mitglied im amantoo war, zur Metropole eines großen, ausgedehnten Imperiums.«[22]

Die Entstehung dessen, was der ghanaische Anthropologe Kwame Arhin als »Groß-Aschanti« bezeichnete, war hauptsächlich das Ergebnis einer Reihe erfolgreicher Militärkampagnen unter Osei Tutus Nachfolger als Asantehene, Opoku Ware I. (reg. 1720–1750).[23] Osei Tutu hatte früh in seiner Herrschaftszeit den letzten Widerstand der Denkyra niedergerungen, doch 1717 kam er im Kampf gegen die Akim-Reiche im Südosten ums Leben. Nach diesem Rückschlag überrannten Opoku Wares Truppen 1722 bis 1723 das Bono-Reich der Takyiman im Nordwesten, besiegten 1723 bis 1733 das Savannenreich der Gonja sowie 1740 das Bono-Reich Gyaman und belegten beide mit Tributzahlungen; 1742 unterwarfen sie die aufständischen Akim, bevor sie nach Accra und zur östlichen Goldküste vordrangen. Ein weiterer Feldzug in die Savanne führte dazu, dass auch den Nachbarn der Gonja, dem Mossi-Königreich Dagbon, ein Vasallenverhältnis auferlegt wurde. Trotz wiederholter Interventionen zur Niederschlagung lokaler Unruhen waren die Regierungszeiten der Nachfolger Kusi Obodom (1750–1764), Osei Kwadwo (1764–1777) und Osei Kwame (1777–1803) durch eine Verschiebung von der imperialen Expansion hin zur Konsolidierung gekennzeichnet. Zu ausgeprägtem Militarismus sollte es erst wieder in den ersten Jahrzehnten des 19. Jahrhunderts kommen, als Osei Tutu

Kwame dreimal das Gebiet der Fante an der mittleren Goldküste überfiel und 1819 an der Nordwestgrenze einen Sieg über den aufständischen Gyamanhene Kwadwo Adinkra errang. Um daraus entstandene juristische Konflikte in den Küstenstädten der Fante zu regeln, reiste 1817 die oben beschriebene britische Mission nach Kumasi – zu einer Zeit, in der Aschanti seine größte territoriale Ausdehnung erreicht hatte. Die Schädel von Kwadwo Adinkra und anderen besiegten Königen kamen neben den von Ntim Gyakari ins königliche Mausoleum in Kumasis Stadtteil Bantama, von wo aus sie zu jedem Odwira gebracht wurden, um an die militärische Übermacht des Reichs zu erinnern.[24]

Aschanti war längst kein einfaches Waldkönigreich mehr. Es umfasste die verschiedensten nicht den Akan zuzurechnenden Völker an der Goldküste im Süden und in den Grasländern des Nordens, und in Kumasi existierte Ende des 18. Jahrhunderts eine substanzielle Gemeinschaft dort ansässiger Muslime aus den tributpflichtigen Savannenstaaten und anderer Herkunft. Anlass für Feldzüge war zwar häufig das Bestreben, sich an instabilen Grenzen besser durchzusetzen, doch die Aneignung dieser neuen Territorien folgte dann auch klaren ökonomischen Überlegungen: Schließlich entsprachen sie dem alten hohen Stellenwert des Besitzerwerbs, der sich im Kampf gegen den zudringlichen Wald herausgebildet hatte. Die Expansion an die Küste sicherte den Zugang zu den europäischen Forts, die im 18. Jahrhundert zunehmend auf den Kauf von Gefangenen für den transatlantischen Sklavenhandel aus waren, während aus Gonja und Dagbon ähnliche Tributzahlungen (einschließlich jährlicher Quoten von Versklavten) eingingen. Die muslimische Gemeinschaft von Kumasi betrieb unterdessen den Güterhandel mit der erweiterten Sudanregion, etwa den lukrativen Export von Kolanüssen, einem leicht stimulierenden Genussmittel, das in den Hausastaaten und anderen Gebieten beliebt war, weil der Islam dort den Alkoholgenuss verbot. Großes Ansehen erwarben muslimische

Gelehrte in Kumasi auch durch ihre Schriftkundigkeit, durch ihren Zugang zu dem »großen Gott« über Gebet und den Koran, und durch ihre Herstellung sehr begehrter schützender Talismane, die Koranzitate enthielten. »Ich weiß, dass dieses Buch (der Koran) stark ist, und ich mag ihn, weil er das Buch des großen Gottes ist; es tut Gutes für mich, und daher liebe ich das Volk, das es liest«, erklärte Osei Tutu Kwame gegenüber Joseph Dupuis, der 1820 eine zweite britische Mission nach Kumasi anführte.[25] So berichteten auch Dupuis' muslimische Informanten in Kumasi, dass Osei Tutu Kwames Vorgänger Osei Kwame »überlegte, das islamische Gesetz als Rechtssystem für das Reich zu etablieren« – einer der Gründe, der 1803 zu seinem Sturz und seiner Hinrichtung durch Kräfte führte, an deren Spitze seine Asantehemaa Konadu Yaadom stand.[26]

Wilks hatte eine hohe Meinung von dem, was er den »nördlichen Faktor« in der Geschichte Aschantis nannte, und vom Beitrag der muslimischen Gelehrsamkeit zur Bürokratisierung der Zentralregierung seit der Herrschaft Osei Kwadwos in den 60er- und 70er-Jahren des 18. Jahrhunderts. Mit zunehmender Größe und Komplexität von Aschanti, so argumentierte er, versuchte Osei Kwadwo die Macht der durch Erbfolge ernannten Oberhäupter zu mindern, und verfolgte »den Transfer der Regierungsämter an eine neue Beamtenklasse, die vom König kontrolliert und mit der Verwaltung der Reichsangelegenheiten betraut wurde«.[27] Was Wilks als die »Kwadwo'sche Verwaltungsrevolution« beschreibt – wobei er mit dieser Formulierung eine Parallele zur Cromwell'schen Verwaltungsrevolution im 16. Jahrhundert in England zieht –, wurde von Osei Kwame und Osei Tutu Kwame fortgeführt, bis zu Beginn des 19. Jahrhunderts zumindest in Kumasi »die Vormachtstellung der alten Aristokratie in der Politik völlig zerstört war«.[28] Die Führung der Finanzen, der Provinzialverwaltung, des staatlich kontrollierten Handels, der großen Straßen und andere Regierungsaufgaben, so Wilks, gingen nun auf eine aufsteigende Klasse bestellter Beamter über, deren Ämter in der Schaffung neuer Stühle formalisiert wurden und deren Befugnisse häufig vom Vater auf den Sohn übergingen und nicht mehr über die dominante matrilineare Vererbung. Zuträglich für die steigende Effizienz in der Verwaltung war ein auffällig »pluralistischer« Begriff der Souveränität in Aschanti, den Wilks verkörpert sah in der Koexistenz des sika dwa kofi, des Goldenen Stuhls (als Symbol für die Ausübung politischer Macht), mit dem sika mena, dem Goldenen Elefantenschweif (als Symbol der steuerlichen Hoheit), und dem sika akuma, der Goldenen Axt (als Symbol der Streitschlichtung unter Androhung militärischer Intervention). Im 19. Jahrhundert, so Wilks weiter, existierten sogar Vorformen politischer Parteien, die für die Ideale von Militarismus beziehungsweise Merkantilismus einstanden. »Aschanti war kein ›Einparteienstaat‹. Es war ein Mehrparteienstaat unter einem Monarchen, der äußerer Kritik ausgesetzt war und seines Amtes auch enthoben werden konnte«, so schließt Wilks.[29]

Wilks' Interpretation zur Staatsform des Aschantireichs stieß bei anderen Historikern auf heftigen Widerspruch. Sie war, so seine Kritiker, zu erheblichen Teilen ein Produkt der Zeit, in der sie formuliert wurde: der Anfangsphase der afrikanischen Unabhängigkeiten in den 1960er- und 1970er-Jahren, als nationalistische Führer und mit deren Sache sympathisierende Historiker versuchten, den Glanz der Vergangenheit wiederherzustellen, der durch die rassistische Kolonialherrschaft getrübt worden war, und daher eine Kontinuität zwischen dem zeitgenössischen Nation Building und der bereits älteren Geschichte der Staatlichkeit postulierten. Wilks, so hieß es etwa, bemühte sich stets, »die Gesellschaft Aschantis in Kategorien zu beschreiben und zu interpretieren, die er aus der europäischen Erfahrung auf sie übertrug«.[30] Problematisch an seinem Ansatz war, dass er, versehentlich oder nicht, Aschanti stark in die Nähe eines aufkeimenden Staates nach europäischem Muster rückte. Wie in anderen mächtigen und autoritären »fiskal-militärischen« Königreichen entwickelte sich in Aschanti in der Tat ein feinmaschiger, effizienter Verwaltungsapparat; doch das Argument, es sei zu einer bürokratischen Revolution gekommen, ist nur schwer haltbar. »Diese Bürokratie«, so John Iliffe in seinem Standardwerk zur afrikanischen Geschichte, »war – wie in Buganda – patrimonial geprägt: Ihre Mitglieder rekrutierten sich aus dem Königshaus und blieben stets von der Gunst des Königs abhängig; die Ämter waren teilweise erblich und wurden nicht regelmäßig entlohnt.«[31] Auch Wilks' Analyse der gut dokumentierten ritualisierten Tötung versklavter Gefangener und anderer Opfer bei Beerdigungen der Reichen und Mächtigen sowie während der adae- und Odwira-Feste erntete Widerspruch. Diese Tötungen, so Wilks, seien entweder freiwillige Akte gewesen oder, und das häufiger, die Vollstreckung von Gerichtsurteilen – ein Argument, das »die Praxis des Menschenopfers in Aschanti einer wiedererkennbaren europäischen Sitte assimilieren sollte«.[32]

Wilks' entschiedenster Kritiker T. C. McCaskie schließlich wies darauf hin, dass dieses Geschichtsverständnis »keinen wirklichen Raum für Ideen lässt«.[33] Die Wissens- und Glaubensstrukturen, nach denen afrikanische Völker die Welt und deren Erleben interpretierten, müssen tatsächlich ernstgenommen werden – selbst wenn uns diese Ideen wie im Fall der Praxis von Menschenopfern unheimlich sind. Wir wollen daher das Wesen des Aschantireichs etwas genauer untersuchen und betrachten, welche Ideen, Glaubensvorstellungen und expressive Ideologien die königliche Macht und ihre Darstellung charakterisierten.

Das Königtum der Aschanti

In ihrem Buch African Kingdoms (1977) stellt die Anthropologin Lucy Mair eine grundlegende Frage: Wie konnten Individuen sich den Rang eines Königs aneignen?[34] Dabei bezieht sie sich auf die Details, die Wilks in seinem kurz zuvor veröffentlichten Monumentalwerk Asante in the Nineteenth Century (1975) zur politischen Ordnung in Aschanti liefert, und setzt sie in eine den Kontinent umspannende vergleichende Perspektive. Als eine der Ersten äußerst sie ihr Unbehagen mit Wilks' bürokratischer Interpretation und kommt zu einer anderen Schlussfolgerung über das Wesen von Herrschaft in Afrika: Zwar wurde die Königsherrschaft häufig durch Zwangsgewalt untermauert und entwickelte höchst effiziente staatliche Institutionen, doch letztlich beruhte sie stets auf spiritueller Macht und blieb von ihr getragen. Spätere Forscher gingen dieser Erkenntnis nach, die keineswegs auf die Geschichte dynastischer Herrschaft in Afrika beschränkt ist: »Der Anspruch auf göttliche Macht«, so erinnert uns Sahlins, »bildet in weiten Teilen der Menschheitsgeschichte die Raison d'Être politischer Macht.«[35] Auch für McCaskies extensive Arbeit zu Aschanti ist diese Erkenntnis zentral, wenn er ausgehend von Wilks' Betonung der Strukturen von Beamtentum und staatlicher Kontrolle untersucht, wie das Königreich die Gesellschaft unter seiner Kontrolle zu halten suchte, indem es die miteinander verwobenen Bereiche von Wissen, Glauben und historischem Gedächtnis nach eigenen Zielen gestaltete.[36] Wie Graeber und Sahlins in Über Könige interessiert sich McCaskie mehr dafür, inwieweit Zwangsgewalt und Einvernehmlichkeit im Kern der dynastischen Herrschaft zueinander in Spannung standen, und für die Frage, wie Könige sich einen »privilegierten Zugang zu den göttlichen Quellen von Reichtum und Leben an sich« sicherten.[37]

Das alles soll nicht heißen, dass der Asantehene ein »Gottkönig« gewesen wäre. Auch war er, wie schon erwähnt, kein Nachfahre eines ursprünglich fremden Herrschers, der die Königsmacht von außen her begründete. Dennoch hatte das Amt des omanhene bei den Akan-Völkern etliche sakrale Attribute: Gesundheit und Lebenskraft des Königs waren eng mit der des Reichs verbunden, und seine Person war durch die verschiedensten komplexen Tabus gebunden, die in gewissem Ausmaß auch seine Mobilität einschränkten.[38] In mündlichen Überlieferungen finden sich vielerlei Hinweise auf den Ursprung des oman als »kosmisches Gemeinwesen« und auf seinen Herrscher als in erster Linie sakrale Gestalt, die sich vor allem der Förderung von Leben, Fruchtbarkeit und Wachstum verschreibt. Das alles steht im Widerspruch zu Wilks' These, die Staatenbildung sei von abirempon oder unternehmerischen big men vorangetrieben worden, die im Wald landwirtschaftliche Anwesen gründeten und, sobald sie von der Küste her an Waffen gelangten, diese zu aman und sich selbst zu Kriegsherren wandelten. Allerdings sind diese Prozesse auch nicht unbedingt inkompatibel; wahrscheinlich waren sie sogar beide konstituierend. Wie die History of Ashanti Kings zeigt, wurde militärische Übermacht zu großen Teilen als »übernatürlich« wahrgenommen. Dasselbe galt für reiche Agrarerträge: Im Mittelpunkt der rituellen Handlungen zu Odwira stand, dass der Asantehene die Produktion der neuen Yamswurzelernte beaufsichtigte. Bowdich, der 1817 am Odwira teilnahm, nahm diesen Aspekt als so zentral wahr, dass er die ganze Feier fälschlicherweise als Yams-Feier bezeichnete.

Zur Herausbildung Aschantis und zur Ausdehnung seiner Macht kam es auf dem Schlachtfeld, und die Identität des Asantehene war von Beginn an die eines Kriegerkönigs. Das war problematisch, so war in den 1940er-Jahren bei der Aufzeichnung mündlicher Überlieferungen zu hören, weil der omanhene der Akan traditionell »unter keinen Umständen mit dem Tod in Berührung kommen darf« und »in alten Tagen weder in den Krieg zog noch an Begräbnissen teilnahm noch die Grabstätte oder das Mausoleum der königlichen Verstorbenen aufsuchte«. »Das Todestabu wurde bei der Gründung des Aschantireichs teilweise aufgehoben, und der erste Asantehene blieb tunlichst Kriegsherr«, obwohl Leib und Seele des Königs zu allen Zeiten – im Frieden wie im Krieg – vor mystischer Bedrohung durch eine Vielzahl physischer Talismane und ritueller Handlungen bereits hochgradig geschützt war.[39] In welchem Ruf die aufeinanderfolgenden Asantehenes zu Lebzeiten und nach ihrem Tod standen, ging zu großen Teilen auf ihre militärischen Leistungen zurück, wobei spätere Inhaber des Goldenen Stuhls es schwer hatten, es in dieser Hinsicht Osei Tutu und Opoku Ware gleichzutun: Osei ne Opoku galten als die beiden Grundpfeiler der Oyoko-Dynastie. Opoku Wares Nachfolger, der bereits ältere und dem Vernehmen nach gutmütige Kusi Obodom, blieb dagegen als ineffizienter militärischer Führer in Erinnerung, dessen nicht beendeter Zusammenstoß mit Dahomey viele Menschenleben forderte und zu einem Mangel an feindlichen Gefangenen führte, die man opfern konnte, um »die Schatten der großen Anführer zu befrieden, die im Krieg gefallen waren«.[40] Die ganze Gesellschaft war durchdrungen von einer Kultur der stürmischen Militanz: Eine Waffe zu tragen, war ein entscheidender Schritt zur Erlangung der vollwertigen Männlichkeit, und jeder Krieger des eindrucksvollen Aschanti-Heers trug ein kapo, ein aus dem Schaft einer Waffe geschmiedetes stählernes Armband.

Der hohe Stellenwert des Militarismus machte es für neu auf den Stuhl gelangte Asantehenes auch zur Notwendigkeit, ihren Wert unter Beweis zu stellen – nicht zuletzt in den Augen ihrer verschiedenen Vorgänger –, indem sie in den Krieg zogen. Führte das wie bei den Feldzügen von Opoku Ware und Osei Tutu Kwame zu großen Siegen, so war das ein triumphierender Einstieg in die neue Herrschaft und verdeutlichte die Rolle des Königs als ogyefo, als »der, der sich Dinge aneignet«. Heimkehrende Truppen waren beladen mit Beute und führten große Mengen von Gefangenen mit, von denen im 18. Jahrhundert viele an die europäischen Sklavenhändler an der Goldküste weiterverkauft wurden. Weniger großer Erfolg führte zu Entsetzen, Widerspruch und im Fall von Kusi Obodom 1764 und Kofi Kakari 1874 zur Absetzung. Dabei ging es keineswegs nur um die Kränkung der Untertanen und die schleichende Feindseligkeit der Geister gefallener Krieger, die nach Besänftigung riefen: Der amtierende Inhaber des Goldenen Stuhls musste auch seine eigenen Vorgänger befriedigen, die ihn aus dem asamando, der Nachwelt, streng beobachteten. Diese Notwendigkeit, ständig die verstorbenen Könige zu beruhigen, stand im Fokus der zyklischen adae-Feste. Deutlich wird das auch daran, wie häufig in den Aufzeichnungen über Gespräche, die die verschiedensten Besucher in Kumasi mit Osei Tutu Kwame und seinem Nachfolger Kwaku Dua Panin (reg. 1834–1867) führten, darauf Bezug genommen wird. Verstorbene Herrscher galten keineswegs als vollkommen »tot«, und zudem verstand der amtierende Asantehene sich selbst als Einheit mit ihnen: In einer erhellenden Beobachtung notierte Bowdich, der König spreche »immer von den Thaten seiner Vorfahren, als wären es seine eigenen«.[41] Dieses Geschichtsnarrativ von einer lückenlosen Entwicklung königlicher Macht kann als entscheidendes Element dessen gelten, was McCaskie als »hegemonische Projektion« des Königtums bezeichnet: eine mächtige ideologische Erklärung mit dem Ziel, »die ›kontinuierliche Gegenwart‹ des Aschanti-Erlebens zu autorisieren«.[42] Wie in der Rhythmisierung des adaduanan-Kalenders durch die adae-Feste wurde so sogar die Zeit durch die Dynastie beherrschbar.

Wie erfolgreich war nun diese hegemonische Projektion? Bestimmt war es von Vorteil, dass Aschanti reich und der Staat finanziell gut ausgestattet war. Das Reich lag im einzigen Teil Afrikas mit üppigen Ressourcen sowohl an fruchtbarem Ackerland als auch an mineralischen Bodenschätzen; der Export versklavter Menschen im 18. Jahrhundert füllte unterdessen die Staatskasse weiter mit noch mehr Gold. Entscheidend für den Begriff der Männlichkeit war der Militärdienst, aber auch der erfolgreiche Aufbau von Vermögen brachte Ansehen und öffentlichen Beifall. Tatsächlich ermunterte der Staat zu individueller Bereicherung und begrüßte sie: Alle vermögenden Männer besaßen eine Auswahl von Waagen und ein Sortiment von mbramo (Singular abramo), Goldgewichten aus Messing, zum Abwiegen von Goldstaub. Über die Jahrhunderte wurden Millionen solcher mbramo produziert, viele in faszinierend figurativen Formen; sie sind eines der Glanzstücke im künstlerischen Schaffen der Akan. Wie Iliffe es formuliert: »Selbst Asante und Dahomey, die autoritärsten Handelsstaaten des 18. Jahrhunderts, betrieben eine gemischte Wirtschaftsweise, in der Clanoberhäupter und private Kaufleute neben staatlichen Agenten am Handel partizipierten.«[43] Doch am Ende floss auch der Reichtum nach oben: Der entscheidende steuerliche Mechanismus dafür war die Todessteuer, über die ein erheblicher Anteil erworbenen Reichtums in Form von Goldstaub am Lebensende in die »große Truhe« des Asantehene einfloss. Diese rigoros durchgesetzte Aneignungsmacht wurde durch den Goldenen Elefantenschweif symbolisiert, den sika mena; das

Goldgewicht aus Messing oder abramo *in der Form eines Stuhls, des Kernsymbols der königlichen Autorität bei den Akan. Höhe 2,5 cm.*

Recht, einen Elefantenschweif als Gerte zu benutzen, stand außerdem denjenigen zu, die beim Vermögensaufbau außerordentlich erfolgreich waren. Der Elefant als mächtigstes Tier des Waldes wurde folgerichtig zum Symbol des historischen Projekts, aus dem Lebensraum Wald heraus zu Reichtum zu kommen, und des daraus resultierenden ökonomischen Vertrags zwischen Staat und Gesellschaft: dass nämlich der Asantehene als Wahrer der Kultur und des Wohlstands der endgültige Empfänger dieses Reichtums war.

Es steht außer Zweifel, dass Aschanti wie Dahomey autoritär regiert war. Der Asantehene übte große Macht aus; er entschied allein über die Vollstreckung der Todesstrafe (oder die Beauftragung dazu), und wenn auch Rechtsstreitigkeiten vor seinem Richterstuhl sorgfältig abgewogen wurden, so zählte am Ende doch nur sein Wort. Wie weit dieser Autoritarismus reichte, war zeitweise umstritten: Wilks hob eher die gegenseitigen Kontrollen des politischen Systems hervor und wies darauf hin, dass der Asantehene als »König im Rat« regierte, da er von den führenden Oberhäuptern in Kumasi und den Anführern der umliegenden amantoo beraten wurde. Allerdings oblag allein ihm die Autorität, neue Stühle zu schaffen und mit der Ernennung darauf Loyalität zu belohnen; damit stand er im Zentrum eines dichten Netzwerks aus Patronagen, die der Ausweitung der königlichen Macht dienten. Ein Kernproblem stellt für Historiker die Herausformung der königlichen Souveränität durch die Spannung zwischen Staat und Gesellschaft dar. Diesem Thema widmete sich einer der ersten schwarzen britischen Missionare, T. B. Freeman. Als Leiter der methodistischen Mission an der Goldküste besuchte Freeman in den 1830er- und 1840er-Jahren mehrfach Kumasi, und trotz seines Entsetzens über die Menschenopfer pflegte er ein gutes Verhältnis zu Asantehene Kwaku Dua Panin, den er als »zweifelsohne einen der weisesten und umsichtigsten Männer« bezeichnete, »die den Thron je besetzten«.[44] Zwar war sich Freeman völlig darüber im Klaren, dass Kwaku Dua Panin »despotische«

Macht ausübte, doch zugleich staunte er, wie freimütig seine Untertanen diese Macht als Mittel anerkannten, einen gewissen Grad »aristokratischer Unabhängigkeit« daraus abzuleiten. »Der Despotismus in Aschanti ist der des Waldlands, und der in Dahomey der des Offenen Landes«, so seine Überlegung.

In Aschanti tritt der Despotismus offener zutage und wird durch die einzelnen Werturteile, Sitten und Bräuche des Volks auch nachhaltiger unterstützt als in Dahomey. Tatsächlich scheinen die Aschantis stolz zu sein auf den grausamen, blutigen Despotismus ihrer Regierung; und wenn der König von Aschanti an den großen Feiertagen über die Straßen seiner Hauptstadt zieht, rufen die Frauen ihn bei seinen kraftvollen Namen und ergänzen: »Lange mögest du leben und stark sein, um uns nach deinem Gutdünken zu töten«, und die Massen von Männern scheinen Gefallen zu finden an den abschreckenden Szenen voller Grausamkeit, die sich allzu oft ereignen, als würden sie sagen: »Unser König ist ein großer Despot und tötet uns nach seinem Gutdünken [...]«[45]

Dieselbe Ansicht kam auch in den Hornklängen von Manwerehene Kwasi Brantuo zum Ausdruck, die seine Leute auf Elefantenzähnen erzeugten in Erinnerung daran, dass Kwaku Dua Panin ihn in eine Stellung voller Autorität und Reichtum erhoben hatte: Me tiri ne me kon wura Asantehene, lautete der begleitende Sprechchor: »Der Asantehene besitzt meinen Kopf und meinen Nacken.«[46] Hier und anderswo ist erwiesen, dass die hegemonische Projektion des Staats in der Tat erfolgreich war.

Kumasi

Eine Schwierigkeit für die historische Darstellung Afrikas besteht darin, dass schriftliche Quellen sich häufig auf Könige und Königsstädte konzentrieren sowie auf die Elite der Würdenträger und den von ihnen angezogenen Handel. Das trifft auch auf Aschanti zu, wo im 19. Jahrhundert Besucher wie Bowdich und Freeman eng überwacht wurden und außer Kumasi nicht viel zu sehen bekamen. Ihre Beobachtungen des Reichs entstanden daher eher aus seiner Mitte heraus als von der Peripherie her; und dieser Perspektive konnte sich auch spätere historische Forschung nur schwer entziehen. Auch die mündliche Überlieferung tendiert zu einer Überhöhung der Königsmacht: Die History of Ashanti Kings weiß viel über das Zentrum, aber nur wenig von den Rändern zu berichten. Allerdings ist auch völlig unbestritten, dass Kumasi tatsächlich eine dominante, distinktive Rolle im Herzen des Herrschaftssystems von Aschanti spielte. Es war Osei ne Opoku kuro, Osei Tutus und Opoku Wares »Dorf«, das geprägt war durch den königlichen Hof und die Ansammlung von Würdenträgern, von den Organen der Zentralregierung und von »großartigen öffentlich dargebotenen Ritualen, die die Autorität des Goldenen Stuhls zur Schau stellten und stärkten.«[47] Umgeben von einem Ring bäuerlicher Siedlungen und von Handwerkerdörfern, in denen Töpferware, Holzarbeiten und die berühmten, verblüffend gearbeiteten kente-Stoffe (siehe Tafel XIX) hergestellt wurden, thronte die Stadt in ihrer Mitte; die breiten Hauptdurchgangsstraßen, die alle einen Namen trugen und von eigens bestellten Aufsehern betreut wurden, verbanden siebenundsiebzig benannte Stadtteile. Betont wurde diese Stellung noch durch den vorherrschenden, sehr auffälligen Baustil, den erstmals Bowdich beschrieb: die odampan, Wohnhäuser mit offener Front, auf deren Veranden – und damit ganz den Blicken der Öffentlichkeit ausgesetzt – die Würdenträger ihren Regierungsgeschäften nachgingen. Auch Freeman war beeindruckt von dem »guten Geschmack, von dem ihre hübschen und sauber und ordentlich gehaltenen Bauten zeugen«, die mit auffälligen geometrischen Mustern aus poliertem rotem Lehm geschmückt und mit Innentoiletten ausgestattet waren (siehe Tafel XVIII).[48] Kumasi war ein pulsierender Ort der Gelegenheiten, ein Magnet für ehrgeizige junge Männer aus den Provinzen. Wem es aber nicht gelang, sich unter den Eliten Patronagen zu sichern oder zu halten, für den konnte die Stadt auch zum unbarmherzigen Ort der Unsicherheit und Gefahr werden: Die Geschichte verzeichnet viele Einzelschicksale von spektakulärem Aufstieg und katastrophalem Fall.

Im Zentrum Kumasis, wo sich ein Großteil des städtischen Lebens abspielte, lag der ausladende Königspalast. Genutzt wurde er teilweise für die Regierungsgeschäfte. Wie bei allen Königshäusern war aber genauso wichtig die Funktion der Selbstdarstellung im menschlichen und ideologischen Sinn. Die Frauen des Asantehene etwa – den heiligen Gesetzen des Komfo Anokye zufolge waren es eigentlich 3333, tatsächlich aber lag ihre Anzahl irgendwo zwischen ein paar Dutzend und mehreren Hundert – belegten Gemächer, die völlig von der Öffentlichkeit abgeschirmt waren und von den adabraafo, den königlichen Eunuchen, geführt wurden. Der Geist des Besitztums erstreckte sich also auch auf den Besitz von Frauen. Ein weiterer Zweck des Palasts bestand zudem darin, die heilige Gestalt des Königs zu überhöhen, die von einem riesigen Gefolge von nhenkwaa, meist männlichen königlichen Dienern, bedient wurde: akyeame, Sprecher oder »Linguisten«; adumfo, Henker; akrafo, »Seelenwäscher«, die Wächter der königlichen Seele; nkonnwasoafo, Stuhlträger; afenasoafo, Schwertträger (siehe Tafel XVII); fotosanfo, Goldwäger; ahoprafo, Träger der Elefantenschwänze, die alle bösen Mächte aus der Umgebung des Königs wegfegten; nseniefo, Herolde; asokwafo, Hornbläser; nsumankwaafo, Spezialisten für Medizin und Talismane; und viele andere mehr. Dieses Heer von Dienern war an komplizierte Etiketteregeln gebunden und in den verschiedenen Stadtvierteln untergebracht; es kann als Erweiterung des königlichen Körpers gesehen werden, der durch »die Landschaft seines eigenen Staatswesens« zog.[49] Viele standesbewusste junge Männer, die es in die Hauptstadt zog, zielten darauf ab, in dieses Gefolge aufgenommen zu werden; Freeman fiel das stolzierende Gehabe noch des geringsten Palastdieners auf. Unterstrichen wurde die Identität der unterschiedlichen Klassen von nhenkwaa durch ihre Verantwortung für die unzähligen königlichen Insignien, die sie auch zur Schau stellten: die »massiv goldenen Zierrathe«, die Bowdich 1918 so beeindruckten. Dieser üppige materielle Aufwand diente weiterhin dazu, die königliche Macht nach außen zu tragen; und welche Kraft der Erneuerung in dieser Macht steckte, wurde höchst beeindruckend vor Augen geführt, indem die goldenen Insigien Jahr für Jahr während der Vorbereitung auf das Odwira-Fest eingeschmolzen und in neue, noch innovativere Formen gearbeitet wurden. Bowdich notierte: »Dieß ist eine Staatslist, die dem Pöbel und den zinsbaren Oberhäuptern, die nur einen jährlichen Besuch abstatten, viel Ehrfurcht einflößt.«[50]

In Odwira konzentrierte sich die Essenz des Königtums von Aschanti. Die britischen Gesandten waren schon bei ihrem Empfang in Kumasi begeistert, aber das Erlebnis der jährlichen Feierlichkeiten vier Monate später war noch weitaus überwältigender. Eine Vorstellung von dem Spektakel und dem sinnlichen Überschwang von Odwira gibt Bowdich in seiner berühmten Zeichnung » The First Day of the Yam Custom « (»Der erste Tag der Yams-Feier«; siehe Tafel XX), die die Szene vom odwira fomemene am 6. September 1817 darstellt, als der Asantehene einer riesigen Volksversammlung vorsaß, bei der alle die empfangen wurden, die tags zuvor aus den umliegenden Provinzen in die Stadt geströmt waren. Odwira war tatsächlich teilweise ein Erntedankfest, bei dem die Einbringung des jährlichen Yamswurzel-Ertrags als Symbol für den Triumph der Waldbewirtschaftung gefeiert wurde. Und doch war das Fest noch sehr viel mehr: Als Reinigungsritual (dwira: reinigen, klären) gehörten dazu die verschiedensten komplexen Zeremonien, die die Bestätigung des amtierenden Asantehene und seiner verstorbenen Vorfahren als Wächter und Mittler der tradierten kulturellen und politischen Ordnung zum Ziel hatten. Damit handelte es sich um einen dynastischen Kult, der die Entstehung des Königreichs und den Erhalt des suman Apafram durch Osei Tutu erneuerte. Die von Bowdich dargestellte Szene fand dementsprechend auf dem apremoso statt, dem »Kanonenplatz«; er hieß so, weil dort die europäischen Kanonen aufgestellt waren, die wohl 1701 vom besiegten Heer der Denkyra erbeutet wurden. Die Überwältigung durch das spektakuläre visuelle und akustische Aufgebot zur odwira fomomene, die aus den Berichten der europäischen Beobachter spricht, beschränkte sich keineswegs auf diese Fremden: Vielmehr wurden die Festlichkeiten eigens so konzipiert, dass die Wahrnehmungsfähigkeit aller Teilnehmer an ihre Grenzen geriet und dass eine »partizipatorische und gemeinschaftliche Katharsis« herbeigeführt wurde, »die allein vom Staat definiert und orchestriert wurde.«[51]

Entwicklungen im 19. Jahrhundert

Aschantis Geschichte im 19. Jahrhundert war sehr wechselhaft. Unter Osei Tutu Kwame waren die Auswirkungen zu bewältigen, die das Ende des transatlantischen Sklavenhandels mit sich brachte; daher wurden mehr Gefangene in die lokale Wirtschaft aufgenommen und der Fokus mehr auf den expandierenden Handel mit Kolanüssen Richtung Norden gelegt. Dass allerdings die ständigen Auseinandersetzungen um die Souveränität an der Goldküste nicht beigelegt werden konnten, führte zu immer offeneren Spannungen mit den Briten und ihren lokalen afrikanischen Verbündeten. Das mündete 1826 in eine der wenigen Niederlagen der Aschanti auf dem Schlachtfeld, als ein Heer unter Osei Tutu Kwames Nachfolger Osei Yaw Akoto in Katamanso bei Accra in die Flucht geschlagen wurde – je nachdem, wie man die Katastrophe interpretierte, war der Grund dafür entweder unzureichender Schutz durch rituelle Handlungen oder der Einsatz von Kampfraketen durch die Briten. Das Ergebnis war jedenfalls der Verlust der Vasallenstaaten im Süden, wo sich ab 1830 der britische koloniale Außenposten, die sogenannten Gold Coast Forts and Settlements, nach und nach zu einem nur unbestimmt definierten Protektorat entwickelte, das der Förderung des »rechtmäßigen Handels« dienen sollte. Doch dank eines Friedensvertrags mit den Briten und der Übernahme des Goldenen Stuhls durch Kwaku Dua Panin im Jahr 1834 konnte Aschanti sich von diesen Rückschlägen erholen. Kwaku Dua Panins Herrschaft kann gar als Glanzzeit der königlichen Macht gelten. Als autokratischer, rücksichtsloser und, wie Freeman beobachtete, höchst effizienter Herrscher führte Kwaku Dua das Projekt von Bereicherung und Wachstum nicht etwa durch weitere militärische Abenteuer voran, sondern indem er den Handel mit der nördlichen Savannenregion und der Goldküste im Süden förderte. Bei seinem Tod im Jahr 1867 war die Dynastie gesichert, der Handel blühte, und die große Truhe war angeblich randvoll.

Doch das alles hatte auch seinen Preis. Das System des Vermögensaufbaus war ins Stocken geraten, als Kwaku Dua Panin die etablierte Verständigung zwischen Staat und Gesellschaft zum Einsturz brachte, indem er ausbeuterische Steuersätze verlangte, und das zu einer Zeit, in der das Wachstum des privaten Handels mit der Goldküste ehrgeizigen Unternehmern ein alternatives Handelsmodell auf der Grundlage des individuellen freien Markts bot. In seinem Bemühen, diesem Druck standzuhalten, geriet der Asantehene zunehmend in Schwierigkeiten, die ideologische Konformität zu wahren: Die unerlaubte Einführung jeglicher »fremder Sitte« – dazu zählten etwa das Christentum und andere religiöse Neuerungen – wurde zum Kapitalverbrechen. Der Einbruch der dynastischen Macht erfolgte dann unter der schwachen und spaltenden Regierung von Kofi Kakari (reg. 1867–1874) und seinem Bruder Mensa Bonsu (reg. 1874–1883). Eine militärische Niederlage gegen ein britisches Expeditionskorps eröffnete 1874 eine Phase akuter Instabilität, in der die nördlichen Bono-Reiche gegen die Vormacht Kumasis rebellierten. Nach der Absetzung von Mensa Bonsu im Jahr 1883 durch unzufriedene sogenannte youngmen, die von seiner immer ungerechteren Herrschaft zermürbt waren, eskalierten die Streitigkeiten innerhalb der Dynastie in einem vollwertigen Bürgerkrieg, der das Kernland des Reichs verwüstete. Beigelegt wurde der Konflikt 1888, als die politisch gewiefte Asantehemaa Yaa Kyaa die Ernennung ihres Sohns Agyeman Prempeh einfädelte, der nach einem geregelten Auskommen mit der neuen britischen Kronkolonie Goldküste suchte. Dann aber war es zu spät: Der europäische Wettlauf um Afrika war in vollem Gang, und 1896 marschierte ein neues britisches Heer widerstandslos auf Kumasi durch, verhaftete Agyeman Prempeh, Yaa Kyaa und andere Mitglieder des Königshofs und unterstellte Aschanti seiner Kolonialherrschaft. Um die Souveränität des Königreichs war es geschehen, seine Vasallenstaaten wurden demontiert, und Komfo Anokyes Prophezeiung, die Macht des Goldenen Stuhls werde nach der Herrschaft von sieben großen Königen schwinden, wurde wahr (je nach Zählart der großen Könige).

Der entscheidende Faktor beim Niedergang des Aschantireichs war der aggressive Imperialismus der Europäer. Doch auch innere Spaltung spielte eine Rolle, denn sie schwächte die Fähigkeit der Führungselite, auf die zunehmenden Herausforderungen des späten 19. Jahrhunderts zu reagieren. Eine aufstrebende Klasse ehrgeiziger Geschäftsleute fand sich immer weniger mit dem Autoritarismus und den Forderungen des dynastischen Staats ab. »Wir wollen nicht die Namen der niedergetretenen, erniedrigten einheimischen Könige und Oberhäupter hören«, schrieb eine Gruppe regimekritischer Exilanten in der Goldküste 1894 an den britischen Gouverneur. »Nieder mit einheimischen Trommeln, einheimischen Baldachinen, einheimischen Schwertern und Elefantenschwänzen: sie sind nutzlos und zu nichts zu gebrauchen.«[52] Zumindest für einige war ein Fluch gebrochen: die »Kreativität der Macht« war geschwunden. Und dieses Gedankengut – das freilich mit dem nostalgischen Bestreben anderer rivalisiert, an vergangenen Ruhm wieder anzuknüpfen – sollte die Politik in Aschanti das ganze 20. Jahrhundert hindurch und bis heute weiterhin prägen.

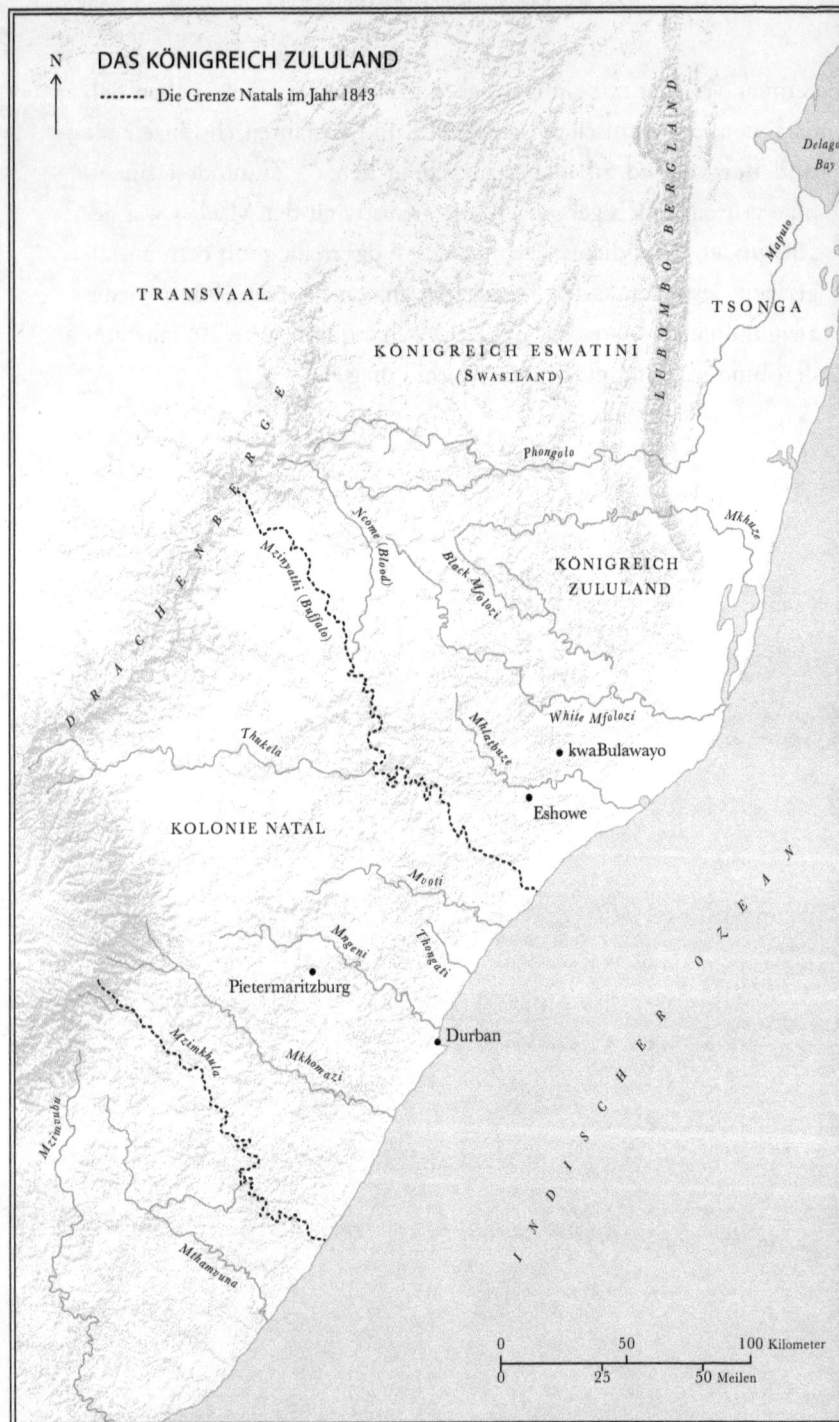

KAPITEL 9

DAS KÖNIGREICH ZULULAND

Wayne Dooling

Die Gründung des Königreichs Zululand zwischen 1817 und 1828 ist unauslöschlich mit Shaka verbunden, dem erstgeborenen Sohn von Nandi und Senzangakhona, Oberhaupt der AmaZulu. Der Name des Stammes stammt von einem frühen Vorfahren namens Zulu, was »Himmel« (im irdischen und religiösen Sinn) bedeutet. Das Stammesreichwar nur eines von vielen kleinen Nguni-sprechenden Gemeinwesen im Norden Südostafrikas, in der heutigen südafrikanischen Provinz KwaZulu-Natal. Zu den Nachbarn der AmaZulu gehörten die AmaButhelezi, die AmaQungebe, die AmaChunu, die AmaMajola, die AmaXulu und dieAmaSikakane (die Vorsilbe ama bedeutet in der Bantu-Sprache »die Menschen von«). Sie alle lebten in der Umgebung der königlichen Hauptstadt der AmaZulu, und Ehen zwischen Angehörigen verschiedener Gemeinschaften waren nicht ungewöhnlich. Die Bevölkerung des Königreichs war also bunt gemischt, was die über Jahrhunderte weitergegebenen mündlichen Überlieferungen auch widerspiegeln.[1] Shakas wachsendes Königreich sollte jedoch nicht nur diese benachbarten Gemeinschaften umfassen, sondern schließlich die ganze später als Zululand bekannte Region umspannen, die im Westen begrenzt war durch einen Gebirgszug, die Drakensberge, im Osten durch den Indischen Ozean und im Norden und Süden jeweils durch die Flüsse Phongolo und Thukela.

Die Nguni in Südostafrika waren das südlichste der Bantu-sprechenden landwirtschaftlichen Stämme in der weiten afrikanischen Savanne. Spätestens im 3. Jahrhundert n. Chr. besiedelten sie die Region, in der seit Jahrtausenden Jäger und Sammler gelebt hatten. Dagegen sind sich Archäologen ziemlich sicher, dass die Vorfahren der Nguni-Gemeinwesen, die schließlich in die Einflusssphäre der AmaZulu gerieten, seit ungefähr 1000 n. Chr. in der Region lebten. Diese Gemeinschaften waren in Clanreichen organisiert, die aus Clans bestanden, die verbunden waren durch echte oder in vielen Fällen fiktive Formen von Verwandtschaft, Ehe oder Klientschaft (eine Legitimation für bestimmte Ansprüche, Rechte und Pflichten). In den Siedlungen lebten zwischen einigen Hundert und mehreren Tausend Personen, und Clanreiche konnten Tausende von Quadratkilometern umfassen. Die meisten waren jedoch eher klein und oft instabil. Ihre Grenzen verschoben sich, wenn Loyalitäten durch Konflikte über den Zugang zu Ressourcen auf die Probe gestellt wurden und zerbrachen. Clanreiche verschmolzen zwar manchmal zu größeren Herrschaftsgebieten, doch selbst wenn es einzelnen Clan-Oberhäuptern gelang, ihren Einfluss auszuweiten, indem sie durch Gewalt oder Geschick Ressourcen vereinnahmten, waren die daraus hervorgehenden »Obersten Regenten« nicht mit einer besonderen Macht ausgestattet, und meistens fehlten ihnen die Mittel, Abtrünnige oder Emporkömmlinge in Schach zu halten, die neue politische Einheiten schaffen wollten. Auch Oberste Regenten, denen es gelang, ein außergewöhnliches Maß an Reichtum und Macht zu erringen, waren selten in der Lage, untergeordnete Clanreiche zur vollständigen Unterwerfung zu zwingen, und wenn doch, dann nicht über einen längeren Zeitraum. Obwohl untergeordnete Clanreiche Treue schwören und formelle Tributzahlungen an die Obersten Regenten leisten mussten, waren sie doch meistens in der Lage, ein gewisses Maß an Autonomie zu bewahren, ihr eigenes Militär zu befehligen, ihre eigenen Gesetze zu erlassen und Widerstand gegen die Obersten Regenten zu leisten, die überhöhte Tributzahlungen forderten. Daher werden solche Clanreiche eher als »Tributpflichtige« und nicht als »Untertanen« der Obersten Regenten angesehen.[2]

Ursprünge

Shakas besondere Leistung war die Gründung eines der mächtigsten Königreiche Afrikas, das durch den berühmten Sieg über die britische Armee in der Schlacht von Isandlwana im Jahr 1879 zu einem Symbol für dauerhafte Macht wurde.

Shaka war erfolgreich, da es ihm gelang, das herrschende politische System in der Region zu überwinden: Er eroberte eine große Anzahl benachbarter Stammesreiche und vereinigte sie zu einem Reich unter der Vorherrschaft der AmaZulu. Diese Meisterleistung vollbrachte er mit einer Kombination aus Diplomatie, neuen Methoden der Kriegsführung und einem erheblichen Maß an Gewalt. Shakas Schreckensherrschaft führte zu allgemeiner Unzufriedenheit und schließlich zu seiner Absetzung, aber das Königreich selbst überlebte seine Ermordung im Jahr 1828 und in den 1830er-Jahren auch das Eindringen der Trekboers, der Afrikaans-sprechenden weißen Farmer, die nach Norden zogen, um der britischen Kolonialherrschaft in der Kapkolonie zu entkommen. Erst Ende der 1870er-Jahre wurde die Vorherrschaft des Königreiches durch die britische Militärmacht in einer der ikonischen Schlachten des Viktorianischen Zeitalters gebrochen.

Obwohl das Königreich Zululand in einem Atemzug mit der Person Shaka genannt wird, sind die meisten Historiker schon lange nicht mehr der Ansicht, dass komplexe historische Prozesse nur auf die Taten »bedeutender Männer« reduziert werden können. Deshalb ist es unsere Aufgabe, Shakas Erfolge in ihrem weiteren historischen Kontext zu verorten. Das Königreich der AmaZulu war nicht das einzige Beispiel politischer Konsolidierung unter

Ein berühmter Stich Shakas von Nathaniel Isaacs, Travels and Adventures in Eastern Africa *(London, 1836).*

den Stammesreichen von Südostafrika im späten 18. und frühen 19. Jahrhundert, und Shaka war nur einer von mehreren mächtigen Anführern in der Region. Zudem sehen es Forscher mittlerweile nicht mehr als erwiesen an, dass es »in der Region bis zum Ende des 18. Jahrhunderts keine großen, zentralisierten politischen Einheiten gab«.[3] Obwohl das Königreich der AmaZulu ein neuer Staat war, ist nicht klar, ob es eine neue Art von Staat war. Es wird behauptet, dass möglicherweise schon im 16. Jahrhundert ein großer »Zulustaat« namens Mbo in der Nguni-Region existierte, der bis ins 17. oder 18. Jahrhundert fortbestand.[4] Wie dem auch sei, zu den bemerkenswertesten zentralisierten Stammesreichen, die mehr oder weniger gleichzeitig ab dem späten 18. Jahrhundert entstanden, zählten das Mabhudu-Stammesreich im heutigen südlichen Mozambique, das AmaNdwandwe-Stammesreich in der Region um Magudu und das der AmaMthethwa im Gebiet zwischen den Unterläufen der Flüsse Mfolozi und Mhlathuze. Die Oberhäupter dieser größeren Herrschaftsgebiete, wie Zwide von den AmaNdwandwe – Shakas mächtigster Feind – und Matiwane von den AmaNgwane, repräsentierten eine »neue Art von Anführern: Männer, die ihre Machtposition ebenso sehr ihrer Aggressivität und Tatkraft verdankten wie der Fähigkeit, schnell Entscheidungen zu treffen, und nicht zuletzt ihrem diplomatischen und organisatorischen Geschick«.[5] In welchem weiteren Zusammenhang stand also diese Zentralisierung der politischen Macht und die Konsolidierung von Stammesreichen ab dem 18. Jahrhundert, und warum waren es die Zulu, die die Vorherrschaft erlangen konnten?

Frühe Berichte von Europäern über wesentliche politische Veränderungen bei den nördlichen Nguni betonten dabei allein den Einfluss und die Aktivitäten der weißen Siedler in der Region. Dieses Narrativ, das hauptsächlich auf den Berichten der weißen Siedler selbst basierte, kam im 19. Jahrhundert auf und hielt sich auch noch im kolonialen Südafrika des 20. Jahrhunderts. Solche Leistungen, so die Argumentation, müssten das Ergebnis »äußerer Einflüsse« sein; sie könnten sich nicht aus afrikanischen Gemeinschaften heraus entwickelt haben. Das Siedler-Narrativ beginnt typischerweise mit den militärischen Innovationen von Dingiswayo (reg. ca. 1795–1817), dem Anführer der AmaMthethwa, der einen beträchtlichen Einfluss auf den jungen Shaka ausübte. Rev. A. T. Bryant, ein katholischer Missionar, der viel Zeit unter den AmaZulu verbrachte, beschrieb Dingiswayo als »ziemlich außergewöhnliche Persönlichkeit, ein ausgesprochen fähiger Mann, aufmerksam, umsichtig, einfallsreich, leidenschaftlich – und keineswegs nur mit Wein und Frauen beschäftigt«. Aber dass allein eine von den Bantu geprägte Denkweise und Erziehung ausgereicht haben sollen, um ihn zu solch fortschrittlichen Ideen und Taten zu bewegen, wäre Bryant zufolge »höchst außergewöhnlich«.[6] Was also waren das für »äußere Einflüsse«? Der gemeinsame Faden, der sich durch mehrere Berichte zieht, ist Dingiswayos Kontakt mit Europäern in der Kapkolonie im Südwesten, die 1652 von der Niederländischen Ostindien-Kompanie gegründet und 1806 von den Briten übernommen worden war. Das Narrativ stammt von dem Händler Henry Francis Fynn, der einige Jahre nach Dingiswayos Tod im Jahr 1824 in der angrenzenden Region Natal ankam. Fynn behauptete, dass Dingiswayo mit einem gewissen Dr. Cowan in Kontakt kam, als er wegen eines gescheiterten Umsturzversuches mehrere Jahre im Exil verbrachte. Dieser Reisende vom Kap habe ihn im Umgang mit Gewehren und Pferden unterwiesen, zwei essenziellen Elementen der weißen Kolonialherrschaft. Dieser Bericht hielt sich hartnäckig und wurde von mehreren Siedlern weitgehend nacherzählt. 1875 fasste Theophilus Shepstone, seit 1846 der diplomatische Vertreter der Briten in Natal, die wesentlichen Grundzüge zusammen:

Es scheint, dass er [Dingiswayo] auf seinen Reisen in die Kapkolonie kam und bei einem Kolonisten lebte oder in seinem Dienst stand [...]. Während seines Aufenthalts in der Kapkolonie erwarb er die Kenntnisse und machte die Beobachtungen, die zu den großen Veränderungen in seinem Herkunftsland und den Ländern in der Umgebung führten [...]. Er begriff die Stärke stehender Armeen, den Wert von Disziplin und Ausbildung, verglichen mit den zügellosen Haufen, die man in seinem eigenen Land Armeen nannte. Er erkannte, dass er seine Ziele erreichen konnte, wenn es ihm gelang, sein Volk unter sich zu vereinen. Er hatte Truppen mit zivilisierten Soldaten gesehen oder von ihnen gehört. Er hatte festgestellt, dass sie in Regimenter und Kompanien mit ordentlich ernannten Offizieren eingeteilt waren, und er dachte, dass alle Soldaten Junggesellen wären. Sobald er die Macht errungen hatte, machte er sich daran, die Organisation seines Volkes nach diesen Vorstellungen auszurichten.[7]

Der ursprüngliche Bericht Fynns enthält jedoch eklatante Fehler, und er änderte auch Daten, damit sie in sein Narrativ passten. Selbst wenn die Geschichte von der Begegnung mit Cowan stimmen würde, belegen neuere Forschungsergebnisse, dass Dingiswayo schon lange vor seinen angeblichen Kontakten mit Reisenden vom Kap eine bedeutende Rolle spielte. Zudem existierten die »Neuerungen«, die Dingiswayo am häufigsten zugeschrieben werden – insbesondere der Aufbau einer Art stehender Armee – bereits einige Zeit vor seiner Herrschaft.

Es muss also für die Konsolidierung der Nguni-Stammesreiche am Ende des 18. Jahrhunderts andere Erklärungen geben. Hierfür ist es besonders aufschlussreich, die Wechselwirkungen zwischen Veränderungen der politischen Lage und ökologischem Wandel zu untersuchen. Schon 1940 wies der Anthropologe Max Gluckman darauf hin, dass die Bevölkerung Südostafrikas mindestens ab dem 16. Jahrhundert stark wuchs. Dieses Wachstum habe im letzten Drittel des 18. Jahrhunderts kritische Ausmaße erreicht. Gluckman zufolge führte das zu einem »Ungleichgewicht« zwischen Mensch und Natur. Eine »Landkrise« stoppte den bisher üblichen Prozess, dass Gemeinschaften sich auf unbesiedeltem Land niederließen und so relativ klein blieben. Laut Gluckman wurden die Spannungen, die durch das Bevölkerungswachstum und die begrenzte Verfügbarkeit von Land entstanden, durch besonders starke Stammesführer gelöst, die dank zentralisiert ausgeübter Kontrolle effektiver Ressourcen zuteilen und Konflikte schlichten konnten.[8]

Gluckmans Bericht hält einer genaueren Untersuchung jedoch nicht stand und wurde stark kritisiert. Erstens deutet wenig darauf hin, dass es gegen Ende des 18. Jahrhunderts so etwas wie eine »Landkrise« gegeben oder dass das Bevölkerungswachstum bei den nördlichen Nguni um 1775 eine kritische Phase erreicht hätte – der Zeitpunkt, den er als Beginn der politischen Zentralisation identifizierte. Es gibt keine genauen Anhaltspunkte für die demografische Lage in diesem Zeitraum. Gluckman ging von einer Bevölkerungsdichte von 1,3 Menschen pro Quadratkilometer aus, aber neuere Studien kamen auf eine viel höhere Schätzung von 4,6 Menschen pro Quadratkilometer. Die Dichte konnte in klimatisch begünstigten, wasserreichen Regionen noch höher sein: Portugiesische Aufzeichnungen legen nahe, dass schon mindestens 250 Jahre vor Shakas Herrschaft eine nennenswerte Zahl von Menschen und Rindern den Küstengürtel und tiefer gelegene Flussgebiete bevölkerte, also lange bevor nach Gluckmans Ansicht die Bevölkerungsdichte in diesen Gebieten ein kritisches Maß erreichte. Zweitens war auch nach 1775 noch viel Land ungenutzt; soweit wir sagen können, machte sich der Druck auf Land und natürliche Ressourcen erst dreißig Jahre später bemerkbar.[9]

Gluckmans Hypothese ist vielleicht nicht ganz überzeugend, aber der Zusammenhang von ökologischen und politischen Veränderungen blieb ein lohnender Forschungsgegenstand für Historiker, vor allem, weil sich der Prozess der Staatenbildung in Südostafrika in einer Phase längerer und schwerer Dürre offensichtlich beschleunigte. Um diese komplexen Veränderungsprozesse zu verstehen, muss untersucht werden, wie Landwirtschaft und Viehhaltung betrieben wurden. Die Bantu-sprechenden Völker im südlichen Afrika bauten Feldfrüchte an und hüteten Rinder, wobei die Jagd weiterhin wichtig blieb. Im Mittelpunkt der Produktion stand das Gehöft (umuzi), wo zwischen Männern und Frauen eine grundlegende Arbeitsteilung bestand. Größe und Wohlstand der Gehöfte variierten, aber die Mehrzahl bestand aus einem männlichen Oberhaupt, zwei oder drei Frauen und ihren Kindern. Bei einer Heirat wurden Rinder vom Gehöft der Familie des Mannes an die Familie der Frau übergeben. Diese Transaktion wurde lobola genannt, und sie repräsentierte im Wesentlichen den Transfer der Arbeitskraft und der reproduktiven Fähigkeiten von Frauen von einem Gehöft zu einem anderen. Jede Ehefrau hatte ihre eigene Hütte, deren räumliche Position im Verhältnis zu der ihres Ehemannes ihren Status im häuslichen Bereich widerspiegelte. Frauen leisteten einen Großteil der landwirtschaftlichen Arbeit. Sie bauten Grundnahrungsmittel an wie Sorghum (amabele), Hirse (unyawothi) und Yams (idumbe), die gut an schwankende Niederschläge angepasst waren. Sorghum war wahrscheinlich am weitesten verbreitet, weil es dort besonders gut gedieh.[10]

Die Gegend war auch gut für die Viehhaltung – überwiegend die Domäne der Männer – geeignet, solange sich die Hirten zwischen den zwei dominanten Vegetationszonen der Savanne frei bewegen konnten: dem sogenannten Sourveld und dem Sweetveld. Das Sourveld war die für Gegenden mit höheren Niederschlägen charakteristische Graslandschaft. Dort gab es während der Frühlings- und Frühsommermonate Gräser, die für Herden besonders nahrhaft waren, aber diese Zone konnte nur für vier Monate im Jahr genutzt werden, weil die Gräser danach nicht mehr genießbar waren. Sweetveld war charakteristisch für trockenere Gegenden mit verstreuten Bäumen und stellte während der trockenen Wintermonate die notwendige Graszufuhr sicher. Mixed Veld nannte man die Fläche zwischen den zwei dominanten Vegetationsformen. Sie konnte sechs bis acht Monate im Jahr beweidet werden. Wie üppig diese Gräser wuchsen, hing von der Niederschlagsmenge ab, die auch kleinräumig stark variieren konnte, weil Flüsse tiefe Täler in die Landschaft schnitten. Generell fiel mehr Regen an der Küste, wo dichter Wald vorherrschte, während es in den Flusstälern oft sehr wenig regnete. Diese Schwankungen der Vegetation und des Niederschlags bedeuteten, dass die Viehhalter in der Lage sein mussten, sich frei zu bewegen, um ihre Herden das ganze Jahr über ausreichend mit Nahrung zu versorgen.[11]

Es ist ungewiss, wann der Mais aus Amerika nach Südostafrika eingeführt wurde, aber höchstwahrscheinlich wurde er dort ab der Mitte des 16. Jahrhunderts angebaut und in Zululand ungefähr ab 1700. Die meisten Quellen stimmen darin überein, dass diese Feldfrucht nur langsam Fuß fasste und erst im späten 19. Jahrhundert die einheimischen Grundnahrungsmittel ersetzte. Verglichen mit Sorghum und Hirse hatte Mais mehrere Nachteile. Er benötigte stärkeren Niederschlag und fruchtbareren Boden und war besonders anfällig für Dürre. Die frühen Sorten reiften schnell, in etwa fünfzig bis sechzig Tagen, aber lieferten nur geringe Erträge. In den feuchteren Talregionen hatte Mais jedoch einige klare Vorteile: Seine kurze Wachstumsperiode ermöglichte mehrere Ernten im Jahr, und so wurden höhere Erträge als durch Sorghum erzielt. Zudem brauchte er während der Wachstumsphase weniger Pflege, und seine Vorbereitung zum Verzehr war weniger arbeitsintensiv, denn man konnte ihn geröstet am Kolben essen.[12]

Als sich die Niederschlagsverteilung ab Mitte des 18. Jahrhunderts veränderte, verbreitete sich der Maisanbau von den Niederungen auch in das Hochland im Landesinneren. Dendroklimatologische Forschungen (die Untersuchung der Jahresringe von Bäumen) haben gezeigt, dass sich in der Region feuchte und trockene Zyklen ungefähr im Zwanzig-Jahres-Rhythmus abwechselten und dass während des 18. und frühen 19. Jahrhunderts drei große Klimaveränderungen stattfanden. Im ersten Zeitraum, von ungefähr 1700 bis 1750, sank die Niederschlagsmenge, was zum vermehrten Anbau dürreresistenterer Feldfrüchte wie Sorghum führte. In der zweiten Phase ab etwa 1750 nahmen die Niederschläge wieder zu, was für eine signifikante Ausweitung der Maisproduktion sorgte und durch das verstärkte Graswachstum auch eine Vergrößerung der Rinderherden ermöglichte. Das waren Jahre des Überflusses, und die nördlichen Nguni konnten wahrscheinlich erheblich höhere Mengen an Getreide, Milch und Fleisch erzeugen, was wiederum das Bevölkerungswachstum beschleunigte. Wachsende Herden machten auch die Übergabe von Rindern als lobola-Zahlung einfacher, sodass junge Männer leichter heiraten und ihre eigenen Gehöfte gründen konnten.

In der dritten Phase ab etwa 1790 fand eine bedeutende Klimaveränderung statt. Es wird angenommen, dass das Gebiet der nördlichen Nguni zu diesem Zeitpunkt dicht mit Menschen und Vieh besiedelt war. Jahresringe von Bäumen, aufgezeichnete mündliche Überlieferungen und Augenzeugenberichte früher Reisender weisen alle auf einen starken Rückgang der Niederschläge in weiten Teilen Südostafrikas hin. Das hing vermutlich mit einer Zunahme von Vulkanaktivität in der nördlichen Hemisphäre zwischen 1750 und etwa 1840 zusammen, durch die riesige Mengen an Asche und Gasen in die Erdatmosphäre freigesetzt wurden, was zu weltweiten Veränderungen des Wettergeschehens führte. Der dadurch verursachte deutliche Rückgang der Niederschläge führte im ganzen Subkontinent zu Dürre und Ernteausfällen. In Kapstadt sahen sich die britischen Behörden gezwungen, Lebensmittel einzuführen, um eine Katastrophe zu vermeiden. Bei den nördlichen Nguni folgte auf die Jahre des Überflusses eine Hungersnot.[13]

Zwischen 1800 und 1824 gab es zwei große Dürreperioden. Die erste zwischen 1800 und 1806/1807 wurde von den nördlichen Nguni

Madlathule genannt (»lass einen essen, was er kann, und sag nichts« oder »lass ihn essen und bleib still«). Ein Zeitzeuge erinnerte sich, dass »die Sonne zu dieser Zeit drei Jahre lang glühend heiß strahlte«.[14] Anders als in früheren Zeiten der Not betraf Madlathule die ganze Region und verursachte viel Leid. Noch hundert Jahre später erinnerte man sich daran. »Diese Hungersnot betraf alle [...]. Man musste sein Feld gegen andere Menschen verteidigen. Sonst wären Hungernde eingedrungen und hätten die dort wachsenden grünen Mealies [Maiskolben] roh gegessen.«[15] Während dieser Zeit brachen auch die sozialen Strukturen zusammen – Höfe wurden aufgegeben, Siedlungsstrukturen zerfielen und Gemeinden verwandelten sich in umherziehende Banden auf der Suche nach Nahrung. »Es gab Kannibalismus. Der Hunger führte dazu. Das geschah zu Tshakas Zeit.«[16]

Zwar gibt es keine eindeutigen Belege dafür, dass Madlathule direkt mit dem Entstehen größerer und zentralisierterer politischer Einheiten zusammenhängt, doch scheint die Hungersnot eine allgemeine Subsistenzkrise ausgelöst zu haben, weil das freie Umherziehen der Rinder zwischen verschiedenen ökologischen Zonen nicht mehr möglich war. Überdies war Mais im frühen 19. Jahrhundert wahrscheinlich in vielen Gegenden zum wichtigsten Grundnahrungsmittel geworden, und dort wurden Gemeinschaften wegen der stärkeren Abhängigkeit von dieser Feldfrucht besonders schwer getroffen. Der Prozess der politischen Machtkonzentration muss also vor diesem Hintergrund betrachtet werden. Zusätzlich ist ein Zusammenhang erkennbar zwischen der Richtung, in die sich dominante Stammesreiche ausbreiteten, und den begehrtesten Weideflächen. Die politische Kontrolle über größere Landflächen und mehr Einwohner zu übernehmen, wie Dingiswayo und Shaka es taten, verschaffte den Stammesreichen Zugang zu vielfältigeren ökologischen Zonen und dadurch zu mehr Weidefläche und Ackerland.[17]

Es gab noch einen weiteren Zusammenhang zwischen der Umwelt und politischer Machtkonzentration im frühen 19. Jahrhundert.

Der allgemeinen Auffassung nach verdankt Shakas Königreich seine Macht dem erfolgreichen Aufbau und Einsatz militärischer Regimenter. Sie wurden amabutho (sing. ibutho) genannt, und ihre Mitglieder durften erst heiraten, wenn sie einen großen Teil ihres Erwachsenenlebens – etwa fünfzehn oder zwanzig Jahre – damit verbracht hatten, dem König zu dienen, sowohl im produktiven als auch im militärischen Bereich. Auch junge Frauen wurden in altersgleiche Frauenregimenter eingezogen und durften erst heiraten, wenn sie die Erlaubnis des Königs bekamen, was normalerweise dann der Fall war, wenn ein passendes Männerregiment der gleichen Altersgruppe aus dem Dienst geschieden war. Dadurch heirateten Frauen erst mehrere Jahre nach der Pubertät, was die wahrscheinliche Anzahl ihrer Kinder reduzierte und auch die Gründung neuer Gehöfte durch junge Männer verzögerte. Es gibt zwar keinen nachweisbaren Kausalzusammenhang zwischen der Subsistenzkrise und den Veränderungen im System der Familiengründungen, aber es ist eindeutig, dass der Zulu-König, indem er indirekt das Heiratsalter anhob, Einfluss auf den grundlegendsten Prozess des Königreiches nahm – den Prozess, auf dem dessen Existenz basierte. Er konnte dadurch recht effektiv kontrollieren, wie stark die natürlichen Ressourcen ausgebeutet wurden, wie schnell die Bevölkerung wuchs und in welchem Ausmaß und in welche Richtung sich der Produktionsprozess entwickelte. Das Militärsystem gab also dem Zulu-König die Kontrolle über die Produktions- und Reproduktionsprozesse in seinem Reich.[18]

Man sollte jedoch nicht vergessen, dass das amabutho-System nicht Shakas Erfindung war und schon vor seiner Regentschaft existierte. Wie weiter oben erwähnt, gehörten die AmaMthethwa zu den namhaftesten Stämmen, die im späten 18. Jahrhundert entstanden. Sie gewannen an Bedeutung während der Herrschaft Dingiswayos, der erfolgreich eine große Zahl von Stammesreichen unter sich vereinigte, nachdem er 1795 an die Macht gekommen war. Dieser Prozess hatte schon unter seinem Vater Jobe begonnen – das

Stammesreich hatte also wahrscheinlich schon vor Dingiswayos Thronbesteigung eine beträchtliche Größe. Im Lauf der folgenden Jahre konnte Dingiswayo eine bedeutende Überlegenheit über seine Nachbarn erringen. Ein Zeitzeuge namens Ndukwana erinnerte sich mehrere Jahrzehnte nach den Ereignissen folgendermaßen:

> [Die AmaMthethwa] führten Krieg im ganzen Land und die Ndwandwe auch. Zuerst besiegte Dingiswayo das ganze Land. Man sagte, er hatte die Frauen auf seiner Seite, weil es seine Art von Eroberung oder Kriegsführung war, vorzurücken, dann anzuhalten und so immer weiter, Stück für Stück seinem Feind über viele Kilometer zu folgen und ihn vor sich herzutreiben; infolge seiner stetigen Verfolgung würden die Frauen »müde werden« und umkehren, so dass das fliehende Volk wegen seiner Frauen gezwungen war, sich zu ergeben.[19]

Erfolgreiche militärische Feldzüge brachten auf diese Weise viele Stämme unter Dingiswayos Herrschaft, einschließlich des etwa zweitausend Menschen zählenden Stammes der AmaZulu.[20] Als Dingiswayo 1816 auf seinen letzten Feldzug ging, hatte er dreißig Stammesreiche unter seine Kontrolle gebracht, und sein Herrschaftsgebiet erstreckte sich vom Mfolozi im Norden bis zum Thukela im Süden und ungefähr 130 Kilometer landeinwärts vom Indischen Ozean.[21] Fynn hielt Dingiswayos Eroberungen detailliert fest:

> Die Kriege, die Dingiswayo mit seinen Nachbarn begann, waren anfangs keine großen Feldzüge. Aber sie waren erfolgreich und spornten ihn zu größeren Unternehmungen an. Er erlangte eine bis dahin ungekannte despotische Macht und war der erste eingeborene Häuptling in diesem Teil Südafrikas, der reguläre kriegerische Auseinandersetzungen mit anderen Stämmen führte.

Diese begründete er damit, dass er die Streitigkeiten leid war, die sich unablässig zwischen den Stämmen zutrugen, da es kein Oberhaupt gab, das entschied, wer im Recht und im Unrecht war [...]. Der erste Stamm, den er unterwarf, waren die Qadi. Er ordnete an, dass ihre Rinder zu seinem Wohnsitz gebracht und dort gesichtet werden sollten. Die Ochsen wurden unter seinen Kriegern verteilt, aber die Kühe gab er dem besiegten Stamm zurück, von dem er die Unterwerfung unter seine Autorität verlangte. Dieses Prinzip behielt er für seine Eroberungen bei.[22]

Die meisten Quellen stimmen darin überein, dass Dingiswayo seine Feinde nicht komplett vernichtete und dass er vor allem Frauen und Kinder verschonte. Ndukwana erinnerte sich, dass er »überall Krieg führte, aber davon Abstand nahm, die verschiedenen Oberhäupter zu töten«, während Fynn anmerkte, dass er »seinen Kommandeuren den strengen Befehl gab, nicht zuzulassen, dass alle Besitztümer des Stammes geplündert werden, und nicht mehr Menschen zu töten als unbedingt nötig«.[23] Dingiswayo »forderte [überdies] sein Volk auf, Ehen mit den Besiegten zu fördern, um so einen allgemeinen Zusammenschluss zu erreichen«.[24] Der Preis für die unterworfenen Oberhäupter, die ihre Position behalten durften, waren regelmäßige Tributzahlungen; wer sich weigerte, bezahlte mit seinem Leben.[25]

Auch wenn Dingiswayos militärische Strategie eindeutig nicht von weißen Siedlern übernommen war, wie Shepstone behauptete, besteht kaum Zweifel daran, dass seine Erfolge auf dem Schlachtfeld auf dem wirksamen Einsatz der amabuthos basierten. Deshalb ist es unerlässlich, zu verstehen, welche Rolle sie spielten. Die amabuthos hatten ihren Ursprung in Beschneidungsschulen, die bei den südafrikanischen Nguni schon seit Langem existierten. Die Schulen versammelten gleichaltrige junge Männer einer bestimmten Gruppe um den Chief oder Älteren einer Herrscherfamilie, um eine Zeit der rituellen Abgeschiedenheit zu durchlaufen. Beschneidungsgruppen waren in erster Linie nach dem Herkunftsort organisiert und hatten ihre eigenen Namen und Insignien – das erzeugte Zusammenhalt und eine stark ausgeprägte kriegerische Identität innerhalb der amabuthos. Die rituelle Abgeschiedenheit der Gruppen für drei oder vier Monate diente als entscheidender Moment des Übergangs vom Kind zum Mann: Danach durften die Initiierten heiraten und ihre eigenen Gehöfte gründen. Das Oberhaupt konnte die Arbeitskraft der jungen Männer aber auch in der landwirtschaftlichen Produktion, für die Jagd oder im Handel nutzen.

In der zweiten Hälfte des 18. Jahrhunderts änderte sich jedoch das Wesen der Beschneidungsschulen: Die Oberhäupter begannen, stärkere Kontrolle über die jungen Männer auszuüben, und ihre Arbeitskraft wurde immer häufiger für militärische Zwecke eingesetzt. An die Stelle der zur Beschneidung gehörenden Phase der Abgeschiedenheit trat ein längerer Zeitraum, in dem die jungen Männer Jagd und Kampf erlernen und praktizieren mussten. Die historischen Belege lassen vermuten, dass die nördlichen Nguni Ende des 18. Jahrhunderts nur noch selten die Beschneidung praktizierten. Berichte von Reisenden aus den 1820er- und 1830er-Jahren erwähnen, dass nur die ältesten Männer durch die Beschneidungsschulen gegangen waren, und es ist unwahrscheinlich, dass Shakas Vater Senzangakhona so initiiert worden war.[26] Die Traditionen der AmaMthethwa legen nahe, dass es die Beschneidungsschulen schon vor der Regentschaft Dingiswayos nicht mehr gab und dass die amabuthos von seinem Vater Jobe eingeführt worden waren. Laut Rev. A. T. Bryant »waren Militärregimenter bei den Nguni schon allgemein eingeführt, bevor sie [Dingiswayo und Shaka] König wurden«:

Der Brauch der Nguni, Jugendliche ähnlichen Alters zu einer Gruppe zu vereinigen, begann mit den alten Beschneidungsfeiern oder Brüderschaften […]. Als gegen Ende des 18. Jahrhunderts die Beschneidung nicht mehr praktiziert wurde, wurden die Jugendlichen des Clans immer noch in nach Alter getrennte Gruppen eingeteilt, aber jetzt nicht mehr zum Zweck der Beschneidung, sondern für allgemeine Zwecke des Staates. Diese Gruppen trugen immer noch den alten Namen iButo (ein gemeinsamer Körper) und jede von ihnen hatte auch ihren eigenen charakteristischen Namen und ihr eigenes Quartier; und da die Clans größer, stärker und aggressiver wurden, war ihr Hauptzweck nunmehr militärischer Natur, sodass es angemessen ist, sie als »Regiment« zu bezeichnen.[27]

Derart tiefgreifende Veränderungen können nicht überall gleichzeitig geschehen sein. Ihre zeitliche Abfolge legt nahe, dass ökologische Veränderungen allein die Entstehung der amabuthos und ihren Einsatz zur politischen Machterweiterung und Zentralisierung nicht erklären können. Auch andere Faktoren wie beispielsweise der Handel spielten eindeutig eine Rolle. Da kaum historische Belege dazu existieren, unterschätzten manche Forscher dessen Stellenwert.[28] Die Bedeutung des Elfenbeinhandels in der Delagoa-Bucht (die Maputo-Bucht im heutigen Mosambik) sollte in diesem Zusammenhang aber nicht übersehen werden, besonders weil größere Veränderungen in dessen Volumen und Beschaffenheit mit der Transformation des amabutho-Systems zusammenfielen. Während bis zum Jahr 1750 noch kaum Elfenbein gehandelt wurde, kam es durch die europäische Nachfrage nach Elefantenstoßzähnen in der zweiten Hälfte des 18. Jahrhunderts zu einem bedeutenden Wandel. Dingiswayos Elfenbeinlieferungen an europäische Händler in der Delagoa-Bucht verschafften ihm großen Reichtum. Bevor er die Stammesführerschaft der AmaMthethwa übernahm, war der Handel noch kaum institutionell organisiert, aber als Oberhaupt führte er zwei wichtige Neuerungen ein, die das änderten. Zunächst organisierte er eine Karawane, der mindestens hundert Lastenträger angehörten, um Elfenbein und Rinder zur Delagoa-Bucht zu transportieren. Sodann beanspruchte er ein Monopol auf den Handel, das eine so große Bedeutung hatte, dass dessen Missachtung mit dem Tod bestraft wurde. Als Shaka die Macht ergriff, war der Elfenbeinhandel schon hoch organisiert; gelegentlich sandte Shaka alle seine amabuthos zur Elefantenjagd aus. In den 1820er-Jahren transportierten Karawanen von bis zu tausend Lastenträgern regelmäßig Elefantenstoßzähne zur Delagoa-Bucht, und im Jahr 1834 wurde berichtet, dass das Zululand »überschwemmt« sei mit Perlen, die für das Elfenbein eingetauscht worden waren.[29]

Der Elfenbeinhandel hätte nicht solche Ausmaße erreicht, wenn die nördlichen Nguni nicht den Gütern großen Wert beigemessen hätten, die sie im Tausch mit den Europäern erhielten. Kupfer, Messing und vor allem Perlen wurden sehr geschätzt und dienten dazu, die Dominanz der Herrscherfamilien zu festigen. Für Shakas Nachfolger Dingane waren Perlen eng mit königlicher Herrschaft verknüpft: Er erließ Dekrete, die die Arten und Farben der Perlen beschränkten, die Mitglieder seines Königreiches tragen durften, und beschrieb detailliert, welche Sorten er sich von den Händlern wünschte. Es gibt Belege dafür, dass doppelte Schnüre mit großen grünen Perlen (izinhlalu) manchmal Rinder als lobola-Zahlung ersetzten. Da diese Importwaren im Tausch für Jagderzeugnisse erhältlich waren, konnten die Königsgeschlechter ihre Macht dadurch ausbauen, dass sie ihre amabuthos auf Elefantenjagd schickten. Die Oberhäupter leisteten auch lobola-Zahlungen für junge Männer als Gegenleistung für die Teilnahme an der Elefantenjagd und im Elfenbeinhandel. Die bei der Jagd erfolgreichen Geschlechter konnten so ihren Reichtum, ihre Macht und ihr Einflussgebiet vergrößern. Gegen Ende des 18. Jahrhunderts ging der Transport von Elfenbein in die Delagoa-Bucht jedoch drastisch zurück, und Rinder wurden zum wichtigsten Exportprodukt der Region. Da diese aber das wichtigste Mittel zur Vermögensaufbewahrung waren, besaßen sie innerhalb der Gemeinschaften einen viel größeren Wert. Deshalb war der Anreiz stark, verkaufte Tiere zu ersetzen, aber das ließ sich nur durch Raubzüge in den benachbarten Stammesreichen bewerkstelligen. Dafür wurden die amabuthos eingesetzt, und das Ergebnis waren steigende Militarisierung, Konflikte und Instabilität.[30]

Der Beginn der politischen Machtkonzentration bei den Nguni-Stämmen lässt sich also nicht nur durch einen einzelnen Faktor erklären. Weder die strategischen Entscheidungen einzelner Führer noch ökologische Veränderungen noch die Widersprüche, die aus den Veränderungen im Elfenbeinhandel in der Delagoa-Bucht entstanden, können alleine die dramatischen Entwicklungen am Ende des 18. Jahrhunderts und die steigende Gewalt und Instabilität im frühen 19. Jahrhundert erklären, die zur Entstehung des Königreiches Zululand führten.[31] Vielmehr waren diese neuen Faktoren auf komplexe Weise verflochten mit der seit Langem bestehenden kulturellen Notwendigkeit, als Schutzmaßnahme gegen die unvorhersehbaren ökologischen Entwicklungen die Natur zu kontrollieren und die Haushaltsgröße zu maximieren.

Gewalt, Einverständnis und Ritual

Wie wir gesehen haben, war der Zulu-Staat nicht die erste große politische Einheit, die in Südostafrika entstand, aber angesichts der Struktur und Größe die erste, die in den 1820er-Jahren als Königreich angesehen wurde. Während Shakas Regentschaft wurde der Begriff inkosi, womit vorher »Oberhaupt« gemeint war, zur Bezeichnung der höchsten politischen Autorität. Die Europäer gingen zu dieser Zeit davon aus, dass das Wort »König« bedeutet. Laut den meisten Quellen, ob Zulu oder Europäer, übernahm Shaka nicht lange vor Dingiswayos letztem Feldzug im Jahr 1816 die Kontrolle über das AmaZulu-Stammesreich. Er riss die Macht an sich, indem er den rechtmäßigeren Nachfolger für die Stammesführerschaft, seinen eigenen Halbbruder Sigujana, ermorden ließ, und sicherte dann seine Position durch die Exekution all derer, die seinem Anspruch, König zu sein, hätten widersprechen können, einschließlich mehrerer seiner Onkel und anderer, die mit der Herrschaft seines Vaters in Verbindung standen.[32] Bald wurde Shaka der Herrscher, »der die Oberhäupter überwand« und der »Vogel, der die anderen verschlingt«. Er eroberte benachbarte Stammesreiche und machte aus dem relativ kleinen AmaZulu-Stammesreich, das er an sich gerissen hatte, ein Königreich.[33] Ein wichtiger Wendepunkt kam im Jahr 1821 mit dem entscheidenden Sieg über Zwides AmaNdwandwe, einen Feind, den Shaka 1817 nicht überwinden konnte, als er den Tod von Dingiswayo rächen wollte. Zwides Niederlage führte zur Auflösung des AmaNdwandwe-Stammesreiches und zum Rückzug seiner verbliebenen Leute auf die Nordseite des Phongolo-Flusses. Dieser Moment, argumentierte Elizabeth Eldredge, »markierte das Ende der alten mächtigen Oberhäupter« und machte Shaka zum unangefochtenen Herrscher über die ganze Region.[34]

Das Zulu-Königreich hatte von Anfang an eine stark militärische Ausrichtung, denn es war aus der Eroberung geboren, oder es wie die Überlieferung der AmaZulu ausdrückt, »aus Shakas Speer«.[35] Es überrascht deshalb nicht, dass viel über Shakas militärische Innovationen geschrieben wurde. In seinen frühen Jahren bei den AmaMthethwa verfeinerte er seine militärischen Fertigkeiten. Er wurde als großer Krieger bekannt und erwarb sich die Gunst von Dingiswayo, der ihn unter die Vormundschaft seines Oberbefehlshabers Ngomane kaMqomboli stellte. Doch alle Quellen sind sich einig, dass Shaka weder die amabuthos noch den assegai, den berühmten, leichten, zur Stichwaffe umfunktionierten Speer, erfand, denen oft sein militärischer Erfolg zugeschrieben wurde. Wie sich ein Zeitzeuge erinnerte:

Tshaka hatte den Ruf, erbittert zu kämpfen (hlabanaing). In früheren Zeiten (endulo), bevor er kam, kämpften Menschen, indem sie sich gegenseitig mit Speeren bewarfen. Er lernte das Erstechen von uns Langeni; bei uns erstachen sich die Leute gegenseitig. Diese Art unseres Volkes zu kämpfen begann zur Zeit Makedamas, der ungefähr genauso alt war wie Tshaka.[36]

Ein anderer erzählte:

Dort in oYengweni erlernte Tshaka die Kriegsführung. Wenn sie zum Kampf auszogen, lautete der Befehl, ihre assegais nach dem Feind zu schleudern, gegen den sie kämpften. Sie kämpften und der Feind floh. Es wurde befohlen, vom Feind abzulassen und zurückzukommen, weil der geflohen war. Am nächsten Tag würden die feindlichen impi [Krieger] zurückkommen, um wieder zu kämpfen. Männer wurden getötet, die den Kampf am Tag zuvor überlebt hatten. Dann sagte Tshaka: »Wo! Das ist eine schlechte Art zu kämpfen. Kaum haben wir den Feind aufgespürt, schon bekommen wir den Befehl, den Kampf einzustellen. Dann kommen sie zurück und töten unsere Männer. Wenn wir sie weiterverfolgen würden, könnten wir sie alle erledigen.« Er sagte: »Wo! Wir sollten sie besser nicht entkommen lassen.« Er sagte das zu Dingiswayos Sohn. Dingiswayos Sohn stimmte ihm zu. Danach erstachen sie den Feind; sie griffen weiter an, ohne sich zurückzuziehen. Mit dieser Kampfweise siegten sie immer. Dadurch wurde Dingiswayo ein großes Oberhaupt, der die Nationen überwand.[37]

Auch wenn Shaka das amabutho-System nicht erfunden hat, verwandelte er die Institution jedoch in ein zentrales Element der königlichen Macht. Diese Funktion behielt es bis zum Fall des Königreiches als Folge des Zulukrieges im Jahr 1879. Unter seiner Herrschaft wurden zahlreiche Regimenter gegründet, in die auch die Reste der amabuthos, die Dingiswayo und Senzangakhona zurückgelassen hatten, und die der besiegten Stammesreiche eingegliedert wurden. Jedes neu geschaffene ibutho errichtete ein Militärlager oder ikanda, um seine Mitglieder an einem strategisch wichtigen Ort zu beherbergen – Shakas erstes gänzlich neues ibutho war Fasimba, dort, wo heute Eshowe ist. In jedem ibutho und seinem ikanda gab es Divisionen wie izigaba und amaviyo (Bataillone und Kompanien), die normalerweise aus Männern zusammengesetzt waren, die von demselben Ort stammten. Jedes ikanda diente auch als königliche Stadt. Am Kopfende befand sich das königliche Quartier der weiblichen Verwandten des Königs, das als Symbol für die Macht des Herrschergeschlechts diente.

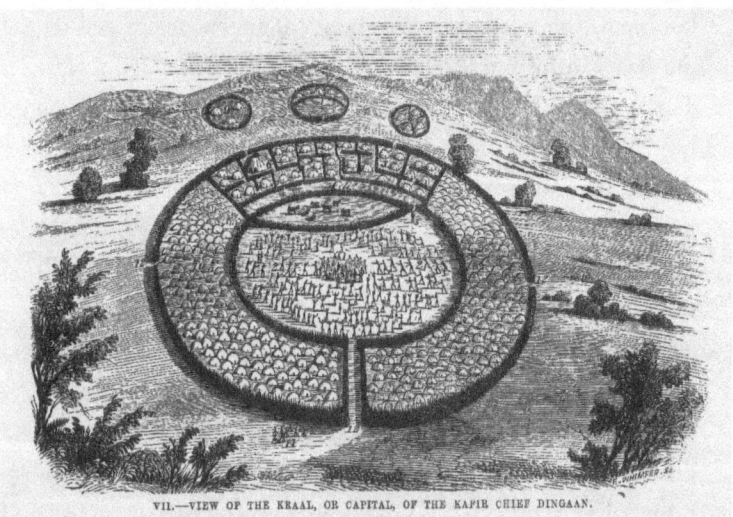

Die isigodlo *oder königliche Anlage von Shakas Nachfolger Dingane (reg. 1828–1840) in UmGungundlovu, so abgebildet in Rev. William C. Holden, History of the Colony of Natal, South Africa (London, 1855). Die Anlage war entworfen nach dem Vorbild eines Zulu-*ikanda *oder Militärlagers. Sie wurde im Jahr 1829 erbaut und später vergrößert.*

Nach Shakas Machtergreifung wurde die Gründung neuer amabuthos zum alleinigen Vorrecht des Königs, der den untergeordneten Oberhäuptern verbot, eigene Regimenter aufzustellen. Shaka rekrutierte junge Kämpfer von überall aus dem expandierenden Königreich. Er stellte die Regimenter mehr nach dem Alter als nach dem Herkunftsort zusammen, um die zentralisierte königliche Macht zu stärken. Dies war eine wichtige Neuerung, denn so wurden verschiedene Gemeinschaften direkt an die Person des Königs gebunden. Shaka führte auch weibliche Regimenter ein, und es ist belegt, dass ihre Mitglieder neben anderen Pflichten auch Waffen trugen. Mitglieder eines weiblichen Regiments konnten nur heiraten, wenn der König es erlaubte, und nur Männer von amabuthos, die den isicoco tragen durften, ein Hauptmerkmal reifer Männlichkeit. Der isicoco war ein Kopfring, der aus Fasern und den eigenen Haaren des Trägers bestand, die zusammengewunden, mit Harz oder Bienenwachs überzogen und zu einem dunklen Hochglanz poliert wurden. Er wurde dann mit Rindersehnen ins Haar genäht (siehe Tafel XXII). Die Erlaubnis, den isicoco zu tragen, wurde nicht Einzelpersonen erteilt, sondern nur einem ganzen ibutho, das dieses Recht meist durch eine lange Dienstzeit erworben hatte. Der isicoco existierte schon vor Shakas Herrschaft, aber er gab ihm eine besondere symbolische Bedeutung, wie John Laband es ausdrückte. »Von seiner Herrschaft bis zum Fall des Königreiches blieb der isicoco ein quasi heiliges Symbol für die absolute Verfügungsgewalt des Monarchen über das Leben jedes verheirateten männlichen Untertanen, denn man betrachtete ihn als Eigentum nicht des Mannes, der ihn trug, sondern des Königs.«[38]

Bei den Bantu-sprechenden Gemeinschaften des präkolonialen südlichen Afrika wurden Kriege von Fußsoldaten ausgetragen, die assegais aus der Entfernung auf den Feind schleuderten. Shaka machte jedoch den Nahkampf zum zentralen Element seiner Kriegsführung, worin er sich wahrscheinlich am stärksten von seinen Vorgängern unterschied. Eine im Nahkampf bevorzugte Waffe war der iwisa, ein hölzerner Stock mit kugelförmigem Kopf, mit dem man einem Feind schwere Verletzungen zufügen konnte. Es war aber die gekonnte Handhabung des isijula, eines Speeres mit langer Klinge und kurzem Schaft, der Shakas Kriegern den größten Vorteil gab. Er verpflichtete seine Krieger, nur einen isijula zu tragen, um so den Nahkampf zu erzwingen. Ein Zeitzeuge bemerkte, dass »Tshaka [den Kriegern] beibrachte, was echte Tapferkeit war. Sie mussten viele assegais wegwerfen, und er ordnete an, dass jeder Mann nur einen assegai tragen durfte. Tshaka sagte, dass die alte Methode, assegais zu schleudern, schlecht war; sie führte zu feigem Verhalten.«[39] Es gab auch eine andere Art Speer, den iklwa, dessen Verwendung großes Können verlangte und deshalb langes Training erforderte. Im Kampf stieß der Krieger ihn in den Bauch des Feindes und riss ihn dann nach oben, bevor er ihn wieder herauszog. »Zweifellos entwickelte sich der iklwa zur Waffe des Helden, des Mannes, der nach militärischen Ehren strebte, der seine Tapferkeit im Kampf Mann gegen Mann bewies, und der – wie Shaka gefordert haben soll – seine eigenen Wunden nur auf der Brust trug.«[40]

Unter Shaka veränderte sich auch der Zweck des Krieges selbst. Ein Zeitzeuge erinnerte sich, dass Shaka während seiner Zeit mit Dingiswayo in einer Schlacht »die amaMbata nicht nur besiegte, sondern sie verfolgte, alle umbrachte und mit ihren Rindern etc. zurückkehrte. Dingiswayo, der Tshaka früher zurückerwartet und auf ihn gewartet hatte, tadelte ihn für deine drastischen Maßnahmen, weil es gegen Dingiswayos Regeln verstieß, einen Volksstamm auszulöschen.«[41] Doch sobald Shaka an der Macht war, stand es ihm frei, den »totalen Krieg« zu führen. Belege deuten darauf hin, dass seine amabuthos im Kampf nur wenige verschonen: »Lasst niemanden am Leben«, befahl er vor der Schlacht, »nicht einmal einen Hund oder ein Kind auf dem Rücken seiner Mutter.«[42] Die Verlierer starben oft einen grausamen und langsamen Tod. Zeitgenossen sahen in einer solchen Gewalt eine entscheidende Abkehr von der früheren Praxis. Wie sich ein Zeitzeuge namens Ngidi erinnerte: »Was als umradu-Kriegsführung bekannt ist, begann mit Tshaka, und es ging so weit, dass Kinder auf Pfähle aufgespießt wurden und sogar die Hunde eines Kraals [d. h. ein umzäuntes Gehöft] getötet wurden«.[43] Es scheint, dass Zwides Volk ein solches Schicksal widerfuhr. Eine Reihe weiterer Stämme wurden ebenfalls von Shakas Armeen völlig vernichtet, vor allem die, die sich weigerten, die Vorherrschaft der AmaZulu anzuerkennen. Diese Zeit wurde gemeinhin als izwekufa bezeichnet, das »Töten der Nationen«.[44]

Es besteht kaum Zweifel daran, dass Shaka großflächige Zerstörung anrichtete. Tausende Menschen wurden getötet oder aus ihren Dörfern vertrieben und verhungerten infolge der kriegerischen Auseinandersetzungen. Man sollte aber das Ausmaß der Vernichtungspolitik durch Shakas amabuthos nicht übertreiben, denn er zielte letztendlich darauf ab, seine Gefolgschaft zu vergrößern, indem er besiegte Stämme in seinen Herrschaftsbereich eingliederte. Das geschah vor allem während seiner frühesten Militärexpeditionen zwischen 1817 und 1821, vor dem Sieg über Zwide. In manchen Fällen war die Eingliederung nicht von nennenswerter Gewalt begleitet. Unterworfene Oberhäupter durften an der Macht bleiben und auch im eigenen Interesse Feldzüge führen. Obwohl Shaka immer darauf bestand, eingegliederte Stämme dem herrschenden AmaZulu-Geschlecht zu unterstellen, um die königliche Macht zu zentralisieren, zerstörte er nicht die existierenden Familienhierarchien. Die formalen Bindungen zwischen den Königsfamilien der AmaZulu und den ihnen untergeordneten wurden dadurch gefestigt, dass deren Töchter (umdlunkulu-Mädchen) zum König geschickt wurden, der dann die Kontrolle darüber besaß, mit wem sie verheiratet wurden. Für solche jungen Frauen waren sehr hohe lobola-Zahlungen fällig, üblicherweise einhundert Rinder, und sie wurden meistens bei offiziellen Anlässen einzeln mit auserwählten Männern höheren

Alters vermählt. Gewöhnliche Krieger durften im Feldzug gefangene junge Frauen heiraten, für die kein lobola gezahlt werden musste, während gefangene Jungen bis zum Erwachsenenalter auf Feldzügen in amabuthos dienen mussten. Danach wurden sie als reguläre Mitglieder aufgenommen.[45] Nichtsdestotrotz wird die Zahl der Todesopfer durch Shakas Feldzüge auf bis zu 20 000 geschätzt – und noch viele mehr starben aufgrund der Zerstörung von Dörfern und Hungersnöten, die nach den Kämpfen um sich griffen.[46]

Diejenigen, die in das Königreich eingegliedert wurden, wurden nie völlig assimiliert. Das Herrscherhaus nahm bewusst ethnische Unterscheidungen vor – am deutlichsten sichtbar war die zwischen den favorisierten »Insider«- und den »Outsider«-Stammesreichen, die weiter entfernt lagen. Erstere waren zu Beginn von Shakas Herrschaft unterworfen worden. Sie lebten im Kernland der AmaZulu am Weißen Mfolozi und wurden amantungwa genannt, nach dem intungwu-Gras, das benutzt wurde, um Hüttendächer zu decken und Getreidekörbe zu flechten. Sie füllten die Ränge der amabuthos und sahen sich selbst der Abstammung und Herkunft nach als die richtigen AmaZulu und damit als die einzigen wahren Mitglieder des Königreiches. Die amantungwa bezeichneten die »Outsider« als iziyendane (die mit den seltsamen Frisuren) und amalala. Das bedeutete ursprünglich »Knechte«, denn diese arbeiteten üblicherweise als Rinderhirten oder Wachen, aber zu Shakas Zeit wurde es zu einer rassistischen Verunglimpfung für Menschen, die als minderwertig betrachtet wurden, weil sie von außerhalb des Kernlandes der AmaZulu stammten.[47]

Shaka war dafür bekannt, seine äußeren Feinde zu vernichten, aber man fürchtete ihn mindestens genauso für seine Gewalt gegen die eigenen Leute. Tatsächlich festigte Shaka seine Herrschaft durch Gewalt und Gewaltandrohung, und auch wenn Historiker bei der Auswertung schriftlicher und mündlicher Überlieferungen seiner Gewaltexzesse Vorsicht walten lassen müssen, wird diese

Interpretation sowohl vonseiten der AmaZulu als auch durch europäische Quellen bestätigt. Shakas Herrschaft wird allgemein als einschneidender Bruch mit der Vergangenheit angesehen. Im Gegensatz zu früheren Gepflogenheiten und dem Gerichtswesen, das von den Anführern verlangte, Leben und Eigentum zu respektieren und sich an Recht und Gesetz zu halten, wurde Shaka allseits so wahrgenommen, dass er seine Herrschaft über die AmaZulu dadurch sicherte, dass er althergebrachte Gepflogenheiten über Bord warf, illegal handelte und tyrannische Macht sowohl über äußere als auch innere Feinde ausübte – in einem solchen Ausmaß, dass er während seiner Herrschaft als »der Übeltäter, der kein Gesetz kennt« bekannt war.[48] Viehdiebe zum Beispiel wurden mit dem Tod bestraft, was unter Dingiswayo nicht der Fall war. Allgemein riskierte man mit jeder illoyalen oder ungehorsamen Tat, Shakas Zorn auf sich zu ziehen. Die Formen der Bestrafung waren so streng, dass man sich über mehrere Generationen daran erinnerte.

Illoyale oder feige Krieger erhielten oft extreme Strafen. Einmal ließ Shaka ein ganzes Regiment töten (möglicherweise 1000 oder sogar 2000 Männer), weil sie einen größeren Anteil der erbeuteten Rinder behalten hatten, als er ihnen zugewiesen hatte. Außerdem soll er alle Mitglieder eines Regiments hingerichtet haben, weil sie Befehle verweigert hatten. Auch politische Rivalen wurden nicht verschont. Ein besonders berüchtigtes Massaker gab es, als Shaka im Jahr 1824 einen Mordanschlag überlebte. Die Opfer waren Mitglieder des sechs oder sieben Jahre vorher eingegliederten Clanreichs der AmaQwabe, die er als Drahtzieher des Anschlags verdächtigte. Ein afrikanischer Augenzeuge erinnerte sich, dass »Tshaka sagte, dass alle Qwabe-Leute aufgespürt und getötet werden sollten«.[49] Die Festgenommenen wurden in das große Viehgehege in Shakas Hauptstadt kwaBulawayo getrieben und getötet. Danach schwärmten amabuthos im ganzen Land aus und suchten nach AmaQwabe. Laut Fynn sandte Shaka eine Truppe von

3000 Kriegern mit dem Befehl aus, niemanden zu verschonen.[50] Es gibt Belege für Massengräber voller Leichen, und kwaBulawayo wurde als ein »Ort des Tötens« bekannt.[51] Zwischen 10 000 und 20 000 Menschen könnten durch solche Strafmaßnahmen zu Tode gekommen sein, was einem Zehntel der Gesamtbevölkerung des Königreiches entspräche.

Doch wie andere afrikanische Könige konnten auch die der AmaZulu nicht nur mithilfe von Angst und Gewalt regieren. Für ukwesaba, wie das legitime Recht zu herrschen in Zululand genannt wurde, war rituelle Macht unerlässlich. Der König war letztlich verantwortlich für die Fruchtbarkeit des Landes und das Wohlergehen der Bevölkerung. Unter den Nguni-Stämmen war das umkhosi oder Fest der ersten Früchte das bei Weitem wichtigste Ritual, das den inkosi mit dem Zyklus der Landwirtschaft verband. Die Form der Zeremonie unterschied sich zwischen den Stämmen – die sich dadurch voneinander abgrenzten –, aber die Rituale fanden immer in jeder wichtigen Phase des Ackerbaus statt. Das umkhosi verlieh dem inkosi einen entscheidenden Einfluss auf Pflanzung, Ernte und Konsum der Feldfrüchte und spielte sich in zwei Phasen ab. Die erste, das »kleine« umkhosi, fand im späten November oder frühen Dezember statt, den frühen Sommermonaten, die den Beginn eines neuen Jahres anzeigten. Um das Böse zu vertreiben, wurde der König rituell gestärkt durch »schwarzes« imithi – eine aus mächtigen und giftigen Tieren gewonnene Substanz, die dem Volksglauben nach jeden normalen Menschen töten würde – das er von seinen Fingern saugte und bei Sonnenaufgang wieder ausspuckte. Gute Rinder wurden geopfert, und die königliche Herde wurde zu den Gräbern der königlichen Ahnen getrieben, wo die Menschen die großen Nationalhymnen sangen. Das »große« umkhosi nahm dann den Großteil des Januars ein. Es begann mit der Versammlung der amabuthos beim königlichen ikanda, gefolgt von der jährlichen rituellen Jagd des Königs, wonach er wieder mit

»schwarzem« imithi gereinigt wurde. Das sollte das heilige Fundament der königlichen Macht verdeutlichen. Sodann aß der König als Erster von der neuen Ernte.

Es gab eine strenge Hierarchie bei diesen Ritualen. Wenn der Status des Königs bekräftigt war, wurden schlichtere Zeremonien in den Dörfern anderer königlicher Würdenträger und zum Schluss in den gewöhnlichen Gemeinden abgehalten. Der Verzehr der neuen Feldfrüchte erfolgte in dieser strengen hierarchischen Abfolge und demonstrierte damit die verschiedenen Stufen der beim König beginnenden Befehlskette. Wer gegen die vorgesehene Reihenfolge von Pflanzung, Ernte und Verzehr verstieß, wurde als Bedrohung der Autorität des Königs angesehen und riskierte schwere Strafen bis hin zum Tod. Diese enge Verknüpfung der königlichen Autorität mit den Zyklen der Landwirtschaft diente als ideologische Untermauerung der Herrschaft.[52]

Seit Beginn des 19. Jahrhunderts wurde das umkhosi eng mit Kriegsvorbereitungen verknüpft und in das dreitägige rituelle Verarzten der amabuthos integriert. Es verlief nach demselben Muster wie das, das vor der Schlacht stattfand, und diente dazu, die amabuthos an den König zu binden. Der Ablauf beinhaltete das rituelle Erbrechen durch die Mitglieder der amabuthos. Etwas von dem Erbrochenen wurde dann zum inkatha yezwe yakwaZulu hinzugefügt, einer runden Grasspirale von etwa einem Meter Durchmesser, die mit Pythonhaut umwickelt war. Dies war das einzige rituelle Objekt, das die Zulu selbst herstellten, und man »glaubte, dass [es] enorme mystische Kräfte besaß, die den König und die Nation verjüngen und beschützen und die Menschen in Loyalität zu ihrem König vereinen würden«.[53] Nach der rituellen Stärkung der amabuthos wurden bei großen rituellen Festessen die geopferten königlichen Rinder verspeist. Die Zeremonien endeten damit, dass die Krieger eine große Sichel um den König bildeten und das gemeine Volk dazu seine Loblieder sang.

Koloniale Eroberung

Shakas Armeen mögen das Land uneingeschränkt beherrscht haben, aber nach seinem Tod im Jahr 1828 mussten sich seine Nachfolger einem neuen Feind stellen, den europäischen Armeen. Diese waren mit überlegenen Waffen ausgestattet und unternahmen immer größere Anstrengungen, das Landesinnere des heutigen Südafrika unter ihre Kontrolle zu bringen. Das europäische Interesse an der Region war in den letzten Jahrzehnten des 19. Jahrhunderts durch die Entdeckung wertvoller Mineralien – zuerst Diamanten und dann Gold – im Landesinneren geweckt worden. Im imperialistischen Weltbild der Briten war die Existenz mächtiger afrikanischer Königreiche (und unabhängiger Afrikaaner-Republiken) nicht vereinbar mit den eigenen Interessen und den Anforderungen einer dynamischen kapitalistischen Wirtschaft.[54] Während Afrikaner an anderen Orten des Subkontinents als Wanderarbeiter im Bergbausektor beschäftigt wurden, konnten sich die Ama-Zulu bis in die 1870er-Jahre diesem Schicksal widersetzen – eine Leistung, auf die sie stolz waren. Auch wenn das Königreich mittlerweile viel mehr Kontakt mit Europäern hatte als zu Shakas Zeit und das Gebiet an seinen südlichen Grenzen, das früher die Armeen der Ama-Zulu durchstreift hatten, jetzt unter kolonialer Herrschaft stand, waren die grundlegenden sozialen und politischen Strukturen früherer Zeiten noch gänzlich intakt. Kurz gesagt, am Vorabend des Zulukrieges von 1879 »wuchs die überwiegende Mehrheit der Zulu innerhalb des Königreichs auf und arbeitete und starb auch da«.[55]

Als dann im Jahr 1878 Sir Bartle Frere, der Britische Hochkommissar für Südafrika, dem Zulukönig Cetshwayo ein Ultimatum stellte, verlangte er nicht weniger als die Zerstörung des Königreiches, das Shaka errichtet hatte. Frere führte für diese Forderung mehrere Argumente an, unter anderem, dass juristische Strafen immer noch zu viel Blutvergießen beinhalteten. Schon bei Cetshwayos Krönung war gefordert worden, dem ein Ende zu setzen.

Vor allem aber forderte der Hochkommissar die Auflösung des »Militärsystems« der AmaZulu, das er als »fürchterlich effizient mordende Kriegsmaschinerie« anprangerte.[56] Dieses Ultimatum konnte der im Jahr 1872 inthronisierte Cetshwayo unmöglich annehmen. Als das Ultimatum am 11. Januar 1879 ablief, marschierten drei Kolonnen britischer Soldaten in Zululand ein und erwarteten einen schnellen und leichten Sieg – wie es Möchtegern-Imperialisten immer taten.

Aber der Sieg war weder schnell noch leicht. Anstatt dass die Invasion zu Spaltungen innerhalb des Königreiches führte, wie Frere gehofft hatte, scharten sich seine Untertanen um Cetshwayo. Am 22. Januar, dem Tag des Neumonds, überrannte eine Armee von etwa 20 000 Zulu-Kriegern unter dem Kommando von Oberhaupt Ntshingwayo die bei Isandlwana lagernde zentrale britische Kolonne, vernichtete fast die gesamte Streitmacht und tötete annähernd 1300 britische Soldaten. Es war die größte militärische Katastrophe der Briten seit dem Krimkrieg. Die britische Niederlage bei Isandlwana nimmt im Pantheon der Kolonialkriege einen wichtigen Platz ein. »Diese eine Schlacht erschütterte das militärische Selbstvertrauen des größten Weltreiches und sicherte den Zulukriegern einen dauerhaften Platz in den Annalen des militärischen Ruhms.«[57] Es verschaffte den Zulu auch einen besonderen Platz im imperialen Denken; von da an »waren die Zulu die Lieblingsafrikaner der Briten«.[58]

In einem Großteil der älteren Literatur über den Zulukrieg wird behauptet, dass die Briten am 4. Juli 1879 Rache nahmen, indem sie die königliche Residenz Ulundi vollständig niederbrannten. Vertreter des Kolonialreichs beschrieben es als »vernichtenden militärischen Sieg«, aber der Ausgang der Schlacht, die weniger als eine Stunde dauerte, war nicht annähernd so eindeutig. Die Zahl der Opfer unter den Zulu in Ulundi wird allgemein mit 1500 angegeben, doch das basierte nur auf der Schätzung von Lord Chelmsford, der den verhängnisvollen Feldzug bei Isandlwana anführte und deswegen allen Grund hatte, die Opferzahlen des Feindes zu übertreiben. Als Chelmsfords Nachfolger

Sir Garnet Wolseley das Schlachtfeld besuchte, schätzte er die Zahl der Toten auf eher 400.⁵⁹

Beide Seiten waren an einem Ende des Konfliktes interessiert. Die britische Invasion des Zululand offenbarte die Schwächen der seit den Tagen von Shaka weitgehend unverändert gebliebenen militärischen Stategie der Zulu, und die amabuthos waren wohl im Endeffekt den britischen Feuerwaffen unterlegen. Trotz des Sieges hatten auch die Zulu bei Isandlwana mindestens tausend Mann verloren, und sie waren sich sicherlich ihrer Verluste schmerzlich bewusst. Die Armee war auf das Plündern und Angreifen spezialisiert und nicht in der Lage, effektive Verteidigungsstrategien zu entwickeln, die für die Abwehr der Invasion von Zululand im Jahr 1879 nötig waren. Die amabuthos beschafften sich üblicherweise ihre Nahrung durch das Plündern ihrer Feinde, aber das war nicht möglich, als sie auf ihrem eigenen Gebiet von britischen Truppen angegriffen wurden. Die Zulukrieger hatten deshalb großen Hunger gelitten.⁶⁰ Die Briten waren andererseits darauf bedacht, die Schlacht von Ulundi als Beseitigung des »Schandflecks« Isandlwana darzustellen und so als Grundlage für einen Frieden zu nutzen. Wolseley verzichtete auf viele Forderungen von Freres ursprünglichem Ultimatum. In den Wochen nach der Zerstörung von Ulundi wurde ein Friedensschluss auf Basis des Versprechens erreicht, dass die Zulu ihr Land behalten dürften, wenn sie ihre Waffen niederlegten. Zwar wurde Cetshwayo gefangengenommen und Ende August 1879 nach Kapstadt ins Exil geschickt (siehe Tafel XXI), doch die Zulu hatten solch erbitterten Widerstand geleistet, dass das Königreich die Kontrolle über einen Großteil des Landes behielt und die Annexion abwenden konnte.

Als der Krieg vorüber war, versuchte Wolseley das Königreich neu zu gestalten. Nach der Gefangennahme Cetshwayos teilte er den Zulu mit, dass sie künftig von dreizehn von den Briten ernannten unabhängigen Chiefs regiert werden würden; dass die amabuthos aufgelöst werden sollten; dass sie keine Feuerwaffen mehr einführen durften und dass die Todesstrafe nicht mehr ohne vorheriges Gerichtsverfahren verhängt werden dürfte. Ansonsten war es ihnen aber erlaubt, weiter nach dem zu leben, was Wolseley als ihre »althergebrachten Gesetze und Sitten« beschrieb. Diese sogenannte Einigung zerstörte das von Shaka geschaffene Königtum. Im Glauben, dass die meisten Chiefs nicht unter königlicher Herrschaft stehen wollten, machte sich Wolseley daran, etwas zu erschaffen, das er für die politische Ordnung vor Shaka hielt. Die neuen Chiefs wurden danach ausgewählt, ob Wolseley ihnen vertraute, ob sie während des Krieges mit den Briten kollaboriert hatten und ob sie Widerstand gegen die Zulu-Monarchie geleistet hatten. Einer der von Wolseleys neu ernannten Chiefs war John Dunn, Cetshwayos früherer weißer Berater, der während des Krieges zu den Briten übergelaufen war und dafür jetzt mit dem größten der dreizehn Territorien belohnt wurde. Sein Land sollte offensichtlich als Pufferzone zur Kolonie Natal im Süden dienen. Im nördlichen Zululand wurde Cetshwayos Halbbruder Prinz Hamu kaNzibe mit einem Stammesreich belohnt, da auch er während des Krieges zu den Briten übergelaufen war. Zibhebhu bekam die Macht über ein Territorium, in dem auch prominente Mitglieder von Cetshwayos Familie lebten – er entpuppte sich als Erzfeind der uSuthu, die das Königshaus der Zulu unterstützten. So fanden sich Angehörige des alten Herrschaftsapparates mit ehemals großen Gefolgschaften nun von Männern regiert, die sie als ihnen untergeordnet empfanden und deren neuen Status sie sich weigerten anzuerkennen. Andere Amtsträger waren eindeutig Fremde – amalala –, und ihnen wurde wenig Loyalität entgegengebracht.[61]

Es überrascht deshalb kaum, dass bald Bürgerkrieg und Chaos losbrachen. Einer der schlimmsten Vorfälle ereignete sich am 20. Juli 1883, als Zibhebhu und Hamu Cetshwayos' Gehöft angriffen and mindestens neunundfünfzig der angesehensten Führer der uSuthu massakrierten – ein Gemetzel, das in John Labands und Paul Thompsons Worten »das endgültige Ende der alten Ordnung in Zululand markierte«.[62] Im verzweifelten Versuch, dem Chaos ein Ende zu setzen, gewährte Großbritannien im Februar 1887 der uSuthu-Führung seinen »Schutz«, und am 19. Mai 1887 erfolgte mit der Gründung der Britischen Kolonie von Zululand die formelle Annexion. In Eshowe ließ der neue britische Gouverneur des Zululand-Protektorats Cetshwayos Sohn und Erbfolger Dinuzulu wissen, dass »Zululand jetzt ein Teil des Herrschaftsgebiets der Queen [von England] ist, und die Zulu, einschließlich Dinizulu [sic] […] und aller anderen Chiefs jetzt britische Untertanen sind und den Gesetzen der Queen unterstehen«. Obwohl die AmaZulu ihr Land und die Chiefs ihre Herrschaftstitel behalten durften, wurde deutlich gemacht, dass es »von nun an in Zululand außer der Queen keinen Herrscher« gab.[63]

Im Jahr 1897 wurde Zululand nach zehn Jahren indirekter Herrschaft des Empires der britischen Kolonie Natal angegliedert. Dadurch wurde viel Land für weiße Siedler freigegeben, und afrikanische Arbeitskräfte konnten leichter von den Gehöften abgezogen und in die Kolonialwirtschaft eingegliedert werden. Die Kolonialbehörden unterschätzten jedoch den fortbestehenden ideologischen Einfluss der Zulu-Monarchie erheblich. Nachdem Dinuzulu im Jahr 1898 nach acht Jahren im Exil auf der Insel St. Helena wieder nach Zululand zurückkehren durfte, wurde er zum In Duna oder obersten Berater der britischen Kolonialregierung ernannt. Doch für die breite Mehrheit der AmaZulu bedeutete Dinuzulus Rückkehr die Wiederherstellung des Königshauses. Tatsächlich bekam der Begriff »Zulu« jetzt eine nationalistische Konnotation, die sich über die Grenzen des alten Zululand hinaus ausbreitete. Als im Jahr 1906 in der Kolonie Natal ein Aufstand gegen die koloniale Besteuerung ausbrach, benutzten die Rebellen Dinuzulus Namen als bindende Kraft der Nation, was den fortdauernden Einfluss und die Beliebtheit der Zulu-Monarchie verdeutlichte.[64] Obwohl sie deutlich an Macht einbüßte, hat sie viele südafrikanische Regierungen überdauert. Bis heute wird Shakas Dynastie durch die Symbolik und das historische Vermächtnis des einst mächtigen Königreiches genährt.

ABBILDUNGSNACHWEIS

o = oben; u = unten; l = links; r = rechts

Farbabbildungen

I Foto AGF Srl / Alamy Stock Photo; II Foto mit freundlicher Genehmigung von I.T.C. Sudan; III Foto oversnap / Getty Images; IV Bibliothèque nationale de France, Paris; V Foto mit freundlicher Genehmigung von Matthieu Honegger, Mission Archéologique Suisse à Kerma; VI Princeton University Library Special Collections; VII Foto Meinzahn / Dreamstime; VIII The British Museum, London. Foto The Trustees of the British Museum; IX National Museum of Ife. Foto Andrea Jemolo / Scala, Florence; X Minneapolis Institute of Art. The Ethel Morrison Van Derlip Fund; XI Biblioteca Nacional, Rio de Janeiro. Foto Archives of the National Library Foundation, Brazil; XII Biblioteca Civica Centrale, Turin; XIII Foto The Reading Room / Alamy Stock Photo; XIV Foto Janusz Gniadek / Alamy Stock Photo; XV Foto mit freundlicher Genehmigung von Olusola Bakhita; XVI Foto Werner Forman Archive / Shutterstock; XVII The British Library, London; XVIII The British Library, London; XIX Fowler Museum at UCLA, Los Angeles. Foto Don Cole / Fowler Museum at UCLA, Los Angeles; XX The British Library, London. Foto Bridgeman Images; XXI Veneranda Biblioteca Ambrosiana, Milan. Foto De Agostini / Biblioteca Ambrosiana / agefotostock; XXII Royal Collection Trust, London. Foto Royal Collection Trust, London

Abbildungsnachweis

Schwarz-Weiß-Abbildungen

S. 57 oben: The Oriental Institute of the University of Chicago. Foto CPA Media Pte Ltd / Alamy Stock Photo; S. 57 unten: Foto mit freundlicher Genehmigung des Oriental Institute of the University of Chicago; S. 65: Museum of Fine Arts, Boston. Foto Museum of Fine Arts, Boston / Harvard University – Boston Museum of Fine Arts Expedition / Bridgeman Images; S. 67: Foto P. Rummler. Mit freundlicher Genehmigung von Charles Bonnet, Swiss-Franco-Sudanese Archaeological Mission of Kerma-Dukki Gel; S. 90: Foto Edmond Fortier; S. 97: Smithsonian National Museum of African Art, Washington. Museumsankauf; S. 116 Foto Matyas Rehak / Shutterstock; S. 137: Foto Rudi Ernst / Shutterstock; S. 143: Foto Scherl / Süddeutsche Zeitung Photo / Alamy Stock Photo; S. 153: Sammlung von Arthur F. Humphrey III; S. 173: KB, National Library of the Netherlands, Den Haag; S. 178: The British Museum, London. Foto The Trustees of the British Museum; S. 197: Foto DeAgostini / Alfredo Dagli Orti / Diomedia; S. 198: The Metropolitan Museum of Art, New York. Geschenk von Ernst Anspach, 1999; S. 201: Foto Rev. Fr. Jan Vissers. Royal Museum for Central Africa, Tervuren, EP.0.0.13505; S. 212: Foto Robert Lebeck. © Archiv Robert Lebeck; S. 219: Foto Pictorial Press Ltd / Alamy Stock Photo; S. 220: Foto Prisma Archivo / Alamy Stock Photo; S. 244: Foto Mary Evans / Grenville Collins Postcard Collection / Diomedia; S. 262: Foto George Rodger / Magnum Photos; S. 275: The Cleveland Museum of Art. Alma Kroeger Fund 2013.6; S. 276: Bibliothèque nationale de France, Paris. Foto Archives Charmet / Bridgeman Images; S. 290: The National Archives, Kew; S. 306: Foto Sepia Times / Universal Images Group via Getty Images; S. 320: Von Nathaniel Isaacs, Travels and Adventures in Eastern Africa, London, 1836; S. 338: Von Rev. William C. Holden, History of the Colony of Natal, South Africa, London, 1855

AUTORENVERZEICHNIS

Wendy Laura Belcher ist Professorin für Afrikanische Literatur in den Fakultäten für Vergleichende Literaturwissenschaft und Afroamerikanische Studien der Princeton University. Ihre Arbeit versucht darauf aufmerksam zu machen, wie die frühe afrikanische Literatur und afrikanisches Denken die Weltgeschichte beeinflusst haben. Sie ist Autorin von Abyssinia's Samuel Johnson: Ethiopian Thought in the Making of an English Author (Oxford, 2012) und Übersetzerin und Herausgeberin, zusammen mit Michael Kleiner, von The Life and Struggles of Our Mother Walatta Petros: A Seventeenth-Century African Biography of an Ethiopian Woman (Princeton, 2015).

Wayne Dooling ist Senior Lecturer für afrikanische Geschichte an der SOAS University of London. Sein Forschungsinteresse ist in erster Linie die Kolonialgeschichte von Südafrika. Er ist Autor von Slavery, Emancipation and Colonial Rule in South Africa (Pietermaritzburg, 2007).

Cécile Fromont ist Kunsthistorikerin an der Yale University. Schwerpunkt ihres Schreibens und Lehrens sind die visuelle, materielle und religiöse Kultur Afrikas und Lateinamerikas im Zeitraum von 1500 bis 1800, die portugiesisch sprechende Welt am Atlantik und der Sklavenhandel. Sie ist Autorin von The Art of Conversion: Christian Visual Culture in the Kingdom of Kongo (Chapel Hill, 2014) und Images on a Mission in Early Modern Kongo and Angola (University Park, Pennsylvania, 2022).

Muhammadu Mustapha Gwadabe ist Professor für Politische Geschichte an der Ahmadu Bello University in Nigeria. Sein gegenwärtiges Forschungsgebiet sind inter- and intra-religiöse Auseinandersetzungen im nördlichen Nigeria, und er ist einer der Autoren von Transnational Islam: Circulation of Religious Ideas, Actors and Practices between Niger and Nigeria, hg. von Elodie Apard (Ibadan, 2020).

Habtamu Mengistu Tegegne ist Assistant Professor für Geschichte an der Rutgers University, Newark. Sein Forschungsschwerpunkt ist das kritische Verständnis der Sozial- und Wirtschaftsgeschichte von Äthiopien, und er ist Autor von Barara, Addis Ababa's Predecessor: Development, Destruction, and Refoundation and the Untold History of Ethiopia [Amharische Ausgabe], hg. von Beza Tesfaw (Trenton, 2020).

Rahmane Idrissa ist Senior Researcher am Zentrum für Afrikanische Studien der Leiden University und bei LASDEL, einem sozialwissenschaftlichen Forschungsinstitut in Niamey im Niger. Derzeit verfasst er ein Geschichtsbuch über das Songhaireich und den Anbruch der Neuzeit.

Olatunji Ojo lehrt Afrikanische Geschichte an der Brock University, Ontario. Sein Forschungsschwerpunkt ist der soziale und ökonomische Wandel in Westafrika seit dem 18. Jahrhundert, speziell die Themen Sklaverei, Identität, Religion und Gender. Unter seinen jüngsten Publikationen sind »The Yoruba Church Missionary Society Slavery Conference 1880«, African Economic History 49 (2021), und »Performing Trauma: The Ghosts of Slavery in Yoruba Music and Ritual Dance«, Journal of West African History 5 (2019).

John Parker lehrte von 1998 bis 2020 Afrikanische Geschichte an der SOAS University of London. Sein neustes Buch ist In My Time of Dying: A History of Death and the Dead in West Africa (Princeton, 2021).

David Wengrow ist Professor für Vergleichende Archäologie am Institut für Archäologie des University College London und Gastprofessor der New York University, der Universität von Auckland und der Universität Freiburg. Er betrieb archäologische Feldforschung in Afrika und im Nahen Osten und ist Autor von The Archaeology of Early Egypt: Social Transformations in North-East Africa, c. 10,000 to 2650 bc (Cambridge, 2006), Was ist Zivilisation? Die Zukunft des Westens und der Alte Orient. Aus dem Englischen von Susanne Held (Stuttgart 2023) und zusammen mit David Graeber Koautor von Anfänge. Eine neue Geschichte der Menschheit. Aus dem Englischen von Helmut Dierlamm, Henning Dedekind und Andreas Thomsen (Stuttgart 2022).

ANMERKUNGEN

Einleitung: Könige, Königtum und Königreiche in der afrikanischen Geschichte

1 Michael A. Gomez, *African Dominion. A New History of Empire in Early and Medieval West Africa* (Princeton, 2018).

2 David Cannadine, »Introduction: Divine Rites of Kings«, in: David Cannadine und Simon Price (Hrsg.), *Rituals of Royalty. Power and Ceremonial in Traditional Societies* (Cambridge, 1987), 19.

3 Siehe Derek R. Peterson und Giacomo Macola (Hrsg.), *Recasting the Past. History Writing and Political Work in Modern Africa* (Athens, oh, 2009).

4 Aidan Southall, »The Segmentary State in Africa and Asia«, *Comparative Studies in Society and History* 30 (1988), 52.

5 M. Fortes und E. E. Evans-Pritchard (Hrsg.) *African Political Systems* (London, 1940), 16 und 21.

6 Siehe T. O. Beidelman, »Swazi Royal Ritual«, *Africa* 36 (1966), und Gillian Feeley-Harnik, »Issues in Divine Kingship«, *Annual Review of Anthropology* 14 (1985), 278–280.

7 Ernst H. Kantorowicz, *Die zwei Körper des Königs. Eine Studie zur politischen Theologie des Mittelalters*. Aus dem Franz. übers. von Walter Theimer (Stuttgart, 1992); Marc Bloch, *Die wundertätigen Könige*. Aus dem Franz. übers. von Claudia Märtl (München, 1998).

8 Marshall Sahlins, »Die ursprüngliche politische Gesellschaft«, in: David Graeber und Marshall Sahlins, *Über Könige. Versuche einer Archäologie der Souveränität*. Aus dem Engl. übers. von Daniel Fastner (Berlin, 2022), 72 f. Die deutsche Ausgabe enthält lediglich eine Auswahl der Beiträge aus dem 2017 erschienenen umfangreicheren Band *On Kings* [Anm. d. Übers.]; siehe auch Lucy Mair, *African Kingdoms* (Oxford, 1977).

9   Für eine Erörterung dieser irreführenden Ideen siehe Wyatt MacGaffey, »Changing Representations in Central African History«, *Journal of African History* 46 (2005).

10 John Lonsdale, »States and Social Processes in Africa. A Historiographical Survey«, *African Studies Review* 24 (1981), 139.

11 Ebd., 171, unter Verweis auf John Beattie, *The Nyoro State* (Oxford, 1971).

12 Jan Vansina, *How Societies Are Born. Governance in West Central Africa before 1600* (Charlottesville, 2004), 243.

13 Zit. nach John Iliffe, *Geschichte Afrikas*. Aus dem Engl. übers. von Gabriele Gockel und Rita Seuß (München, ²2000), 204.

14 Ebd., 34.

15 Paulo F. de Moraes Farias, *Arabic Medieval Inscriptions from the Republic of Mali. Epigraphy, Chronicles and Songhay-Tuareg History* (Oxford, 2003).

16 Neil Kodesh, *Beyond the Royal Gaze. Clanship and Public Healing in Buganda* (Charlottesville, 2010).

17 David Graeber, »The People as Nursemaids of the King. Notes on Monarchs as Children, Women's Uprisings, and the Return of the Ancestral Dead in Central Madagascar«, in: Graeber und Sahlins, *On Kings*, 270. Dieser Beitrag ist in der 2022 erschienenen deutschen Ausgabe nicht enthalten [Anm. d. Übers.].

18 Wyatt MacGaffey, »A Central African Kingdom. Kongo in 1480«, in: Koen Bostoen und Inge Brinkman (Hrsg.), *The Kongo Kingdom. The Origins, Dynamics and Cosmopolitan Culture of an African Polity* (Cambridge, 2018), 55 und 57 (Hervorhebung d. Verf.).

19 Siehe W. Arens und Ivan Karp (Hrsg.), *Creativity of Power. Cosmology and Action in African Societies* (Washington, d.c., 1989).

20 Siehe David C. Conrad (Hrsg. und Übers.), *Sunjata. A New Prose Version* (Indianapolis, 2016); Ralph A. Austen (Hrsg.), *In Search of Sunjata. The Mande Epic as History, Literature and Performance* (Bloomington, 1999).

21 Gwyn Prins, *The Hidden Hippopotamus. Reappraisal in African History. The Early Colonial Experience in Western Zambia* (Cambridge, 1980).

22 Für archäologische Sichtweisen siehe Susan Keech McIntosh (Hrsg.), *Beyond Chiefdoms. Pathways to Complexity in Africa* (Cambridge, 1999), und Graham Connah, *African Civilizations. An Archaeological Perspective* (Cambridge, ³2016).

23 Elizabeth A. Eldredge, *Kingdoms and Chiefdoms of Southeastern Africa. Oral Traditions and History, 1400–1830* (Rochester, 2015), 1.

24 Vansina, *How Societies Are Born*, 101.

25 Siehe auch Suzanne Preston Blier, *Royal Arts of Africa. The Majesty of Form* (London, 1998).

26 Siehe Mary Nooter Roberts und Allen F. Roberts (Hrsg.), *Memory. Luba Art and the Making of History* (New York, 1996).

27 Jacques Le Goff, *Geschichte ohne Epochen? Ein Essay*. Aus dem Franz. übers. von Klaus Jöken (Darmstadt, 2016).

28 Christopher Ehret, *An African Classical Age. Eastern and Southern Africa in World History, 1000 bc to ad 400* (Charlottesville, 1998).

29 Siehe François-Xavier Fauvelle, *Das goldene Rhinozeros. Afrika im Mittelalter*. Aus dem Franz. übers. von Thomas Schultz (München, 2017).

30 Siehe Toby Green, *A Fistful of Shells. West Africa from the Rise of the Slave Trade to the Age of Revolution* (London, 2019).

Kapitel 1: Altägypten und Nubien

1 Aus dem Engl. übers., nach der Übersetzung in Scott Morschauser, »Approbation or Disapproval? The Conclusion of the Letter of Amenophis II to User-Satet, Viceroy of Kush (Urk. IV, 1344.10–20)«, *Studien zur Altägyptischen Kultur* 24 (1997). Morschauser bevorzugt das weltliche Wort »Schmeichler« als Übersetzung des Begriffs, der öfter jedoch mit »Zauberer« oder »Magier« wiedergegeben wird. Als »Schmeichler« bezeichnet er diejenigen, die außergewöhnlich redegewandt und überzeugungsstark sind, doch scheint es keinen Grund zu der Annahme zu geben,

dass diese Fähigkeiten den Einsatz von Zauberei oder Magie
ausgeschlossen hätten: In vielen Gegenden Afrikas werden solche
Fähigkeiten gerade mit jenen Leuten in Verbindung gebracht, die
imstande sind, andere zu veranlassen, sich auf eine andernfalls
niemals gewollte Weise zu benehmen.

2   Simon Simonse, *Kings of Disaster. Dualism, Centralism, and the
    Scapegoat King in the Southeastern Sudan* (Leiden, 1992); David
    Graeber und Marshall Sahlins, *Über Könige. Versuche einer Archäologie
    der Souveränität*. Aus dem Engl. übers. von Daniel Fastner (Berlin,
    2022), 79–158.

3   Jeremy Pope, *The Double Kingdom under Taharqo. Studies in the
    History of Kush and Egypt, c. 690–664 bc* (Leiden, 2014); László
    Török, *The Kingdom of Kush. Handbook of the Napatan-Meroitic
    Civilization* (Leiden, 1997).

4   David N. Edwards, »Meroe and the Sudanic Kingdoms«, *Journal
    of African History* 39 (1998); David N. Edwards, »Ancient Egypt
    in the Sudanese Middle Nile. A Case of Mistaken Identity?«, und
    Dorian Fuller, »Pharaonic or Sudanic? Models for Meroitic Society
    and Change«, beide in: David O'Connor und Andrew Reid (Hrsg.),
    Ancient Egypt in Africa (London, 2003).

5   Jane Humphris und Thomas Scheibner, »A New Radiocarbon
    Chronology for Ancient Iron Production in the Meroe Region of
    Sudan«, *African Archaeological Review* 34 (2017).

6   Edwards, »Meroe and the Sudanic Kingdoms«; David N. Edwards,
    The Nubian Past. An Archaeology of the Sudan (London, 2004), Kap.
    5–6; Gunnar Haaland und Randi Haaland, »God of War, Worldly
    Ruler, and Craft Specialists in the Meroitic Kingdom of Sudan«,
    Journal of Social Archaeology 7 (2007).

7   László Török, »Ambulatory Kingship and Settlement History. A
    Study on the Contribution of Archaeology to History«, in: C. Bonnet
    (Hrsg.), *Études Nubiennes. Conférence du Genève I* (Genf, 1992).

8   John Taylor, »The Third Intermediate Period (1069–664 bc)«, in:
    Ian Shaw (Hrsg.), *The Oxford History of Ancient Egypt* (Oxford,
    2000); Derek Welsby und Julie R. Anderson (Hrsg.), *Sudan. Ancient
    Treasures* (London, 2004), 132–185.

9 Angelika Lohwasser und Jacke Phillips, »Women in Ancient Kush«, in: Geoff Emberling und Bruce Beyer Williams (Hrsg.), *The Oxford Handbook of Ancient Nubia* (Oxford, 2020).

10 Taylor, »Third Intermediate Period«, 360–362; Mariam F. Ayad, *God's Wife, God's Servant. The God's Wife of Amun (c. 740–525 bc)* (London, 2009).

11 Thomas Schneider, »Periodizing Egyptian History. Manetho, Convention, and Beyond«, in: Klaus-Peter Adam (Hrsg.), *Historiographie in der Antike* (Berlin, 2008).

12 Vgl. Jan Assmann, *Ägypten. Eine Sinngeschichte* (München, 2021), Fünfter Teil, Kap. 3 »Erinnerung und Erneuerung. Die äthiopische und die saitische Renaissance«.

13 Dorian Fuller und Leilani Lucas, »Savanna on the Nile. Long-term Agricultural Diversification and Intensification in Nubia«, in: Emberling und Williams, *Oxford Handbook of Ancient Nubia*.

14 Rudolph Kuper und Stefan Kröpelin, »Climate-Controlled Holocene Occupation in the Sahara. Motor of Africa's Evolution«, *Science* 313 (2006); Maria Carmela Gatto und Andrea Zerboni, »Holocene Supra-Regional Environmental Changes as Trigger for Major Socio-Cultural Processes in Northeastern Africa and the Sahara«, *African Archaeological Review* 32 (2015).

15 Sandro Salvatori und Donatella Usai, »The Mesolithic and Neolithic in Sudan«, in: Dietrich Raue (Hrsg.), *Handbook of Ancient Nubia* (Berlin, 2019).

16 David Wengrow, »Landscapes of Knowledge, Idioms of Power. The African Foundations of Ancient Egyptian Civilisation Reconsidered«, in: O'Connor und Reid, *Ancient Egypt in Africa*; David Wengrow, *The Archaeology of Early Egypt: Social Transformations in North-East Africa, 10,000 to 2650 bc* (Cambridge, 2006); David Wengrow, Michael Dee, Sarah Foster, Alice Stevenson und Christopher Bronk Ramsey, »Cultural Convergence in the Neolithic of the Nile Valley. A Prehistoric Perspective on Egypt's Place in Africa«, *Antiquity* 88 (2014); Maria Carmela Gatto, »The Later Prehistory of Nubia in its Interregional Setting«, in: Raue, *Handbook of Ancient Nubia*.

17 Matthieu Honegger, »Kerma et les debuts du Néolithique Africain«, *Genava: revue d'histoire de l'art et d'archéologie* 53 (2005); vgl. Wengrow et al., »Cultural Convergence«.

18 Randi Haaland, »The Meroitic Empire. Trade and Cultural Influences in an Indian Ocean Context«, *African Archaeological Review* 31 (2014).

19 Ahmed M. Ali, »Meroitic Settlement of the Butana (Central Sudan)«, in: Peter J. Ucko, Ruth Tringham und G. W. Dimbleby (Hrsg.), *Man, Settlement, and Urbanism* (London, 1972); Claudia Näser, »The Great Hafir at Musawwarat es-Sufra: Fieldwork of the Archaeological Mission of Humboldt University Berlin in 2005 and 2006«, in: Włodzimierz Godlewski und Adam Łajtar (Hrsg.), *Between the Cataracts. Proceedings of the 11th Conference of Nubian Studies, Warsaw University, 27 August–2 September 2006, Part two, fascicule 1: session papers* (Warschau, 2010).

20 Derek Welsby, »Human Adaptation to Environmental Change in the Northern Dongola Reach«, in: Emberling und Williams, *Oxford Handbook of Ancient Nubia*.

21 Maria Carmela Gatto, »The A-Group and 4th millennium bc Nubia«, in: Emberling und Williams, *Oxford Handbook of Ancient Nubia*; László Török, *Between Two Worlds. The Frontier Region between Ancient Nubia and Egypt 3700 bc–ad 500* (Leiden, 2020).

22 Zur Bedeutung der Königsannalen und zur ökonomischen Organisation des ägyptischen Staates im Alten Reich siehe Juan Carlos Moreno García, *The State in Ancient Egypt. Power, Challenges and Dynamics* (London, 2019).

23 Ellen Morris, »Sacrifice for the State. First Dynasty Royal Funerals and the Rites at Macramallah's Triangle«, in: Nicola Laneri (Hrsg.), *Performing Death. Social Analysis of Funerary Traditions in the Ancient Near East and Mediterranean* (Chicago, 2007); und »(Un)dying Loyalty. Meditations on Retainer Sacrifice in Ancient Egypt and Elsewhere«, in: Roderick Campbell (Hrsg.), *Violence and Civilization. Studies of Social Violence in History and Prehistory* (Oxford, 2014).

24 Ann Macy Roth, »The Meaning of Menial Labour. ›Servant Statues‹ in Old Kingdom Serdabs«, *Journal of the American Research Center in Egypt* 38 (2002).

25 Bruce Beyer Williams, »Relations between Egypt and Nubia in the Naqada Period«, in: Emily Teeter (Hrsg.), *Before the Pyramids. The Origins of Egyptian Civilization* (Chicago, 2011).

26 Ellen Morris, *Ancient Egyptian Imperialism* (Hoboken, 2018).

27 Mark Lehner, »Labor and the Pyramids. The Heit el-Ghurab ›Workers Town‹ at Giza«, in: Piotr Steinkeller und Michael Hudson (Hrsg.), *Labor in the Ancient World* (Dresden, 2015).

28 Alice Stevenson, »The Egyptian Predynastic and State Formation«, *Journal of Archaeological Research* 24 (2016); Gatto, »The A-Group«.

29 Renée F. Friedman, »Excavating Egypt's Early Kings: Recent Discoveries in the Elite Cemetery at Hierakonpolis«, in: B. Midant-Reynes und Y. Tristant (Hrsg.), *Egypt at its Origins 2. Proceedings of the International Conference Origin of the State. Predynastic and Early Dynastic Egypt, Toulouse, 5th–8th September 2005* (Löwen, 2008).

30 Edwards, »Ancient Egypt in the Sudanese Middle Nile«; Wengrow, *Archaeology of Early Egypt*, 158–173.

31 Richard Bussmann, »Scaling the State: Egypt in the Third Millennium bc«, *Archaeology International* 17 (2013).

32 Delwen Samuel, »Brewing and Baking«, in: Paul Nicholson und Ian Shaw (Hrsg.), *Ancient Egyptian Materials and Technology* (Cambridge, 2000).

33 Ann Macy Roth, *Egyptian Phyles in the Old Kingdom. The Evolution of a System of Social Organization* (Chicago, 1991).

34 Stuart Tyson Smith, *Wretched Kush. Ethnic Identities and Boundaries in Egypt's Nubian Empire* (London, 2002); Morris, *Ancient Egyptian Imperialism*; siehe auch Claudia Näser, »Structures and Realities of the Egyptian Presence in Lower Nubia from the Middle Kingdom to the New Kingdom. The Egyptian Cemetery S/Sa at Aniba«, in: Neal Spencer, Anna Stevens und Michaela Binder (Hrsg.), *Nubia in the New Kingdom. Lived Experience, Pharaonic Control and Indigenous Traditions* (Löwen, 2017).

35 Siehe Geoff Emberling, »Pastoral States. Toward a Comparative Archaeology of Early Kush«, *Origini* 36 (2004), 139; Elizabeth Joanna Minor, »The Use of Egyptian and Egyptianizing Material Culture in Nubian Burials of the Classic Kerma Period«,

unveröffentlichte Diss., University of California, Berkeley, 2012, 77; Welsby und Anderson, *Sudan*, 100–101, Kat. 74.

36 Charles Bonnet, *The Black Kingdom on the Nile* (Cambridge, ma, 2019).

37 Siehe Sandro Capo Chichi, »On the Etymology of the Egyptian Word Nehesi ›Nubian‹«, *New African Culture's Journal of African Cultures & Civilizations* 1 (2015) für die Erörterung alternativer und noch weitgehender akzeptierter Bedeutungen.

38 Andrea Manzo, »Architecture, Power, and Communication. Case Studies from Ancient Nubia«, *African Archaeological Review* 34 (2017).

39 Ebd.; siehe auch Charles Bonnet, »Excavations at the Nubian Royal Town of Kerma. 1975–91«, *Antiquity* 66 (1992).

40 Charles Bonnet und Matthieu Honegger, »The Eastern Cemetery of Kerma«, in: Emberling und Williams, *Oxford Handbook of Ancient Nubia*.

41 Bonnet, *Black Kingdom*.

42 Elizabeth Joanna Minor, »One More for the Road. Beer, Sacrifice and Commemoration in Ancient Nubian Burials of the Classic Kerma Period«, in: Ilaria Incordino et al. (Hrsg.), *Current Research in Egyptology 2017* (Oxford, 2018).

43 Bonnet, »Excavations«; Bonnet und Honegger, »The Eastern Cemetery«.

44 J. Reinold, »Kadruka and the Neolithic in the Northern Dongola Reach«, *Sudan and Nubia* 5 (2001).

45 Henriette Hafsaas-Tsakos, »Edges of Bronze and Expressions Masculinity. The Emergence of a Warrior Class at Kerma in Sudan«, *Antiquity* 87 (2013)

46 Siehe Charles Bonnet, »The Kerma Culture«, in: Welsby und Anderson, *Sudan*, 70–77; Emberling, »Pastoral States«, 16; Welsby und Anderson, *Sudan*, 89, Kat. 71.

47 Hafsaas-Tsakos, »Edges of Bronze«.

48 Claudia Näser, »Structures and Realities of Egyptian-Nubian Interactions from the Late Old Kingdom to the Early New

Kingdom«, in: Dietrich Raue, Stephan Seidlmayer und Philipp Speiser (Hrsg.), *The First Cataract of the Nile. One Region, Diverse Perspectives* (Kairo, 2013); Morris, *Ancient Egyptian Imperialism*.

49 Emberling, »Pastoral States«, 17.

50 Bonnet, »The Kerma Culture«; Bonnet und Honegger, »The Eastern Cemetery«.

51 Henriette Hafsaas-Tsakos, »The Kingdom of Kush. An African Centre on the Periphery of the Bronze Age World System«, *Norwegian Archaeological Review* 42 (2009).

52 Bonnet, »The Kerma Culture«; Brigette Gratien, »Nouvelles empreintes de sceaux à Kerma: aperçus sur l'administration de Kouch au milieu du 2e millénaire av. J.-C.«, *Genava: revue d'histoire de l'art et d'archéologie* 41 (1993), 39–44; Minor, »Egyptian and Egyptianizing Material Culture«; Carl Walsh, »Techniques for Egyptian Eyes. Diplomacy and the Transmission of Cosmetic Practices between Egypt and Kerma«, *Journal of Egyptian History* 13 (2020).

53 Elizabeth Joanna Minor, »Decolonizing Reisner. The Case Study of a Classic Kerma Female Burial for Reinterpreting Early Nubian Archaeological Collections through Digital Archival Resources«, in: M. Honegger (Hrsg.), *Nubian Archaeology in the XXIst Century. Proceedings of the Thirteenth International Conference for Nubian Studies, Neuchâtel, 1st–6th September 2014* (Löwen, 2018).

54 Siehe Margaret Judd und Joel Irish, »Dying to Serve. The Mass Burials at Kerma«, *Antiquity* 83 (2009). Eine kleinere Anzahl von Nebenbestattungen, platziert innerhalb gesonderter gemauerter Einfriedungen, wurde um den Grabhügel herum verteilt. Sie enthielten zu einem erheblichen Anteil mit kunstvollen Kupferdolchen bewaffnete Männer, deren sterbliche Überreste Spuren von Verletzungen aufweisen, die ihrer Stellung als spezialisierte Krieger oder Leibwächter entsprechen: siehe Hafsaas-Tsakos, »Edges of Bronze«.

55 Ellen Morris, *The Architecture of Imperialism. Military Bases and the Evolution of Foreign Policy in Egypt's New Kingdom* (Leiden, 2005).

Kapitel 2: Die sudanischen Reiche

1 Michael A. Gomez, *African Dominion. A New History of Empire in Early and Medieval West Africa* (Princeton, 2018).

2 Siehe Michael A. Gomez (Hrsg.), »Forum. The Imperial Tradition in the Sahel«, *Journal of African History* 61 (2020).

3 Robert und Marianne Cornevin, *Geschichte Afrikas von den Anfängen bis zur Gegenwart*. Aus dem Franz. übers. von Richard Salzner. Ungekürzte Ausg., durchges. u. erg. nach d. 2. erw. Aufl. Paris 1966 (Frankfurt/Main, Berlin, Wien, 1980), 235.

4 Raymond Mauny, *Les siècles obscurs de l'Afrique noire. Histoire et archéologie* (Paris, 1971).

5 Roderick J. McIntosh und Susan K. McIntosh, »From Siècles Obscurs to Revolutionary Centuries in the Middle Niger«, *World Archaeology* 20 (1988).

6 Paulo F. de Moraes Farias, *Arabic Medieval Inscriptions from the Republic of Mali. Epigraphy, Chronicles and Songhay-Tuareg History* (Oxford, 2003).

7 François-Xavier Fauvelle, »Ghâna, Mâli, Songhay, royaumes courtiers du Sahel Occidental (VIIIe–XVIe siècle)«, in: François-Xavier Fauvelle (Hrsg.), *L'Afrique ancienne* (Paris, 2018).

8 Siehe François-Xavier Fauvelle, *Das goldene Rhinozeros. Afrika im Mittelalter*. Aus dem Franz. übers. von Thomas Schultz (München, 2017), 249–259.

9 Amy Niang, »Reviving the Dormant Divine. Rituals as Political References in Moogo«, *Journal of Ritual Studies* 28 (2014), 81.

10 Quellen für Ghana, Mali und Songhai sind gesammelt in Nehemia Levtzion und J. F. P. Hopkins (Hrsg.), *Corpus of Early Arabic Sources for West African History* (Cambridge, 1981).

11 Zu dieser These siehe Roderick J. McIntosh, *The Peoples of the Middle Niger. The Island of Gold* (Oxford, 1998).

12 Zu den strittigen Zeugnissen siehe Fauvelle, *Das goldene Rhinozeros*, 82–85.

13 D. T. Niane, *Soundjata. Ein Mandingo-Epos*. Aus dem Franz. übers. von Helgard Rost (Leipzig, 1975, ²1987); Laye Camara, *Le maître de*

la parole: kouma lafôlô kouma (Paris, 1978); David C. Conrad (Hrsg. u. Übers.), *Sunjata. A New Prose Version* (Indianapolis, 2016).

14 Siehe Ralph A. Austen (Hrsg.), *In Search of Sunjata. The Mande Epic as History, Literature and Performance* (Bloomington, 1999); und Thomas A. Hale, *Griots and Griottes. Masters of Words and Music* (Bloomington, 1998).

15 D. T. Niane, »Mali and the Second Mandingo Expansion«, in: D. T. Niane (Hrsg.), *UNESCO General History of Africa*, Bd. 4: *Africa from the Twelfth to the Sixteenth Century* (Paris, 1984), 135; siehe auch David C. Conrad und Barbara E. Frank (Hrsg.), *Status and Identity in West Africa. Nyamakalaw of Mande* (Bloomington, 1995).

16 Siehe David C. Conrad, »Mooning Armies and Mothering Heroes. Female Power in Mande Epic Tradition«, in: Austen, *In Search of Sunjata*.

17 David C. Conrad, »A Town Called Dakajalan. The Sunjata Tradition and the Question of Ancient Mali's Capital«, *Journal of African History* 35 (1994).

18 John Iliffe, *Geschichte Afrikas.* Aus dem Engl. übers. von Gabriele Gockel und Rita Seuß (München, ²2000), 73.

19 Ibn al-Mukhtar, *Tarikh al-fattash*, herausgegeben und übersetzt von O. Houdas und M. Delafosse (Paris, 1913), 67.

20 Paulo F. de Moraes Farias, »Intellectual Innovation and Reinvention of the Sahel. The Seventeenth-Century Timbuktu Chronicles«, in: Shamil Jeppie und Souleymane Bachir Diagne (Hrsg.), *The Meanings of Timbuktu* (Kapstadt, 2008), 104; siehe auch John O. Hunwick, *Timbuktu and the Songhay Empire: Al-Sa'dī's Ta'rīkh al-sūdān down to 1613 and other Contemporary Documents* (Leiden, 1999).

21 J. O. Hunwick, »Religion and State in the Songhay Empire, 1464–1591«, in: I. M. Lewis (Hrsg.), *Islam in Tropical Africa* (Oxford, 1966), 297.

22 Vom Übers. ins Deutsche übertr. nach der engl. Übers. des Autors aus »Épître d'al-Maghili à l'Askia Muhammad de Gao«, in: Joseph M. Cuoq (Hrsg.), *Recueil des sources arabes concernant l'Afrique occidentale du VIIIe au XVIe siècle (Bilad al-Sudan)* (Paris, 1985), 400.

23 Hunwick, »Religion and State«; siehe auch John O. Hunwick, »Songhay, Borno and the Hausa States, 1450–1600«, in: J. F. Ade Ajayi und Michael Crowder (Hrsg.), *History of West Africa*, Bd. 1 (Harlow, ³1985).

24 Gomez, *African Dominion*, 310.

25 Siehe Moussa Paré, »L'Économie rurale dans le Bilad al-Sudan occidental (XVe-XVIe siècle)«, Études rurales 193 (2014).

26 Siehe Richard Roberts, *Warriors, Merchants and Slaves. The State and the Economy in the Middle Niger Valley, 1700–1914* (Stanford, 1987).

27 Siehe zum Beispiel Labelle Prussin, *Hatumere. Islamic Design in West Africa* (Berkeley, 1986); A. LaGamma (Hrsg.), *Sahel. Art and Empires on the Shores of the Sahara* (New York, 2020); O. Kane, *Beyond Timbuktu. An Intellectual History of Muslim West Africa* (Cambridge, ma, 2016).

Kapitel 3: Das Salomonische christliche Königreich Äthiopien

1 Wir haben uns entschieden, das Wort »Äthiopien« sowohl für das Staatswesen als auch für die geografische Region zu verwenden, auch wenn beide im Lauf der Zeit nicht statisch waren. Im engeren Sinne verwenden wir es zur Bezeichnung des Hochlands der heutigen Staaten Eritrea und Äthiopien, jener Region, die historisch als Abessinien bekannt ist und in der Angehörige der Habescha-Volksgruppen leben. Um einer nicht fachlichen Leserschaft die Lektüre zu erleichtern, haben wir nicht die wissenschaftlichen Konventionen zur Schreibweise von Wörtern der altäthiopischen Sprache Ge'ez benutzt.

2 Für einen Überblick über die Forschungen zum Ursprung der Menschheit, zur frühen Landwirtschaft und zur Entstehung von Sprache siehe Wendy Laura Belcher, *Abyssinia's Samuel Johnson. Ethiopian Thought in the Making of an English Author* (New York, 2012), 23–41.

3 Azeb Amha, »On Loans and Additions to the Fidal (Ethiopic) Writing System«, in: Alex De Voogt und Irving Finkel (Hrsg.), *The Idea of Writing. Play and Complexity* (Leiden, 2010).

4 Siehe Nadia Nurhussein, *Black Land. Imperial Ethiopianism and African America* (Princeton, 2019).

5 David W. Phillipson, *Ancient Ethiopia. Aksum; its Antecedents and Successors* (London, ²2002).

6 Siehe David W. Phillipson, *Foundations of an African Civilisation. Aksum and the Northern Horn, 1000 bc–ad 1300* (Woodbridge, 2012); Stuart Munro-Hay, *Aksum. An African Civilisation of Late Antiquity* (Edinburgh, 1991); George Hatke, *Migration Histories of the Medieval Afroeurasian Transition Zone* (Leiden, 2020), 291–326.

7 Zit. in Yuri M. Kobishchanov (Hrsg.), *Axum*, Bd. 3 (University Park, Pennsylvania, 1980), 59.

8 G. W. Bowersock, *The Throne of Adulis. Red Sea Wars on the Eve of Islam* (New York, 2013).

9 Edward Ullendorff, *Ethiopia and the Bible* (London, 1968).

10 Siehe Sergew Hable Selassie, *Ancient and Medieval Ethiopian History to 1270* (Addis Abeba, 1972); David W. Phillipson, *Ancient Churches of Ethiopia* (New Haven, 2009).

11 Siehe insb. Taddesse Tamrat, *Church and State in Ethiopia, 1270–1527* (Oxford, 1972).

12 Amsalu Tefera, »›Cycles of Zion‹ in Ethiopic Texts«, in: Alessandro Bausi, Alessandro Gori und Denis Nosnitsin (Hrsg.), *Essays in Ethiopian Manuscript Studies* (Hamburg, 2015); Gizachew Tiruneh, »The Kebra Nagast. Can its Secrets be Revealed?«, *International Journal of Ethiopian Studies* 8 (2014).

13 Wendy Laura Belcher und Michael Kleiner (Übers. und Hrsg.), *The Kebra Nagast. A New English Translation of the Ancient Book About Glorious Monarchs, Including the Ethiopian Queen of Sheba, King Solomon, and their Son Menilek* (Princeton, 2023).

14 Bairu Tafla und Heinrich Scholler, *Ser'ata Mangest. An Early Ethiopian Constitution* (Addis Abeba, 1976).

15 Siehe Taddesse Tamrat, *Church and State*, 268–294, und »Problems of Royal Succession in Fifteenth Century Ethiopia. A Presentation of the Documents«, in: *IV Congresso Internazionale di Studi Etiopici*, Bd. 1 (Rom, 1974).

16 Donald Crummey, *Land and Society in the Christian Kingdom of Ethiopia from the Thirteenth to the Twentieth Century* (Oxford, 2000); Taddesse Tamrat, *Church and State*, 98–103.

17 Habtamu M. Tegegne, *Barara, Addis Ababa's Predecessor. Development, Destruction, and Refoundation and the Untold History of Ethiopia* [amharische Ausgabe], hrsg. von Bezza Tesfaw (Trenton, 2020).

18 Taddesse Tamrat, *Church and State*, 141–145; Deresse Ayenachew, »Territorial Expansion and Administrative Evolution under the ›Solomonic‹ Dynasty«, in: Samantha Kelly (Hrsg.), *A Companion to Medieval Ethiopia and Eritrea* (Leiden, 2021).

19 Habtamu M. Tegegne, »The Edict of King Gälawdéwos Against the Illegal Slave Trade in Christians: Ethiopia, 1548«, *The Medieval Globe* 2 (2016), 93.

20 Crummey, *Land and Society*, 29–35.

21 Habtamu Tegegne, *Barara*, 1–5.

22 Siehe Taddesse Tamrat, *Church and State*; Marie-Laure Derat, *Le domaine des rois Éthiopiens (1270–1527). Espace, pouvoir et monachisme* (Paris, 2003); Ephraim Isaac, *The Ethiopian Orthodox Täwahïdo Church* (Lawrenceville, NJ, 2012); John Binns, *The Orthodox Church of Ethiopia. A History* (London, 2016).

23 Kinefe-Rigb Zelleke, »Bibliography of the Ethiopic Hagiographic Traditions«, *Journal of Ethiopian Studies* 13 (1975); Taddesse Tamrat, »Hagiographies and the Reconstruction of Medieval Ethiopian History«, *Rural Africana* 11 (1970).

24 Taddesse Tamrat, *Church and State*, 206–240.

25 Ebd., 206–231.

26 Taddesse Tamrat, »Some Notes on Fifteenth Century Stephanite ›Heresy‹ in the Ethiopian Church«, *Rassegna di Studi Etiopici* 22 (1966); Getatchew Haile, »Zämika'elites«, in: Siegbert Uhling (Hrsg.), *Encyclopedia Aethiopica. Supplementa, Addenda et Corrigenda*, Bd. 5 (Wiesbaden, 2014), 131–133.

27 Zärʾa Yaʿqob, *The Mariology of Emperor Zärʾa Yaʿqob of Ethiopia. Texts and Translations,* übers. und hrsg. von Getatchew Haile (Rom, 1992).

28 Siehe Verena Krebs, *Medieval Ethiopian Kingship, Craft, and Diplomacy with Latin Europe* (Basingstoke, 2021); Denis Nosnitsin, »Christian Manuscript Culture of the Ethiopian-Eritrean Highlands. Some Analytical Insights«, in: Kelly, *Companion to Medieval Ethiopia and Eritrea*; Marilyn E. Heldman, *The Marian Icons of the Painter Fr. Seyon. A Study in Fifteenth-Century Ethiopian Art, Patronage, and Spirituality* (Wiesbaden, 1994).

29 Judith McKenzie, Francis Watson und Michael Gervers, *The Garima Gospels. Early Illuminated Gospel Books from Ethiopia* (Oxford, 2016); Sergew Hable Selassie, *Bookmaking in Ethiopia* (Leiden, 1981).

30 Die Handschrift ist dokumentiert in Stefan Bombeck, *Die Geschichte der heiligen Maria in einer alten äthiopischen Handschrift* (Dortmund, ²2012), 161.

31 Stanisław Chojnacki, *Major Themes in Ethiopian Painting. Indigenous Developments, the Influence of Foreign Models, and Their Adaptation from the Thirteenth to the Nineteenth Century* (Wiesbaden, 1983), 59.

32 Carla Zanotti-Eman, »Linear Decoration in Ethiopian Manuscripts«, in: Roderick Grierson (Hrsg.), *African Zion. The Sacred Art of Ethiopia* (New Haven, 1993).

33 Chojnacki, *Major Themes*, 22.

34 Siehe Mattheus Immerzeel, »Coptic-Ethiopian Artistic Interactions. The Issues of the Nursing Virgin and St George Slaying the Dragon«, *Journal of the Canadian Society for Coptic Studies* 8 (2016).

35 Julien Loiseau, »The Ḥaṭī and the Sultan. Letters and Embassies from Abyssinia to the Mamluk Court«, in: Frédéric Bauden und Malika Dekkiche (Hrsg.), *Mamluk Cairo, a Crossroads for Embassies. Studies on Diplomacy and Diplomatics* (Leiden, 2019).

36 Matteo Salvadore, *The African Prester John and the Birth of Ethiopian-European Relations, 1402–1555* (London, 2016); Samantha Kelly, »The Curious Case of Ethiopic Chaldean. Fraud, Philology, and Cultural (Mis)understanding in European Conceptions of Ethiopia«, *Renaissance Quarterly* 68 (2015).

37 Krebs, *Medieval Ethiopian Kingship*.

38 Samantha Kelly, »Medieval Ethiopian Diasporas«, in: Kelly, *Companion to Medieval Ethiopia and Eritrea*.

39 Girma Beshah und Merid Wolde Aregay, *The Question of the Union of the Churches in Luso-Ethiopian Relations (1500–1632)* (Lissabon, 1964).

40 Šihāb ad-Dīn Ahmad bin ʿAbd al-Qāder bin Sālem bin ʿUṯmān ʿArab Faqīh, *Futūḥ Al-Ḥabaša. The Conquest of Abyssinia (Sixteenth Century)*, übers. von Paul Lester Stenhouse (Hollywood, 2005).

41 Jeffrey M. Shaw, *The Ethiopian-Adal War, 1529–1543. The Conquest of Abyssinia* (Warwick, 2021), 34–40 und 50–70.

42 Eine wichtige Quelle ist Solomon Beyene Gebreyes (Hrsg.), *The Chronicle of Emperor Gälawdewos (1540–1559). A Source on Ethiopia's Mediaeval Historical Geography* (Löwen, 2019).

43 Crummey, *Land and Society*, 63–66.

44 Wendy Laura Belcher, »Sisters Debating the Jesuits. The Role of African Women in Defeating Portuguese Cultural Colonialism in Seventeenth-Century Abyssinia«, *Northeast African Studies* 12 (2013); Merid Wolde Aregay, »The Legacy of Jesuit Missionary Activities in Ethiopia«, in: Getatchew Haile, Samuel Rubenson und Aasulv Lande (Hrsg.), *The Missionary Factor in Ethiopia. Papers from a Symposium on the Impact of European Missions on Ethiopian Society* (Frankfurt am Main, 1998).

45 Habtamu Tegegne, »Perpetrators. The Oromo Peoples and the Cultural Genocide of the Gafat People«, in: Igor Pérez Tostado (Hrsg.), *A Cultural History of Genocide*, Bd. 3 (New York, 2021).

46 Habtamu M. Tegegne, *Rim and Zéga. The Origins of Elite Land Ownership and Peasant Dispossession in Ethiopia (1700–1974)* (erscheint in Kürze).

47 Ebd.

48 Bahru Zewde, *A History of Modern Ethiopia, 1855–1991* (Oxford, 2001), 27–30.

49 Siehe Donald Crummey, »Téwodros as Reformer and Modernizer«, *Journal of African History* 10 (1969).

50 Bahru Zewde, *History*, 42–48 und 60–68; Crummey, *Land and Society*, 214–225.

Kapitel 4: Die Yoruba- und Benin-Königreiche

1 Siehe Jacob K. Olúpònà und Terry Ray (Hrsg.), *Òrìṣà Devotion as World Religion. The Globalization of Yorùbà Religious Culture* (Madison, 2008). Yoruba ist eine Tonsprache (auch tonale Sprache) mit drei Tonhöhen, tief, mittel und hoch. Der Einfachheit halber wurden Yoruba-Namen und -Wörter ohne die Akzente, die die Tonlage anzeigen, oder die tiefgestellten Zeichen, die auf die Aussprache verweisen, geschrieben, ausgenommen dort, wo sie in Quellenzitaten erscheinen.

2 I. A. Akinjogbin (Hrsg.), *The Cradle of a Race. Ife from the Beginning to 1980* (Port Harcourt, 1992); Jacob K. Olúpònà, *City of 201 Gods. Ilé-Ifé in Time, Space, and the Imagination* (Berkeley, 2011).

3 Abiodun Adetugbo, »The Yoruba Language in Western Nigeria. Its Major Dialect Areas«, in: S. O. Biobaku (Hrsg.), *Sources of Yoruba History* (Oxford, 1973).

4 Samuel Ajayi Crowther, *A Grammar and Vocabulary of the Yoruba Language* (London, 1852); Samuel Johnson, *The History of the Yorubas. From the Earliest Times to the Beginning of the British Protectorate* (Lagos, 1921).

5 Zur »Yoruba«-Identität siehe J. D. Y. Peel, »The Cultural Work of Yoruba Ethnogenesis«, in: Toyin Falola (Hrsg.), *Pioneer, Patriot and Patriarch. Samuel Johnson and the Yoruba People* (Madison, 1993); Robin Law, »Ethnicity and the Slave Trade. ›Lucumi‹ and ›Nago‹ as Ethnonyms in West Africa«, *History in Africa* 24 (1997); und Henry Lovejoy und Olatunji Ojo, ».Lucumí' and ›Terranova‹ and the Origins of the Yoruba Nation«, *Journal of African History* 56 (2015).

6 Siehe S. O. Biobaku, *The Origin of the Yoruba* (Lagos, 1955); Robert Smith, *Kingdoms of the Yoruba* (Madison, ³1988), 13–28.

7 Gabriel O. I. Olomola, »Ife Before Oduduwa«, in: Akinjogbin, *Cradle of a Race*.

8 Siehe Robin Horton, »Ancient Ife. A Reassessment«, *Journal of the Historical Society of Nigeria* 9 (1979); S. A. Akintoye, *A History of the Yoruba People* (Dakar, 2010), 1–96; Akinwumi Ogundiran, *The Yorùbá. A New History* (Bloomington, 2020), 31–92.

9 Richard und John Lander, *Journal of an Expedition to Explore the Course and Termination of the Niger*, Bd. 1 (London, 1832), 168 und 180.

10 Elizabeth Melville, *A Residence at Sierra Leone* (London, 1849), 257.

11 Ogundiran, *The Yorùbá*, 96–97.

12 John Pemberton III und Funso S. Afolayan, *Yoruba Sacred Kingship. »A Power Like That of the Gods«* (Washington, d. c., 1996); Aribidesi Usman und Toyin Falola, *The Yoruba. From Prehistory to the Present* (Cambridge, 2019), 24.

13 Olúpònà, *City of 201 Gods*, 93–94.

14 Usman und Falola, *The Yoruba*, 24.

15 Pemberton und Afolayan, *Yoruba Sacred Kingship*, 73.

16 Ogundiran, *The Yorùbá*, 70.

17 Olúpònà, *City of 201 Gods*, 88.

18 Ogundiran, *The Yorùbá*, 138; siehe auch William R. Bascom, *Ifá Divination. Communication between Gods and Men in West Africa* (Bloomington, 1969).

19 Siehe Sandra T. Barnes (Hrsg.), *Africa's Ogun. Old World and New* (Bloomington, ²1997); Joseph M. Murphy und Mei-Mei Sanford (Hrsg.), *Òşun across the Waters. A Yoruba Goddess in Africa and the Americas* (Bloomington, 2001).

20 Frank Willett, *Ife*. Aus dem Engl. übers. von Joachim Rehork (Bergisch-Gladbach, 1967); Suzanne Preston Blier, *Art and Risk in Ancient Yoruba. Ife History, Power, and Identity, c. 1300* (Cambridge, 2015).

21 Robin Horton, »The Economy of Ife from c. ad 900 – c. ad 1700«, in: Akinjogbin, *Cradle of a Race*; Henry John Drewal und John Mason, *Beads, Body, and Soul. Art and Light in the Yorùbá Universe* (Los Angeles, 1997).

22 Siehe Robin Law, *The Oyo Empire c. 1600–c. 1836. A West African Imperialism in the Era of the Atlantic Slave Trade* (Oxford, 1977).

23 J. F. A. Ajayi, »The Aftermath of the Fall of Old Oyo«, in: J. F. Ade Ajayi und Michael Crowder (Hrsg.), *History of West Africa*, Bd. 2 (Harlow, ²1987), 178.

24 Siehe Peter Morton-Williams, »The Yoruba Kingdom of Oyo«, in: Daryll Forde und P. M. Kaberry (Hrsg.), *West African Kingdoms in the Nineteenth Century* (London, 1967).

25 Peter Morton-Williams, »An Outline of the Cosmology and Cult Organization of the Oyo Yoruba«, *Africa* 34 (1964).

26 Ajayi, »Aftermath of the Fall of Old Oyo«, 186; siehe auch Robin Law, »The Constitutional Troubles of Oyo in the Eighteenth Century«, *Journal of African History* 12 (1971), 32.

27 Johnson, *History of the Yorubas*, 174–187, zit. nach Ajayi, »Aftermath of the Fall of Old Oyo«, 184.

28 Usman und Falola, *The Yoruba*, 77.

29 Ogundiran, *The Yorùbá*, 11.

30 Robin Law, »The Heritage of Oduduwa. Traditional History and Political Propaganda among the Yoruba«, *Journal of African History* 14 (1973); siehe auch Ade M. Obayemi, »The Yoruba and Edo-speaking Peoples and their Neighbours before 1600 ad«, in: J. F. Ade Ajayi und Michael Crowder, *History of West Africa*, Bd. 1 (Harlow, [3]1985), 319.

31 Blier, *Art and Risk*, 59.

32 Siehe Akin L. Mabogunje, *Yoruba Towns* (Ibadan, 1962); G. J. Afolabi Ojo, *Yoruba Palaces. A Study of Afins of Yorubaland* (London, 1967); J. D. Y. Peel, *Ijeshas and Nigerians. The Incorporation of a Yoruba Kingdom, 1890s–1970s* (Cambridge, 1983), 31–75.

33 Zit. nach Usman und Falola, *The Yoruba*, 123.

34 Ajayi, »The Aftermath of the Fall of Old Oyo«, 184.

35 Andrew Apter, »Discourse and its Disclosures. Yoruba Women and the Sanctity of Abuse«, *Africa* 68 (1998); Judith Byfield, »Dress and Politics in Post-World War II Abeokuta (Western Nigeria)«, in: Jean Allman (Hrsg.), *Fashioning Africa. Power and the Politics of Dress* (Bloomington, 2004).

36 Toyin Falola, *The Political Economy of a Pre-Colonial African State. Ibadan, 1830–1900* (Ile-Ife, 1984), 146–152; Ann O'Hear, »Political and Commercial Clientage in Nineteenth-Century Ilorin«, *African Economic History* 15 (1986).

37 A. K. Ajisafe, *A History of Abeokuta* (Bungay, 1924), 20; S. O. Biobaku, *The Egba and their Neighbours, 1842–72* (Oxford, 1957), 4–15.

38 J. O. Atandare, *Iwe Itan Akure* (Akure, o.J.); A. O. Oguntuyi, *A Short History of Ado-Ekiti Part II* (Ado-Ekiti, 1978).

39 Siehe Kristin Mann, *Slavery and the Birth of an African City. Lagos, 1760–1900* (Bloomington, 2007), 22–50; Kunle Lawal, »The Coastal Scene. The Yoruba of Lagos Society Before 1900«, in: D. Ogunremi und B. Adediran (Hrsg.), *Culture and Society in Yorubaland* (Ibadan, 1998).

40 Siehe J. U. Egharevba, *A Short History of Benin* (Ibadan, ³1960 [urspr. 1934]), 6–8; R. E. Bradbury, »The Kingdom of Benin«, in: Forde und Kaberry, *West African Kingdoms*; G. A. Akinola, »The Origin of the Eweka Dynasty of Benin. A Study of the Use and Abuse of Oral Traditions«, *Journal of the Historical Society of Nigeria* 8 (1976); E. B. Eweka, *The Benin Monarchy. Origin and Development* (Benin City, 1989).

41 Olúpònà, *City of 201 Gods*, 61.

42 Obayemi, »The Yoruba and Edo-speaking Peoples«.

43 Suzanne Preston Blier, *Royal Arts of Africa. The Majesty of Form* (London, 1998), 53.

44 Siehe A. F. C. Ryder, *Benin and the Europeans, 1485–1897* (London, 1969).

45 Olfert Dapper, *Umständliche und Eigentliche Beschreibung von Africa Anno 1668*. Eingerichtet, mit einem Nachwort versehen und herausgegeben von Rolf Italiaander (Stuttgart, 1964), 245. Reprint der Ausgabe Amsterdam, 1670: Olfert Dapper: *Umständliche und Eigentliche Beschreibung von Africa, Und denen darzu gehörigen Königreichen und Landschaften / als Egypten / Barbarien / Libyen / Biledulgerid / dem Lande der Negros / Guinea / Ethiopien / Abyßina / und den Africanischen Insulen: zusamt deren Verschiedenen Nahmen / Grenzen / Städten / Flüssen / Gewächsen / Thieren / Sitten / Trachten / Sprachen / Reichthum / Gottesdienst / und Regierung*. Der Stich fehlt in der deutschen Ausgabe von 1964 [Anm. d. Übers.].

46 Paula Girshick Ben-Amos, Art, *Innovation, and Politics in Eighteenth-Century Benin* (Bloomington, 1999), 31 und 54.

47 Paula Girshick Ben-Amos und John Thornton, »Civil War in the Kingdom of Benin, 1689–1721. Continuity or Political Change?«, *Journal of African History* 42 (2001).

48 Ben-Amos, *Art, Innovation, and Politics*, 137.

49 Ogundiran, *The Yorùbá*, 357

50 Ajayi, »The Aftermath of the Fall of Old Oyo«, 190.

51 S. A. Akintoye, *Revolution and Power Politics in Yorubaland, 1840–1893* (London, 1971); Toyin Falola und Dare Oguntomisin, *Yoruba Warlords of the Nineteenth Century* (Trenton, 2001).

52 Siehe J. F. A. Ajayi, *Christian Missions in Nigeria, 1841–1891* (Evanston, 1965), und J. D. Y. Peel, *Religious Encounter and the Making of the Yoruba* (Bloomington, 2000).

53 Ajayi, »The Aftermath of the Fall of Old Oyo«, 214.

Kapitel 5: Das Königreich Kongo

1 Ich danke Thiago Sapede und John Thornton für ihre Kommentare zu frühen Entwürfen dieses Kapitels.

2 Zur Korrespondenz von Afonso siehe António Brásio, *Monumenta missionária africana*. África ocidental, Bd. 1 (Lissabon, 1952).

3 Jan Vansina, *Kingdoms of the Savanna. A History of Central African States until European Occupation* (Madison, 1966).

4 Zu Afonsos Belesenheit siehe den Brief von Rui de Aguiar an König Manuel von Portugal, 25. Mai 1516, in: Brásio, *Monumenta missionaria africana*. África ocidental, Bd. 1, 361.

5 Luc de Heusch, *Le roi de Kongo et les monstres sacrés* (Paris, 2000).

6 Cécile Fromont, *The Art of Conversion. Christian Visual Culture in the Kingdom of Kongo* (Chapel Hill, 2014), 36, Anm. 21.

7 Koen Bostoen und Inge Brinkman, »Introduction. Cross-Disciplinary Approaches to Kongo History«, in: Koen Boeston und Inga Brinkman (Hrsg.), *The Kongo Kingdom. The Origins, Dynamics and Cosmopolitan Culture of an African Polity* (Cambridge, 2018), 1.

8   Siehe Vansina, *Kingdoms of the Savanna*.

9   Luc de Heusch, *The Drunken King, or The Origin of the State*, übers. von Roy Willis (Bloomington, 1982), und *Le roi de Kongo*.

10 Marshall Sahlins, »The Atemporal Dimensions of History. In the Old Kongo Kingdom, for Example«, in: David Graeber und Marshall Sahlins, *On Kings* (Chicago, 2017), 210. Dieser Beitrag ist in der deutschen Ausgabe *Über Könige. Versuche einer Archäologie der Souveränität* (Berlin, 2022) nicht enthalten.

11 Bostoen und Brinkman, »Cross-Disciplinary Approaches«, 12; siehe auch Koen Bostoen, Odjas Ndonda Tshiyayi und Gilles-Maurice de Schryver, »On the Origin of the Royal Kongo Title Ngangula«, *Africana Linguistica* 19 (2013), und zur Region Angola im Süden des Kongo: Jan Vansina, *How Societies Are Born. Governance in West Central Africa before 1600* (Charlottesville, 2004).

12 Wyatt MacGaffey, »A Central African Kingdom. Kongo in 1480«, in: Bostoen und Brinkman, *The Kongo Kingdom*; siehe auch Wyatt MacGaffey, »Dialogues of the Deaf: Europeans on the Atlantic Coast of Africa«, in: Stuart B. Schwartz (Hrsg.), *Implicit Understandings. Observing, Reporting, and Reflecting on the Encounters Between Europeans and Other Peoples in the Early Modern Era* (Cambridge, 1994).

13 John K. Thornton, »The Origins of Kongo. A Revised Vision«, in: Bostoen und Brinkman, *The Kongo Kingdom*, 40.

14 John K. Thornton, *A History of West Central Africa to 1850* (Cambridge, 2020), 33.

15 John K. Thornton, *The Kingdom of Kongo. Civil War and Transition, 1641–1718* (Madison, 1983), 3–14; Anne Hilton, *The Kingdom of Kongo* (Oxford, 1985); Jan Vansina, »Raffia Cloth in West Central Africa, 1500–1800«, in: Maureen Fennell Mazzaoui (Hrsg.), *Textiles. Production, Trade and Demand* (Aldershot, 1998).

16 Siehe António Custódio Gonçalves, *A historia revisitada do Kongo e de Angola* (Lissabon, 2005).

17 Thiago Clemencio Sapede, »Le roi et le temps, le Kongo et le monde. Une histoire globale des transformations politiques du Royaume du Kongo (1780–1860)«, unveröffentl. Diss, Paris, EHESS (2020), 78–82.

18 Siehe zum Beispiel Cristóvao Ribeiro, zit. nach António Brásio, *Monumenta missionária africana. África ocidental*, Bd. 15 (Lissabon, 1988), 161–163.

19 Wyatt MacGaffey, »Changing Representations in Central African History«, *Journal of African History* 46 (2005), 204–205.

20 MacGaffey, »A Central African Kingdom«, 55; siehe auch Wyatt MacGaffey, *Art and Healing of the Bakongo, Commented by Themselves. Minkisi from the Laman Collection* (Stockholm, 1991).

21 Für den breiteren Kontext siehe John Thornton, *Africa and Africans in the Making of the Atlantic World, 1400–1800* (Cambridge, ²1998), und Toby Green, *A Fistful of Shells. West Africa from the Rise of the Slave Trade to the Age of Revolution* (London, 2019).

22 Siehe Cécile Fromont, *Images on a Mission in Early Modern Kongo and Angola* (University Park, pa, 2022).

23 Cécile Fromont, »Dance, Image, Myth, and Conversion in the Kingdom of Kongo. 1500–1800«, *African Arts* 44 (2011).

24 Inge Brinkman, »Kongo Interpreters, Travelling Priests and Political Leaders in the Kongo Kingdom (15th–19th century)«, *International Journal of African Historical Studies* 49 (2016).

25 Louis Jadin, »Le clergé séculier et les capucins du Congo et d'Angola aux XVIe et XVIIe siècles. Conflits de juridiction, 1700–1726«, *Bulletin de l'Institut Historique Belge de Rome* 36 (1964).

26 Fromont, *Art of Conversion*, 5–6.

27 Siehe Bernard-Olivier Clist et al., »Fouilles et prospections à l'ouest de l'Inkisi, région de Ngongo Mbata«, in: B. Clist, P. de Maret und K. Bostoen (Hrsg.), *Une archéologie des provinces septentrionales du royaume Kongo* (Oxford, 2018).

28 Olfert Dapper, *Naukeurige beschrijvinge der afrikaensche gewesten van Egypten, Barbaryen, Libyen, Biledulgerid, Negroslant, Guinea, Ethiopien, Abyssinie* und Dapper, *Naukeurige beschrijvinge der afrikaensche eylanden* (Amsterdam, 1670). Diese Abbildung ist in der deutschen Ausgabe (Olfert Dapper, *Umständliche und Eigentliche Beschreibung von Africa Anno 1668. Eingerichtet, mit einem Nachwort versehen und herausgegeben von Rolf Italiaander* [Stuttgart, 1964]), nicht enthalten [Anm. d. Übers.].

29 Michiel van Groesen, »Abraham Willaerts. Marine Painter of Dutch Brazil and the Atlantic World«, *Oud Holland. Journal for Art of the Low Countries* 132 (2019).

30 Für eine Beschreibung einer Krönung und ihrer Insignien siehe Brásio, *Monumenta missionária africana*. África *ocidental*, Bd. 15, 482–497.

31 »Mbanza Kongo, Vestiges of the Capital of the former Kingdom of Kongo«, UNESCO, https://whc.unesco.org/en/list/1511/, zuletzt aufgerufen am 25. Juni 2022. Siehe auch https://www.unesco.de/kultur-und-natur/welterbe/welterbe-weltweit/mbanza-kongo-relikte-der-hauptstadt, zuletzt aufgerufen am 15. November 2023 [Anm. d. Übers.].

32 Für archäologische Funde aus jüngerer Zeit siehe Clist, de Maret und Bostoen, *Une archéologie des provinces septentrionales*.

33 John K. Thornton und Andrea Mosterman, »A Re-interpretation of the Kongo-Portuguese War of 1622 According to New Documentary Evidence«, *Journal of African History* 51 (2010).

34 Zit. nach Linda M. Heywood, »Slavery and its Transformation in the Kingdom of Kongo. 1491–1800«, *Journal of African History* 50 (2009).

35 Cécile Fromont, »Common Threads. Cloth, Colour, and the Slave Trade in Early Modern Kongo and Angola«, *Art History* 41 (2018)

36 Sapede, »Le roi et le temps«.

37 Heywood, »Slavery and its Transformation«, 136–39; Sapede, »Le roi et le temps«.

38 Zur strittigen Identität der Jaga siehe Paulo Jorge Sousa Pinto, »Em torno de um problema de identidade. Os ›Jagas‹ na história de Congo e Angola«, *Mare Liberum* 18–19 (2000).

39 John K. Thornton, *The Kongolese Saint Anthony. Dona Beatriz Kimpa Vita and the Antonian Movement, 1684–1706* (Cambridge, 1998).

40 António Custódio Gonçalves, *Le lignage contre l'etat. Dynamique politique Kongo du XVI.me au XVIII.me siècle* (Lissabon, 1985).

41 Sapede, »Le roi et le temps«.

42 Siehe Adolf Bastian, *Ein Besuch in São Salvador in 1858* (Bremen, 1859), und den Bericht von Mpetelo Boka, dokumentiert in: Jean Cuvelier, *Nkutama a Mvila za Makanda* (Tumba, 1934).

43 MacGaffey, »A Central African Kingdom«, 58; und siehe Susan Herlin Broadhead, »Beyond Decline. The Kingdom of the Kongo in the Eighteenth and Nineteenth Centuries«, *International Journal of African Historical Studies* 12 (1979).

44 Cécile Fromont (Hrsg.), *Afro-Catholic Festivals in the Americas: Performance, Representation, and the Making of Black Atlantic Tradition* (University Park, pa, 2019).

45 Jeroen Dewulf, »Pinkster. An Atlantic Creole Festival in a Dutch-American Context«, *Journal of American Folklore* 126 (2013).

46 Siehe John K. Thornton, »I Am a Subject of the King of Kongo. African Political Ideology and the Haitian Revolution«, *Journal of World History* 4 (1993).

47 Siehe Marina de Mello e Souza, *Reis negros no Brasil escravista. História da festa de coroação de rei congo* (Belo Horizonte, 2002).

48 Thornton, *History of West Central Africa*, 342–344

49 Broadhead, »Beyond Decline«; Jelmer Vos, *Kongo in the Age of Empire, 1860–1913. The Breakdown of a Moral Order* (Madison, 2015).

50 Siegel des Königs von Kongo, 1859, in: Additional Manuscripts 29960 D, Fol. 22, British Library, London.

51 Secretaria do Estado da Marinha e do Ultramar, Direçao Geral do Ultramar, Box 628, 1860, Arquivo Histórico Ultramarino, Lissabon.

52 Wyatt MacGaffey, »Constructing a Kongo Identity. Scholarship and Mythopoesis«, *Comparative Studies in Society and History* 58 (2016).

53 Ursprünglich *Association des Bakongo pour l'unification, la conservation, le perfectionnement et l'expansion de la langue kikongo*, dt. Vereinigung der Bakongo für die Vereinheitlichung, Bewahrung, Vervollkommnung und Ausbau der Sprache Kikongo [Anm. d. Übers.]

54 Yolanda Covington-Ward, »Joseph Kasa-Vubu, ABAKO, and Performances of Kongo Nationalism in the Independence of Congo«, *Journal of Black Studies* 43 (2012).

55 Zana Etambala, »Comment nous avons retrouvé Ambroise Boimbo le voleur du sabre du Roi Baudouin le 29 juin 1960«, *L'Africain. Revue des* Étudiants *Africains en Belgique* 255 (2012).

Kapitel 6: Buganda

1 Jean-Pierre Chrétien, *L'Afrique des grands lacs: deux mille ans d'histoire* (Paris 2000), 14.

2 In den Bantu-Sprachen besitzen Nomen Präfixe, die die Bedeutung des Wortstamms verändern. Konventionsgemäß behalte ich die Präfixe bei den Wörtern für Staaten (Buganda, Bunyoro etc.) und Sprachen (Luganda) bei, verwende aber sonst nur den Stamm: Ganda.

3 Richard J. Reid, *A History of Modern Uganda* (Cambridge, 2017).

4 David L. Schoenbrun, *A Green Place, A Good Place: Agrarian Change, Gender, and Social Identity in the Great Lakes Region to the 15th Century* (Portsmouth, NH, 1998).

5 Chrétien, *L'Afrique des grands lacs*, 133.

6 David L. Schoenbrun, »The (In)visible Roots of Bunyoro-Kitara and Buganda in the Lakes Region: AD 800–1300«, in Susan Keech McIntosh (Hg.), *Beyond Chiefdoms: Pathways to Complexity in Africa* (Cambridge, 1999), 136–137.

7 Rhiannon Stephens, *A History of African Motherhood: The Case of Uganda, 700–1900* (Cambridge, 2013).

8 Sir Apolo Kaggwa, *The Kings of Buganda*, übers. und hrsg. von M. S. M. Kiwanuka (Nairobi, 1971); M. S. M. Semakula Kiwanuka, *A History of Buganda: From the Foundation of the Kingdom to 1900* (London, 1971).

9 Siehe Michael Twaddle, »On Ganda Historiography«, *History in Africa* 1 (1974).

10 Christopher Wrigley, *Kingship and State: The Buganda Dynasty* (Cambridge, 1996), 8.

11 Benjamin C. Ray, *Myth, Ritual, and Kingship in Buganda* (New York, 1991), 22–53, hier 53.

12 Kaggwa, *The Kings of Buganda*, 162.

13 Wrigley, *Kingship and State*, 170.

14 Jan Vansina, *Antecedents to Modern Rwanda: The Nyiginya Kingdom* (Madison, 2004).

15 Siehe Kaggwa, *The Kings of Buganda*, Anhang 3: »List of the jawbone shrines«, 225–228.

16 Ray, *Myth, Ritual, and Kingship*, 74.

17 Schoenbrun, *A Green Place*, 185–195; siehe auch Stephens, *History of African Motherhood*, 61–62.

18 Neil Kodesh, *Beyond the Royal Gaze: Clanship and Healing in Buganda* (Charlottesville, 2010), 27–48.

19 Siehe Iris Berger, »Deities, Dynasties, and Oral Tradition: The History and Legend of the Abacwezi«, in Joseph C. Miller (Hg.), *The African Past Speaks: Essays on Oral Tradition and History* (Folkestone, 1980).

20 Siehe John W. Nyakatura, *Anatomy of an African Kingdom: A History of Bunyoro-Kitara*, hrsg. und übers. von G. N. Uzoigwe (Garden City, NY, 1973).

21 Reid, *History of Modern Uganda*, 116.

22 David Henige, »›The Disease of Writing‹: Ganda and Nyoro Kinglists in a Newly *Literate* World«, in Miller, *The African Past Speaks*.

23 Holly Elizabeth Hanson, *Landed Obligation: The Practice of Power in Buganda* (Portsmouth, NH, 2003), 32.

24 Ebd., 44.

25 Stephens, *History of African Motherhood*, 107–111; siehe auch Kaggwa, *The Kings of Buganda*, Anhang 3: »List of royal wives, their families, clans and offspring«, 203–221.

26 Ray, *Myth, Ritual, and Kingship*, 82, zit. n. Bartolomayo M. Zimbe, *Buganda ne Kabaka* (Mengo, 1939).

27 Wrigley, *Kingship and State*, 170.

28 John Iliffe, *Geschichte Afrikas*. Aus dem Engl. übers. von Gabriele Gockel und Rita Seuß (München, 1997), 146.

29 Kodesh, *Beyond the Royal Gaze*, 131–158, hier 158.

30 David Graeber, »The Divine Kingship of the Shilluk: On Violence, Utopia, and the Human Condition«, in David Graeber und Marshall Sahlins, *On Kings* (Chicago, 2017), 66.

31 David Graeber und Marshall Sahlins, »Thesen über das Königtum«, in dies., *Über Könige*. Aus dem Engl. übers. von Daniel Fastner (Berlin, 2022), 12.

32 Hanson, *Landed Obligation*, 1.

33 Ray, *Myth, Ritual, and Kingship*, 162.

34 Wrigley, *Kingship and State*, 23 und 220.

35 Ebd., 228.

36 Ray, *Myth, Ritual, and Kingship*, 162; siehe auch Hanson, *Landed Obligation*, 76.

37 Reid, *History of Modern Uganda*, 129.

38 Vansina, *Antecedents to Modern Rwanda*, 164.

39 Ray, *Myth, Ritual, and Kingship*, 48.

40 Hanson, *Landed Obligation*, 85; siehe auch Richard Reid, »Human Booty in Buganda: Some Observations on the Seizure of People in War«, in Henri Médard und Shane Doyle (Hrsg.), *Slavery in the Great Lakes Region of Africa* (Oxford, 2007).

41 Chrétien, *L'Afrique des grands lacs*, 173.

42 Kaggwa, *The Kings of Buganda*, 100–101, 110–111 und 119; Ray, *Myth, Ritual, and Kingship*, 44–45 und 164–165.

43 Iliffe, *Geschichte Afrikas*, 243.

44 Ebd., 246.

45 Hanson, *Landed Obligation*, 93.

46 Iliffe, *Geschichte Afrikas*, 247; Vansina, *Antecedents to Modern Rwanda*.

47 Chrétien, L'Afrique des grands lacs, 190.

48 L. A. Fallers (Hrsg.), *The King's Men: Leadership and Status in Buganda on the Eve of Independence* (London, 1964).

49 Chrétien, *L'Afrique des grands lacs*, 261.

Kapitel 7: Von den Hausa-Königreichen zum Kalifat von Sokoto

1 Anne Haour und Benedetta Rossi, »Hausa Identity: Language, History and Religion«, in Anne Haour und Benedetta Rossi (Hrsg.), *Being and Becoming Hausa: Interdisciplinary Perspectives* (Leiden, 2010), 1.

2 Für maßgebende geschichtliche Zusammenfassungen siehe J. O. Hunwick, »Songhay, Borno and the Hausa States, 1450–1600«, und R. A. Adeleye, »Hausaland and Borno, 1600–1800«, beide in J. F. Ade Ajayi und Michael Crowder (Hrsg.), *History of West Africa*, Bd. 1 (Harlow, ³1985).

3 David Robinson, »Revolutions in the Western Sudan«, in Nehemia Levtzion und Randall L. Pouwels (Hrsg.), *The History of Islam in Africa* (Athens, OH, 2000), 138; siehe auch Murray Last, »The Book in the Sokoto Caliphate«, in Shamil Jeppie und Soulemane Bachir Diagne (Hrsg.), *The Meanings of Timbuktu* (Kapstadt, 2008).

4 Die Schriften von Uthman Dan Fodio, Muhammed Bello und anderen sind in ihrer ursprünglichen arabischen Form und als Übersetzungen in verschiedenen Bibliotheken in Nigeria erhältlich: im Waziri Junaidu History and Culture Bureau in Sokoto; in der Bibliothek der Ahmadu Bello University, Zaria, wo die Unterlagen des Northern History Research Scheme aufbewahrt werden; und im Arewa House Centre of Documentation and Historical Research in Kaduna. Die Abteilungen für Geschichte der Usman Danfodio University, Sokoto; der Ahmadu Bello University, Zaria; und der Bayero University, Kano erforschten diese Quellen ausgiebig, und ein Teil dieser Forschung wurde publiziert.

5 Murray Last, »Reform in West Africa: The Jihad Movements of the Nineteenth Century«, in J. F. Ade Ajayi und Michael Crowder (Hrsg.), *History of West Africa*, Bd. 2 (Harlow, ²1987), 1. Für eine neuere Analyse der Bewegung als integraler Bestandteil des globalen »Zeitalters der Revolution« siehe Paul E. Lovejoy, *Jihad in West Africa during the Age of Revolutions* (Athens, OH, 2016).

6   Zu den wichtigsten Studien gehören Mahdi Adamu, *The Hausa Factor in West Africa* (Zaria, 1978); Y. B. Usman, *The Transformation of Katsina, 1400–1883: The Emergence and Overthrow of the ›Sarauta‹ System and the Establishment of the Emirate* (Zaria, 1981); M. G. Smith, *Government in Zazzau, 1800–1950* (London, 1960) und *Government in Kano, 1350–1950* (Boulder, 1997); G. Na-Dama, »The Rise and Collapse of a Hausa Kingdom: A Political History of Zamfara«, unveröffentlichte Dissertation, Ahmadu Bello University, Zaria, 1977.

7   John Iliffe, *Geschichte Afrikas*. Aus dem Engl. übers. von Gabriele Gockel und Rita Seuß (München, ²2000), 100.

8   Für diese Hypothese siehe Murray Last, »The Early Kingdoms of the Nigerian Savanna«, in Ajayi und Crowder, *History of West Africa*, Bd. 1, und Abdullahi Smith, »Some Considerations Relating to the Formation of States in Hausaland«, in *A Little New Light: Selected Historical Writings of Abdullahi Smith* (Zaria, 1987); für eine neuere Kritik siehe John E. G. Sutton, »Hausa as a Process in Time and Space«, in Haour und Rossi, *Being and Becoming Hausa*.

9   Last, »Early Kingdoms«, 176.

10 Die Kano-Chronik wurde übersetzt durch den britischen Kolonialverwalter H. R. Palmer in seinen *Sudanese Memoirs*, Bd. 3 (Lagos, 1928; London, ²1967); siehe Paul E. Lovejoy, »The Kano Chronicle Revisited«, in Toby Green und Benedetta Rossi (Hrsg.), *Landscapes, Sources and Intellectual Projects of the West African Past* (Leiden, 2018).

11 Für eine Version der Legende, die in Daura schriftlich festgehalten wurde und in Palmers Sudanese Memoirs enthalten ist, siehe Thomas Hodgkin, *Nigerian Perspectives: An Historical Anthology* (London, 1960), 54–56; auch W. K. R. Hallam, »The Bayajida Legend in Hausa Folklore«, *Journal of African History* 7 (1966).

12 Last, »Early Kingdoms«, 193; siehe auch Hunwick, »Songhay, Borno and the Hausa States«, 329–330.

13 Iliffe, *Geschichte Afrikas*, 101; siehe auch Usman, *Transformation of Katsina*, und A. Mahadi, »The State and the Economy: The Sarauta System and its Roles in Shaping the Society and Economy of Kano«, unveröffentlichte Dissertation, Ahmadu Bello University, Zaria, 1982.

14 Hunwick, »Songhay, Borno and the Hausa States«, 353.

15 Ebd., 331.

16 Kano Chronicle, in Hodgkin, *Nigerian Perspectives*, 89–90.

17 David Robinson, *Muslim Societies in African History* (Cambridge, 2004), 141.

18 Hunwick, »Songhay, Borno and the Hausa States«, 338.

19 Ebd., 334.

20 Last, »Early Kingdoms«, 220.

21 Smith, *Government in Kano*; Murray Last, »From Sultanate to Caliphate: Kano, 1550–1800«, in B. M. Barkindo (Hrsg.), *Studies in the History of Kano* (Ibadan, 1983).

22 Adeleye, »Hausaland and Borno«, 583.

23 M. Aliyu, »The History of Birnin Zaria: A Study into the Socio-Economic and Political History of Zaria, c. 1492–1808«, unveröffentlichte Masterarbeit, Ahmadu Bello University, Zaria, 2000, 17.

24 M. Adamu, »The Economy of Hausa Capitals: Zaria in the 18th and 19th Centuries«, in M. A. Mamman (Hrsg.), *History Department Seminar Series*, Bd. 4 (Ahmadu Bello University, Zaria, 2012), 49.

25 Siehe A. R. Augi, »The Sokoto-Rima Basin Area: A Preliminary View of its Political History in the 18th Century«, in Mamman, *Seminar Series*; S. S. Gusau, »A History of Zamfara 1764–2013«, unveröffentlichte Dissertation, Usman Danfodio University, Sokoto, 169–171; Adeleye, »Hausaland and Borno«, 586–590 und 605–608.

26 Zitiert in ebd., 614.

27 Zu den wegweisenden Studien gehören: Murray Last, *The Sokoto Caliphate* (London, 1967); R. A. Adeleye, *Power and Diplomacy in Northern Nigeria, 1804–1906: The Sokoto Caliphate and its Enemies* (London, 1971); R. A. Adeleye und C. C. Stewart, »The Sokoto Caliphate in the Nineteenth Century«, in Ajayi und Crowder, *History of West Africa*, Bd. 2; Y. B. Usman (Hrsg.), *Studies in the History of the Sokoto Caliphate* (Lagos, 1979); H. I. Sa'id, *Revolution and Reaction: The Fulani Jihad in Kano and its Aftermath, 1807–1919* (Zaria, 2012) und ein Sammelband anlässlich des zweihundertsten Jahrestags

des Dschihad, H. Bobboyi und A. M. Yakubu (Hrsg.), *The Sokoto Caliphate: History and Legacies, 1804–2004*, 2 Bde. (Kaduna, 2006).

28 Kabiru S. Chafe, »Remarks on the Historiography of the Sokoto Caliphate«, in ebd., Bd. 2, 325.

29 Für nützliche Zusammenfassungen siehe Robinson, »Revolutions in the Western Sudan«, und *Muslim Societies*, 42–59.

30 Last, »Reform in West Africa«, 14.

31 A. M. Kani, »The Political and Social Basis of the Sokoto Jihad«, in Mamman, *History Department Seminar Series*.

32 Na-Dama, »Political History of Zamfara«, 170–172.

33 Für eine Biografie siehe Mervyn Hiskett, *The Sword of Truth: The Life and Times of the Shehu Usuman dan Fodio* (Oxford, 1973).

34 Last, »Reform in West Africa«, 18.

35 Uthman Dan Fodio, »Tanbikhu'l-Ikhwan«, in Hodgkin, *Nigerian Perspectives*, 192.

36 Ibrahim Ado-Kurawa, »The Jihad and the Consolidation of Sudanic Intellectual Tradition«, in Bobboyi und Yakubu, *The Sokoto Caliphate*, Bd. 2.

37 Robinson, *Muslim Societies*, 146; siehe weiter Louis Brenner, »The Jihad Debate between Sokoto and Borno: An Historical Analysis of Islamic Political Discourse in Nigeria«, in J. F. Ade Ajayi und J. D. Y. Peel (Hrsg.), *Peoples and Empires in African History: Essays in Memory of Michael Crowder* (Harlow, 1992).

38 Last, »Reform in West Africa«, 20 und 24.

39 Iliffe, *Geschichte Afrikas*, 227.

40 Ebd.

41 Hamid Bobboyi, »Ajami Literature and the Study of the Sokoto Caliphate«, in Jeppie und Diagne, *The Meanings of Timbuktu*.

42 Robinson, *Muslim Societies*, 150; siehe auch Jean Boyd und Beverly Mack, *One Woman's Jihad: Nana Asma'u, Scholar and Scribe* (Bloomington, 2000).

43 Siehe Chafe, »Historiography of the Sokoto Caliphate«.

44 Heinrich Barth, *Reisen und Entdeckungen in Nord- und Centralafrika*, Bd. 2 (Gotha 1855–1858), 112; zitiert in Haour und Rossi, »Hausa Identity«, 11 aus der englischen Übersetzung Travels and Discoveries in North and Central Africa, 1849–1855, Bd. 1 (London, 1857–1859), 488.

45 Siehe Paul E. Lovejoy und Jan S. Hogendorn, *Slow Death for Slavery: The Course of Abolition in Northern Nigeria, 1897–1936* (Cambridge, 1993).

46 Iliffe, *Geschichte Afrikas*, 227.

47 Adeleye, »Hausaland and Borno«, 617.

48 William F. S. Miles, »Religious Pluralism in Northern Nigeria«, in Levtzion und Pouwels, *History of Islam in Africa*, 210–211.

49 Zitiert in Iliffe, *Geschichte Afrikas*, 269.

Kapitel 8: Das akanische Waldkönigreich der Aschanti

1 T. Edward Bowdich, *Mission der Englisch-Afrikanischen Compagnie von Cape Coast Castle nach Ashantee* (Wien 1826), 26.

2 Ebd., 28–34.

3 Ebd., 34.

4 Ebd., 37.

5 Toby Green, *A Fistful of Shells: West Africa from the Rise of the Slave Trade to the Age of Revolution* (London, 2019), Kap. 7.

6 David Graeber und Marshall Sahlins, *Über Könige*. Aus dem Engl. übers. von Daniel Fastner (Berlin, 2022).

7 Siehe Ivor Wilks, *Asante in the Nineteenth Century: The Structure and Evolution of a Political Order* (Cambridge, 1975).

8 Siehe T. C. McCaskie, *State and Society in Pre-colonial Asante* (Cambridge, 1995).

9 Siehe W. Arens und Ivan Karp (Hgg.), *Creativity of Power: Cosmology and Action in African Societies* (Washington, D.C., 1989).

10 A. Adu Boahen, Emmanuel Akyeampong, Nancy Lawler, T. C. McCaskie und Ivor Wilks (Hrsg.), »The History of Ashanti Kings and

the Whole Country Itself« and Other Writings by Otumfuo, Nana Agyeman Prempeh I (Oxford, 2003), 86.

11 Ivor Wilks, *Forests of Gold: Essays on the Akan and the Kingdom of Asante* (Athens, OH, 1993), 66.

12 Zur Herkunft der Akan siehe Wilks, *Forests of Gold*, Kap. 1–3.

13 Siehe Gérard L. Chouin und Christopher R. DeCorse, »Prelude to the Atlantic Trade: New Perspectives on Southern Ghana's Pre-Atlantic History (800–1500)«, *Journal of African History* 51 (2010).

14 Green, *Fistful of Shells*, 33.

15 Rev. C. C. Reindorf, *History of the Gold Coast and Asante* (Basel, 1895), 49; siehe auch T. C. McCaskie, »Denkyira and the Making of Asante, c. 1660–1720«, *Journal of African History* 48 (2007).

16 Boahen et al., *History of Ashanti Kings*, 108–109.

17 Wilks, *Forests of Gold*, 111; William Bosman, *A New and Accurate Description of the Coast of Guinea* (London, 1705, 41967), 76–77.

18 R. S. Rattray, *Ashanti* (Oxford, 1923), 289–290.

19 R. S. Rattray, *Ashanti Law and Constitution* (Oxford, 1929), 276.

20 Ebd., 277.

21 Boahen et al., *History of Ashanti Kings*, 119.

22 Ivor Wilks, »Ashanti Government«, in Daryll Forde und P. M. Kaberry (Hgg.), *West African Kingdoms in the Nineteenth Century* (Oxford, 1967), 211.

23 Kwame Arhin, »The Structure of Greater Ashanti (1700–1824)«, *Journal of African History* 8 (1967).

24 Siehe John Parker, *In My Time of Dying: A History of Death and the Dead in West Africa* (Princeton, 2021), 107–123.

25 Joseph Dupuis, *Journal of a Residence in Ashantee* (London, 1824; ²1966), 161.

26 Ebd., 245; zu dieser Episode siehe Parker, *In My Time of Dying*, 148–151.

27 Wilks, »Ashanti Government«, 213.

28 Ebd.

29 Ivor Wilks, *One Nation, Many Histories: Ghana Past and Present* (Accra, 1996), 32; siehe auch *Forests of Gold*, 193.

30 Robin Law, »Human Sacrifice in Pre-colonial West Africa«, *African Affairs* 84 (1985), 55.

31 John Iliffe, *Geschichte Afrikas*. Aus dem Englischen von Gabriele Gockel und Rita Seuß (München, 1997), 193.

32 Law, »Human Sacrifice«, 55; siehe auch Parker, *In My Time of Dying*, 139–154.

33 McCaskie, *State and Society*, 16.

34 Lucy Mair, *African Kingdoms* (Oxford, 1977), 21.

35 Marshall Sahlins, »Die ursprüngliche politische Gesellschaft«, in Graeber und Sahlins, *Über Könige*, 72–73.

36 Siehe die Aufsatzsammlung in Tom McCaskie, *Asante, Kingdom of Gold: Essays in the History of an African Culture* (Durham, NC, 2015).

37 Marshall Sahlins, »The Cultural Politics of Core-Periphery Relations«, in Graeber und Sahlins, *On Kings* (Chicago, 2017), 348.

38 Siehe Michelle Gilbert, »The Person of the King: Ritual and Power in a Ghanaian State«, in David Cannadine und Simon Price (Hrsg.), *Rituals of Royalty: Power and Ceremonial in Traditional Societies* (Cambridge, 1987).

39 Eva L. R. Meyerowitz, *The Sacred State of the Akan* (London, 1951), 55.

40 Dupuis, *Journal*, 245.

41 Bowdich, *Mission*, Bd. 2, 63.

42 McCaskie, *State and Society*, 261.

43 Iliffe, *Geschiche Afrikas*, 181.

44 SOAS University of London, Wesleyan Methodist Missionary Archives, »Reminiscences and Incidents of Travels and Historical and Political Sketches in and of the Countries Bordering on the Gold Coast and Slave Coast and in Ashantee, Dahomey, etc«, von T. B. Freeman [o. J. (1859–1869)], 41.

45 Ebd., 154–155.

46 T. C. McCaskie, *Asante Identities: History and Modernity in an African Village, 1850–1950* (Edinburgh, 2000), 29–30.

47 Tom McCaskie, »Kwaduenya: Three Hundred Years of Land Tenure in Asante«, *International Journal of African Historical Studies* 50 (2017), 193.

48 Freeman, »Reminiscences«, 108; Bowdich, *Mission*, 29–30.

49 McCaskie, *State and Society*, 438.

50 Bowdich, *Mission*, Bd. 2, 5.

51 McCaskie, *State and Society*, 144–242, zit.n. 204.

52 Zit. n. Wilks, *Forests of Gold*, 180.

Kapitel 9: Das Königreich Zululand

1 Elizabeth A. Eldredge, *The Creation of the Zulu Kingdom, 1815–1828: War, Shaka, and the Consolidation of Power* (New York, 2014), 1.

2 John Wright und Carolyn Hamilton, »The Phongolo-Mzimkhulu Region in the Late Eighteenth and Early Nineteenth Centuries«, in Andew Duminy und Bill Guest (Hrsg.), *Natal and Zululand from Earliest Times to 1910: A New History* (Pietermaritzburg, 1989), 57–59.

3 John Laband, *The Rise and Fall of the Zulu Nation* (London, 1997), 13.

4 Norman Etherington, »Were There Large States in the Coastal Regions of Southeast Africa Before the Rise of the Zulu Kingdom?«, *History in Africa* 31 (2004), 158; Norman Etherington, *The Great Treks: The Transformation of Southern Africa, 1815–1854* (Harlow, 2001), xx-xxi.

5 Wright and Hamilton, »Phongolo-Mzimkhulu Region«, 68.

6 A. T. Bryant, *Olden Times in Zululand and Natal: Containing Earlier Political History of the Eastern-Nguni Clans* (London, 1929), 94 und 96.

7 Zitiert in Leonard Thompson, »Co-operation and Conflict: The Zulu Kingdom and Natal«, in Monica Wilson und Leonard

Thompson (Hrsg.), *A History of South Africa to 1870* (Kapstadt und Johannesburg, 1982), 339.

8   Siehe Max Gluckman, »The Rise of the Zulu Empire«, *Scientific American* (1963), und »The Individual in a Social Framework: The Rise of King Shaka of Zululand«, *Journal of African Studies* 1 (1974).

9   David W. Hedges, »Trade and Politics in Southern Mozambique and Zululand in the Eighteenth and Early Nineteenth Centuries«, unveröffentlichte Dissertation, SOAS University of London, 1978, 6–8.

10 Jeff Guy, »Ecological Factors in the Rise of Shaka and the Zulu Kingdom«, in Shula Marks und Anthony Atmore (Hrsg.), *Economy and Society in Pre-industrial South Africa* (Harlow, 1980), 113–114; Hedges, »Trade and Politics«, 36; Charles Ballard, »Drought and Economic Distress: South Africa in the 1800s«, *Journal of Interdisciplinary History* 17 (1986), 369; Jeff Guy, »Analysing Pre-capitalist Societies in Southern Africa«, *Journal of Southern African Studies* 14 (1987), 21–22.

11 Guy, »Ecological Factors«, 105–109; Ballard, »Drought and Economic Distress«, 365.

12 Hedges, »Trade and Politics«, 39–41; Jeff Guy, *The Destruction of the Zulu Kingdom: The Civil War in Zululand, 1879–1884* (London, 1979), 7; Neil Parsons, »Prelude to the Difaqane in the Interior of Southern Africa, ca. 1600–ca. 1822« in Carolyn Hamilton (Hrsg.), *Mfecane Aftermath: Reconstructive Debates in Southern African History* (Johannesburg, 1995), 338.

13 Ballard, »Drought and Economic Distress«, 360–369.

14 Mahaya ka Nongqabana, zitiert in Ballard, »Drought and Economic Distress«, 370.

15 C. de B. Webb und J. B. Wright (Hrsg.), *The James Stuart Archive of Recorded Oral Evidence Relating to the History of the Zulu and Neighbouring Peoples*, Bd. 1 (Pietermaritzburg, 1976–2001), 201; Ballard, »Drought and Economic Distress«, 370–371; Wright und Hamilton, »Phongolo-Mzimkhulu Region«, 66.

16 James Stuart Archive, Bd. 1, 201.

17 Guy, »Ecological Factors«, 111; Ballard, »Drought and Economic Distress«, 373.

18 Guy, »Ecological Factors«, 117.

19 James Stuart Archive, Bd. 4, 289; Eldredge, *Creation of the Zulu Kingdom*, 32.

20 Die Schätzung stammt von H. F. Fynn, *The Diary of Henry Francis Fynn*, zusammengetragen und hg. von James Stuart (Pietermaritzburg, 1950), 12.

21 Edgar H. Brookes und Colin de B. Webb, *A History of Natal* (Pietermaritzburg, 1987), 10; Thompson, »Co-operation and Conflict«, 342.

22 Ebd., 9.

23 James Stuart Archive, Bd. 4, 361; Fynn, *Diary*, 9.

24 Ebd., 10.

25 Eldredge, *Creation of the Zulu Kingdom*, 33.

26 Hedges, »Trade and Politics«, 195–196; Wright und Hamilton, »Phongolo-Mzimkhulu Region«, 62–63; John Wright, »Turbulent Times: Political Transformations in the North and East, 1760s–1830s«, in Carolyn Hamilton, Bernard K. Mbenga und Robert Ross (Hrsg.), *The Cambridge History of South Africa*, Band 1: From Early Times to 1885 (Cambridge, 2009), 221; James Gump, »Origins of the Zulu Kingdom«, *The Historian* 50 (1988), 524.

27 Bryant, *Olden Times*, 641–642; Gump, »Origins of the Zulu Kingdom«, 529–530.

28 Zum Beispiel Thompson, »Co-operation and Conflict«, 340; Gump, »Origins of the Zulu Kingdom«, 525–527.

29 Hedges, »Trade and Politics«, 186–196; Alan Smith, »The Trade of Delagoa Bay as a Factor in Nguni Politics«, in Leonard Thompson (Hrsg.), *African Societies in Southern Africa* (London, 1969), 187–188.

30 Hedges, »Trade and Politics«, 197–198 und 241.

31 Die überzeugendste Argumentation für einen multikausalen Erklärungsansatz stammt von Elizabeth Eldredge, »Sources of

Conflict in Southern Africa, ca. 1830: The Mfecane Reconsidered«, *Journal of African History* 33 (1992).

32 John Laband, *The Eight Zulu Kings* (Jeppestown, 2018), 27–29.
33 Zitiert in Eldredge, *Creation of the Zulu Kingdom*, 76.
34 Ebd., 121.
35 Laband, *Eight Zulu Kings*, 16.
36 Zitiert in Eldredge, *Creation of the Zulu Kingdom*, 61.
37 Ebd.
38 Laband, *Eight Zulu Kings*, 33.
39 Zitiert in Eldredge, *Creation of the Zulu Kingdom*, 81.
40 Laband, *Eight Zulu Kings*, 38.
41 Zitiert in Eldredge, *Creation of the Zulu Kingdom*, 62.
42 Zitiert in Laband, *Eight Zulu Kings*, 39.
43 Aussage von Ngidi, James Stuart Archive, Bd. 5, 60.
44 Eldredge, *Creation of the Zulu Kingdom*, 92.
45 Hedges, »Trade and Politics«, 208.
46 Eldredge, *Creation of the Zulu Kingdom*, 293.
47 Laband, *Eight Zulu Kings*, 46; siehe auch Carolyn Hamilton und John Wright, »The Making of the AmaLala: Ethnicity, Ideology and Relations of Subordination in a Precolonial Context«, *South African Historical Journal* 22 (1990).
48 Zitiert in Eldredge, *Creation of the Zulu Kingdom*, 7.
49 Aussage von Baleka, James Stuart Archive, Bd. 1, 8.
50 John Laband, *The Assassination of King Shaka* (Johannesburg, 2017), 49.
51 Zitiert in Eldredge, *Creation of the Zulu Kingdom*, 248.
52 Hedges, »Trade and Politics«, 80–83.
53 Laband, *Eight Zulu Kings*, 50.
54 Das klassische Statement in dieser Hinsicht wurde vor fast fünf Jahrzehnten abgegeben: Anthony Atmore and Shula Marks, »The

Imperial Factor in South Africa in the Nineteenth Century«, *Journal of Imperial and Commonwealth History* 3 (1974).

55 Guy, *Destruction of the Zulu Kingdom*, 18.

56 Zitiert in Laband, *Rise and Fall*, 189–190.

57 Norman Etherington, Patrick Harries und Bernard Mbenga, »From Colonial Hegemonies to Imperial Conquest, 1840–1880«, in Hamilton u. a. (Hrsg.), *Cambridge History*, Bd. 1, 384.

58 Richard Price, *Making Empire: Colonial Encounters and the Creation of Imperial Rule in Nineteenth-Century Africa* (Cambridge, 2008), 3.

59 Guy, *Destruction of the Zulu Kingdom*, 59–61.

60 Ebd., 61; Laband, *Rise and Fall*, 229.

61 John Laband und Paul Thompson, »The Reduction of Zululand, 1878–1904«, in Duminy und Guest, *Natal and Zululand*, 203–206; Guy, *Destruction of the Zulu Kingdom*, 239–240.

62 Laband und Thompson, »Reduction of Zululand«, 212.

63 British Parliamentary Papers, C. 5331, Further Correspondence Respecting the Affairs of Zululand and Adjacent Territories, Memorandum by the Governor, A. E. Havelock, 15 Nov. 1887.

64 Shula Marks, *Reluctant Rebellion: The 1906–08 Disturbances in Natal* (Oxford, 1970), 110.